Anecdotes Espagnoles Et Portugaises: Depuis L'origine De La Nation Jusqu'a Nos Jours

Guillaume Bertoux

DP
17
.555

ANECDOTES
ESPAGNOLES
ET
PORTUGÀISES,

*DEPUIS L'ORIGINE DE LA NATION
JUSQU'A NOS JOURS.*

TOME SECOND.

A PARIS,

Chez VINCENT, Imprimeur-Libraire, rue
des Mathurins, hôtel de Clugny.

M DCC LXXIII.

Avec Approbation, & Privilége du Roi.

ANECDOTES
ESPAGNOLES,

*Depuis l'Origine de la Nation,
jusqu'à nos jours.*

QUATRIEME ÉPOQUE.

*Domination des Princes Chrétiens, depuis
la destruction de l'Empire des Maures,
jusqu'au règne de Charles III.*

FERDINAND V et ISABELLE,
surnommés LES ROIS CATHOLIQUES.

[1492.]

TOUTE l'Europe, & particuliérement l'Italie, prit part à la joie que l'Espagne faisoit éclater, à l'occasion de tant de conquêtes, si heureusement couronnées par la destruction de

l'empire des Maures. « C'est à lui que nous
» devons tout : » disoit Philippe II ; toutes les fois qu'il avoit occasion de parler
de Ferdinand V.

Les rois de Castille s'occuperent d'a-
bord à réformer la justice ; à faire observer les loix ; à renfermer dans de justes
bornes l'empire que les Grands exerçoient
sur le peuple ; à prévenir les factions &
les révoltes qui avoient été autrefois si
fréquentes ; à relever l'autorité souveraine,
& à lui rendre tout l'éclat qu'elle doit
avoir ; &, afin de réveiller le génie de la
nation, ils se firent une loi d'avoir égard,
dans la distribution des graces, non pas
simplement à la naissance & à la faveur,
mais uniquement au mérite.

L'Espagne cessoit enfin d'être un théâ-
re de troubles & de guerres éternelles
qui s'allumoient dans son sein entre tant
de vassaux puissans, & tant de monarques
voisins, rivaux & ennemis. Ferdinand résolut d'étendre sa puissance en Afrique &
en Italie, autant pour augmenter ses états,
que pour occuper la bravoure nationale,
qui, sans cet aliment, pouvoit devenir funeste à la tranquillité de son règne. Le
progrès de ses armes le fit soupçonner
d'aspirer à la monarchie universelle. « Une
» partie de l'Europe se ligua contre un
» prince qui sembloit devoir tout enva-

» hir & tout subjuguer. D'autres Etats
» crurent qu'il y avoit plus à gagner pour
» eux, en s'associant avec l'Espagne, qui
» leur offroit de meilleures conditions
» qu'ils n'en pouvoient attendre en se li-
» guant avec ses ennemis ; car Ferdinand
» sçavoit avancer ses affaires aussi-bien par
» la voie de la négociation que par celle
» des armes. De-là, dans l'Europe, ces
» systêmes de Traités & d'Alliance, de
» Balance & d'Equilibre, qui font la base
» de la Politique moderne. » L'ascendant
de la monarchie Espagnole en fit naître
la nécessité, & Ferdinand sçut en faire
usage pour augmenter sa puissance.

[1492.]

Immédiatement après la prise de Grenade, les rois de Castille chasserent de
leurs états tous les Juifs, au nombre de
deux cens mille, d'autres disent de huit
cens mille. Le desir de ne commander
qu'à des Chrétiens, & la douleur de voir
des alliances trop fréquentes entre les premieres maisons Espagnoles, & les plus ri-
ches familles Juives, furent les motifs
d'un édit qu'on blâma, parce qu'il pri-
voit les provinces des trésors que les Juifs
emporterent avec eux en Portugal, en
Afrique & dans l'Orient. La nation pros-
crite offrit des sommes immenses pour

obtenir la révocation de cet édit ; rien
ne put en retarder l'exécution. Cent mille
familles feignirent de se convertir, & se
maintinrent en Espagne, sous le masque
du Christianisme. On travailloit en même
tems à la conversion des Maures, mais
d'une maniere un peu précipitée, & contraire à la foi des traités, qui excluoient
toute sorte de violence, même indirecte.

[1492.]

Un grand nombre de gentilshommes
avoient perdu leurs titres, pendant les derniers troubles & les guerres contre les Maures. Un édit daté de Cordouë, leur permit de prouver leur noblesse par la preuve
testimoniale, faute d'autres titres.

[1492.]

La reine Isabelle fait courir après Christophe Colomb, qui se rendoit en France,
pour y proposer le plan de ses découvertes, dont l'Espagne négligeoit l'exécution
depuis huit ans. Isabelle avoit épuisé ses
finances dans sa nouvelle conquête : elle
engagea ses pierreries, & fit armer trois
bâtimens qui mirent à la voile le trois
d'Août. Après quinze jours de navigation,
les Espagnols se crurent perdus : ils étoient
à cinq ou six cens lieues en mer, & il n'y
avoit point encore d'exemple qu'aucun na-

vire se fût tant éloigné de terre. Colomb fit usage de tous ses talens dans cette occasion, où il n'étoit menacé de rien moins que d'être jetté à la mer. Le 12 d'Octobre il vit la terre ; &, en vertu d'une patente des Rois de Castille, dont il étoit porteur, il se fit saluer en qualité d'Amiral & de Vice-Roi perpétuel & héréditaire de toutes les mers & terres qu'il découvriroit. La premiere isle où il aborda, étoit une des Lucayes.

Christophe Colomb avoit d'abord proposé son plan à la république de Gènes, dont il étoit né sujet, & qui ne daigna seulement pas l'écouter. Il s'adressa ensuite au roi de Portugal, dans les états duquel il s'étoit établi. On traita son projet de vision : bientôt après on voulut profiter de ses mémoires à son insçu ; ce qui le fit passer en Espagne, où il resta huit ans, sans pouvoir obtenir un vaisseau. Barthelemi, son frere, ne réussit pas mieux en Angleterre, où il étoit allé pour le même dessein. Christophe, ayant enfin perdu patience, étoit en chemin pour se rendre en France, lorsqu'on le fit revenir sur ses pas.

❧ [1492.] ❧

La cour étoit à Barcelone, & le Roi, suivant sa coutume, sortoit de son palais

A iij

pour aller rendre lui-même la justice. Un
Catalan, nommé Jean Canamarés, lui
porte un coup de poignard dont la violence fut heureusement rompue par le collier d'or que Ferdinand portoit, selon l'u-
sage de ce tems-là. On crut d'abord que
cet attentat étoit l'effet d'une conspiration,
mais on reconnut bientôt que Canamarés
avoit la folie de croire que Ferdinand lui
retenoit sa couronne, & qu'après la mort
de ce prince il seroit reconnu pour légitime roi de Castille. On lui fit subir la
peine des Parricides. Il fut tenaillé vif,
brûlé après sa mort, & ses cendres jettées
au vent. Ferdinand, guéri de sa blessure,
vouloit qu'on fît grace à son assassin.

[1493.]

On réunit dans la seule personne du
Roi, la grande-maîtrise de l'ordre de Saint-
Jacques; celle de Calatrava l'étoit déja;
bientôt après celles d'Alcantana & de
Montèse eurent le même sort. Les chevaliers de ces différens ordres militaires, s'en-
gageoient d'obéir en tout à leurs grands-
maîtres, qui par-là se trouvoient en état
de donner la loi au Souverain. Le Roi y
cherchoit un autre avantage, celui de
récompenser ses sujets sans toucher aux
revenus de sa couronne, en disposant à
son gré d'un grand nombre de Commen-

deries qui dépendoient de ces différens ordres.

[1493.]

Chriftophe Colomb rentre, le 15 de Mars dans le port de Palos en Eftramadure, d'où il étoit forti l'année précédente. Leurs Alteffes, lui écrivirent de fe rendre à Barcelone, (les Rois d'Efpagne ne portoient encore alors que le titre d'Alteffes.) L'adreffe de la lettre étoit ; « A dom Chriftophe Colomb, notre amiral fur la mer » Océane, vice-roi & gouverneur des if- » les qui ont été découvertes dans les » Indes. » Le nom d'Indes étoit donné par émulation contre les Portugais, qui avoient déja conquis une partie des Indes orientales, & parce que Colomb avoit perfuadé aux Efpagnols que les ifles d'où il venoit, en étoient l'extrémité la plus reculée vers l'eft.

L'entrée du nouvel amiral à Barcelone fut un vrai triomphe. « Tous les courti- » fans, fuivis d'un peuple innombrable, » allerent au-devant de lui fort loin dans la » campagne ; &, après qu'il eut reçu les » complimens qu'on lui fit de la part du » Roi & de la Reine, il marcha jufqu'au » palais en cet ordre : les Indiens qu'il » avoit amenés, dont l'un étoit parent du » Roi de Marien, paroiffoient les pre-

» miers, & ornoient d'autant mieux son
» triomphe, qu'eux-mêmes ils y prenoient
» part, au lieu que les triomphateurs Ro-
» mains fondoient la gloire du leur, fur,
» la mifere de ceux qu'ils traînoient en-
» chaînés à leur char. On voyoit enfuite
» des couronnes & des lames d'or qui
» n'étoient point le fruit de la violence
» & de la rapacité du foldat victorieux :
» des balles de coton, des caiffes remplies
» d'un poivre qu'on croyoit au moins égal
» à celui de l'Orient, c'étoit du piment ;
» des perroquets qu'on portoit fur des
» cannes de vingt-cinq pieds de haut ;
» des dépouilles de Caymans & de La-
» mentins, qu'on publioit être les vérita-
» bles Syrènes des anciens ; des oifeaux
» de plufieurs efpeces inconnues, & quan-
» tité de raretés que la nouveauté rendoit
» précieufes. Tant d'objets étalés aux yeux
» d'un peuple dont l'imagination porte
» ordinairement les chofes au-delà du na-
» turel, fembloient le tranfporter dans ces
» nouvelles régions, d'où il fe flattoit de
» voir bientôt couler des richeffes inépui-
» fables dans le fein de l'Efpagne. » Les
acclamations redoubloient de toutes parts ;
& la réception que lui firent Leurs Alteffes, répondit parfaitement à cette marche brillante. On le fit affeoir pendant
l'audience qu'on lui accordoit ; on con-

firma ses patentes de gouverneur, de vice-
roi & d'amiral ; on lui donna des armoiries magnifiques , avec cette devise :

POR CASTILLA Y POR LÉON,
NUEVO MONDO HALLO COLON.

» Colomb découvrit le Nouveau-Monde
» pour Castille & Léon. »

La reine Isabelle faisoit connoître, par-
là, que les nouvelles découvertes appar-
tenoient à la seule couronne de Castille:
c'étoit une suite de la même politique
dont elle avoit usé pendant la conquête du
royaume de Grenade ; au reste, elle avoit
droit de recueillir seule tous les fruits d'une
entreprise dont elle étoit lame. (Voyez
ci-dessus , page 4.) Christophe Colomb
partit , peu de tems après , avec dix-huit
vaisseaux, quinze cens hommes de guerre,
trois cens artisans, des missionnaires, &
tout ce que l'Europe pouvoit fournir de
plus utile au Nouveau-Monde.

[1494.]

On étoit bien persuadé en Espagne
qu'on n'avoit pas besoin de la permission
du saint siége pour posséder légitimement
les nouvelles acquisitions ; on alloit même
jusqu'à croire que les isles du Nouveau-
Monde étoient une ancienne possession des
Espagnols ; cependant on donna avis au

pape Alexandre VI de la découverte qu'on venoit d'en faire, & on le supplia d'en accorder le domaine à la couronne de Castille. En conséquence, le pape tira la célèbre ligne de démarcation, qui a fait tant de bruit dans le monde, & qui passoit du Nord au Sud, par le méridien des Canaries. Le roi de Portugal obtint qu'on en tireroit une autre qui lui étoit plus avantageuse.

[1495.]

Isabelle dispose de l'archevêché de Tolède, malgré Ferdinand, en faveur du plus grand homme que l'Espagne eût encore produit, François Ximénès de Cisnéroz, religieux de l'ordre de S. François, & qui étoit le confesseur, le ministre & le conseil de la Reine. Quelques années après, il fut élevé au cardinalat & à la régence de l'Espagne ; ce qui lui donna occasion de montrer ces talens qui l'ont mis au nombre des plus grands politiques. Après la prise de Grenade, il entreprit la conversion des Maures, & en vint à bout, quoiqu'à dire vrai, elle ne fut jamais fort sincère : il en résulta plus de facilité à contenir cette nation naturellement portée à la révolte ; on ne la vit remuer que dans peu de conjonctures, & les émeutes se calmerent aisément.

✦ [1496.] ✦

Ce n'étoit pas affez pour les rois de
Caftille, d'avoir élevé la monarchie Efpagnole à un degré de gloire fort fupérieur
à l'état floriffant où elle s'étoit vue du
tems des rois Goths. Ils s'occupoient du
foin de réunir toute l'Efpagne fous la domination de leur poftérité ; & les démarches qu'ils firent en conféquence, donnerent lieu de croire qu'ils avoient formé
ce projet de la monarchie univerfelle,
dont leurs fucceffeurs s'enivrerent au point
de ne pas le diffimuler. Ferdinand & Ifabelle fondoient leurs efpérances « fur un
» fils & quatre filles, dont les établiffe-
» mens ou faits ou médités, étoient l'ef-
» fet de la plus fubtile politique.... Mais
» toute la fplendeur de vingt-trois cou-
» ronnes penfa s'évanouir à leurs yeux, &
» paffa dans une maifon étrangere.» Après
une longue négociation, confiée au célèbre
Jean Manuel, à qui le bon fens, l'expérience,
l'efprit d'infinuation , & tous les talens du
plus habile courtifan, tenoient lieu d'é-
tude & de lettres, on conclut avec la
maifon d'Autriche un double mariage,
qui mettoit vifiblement tout l'avantage du
côté de l'Efpagne. « En même tems que
» Ferdinand tramoit cette intrigue, il af-
» furoit à fa poftérité fes vaftes états, en

» remariant Ifabelle, fa fille aînée, au roi
» de Portugal D. Emmanuel ; de forte
» que doña Jeanne, la cadette des infan-
» tes d'Efpagne, ne devoit porter à l'uni-
» que héritier de la maifon d'Autriche,
» que la dot d'une princeffe cadette ; tan-
» dis que Marguerite, riche héritiere de
» cette même maifon, en tranfportoit tous
» les droits en Efpagne, par fon mariage
» avec D. Juan. »

❧[1496.]❧

L'empereur Maximilien érigea l'Autriche en archiduché, à l'occafion du mariage de Philippe, fon fils unique, avec
doña Jeanne, & les rois de Caftille fe
crurent arrivés au comble de leurs defirs ;
mais la mort fe joua de tous ces projets.
L'Infante Ifabelle mourut en couche d'un
fils qui ne lui furvécut que deux ans.
D. Juan, époux de Marguérite d'Autriche,
ne paffa pas fa vingtieme année, & ne laiffa
point de poftérité. Il ne refta que doña
Jeanne, qui avoit époufé l'archiduc Philippe, auquel elle donna, contre toute
apparence, l'immenfe fucceffion qu'on ne
lui deftinoit pas. « C'eft ainfi que la mai-
» fon d'Autriche fut conduite, comme
» par une main invifible, fur les trônes
» de Caftille & d'Aragon, par les mêmes

» móyens qu'on avoit employés pour l'en
» écarter. »

[1496.]

Le pape Aléxandre VI donné à Ferdinand & à Ifabelle le nom de ROIS CA-
THOLIQUES ; comme Pie II avoit donné,
quelques années auparavant, celui de ROI
TRÈS-CHRÉTIEN à Louis XI. On commença de mettre fur tous les Brefs apof-
toliques pour l'Efpagne, AU ROI CATHO-
LIQUE DES ESPAGNES, au lieu de ce titre ufité jufqu'alors ; AU TRÈS-ILLUSTRE
ROI DE CASTILLE. Le roi de Portugal
s'en plaignit vivement, & repréfenta qu'on
ne pouvoit pas, fans injuftice, donner à
Ferdinand le titre de Roi des Efpagnes,
puifqu'il n'étoit pas maître du Portugal.

Les François auroient été bien plus ir-
rités, s'il eft vrai, comme le dit Philippe
de Comminès, que le pape avoit réfolu
de donner à Ferdinand le nom de ROI
TRÈS-CHRÉTIEN, dont les rois de France
étoient en poffeffion.

Le troifieme concile de Tolède avoit
donné le furnom de CATHOLIQUE à
Reccarède, lorfqu'il abjura l'Arianifme
& ramena tous les Goths, fes fujets, au
fein de l'Eglife. L'Efpagne le donna auffi
à Alphonfe I, à caufe de fon zèle pour
la religion ; mais ce furnom ne s'étoit

pas conservé parmi les succeſſeurs d'Alphonſe I. Le pape Aléxandre VI le fit
revivre en faveur de Ferdinand & d'Iſabelle, comme un monument propre à perpétuer la mémoire de l'expulſion des Maures. Depuis ce tems-là, Ferdinand a toujours pris le titre de ROI CATHOLIQUE,
& ſes ſuccesſeurs l'ont porté conſtamment.

[1498.]

D. Juan, prince de Caſtille, étant mort
ſans laiſſer de poſtérité, les rois Catholiques font venir le roi & la reine de Portugal, Iſabelle leur fille aînée, afin de les
voir reconnoître, ſelon l'ancienne coutume, pour les héritiers légitimes de la
couronne de Caſtille. Ils dépêchent auſſitôt un courrier en Flandres, vers l'archiduc & l'archiduchesſe d'Autriche, pour
leur enjoindre de quitter le nom de princes de Caſtille qu'ils avoient pris, depuis
la mort de D. Juan, ſoit par un preſſen-
timent de ce qu'ils devoient être un jour,
ſoit par quelqu'autre motif.

Les grands du royaume de Caſtille reconnoiſſent, ſans difficulté, le roi & la
reine de Portugal, Ies proclament princes de Caſtille, & leur rendent hommage.
Les états d'Aragon ne ſe prêterent pas
avec la même facilité aux deſirs de Fer-

dinand, & lui opposerent tant de difficultés, que la reine de Castille ne put s'empêcher de dire tout haut : « Il seroit plus
» court & plus glorieux de conquérir l'A-
» ragon, que d'en assembler les Etats, &
» de souffrir leur hauteur mal fondée. ——
» Je ne crois pas, répondit Alphonse de
» Fonseca, que Votre Altesse doive trou-
» ver mauvais que les Aragonois pren-
» nent la défense de leurs anciens privi-
» léges : ce n'est pas manquer au respect,
» ni à l'obéissance, que de conserver les
» droits & les libertés qu'ils ont reçus de
» leurs ancêtres. Comme ils ne croient
» pas qu'il soit de la prudence de préci-
» piter un serment ; de même ils sont cons-
» tans & fermes à observer ce qu'ils ont
» une fois juré, & jamais ils ne le céde-
» ront à nulle autre nation du monde,
» pour la fidélité & la soumission qu'ils
» doivent à leurs maîtres légitimes. C'est
» la premiere fois qu'on a proposé aux Etats
» du royaume de déclarer une fille héri-
» tiere de la couronne. Ainsi il ne faut
» pas que Votre Altesse s'étonne & nous
» condamne, si nous n'allons pas si vîte,
» & si nous avons tant de peine à intro-
» duire un nouvel exemple, dans la crainte
» que cette nouveauté ne cause quelque
» préjudice à la nation. »

La reine de Portugal accoucha d'un

prince, & mourut une heure après; ce qui leva toutes les difficultés. Le prince qui venoit de naître fut reconnu héritier de la couronne d'Aragon, dans les mêmes Etats de Sarragoſſe.

❦[1499.]❦

Plus de cinquante mille Maures avoient reçu le baptême, dans le royaume de Grenade; & on traduiſit en arabe l'Ancien & le Nouveau Teſtament, pour en procurer la lecture à ces nouveaux Chrétiens. Ximénès, qui ſe défioit de la ſincérité de leur changement, fit ſupprimer cette traduction, afin de ne pas expoſer les livres ſaints aux blaſphêmes des Muſulmans.

❦[1499.]❦

Les Maures de Grenade ſe ſoulèvent tout-à-coup; & le commandant fait entrer des troupes dans la ville, afin de tenir les Chrétiens & les Infidèles également dans le reſpect, & d'empêcher les uns & les autres d'en venir aux mains. Ximénès, archevêque de Tolède, envoie un courrier à Séville où étoit la cour; c'étoit un Négre qui avoit coutume de faire, à pied, au moins vingt lieues en un jour. Ce malheureux s'enivra en chemin, & reſta vingt-quatre heures dans le même endroit. Les rois Catholiques apprirent, par la voix publique,

publique, la nouvelle de la révolte de Grenade. Ferdinand qui n'aimoit pas l'archevêque, profita de cette occasion pour faire à la Reine des reproches assez vifs sur la confiance qu'elle accordoit à Ximénès. Enfin le courrier arriva, & Isabelle n'en fut pas moins obligée d'interposer son autorité, pour fermer la bouche aux ennemis de l'archevêque.

[1500.]

Naissance de Charles-Quint, le 24 de Mars, jour de S. Mathias. Si l'on en croit ses panégyristes, ce jour lui fut toujours heureux. La reine de Castille, en apprenant cette nouvelle, s'écria : *Le fort est tombé sur Mathias !* faisant allusion au jour & à la fête où le jeune prince étoit né. L'événement prouva qu'il devoit réunir sur sa tête les vastes domaines des maisons de Bourgogne, d'Autriche, de Castille & d'Aragon. On lui donna le titre de duc de Luxembourg, quoique, suivant l'ancienne coutume, les enfans des ducs de Bourgogne eussent toujours porté le nom de comté de Charollois. Le jeune infant de Portugal, petit-fils de Ferdinand & d'Isabelle, mourut le 20 de Juillet, & l'archiduc Philippe prit alors, avec son épouse, le titre de Prince de Castille & d'Aragon.

♣[1500.]♣

L'Espagne commence à prendre part
au rétabliſſement des ſciences. Toujours
déchirée par des guerres inteſtines , elle ne
pouvoit offrir aux Muſes un aſile tranquille,
& ce ne fut que dans le ſeizieme ſiécle
qu'on vit paroître quelques poétes. Le marquis de Santillanne tint le premier rang :
il imita Pétrarque , mais le prix de ſes vers
vient d'être ſortis de la plume d'un grand
ſeigneur , & dans un tems où c'étoit un
mérite que de ſçavoir lire. Jean Boſcan,
Diégo de Mendoza , & Garcilaſſo de la
Véga, ſurnommé le prince des poëtes lyriques , furent les maîtres de la poëſie
eſpagnole. Elle dégénéra peu à peu, parce
que l'affectation fit perdre de vue la belle
& ſimple nature. Les poétes lyriques s'ima-
ginoient atteindre au ſublime & au beau
déſordre de l'ode , en répandant ſur leurs
vers une obſcurité myſtérieuſe. La plûpart
de leurs ſtances ſont pour les Eſpagnols
mêmes, un recueil d'énigmes.

Lope de Véga, génie fécond, heureux
& facile, ſecoua le joug des régles preſcrites , pour ſe frayer une route nouvelle :
Gongora, plein d'eſprit & avide de gloire,
haſarda des ouvrages hériſſés d'antithêſes
& d'équivoques. Ces deux auteurs réuni-
rent tous les ſuffrages par des traits char-

mans, & qui portoient l'empreinte de
leur génie. Ils eurent bientôt une foule de
mauvais copistes sous le beau nom d'imitateurs ; & les jeux de mots, les faux brillans, les écarts de l'imagination défigu-
rerent la Poëfie, tandis que le style énig-
matique de Gratien gâtoit la Profe : on
voulut, à fon exemple, paroître profond,
& l'on devint obfcur.

Il eft vrai que, dès le treizieme fiécle,
lorfque les Aragonois eurent fecoué le
joug des Maures, les lettres fe renouvel-
lerent parmi eux, avec le Chriftianifme,
les mœurs & la politeffe ; mais leurs fçavans ne s'occuperent alors qu'à compofer
des traités polémiques contre les Mahométans, & des livres d'inftruction à l'u-
fage des Chrétiens efclaves chez les Infidèles.

Ferdinand de Cordouë, qui paffoit, vers
le milieu du quinzieme fiécle, pour le
prodige de fon tems, ne recueilleroit au-
joud'hui que de foibles éloges. Sa fcience
confiftoit à poffédet les fcholaftiques, Scot,
Aléxandre de Hales & Ariftote. C'étoit
beaucoup pour ce tems-là ; mais il fçavoit
peindre, chanter, danfer & jouer des inf-
trumens. Ces connoiffances agréables parurent furprenantes dans un homme hé-
riffé de Grec & de Latin. On le regarda
comme un forcier, & même comme l'an-

techrift ; il y donna lieu en se mêlant de faire des prédictions.

✳ [1506.] ✳

Christophe Colomb & ses deux freres arrivent en Espagne, chargés de fers & condamnés à mort. La cour retentissoit depuis long-tems des plaintes que les ennemis de ces illustres étrangers se plaisoient à répandre ; la seule présence de Colomb auroit pu conjurer l'orage. Il ne suivit pas le conseil qu'on lui donnoit de se rendre auprès de la Reine , & c'est la plus grande faute qu'il ait faite en sa vie. On lui donna pour successeur Bovadilla , homme si violent , qu'on est surpris qu'il se soit contenté d'envoyer en Espagne les prétendus coupables avec les piéces de leur procès. Dès que Colomb fut en mer , on voulut lui ôter ses chaînes, mais il s'y opposa ; & il est vrai que son débarquement à Cadix , dans l'équipage d'un criminel condamné à mort , ne lui fit guères moins d'honneur que son entrée triomphante dans Barcelone , (Voyez ci-dessus , page 7.) Par le cri général qui s'é-leva dans le peuple , par l'indignation que conçurent les Rois Catholiques contre Bo-vadilla , par la maniere dont ils cherche-rent à le dédommager des ignominies de sa prison , & par les assurances qu'ils lui don-

nerent hautement de le venger. « Il ne
» put néanmoins obtenir d'être rétabli
» dans fon gouvernement ; la politique
» s'y oppofoit : à mefure que le Nouveau
» Monde fe découvroit, on s'appercevoit
» qu'on lui avoit trop accordé. » Il avoit
déja perdu la gloire qu'il méritoit, de
donner fon nom à l'Amérique, par la fu-
percherie d'un capitaine Efpagnol nommé
Alphonfe de Ojéda, & d'un avanturier
appellé *Améric Vefpuce*, géographe ou
pilote de Florence. Munis des plans & des
mémoires que Colomb venoit d'envoyer
à la cour, ils n'eurent pas de peine à
réuffir dans leur voyage qu'ils avancerent
fauffement, dans leur relation, avoir duré
vingt-cinq mois, afin qu'on crût qu'ils
avoient reconnu la Terre-ferme avant Colomb. Lorfqu'on découvrit l'erreur, on
s'étoit déja accoutumé à nommer Amérique la moitié de notre globe.

[1501.]

On dompte les Maures rebelles qui habitoient les montagnes d'Alpuxarra, & on
les oblige de recevoir le Baptême, ou de
fe retirer en Afrique. On fait monter à
quatre-vingt mille hommes le nombre de
ceux qui prirent le parti d'abandonner
l'Efpagne, en payant la taxe impofée, qui
étoit de dix écus d'or par famille.

On porte en même tems un décret qui'
enjoignoit à tous les Maures de fe faire
baptifer, ou de quitter le royaume dans
trois mois, fous peine d'être mis en efclavage. Ils embrafferent le Chriftianifme
pour la plûpart, mais ils ne renoncerent
pas intérieurement à l'Alcoran. A cette
nouvelle, le Soudan d'Egypte menace d'exterminer tous les Chrétiens de fes Etats.
Ferdinand & Ifabelle conjurent cet orage
par une célèbre ambaffade & de magnifiques préfens.

❧[1502.]❧

Colomb fait un quatrieme voyage en
Amérique. Il lui étoit défendu d'aborder
à aucun port de l'ifle Efpagnole, (Saint-
Domingue;) forcé d'y relacher, « il fe
» hâta de fortir d'une ifle, qui, après avoir
» été le fondement de toute fa gloire &
» le commencement de fa grandeur, étoit
» devenue le théatre funefte où il avoit
» reçu les plus fanglans affronts. » Trente-
deux vaiffeaux chargés d'or mettoient à
la voile pour l'Efpagne, & partirent malgré les repréfentations de Colomb, qui
leur annonçoit une tempête prochaine.
Vingt-un vaiffeaux, chargés de feize millions, furent engloutis fous les eaux.

❧[1502.]❧

Les rois de France & de Caftille étoient

en guerre depuis long-tems, pour soutenir leurs droits sur le royaume de Naples.
L'archiduc d'Autriche, gendre de Ferdinand, conclut un traité avec Louis XII,
par lequel on confirmoit le mariage du
jeune duc de Luxembourg, (Charles-
Quint,) avec la princesse Claude de France,
qui épousa François I; & on leur cédoit
tout ce que la France & la Castille prétendoient sur le royaume de Naples. Tandis que ses ambassadeurs juroient la fidèle
observation de ce traité, Ferdinand écrivoit au fameux Gonsalve, si connu sous
le nom du GRAND GÉNÉRAL, de n'y
avoir aucun égard, & lui envoyoit de
nouveaux secours. Louis XII, au contraire,
licentia une armée prête à passer en Italie, où sa bonne foi lui fit perdre toutes
ses conquêtes. Ce n'étoit pas la premiere
fois que les François éprouvoient combien Ferdinand étoit peu scrupuleux sur
la fidélité. Louis XII disoit à cette occasion au gendre de Ferdinand : « Si votre
» beau-pere a fait une perfidie, je ne veux
» pas lui ressembler; & j'aime beaucoup
» mieux avoir perdu un royaume que je
» scaurai bien reconquérir, que non pas
» l'honneur qui ne peut jamais se recou-
» vrer. » On scait que ce Prince refusa
d'écouter Pierre Quintana, secrétaire du
roi de Castille, alléguant pour raison qu'il

avoit été trompé deux fois, & qu'il ne vouloit pas l'être une troisieme : « Deux » fois, s'écria Ferdinand en jurant, il en » a bien menti l'ivrogne, je l'ai trompé » plus de dix fois. »

Wicquefort, auteur peu favorable au roi de Castille, mais d'ailleurs exact, ajoute à ce fait, « que Ferdinand se servit » de moines dans presque toutes ses affaires ; » qu'il en avoit toujours à sa suite, & » dans les intrigues qu'il tramoit chez tous » les Princes, ses voisins ; que frere Jean » de Mauléon négocioit continuellement » auprès de Charles VIII, roi de France, » & en obtint enfin la restitution du comté » de Roussillon ; que les religieux du » Montserrat y furent employés après la » révolution des affaires de Naples.... » qu'enfin les prélats faisoient l'ornement » de toutes ses ambassades, & les reli- » gieux, le fort de toutes ses négociations, » particuliérement lorsqu'il avoit envie » de tromper ; ce qui ne lui étoit pas fort » extraordinaire. » Il avoit toujours à la bouche cette maxime : « Le profit pour » moi, le danger & les dépenses pour » mes alliés. »

Zurita & Mariana ne l'excusent qu'en disant naïvement ; l'un, « Qu'il est injuste » d'imputer à un Roi, un vice commun » à tous les Rois ; » l'autre, « Que Ferdi-

» nand étoit dans la néceffité de s'accom-
» moder aux mœurs, au langage, & aux
» manieres qui étoient pour-lors en ufage.»

[1503.]

La princeffe Jeanne, époufe de l'archiduc Philippe, donnoit de vives inquiétudes aux Rois Catholiques, par des accès de trifteffe & de mélancolie qui devinrent plus violens dans la fuite, & lui
firent donner le nom de JEANNE LA
FOLLE. Jaloufe de fon époux, jufqu'à la
fureur, elle avoit un empreffement extraordinaire de fe rendre en Flandres, où
elle prétendit un jour aller à pied, refu-
fant d'écouter les raifons qui retardoient
les préparatifs de fon voyage. Les gardes
ne trouvoient pas d'autre moyen de la
retenir dans Médina del Campo, où on
l'avoit renfermée, que de lever le pont
levis. Jeanne prit le parti de fe tenir continuellement à la porte du château, &
il ne fut pas poffible de la déterminer à
rentrer dans fon appartement. La Reine,
quoique malade à Ségovie, fe rend auprès de fa fille, & mêlant la tendreffe à
l'autorité, l'engage enfin à tenir une conduite plus raifonnable, jufqu'au moment
fixé pour fon départ.

[1503.]

La fameufe ordonnance qui accordoit
la liberté aux Indiens, & qui obligeoit
les Efpagnols de verfer dans le tréfor royal
la moitié de l'or qu'ils tiroient des mines,
n'avoit pas procuré les avantages qu'on
s'en étoit promis. Les Indiens, devenus libres, refufoient de travailler; & les Caftillans abandonnoient les mines, parce
que le Souverain refufoit d'entrer dans les
frais immenfes qu'exigent ces fortes de
travaux. La Reine fe borna au tiers du
profit, mais il fallut encore fe relâcher;
&, par un réglement qui a toujours fubfifté
depuis, elle fe contenta du QUINT des
métaux, des perles & des pierres précieufes.

[1504.]

La reine Ifabelle meurt le 26 de Novembre, âgée de cinquante-quatre ans.
L'hiftoire reconnoît en elle toutes les vertus qui immortalifent les grands Rois. La
jaloufie, feule paffion dont elle fut tour-
mentée, lui fit exiger de Ferdinand, le
ferment qu'il ne pafferoit point à de fe-
condes nôces. Elle avoit laiffé, dit-on,
un teftament, par lequel, « fans parler en
» aucune maniere de l'archiduc fon gen-

» dre, elle ordonna, qu'en cas que fa
» fille doña Jeanne, pour quelque raifon
» que ce pût être, ne voulût pas gouver-
» ner par elle-même fes Etats, D. Ferdi-
» nand les gouverneroit, non plus comme
» roi de Caftille, mais en qualité d'ad-
» miniftrateur, jufqu'à ce que le prince
» Charles eût atteint l'âge de vingt ans.
» Elle régla de plus, qu'en reconnoiffance
» des fervices de fon mari, il jouiroit,
» tant qu'il vivroit, de la moitié des re-
» venus qu'on tiroit du Nouveau Monde,
» d'un million de ducats par année, &
» des trois grandes maîtrifes des ordres
» militaires de Saint-Jacques, d'Alcantara
» & de Calatrava. »

Elle défendit qu'après fa mort, & à fes
obsèques, on prit le deuil en habits de
groffe ferge, fuivant l'ancienne coutume.
C'eft depuis ce tems-là que cette maniere
de prendre le deuil en Efpagne, à la mort
des Souverains, s'eft changée en une autre moins groffiere & moins lugubre.

Ifabelle révoquoit dans fon teftament
toutes les gratifications qu'elle avoit accordées à fon avénement au trône, parce
qu'elles « fe trouvoient contraires au bien
» de l'Etat, & que la néceffité avoit eu
» plus de part à ces fortes de graces, que
» fon inclination. » Elle excepta cependant la donation du marquifat de Moya ;

& déclara même qu'elle la ratifioit de nouveau en faveur du fidèle. D. André de Cabréra, de sa femme, de ses enfans & de ses héritiers à perpétuité. (Voyez T. I, page 588.)

[1504.]

Le jour même de la mort d'Isabelle, à Médina-del-Campo, Ferdinand fit arborer le grand étendard de Castille, au nom de la princesse Jeanne, sa fille, & de l'archiduc Philippe, son époux, qui furent proclamés & reconnus, la princesse en qualité de Reine propriétaire, & l'archiduc comme époux de la Reine. Dans les autres villes du royaume où la proclamation devoit avoir lieu, on ne fit nulle mention de l'archiduc. Le peuple, avant que de le reconnoître, vouloit qu'il confirmât par serment les droits, les priviléges & les libertés du royaume de Castille, & qu'on ne reçut point d'étrangers dans les CONSEILS & les AUDIENCES. Les Audiences sont des tribunaux assez semblables à ce qu'on appelle en France, Présidiaux, Bailliages ou Justices royales. Elles sont du ressort du conseil suprême, qui tient lieu des parlemens, & qui est unique dans chaque royaume. On dit le conseil suprême de Castille, le conseil suprême d'Aragon, &c.

[1504.]

Ferdinand écrit à son gendre « qu'on ne
» lui permettroit pas d'entrer en Espagne,
» s'il n'étoit accompagné de son épouse :
» que les peuples vouloient se convaincre
» par eux-mêmes, si ce qu'on publioit de
» leur Reine étoit vrai, si son infirmité
» n'étoit point supposée, & si la Prin-
» cesse étoit absolument incapable de
» gouverner la Castille par elle-même. »

JEANNE, LA FOLLE;
& PHILIPPE I, LE BEAU.

[1505.]

ON prétend que Philippe hérita de la couronne de Castille avec tant d'indifférence, qu'il parut balancer entre les Pays-bas & ces nombreux royaumes. Ce Prince, extrêmement bien fait, affable, magnifique & libéral jusqu'à la prodigalité, avoit gagné les cœurs des Grands & du peuple, pendant le séjour qu'il avoit fait en Espagne, lorsqu'il y fut reconnu héritier présomptif de Castille & d'Aragon. Le soupçonneux Ferdinand en avoit pris ombrage, & négotioit à Bruxelles de façon à y retenir son gendre. Un de ses ambassadeurs, nommé Conchillo tire de la reine Jeanne un écrit, par lequel » elle déclaroit approuver le testament de » sa mere, & consentir que Ferdinand » restât maître de la Castille, en qualité » d'administrateur, jusqu'à ce que son fils » Charles eût vingt ans. » L'archiduc saisit cet écrit qui suffisoit pour enlever l'Espagne à la maison d'Autriche, & Conchillo est jetté dans un cachot si horrible, que tous les cheveux lui tomberent en une nuit. Jeanne fut arrêtée dans son appartement, avec défense d'y laisser entrer aucun Espagnol.

Pendant ce tems-là, Ferdinand formoit le singulier projet d'épouser la fille de Henri IV l'Impuissant ; cette même Princesse qui avoit disputé la couronne à Isabelle, & contre laquelle il avoit employé tant de rigueurs pour lui enlever ses Etats. L'opiniâtreté avec laquelle le roi de Portugal s'opposoit à cette prétention, fit seule échouer l'entreprise.

[1505.]

Ferdinand assemble les Etats de Castille à Toro. Jeanne la Folle y est proclamée Reine, pour la seconde fois, & Ferdinand est déclaré Régent jusqu'à la majorité de Charles son petit-fils : ces Etats sont sur-tout fameux par la promulgation d'un nouveau Code, auquel on travailloit depuis près de vingt ans, & dont l'objet principal étoit d'abréger l'administration de la justice, & de réformer les abus que la confusion des révoltes avoit introduits dans l'Etat. On appella ces loix *LEGES TAURICES*, du nom de la ville de Toro; & elles forment le Code de la Castille.

[1505.]

Philippe n'héſite pas à déclarer que le teſtament d'Iſabelle eſt ſuppoſé. « Il ſe
» perſuada ſi bien cette ſuppoſition, qu'il
» la fit croire à toute l'Eſpagne. Les Grands
» ſi long-tems humiliés par Ferdinand,
» avoient un vif intérêt de le croire &
» de le perſuader. » Ferdinand, n'ayant
plus d'eſpérance de priver ſon gendre de
la couronne de Caſtille, entreprit de lui
ôter du moins celle d'Aragon. Il fit demander en mariage Germaine de Foix,
niéce de Louis XII, que ce Prince aimoit
comme ſa fille, & l'obtint à condition
» que le royaume de Naples, dont les
» Aragonois entroient en poſſeſſion, ſeroit
» l'appanage des héritiers mâles qu'il ſe
» promettoit d'avoir de ſon ſecond ma-
» riage; &, en cas qu'il n'eût que des
» filles, ce royaume ſeroit réuni tout en-
» tier à la couronne de France. » Le Ciel
trompa encore ce nouveau trait de politique : Germaine de Foix n'eut qu'un fils,
qui mourut huit jours après ſa naiſſance.

[1505.]

Le comte de Tendilla avoit propoſé de
faire des conquêtes en Afrique, de prendre
Oran, le port de Mazalquivir, nom arabe
qui ſignifie le grand port, & pluſieurs
autres

autres places voisines. Il demandoit cent mille écus, avec promesse de rendre le reste de la somme, s'il ne la dépensoit pas toute entiere ; &, s'il en falloit davantage, d'y suppléer de son propre fonds. La mort d'Isabelle fit avorter ce projet. Ferdinand l'exécuta, malgré les circonstances critiques où il se trouvoit. Cette guerre fut heureusement conduite par D. Diégue de Cordouë, *Alcayde de Los Donzeles*, « capitaine des Damoiseaux. » On donnoit ce nom à de jeunes gentilshommes qui avoient été Pages à la cour, & qui n'avoient pas encore servi dans les troupes. On en formoit une compagnie, & ils faisoient leur premiere campagne sous un seigneur distingué par son courage & son expérience. Ils étoient dans les armées, ce qu'on appelloit autrefois en France les enfans perdus. On pourroit dire que, dans un sens, ils avoient quelques rapports avec nos mousquetaires, à la réserve que ceux-ci servent, même en tems de paix, au lieu que les autres n'étoient que pour la guerre. Le mot espagnol DONZEL, signifie jeune homme.

❦ [1505.] ❧

Christophe Colomb arrive en Espagne après un voyage malheureux ; &, pour comble de disgrace, la premiere nouvelle

qu'il apprit, fut la mort de la reine Isabelle sa protectrice. Après des pourfuites
inutiles pour rentrer dans ses droits, il
se vit obligé de donner la démission de
sa charge, & de se contenter de quelques terres & d'une pension qu'on lui offrit. Il mourut peu de mois après, âgé
de soixante-cinq ans.

❧ [1505.] ❧

Au moment où tout sembloit annoncer
une rupture entre Ferdinand & Philippe I,
on signe à Salamanque un traité, le 24
de Novembre, aux conditions suivantes.
» 1° Les deux Rois & la Reine gouverne-
» ront ensemble la Castille avec une égale
» autorité. 2° Les loix, les ordonnan-
» ces, les édits, tous les actes publics
» seront signés de leurs trois noms, avec
» la qualité de Rois. 3° On observera les
» mêmes régles à toutes les publications, &
» on commencera toujours par ces mots :
» PAR ORDRE DE LEURS MAJESTÉS.
» 4° Aussitôt que l'archiduc Roi, & la
» Reine, son épouse, seront arrivés dans
» leurs états, les peuples leur prêteront
» serment de fidélité comme à leurs Rois
» légitimes ; au Roi Catholique, comme à
» l'administrateur ; & au duc de Luxem-
» bourg Charles, comme au prince des
» Asturies, au successeur & à l'héritier

» des couronnes de Castille, de Léon &
» de Grenade. 5° Tous les revenus du
» royaume se partageront en deux parties
» égales, l'une pour le Roi Catholique,
» & l'autre pour le nouveau Roi & son
» épouse. 6° On fera le même partage
» à l'égard des revenus de la grande maî-
» trîse des trois ordres militaires de Saint-
» Jacques, de Calatrava & d'Alcantara.
» 7° On partagera de la même maniere
» les charges, les gouvernemens & tous
» les emplois. Le sort en décidera, & le
» roi Ferdinand en aura la moitié ; le
» reste appartiendra au roi Philippe & à
» la reine Jeanne. » Le pape, l'empereur,
les rois de France, d'Angleterre & de
Portugal furent invités à se rendre garants
du traité.

❦ [1506.] ❦

Philippe I partit de Flandres, malgré
une grossesse avancée de la Reine qui l'ac-
compagna, & arriva en Espagne avec
beaucoup d'argent, de nombreux vaisseaux
& le titre de Roi de Castille. La politique
de Ferdinand en fut déconcertée, & bientôt il se vit abandonné de tous les Grands.
Le Connétable, l'Amiranté & le duc d'Albe, ses parens, le marquis de Denia son
favori, & Ximénès, furent les seuls qui
restérent auprès de lui. Il écrivit à D. Ma-

C ij

nuel qui avoit toute la confiance du nou=
veau Roi, & terminoit fa lettre par ces
mots : « Pour moi, je fuis réfolu d'acca-
» bler de graces & de bienfaits mes en-.
» nemis, & de ne me venger des cha-
» grins qu'on m'a caufés, que par de nou-
» velles faveurs. » D. Manuel lui répondit qu'il n'avoit jamais eu d'autre vue
que d'entretenir une intelligence parfaite
entre le beau-pere & le gendre, & vantoit la droiture de fes intentions. Il ajou-
toit : « La feule grace que j'ofe vous de-
» mander, c'eft que vous ne mettiez pas
» en oubli les fervices que j'ai rendus à
» votre couronne, & mon attention à
» vous donner des preuves de ma fidé-
» lité. Pour moi, en faifant réflexion fur
» ma vieilleffe, & voyant que pour toute
» récompenfe de mes fervices je ne re-
» cevois que de mauvais traitemens, je
» me-perfuadois que Votre Majefté ne
» vouloit reconnoître ici bas ma fidélité,
» que par des prieres qu'elle offriroit ou
» feroit offrir pour le repos de mon ame
» quand je ferois dans l'autre monde,
» mais je n'afpire pas encore à cette mar-
» que de votre reconnoiffance ; car j'ai
» fouvent ouï dire que les Princes ne.cau-
» fent que la damnation de leurs plus
» fidèles miniftres, & que l'enfer eft la
» récompenfe la plus ordinaire que ceux-ci

» retirent de leur zèle & de leur obéif-
» fance. Je n'ai pas encore lu qu'un
» Roi ait jamais délivré aucun de fes fu-
» jets des flammes du purgatoire, je ne
» laifferai pas néanmoins de m'acquitter
» de mes devoirs ; & s'il y a dans le traité
» de Salamanque quelques articles qui
» ayent befoin d'éclairciffement, je pren-
» drai la liberté de fupplier Votre Ma-
» jefté que fon amour pour la paix, lui
» infpire cette modération & cette pru-
» dence qui ont toujours éclaté pendant
» tout fon règne & dans les moindres
» actions de fa vie. »

[1506.]

Ferdinand prit le parti d'aller lui-même
au-devant de fon gendre, dans l'efpérance
que ce Prince, touché de fa politeffe,
s'avanceroit à fon tour vers lui : il fut
trompé. Philippe affecta d'aller de Com-
poftelle à Burgos par de longs détours.
Ximénès qui vouloit fe ménager avec le
nouveau Roi, dont il voyoit que le parti
l'emporteroit infailliblement, fe chargea de
négocier une entrevue ; mais il fallut en
paffer par des formalités bien humiliantes.
Ferdinand donna des ôtages, & ne reçut
point d'autre affurance que la parole de
Philippe, tant pour fa perfonne, que pour
deux cens hommes à qui on permit de

l'accompagner fans armes. Il demanda
beaucoup, & n'obtint prefque rien. Il repréfenta que le royaume de Grenade étant
fa conquête, on ne pouvoit l'en priver
fans une forte d'injuftice. On lui répondit que ce royaume étoit réuni à la Caftille du vivant d'Ifabelle ; « qu'on ne par-
» tageoit point un fceptre, & qu'il n'avoit
» point d'autre parti à prendre, que celui
» de retourner en Aragon. » Il obtint enfin la poffeffion des trois grandes maîtrifes, avec une penfion de cinquante mille
écus, & prit la route d'Aragon, « quit-
» tant avec douleur la Caftille, qui lui
» avoit, après tout, d'extrêmes obligations,
» & qui le renvoyoit prefque auffi feul
» qu'il y étoit venu pour en porter la cou-
» ronne. »

Si l'on en croit quelques hiftoriens,
» un motif d'intérêt très-preffant contrai-
» gnit D. Philippe, le meilleur Prince de
» fon fiécle, d'en ufer fi durement avec
» fon beau-pere, qui par ce titre feul
» méritoit d'être plus ménagé. Il avoit
» fçu que Ferdinand rouloit le projet de
» lui enlever la couronne de Caftille,
» d'une maniere qui auroit rendu la Maifon
» d'Autriche la fable de toute l'Europe. »

❧[1506.]❧

Les LAS CORTÈS, ou Etats généraux de

Caſtille , ſont aſſemblés à Valladolid,
Philippe veut leur faire adopter ſon projet d'interdire la Reine , & même de la
renfermer. On en rejette la propoſition,
& on prête ſerment de fidélité à Jeanne,
comme à la propriétaire de la couronne ;
à Philippe, comme à l'époux de la Reine ;
& au Duc de Luxembourg , comme au
Prince des Aſturies. Les Etats accorderent
au nouveau Roi deux millions cinq cens
mille livres.

[1506.]

Les ſeigneurs Flamands qui avoient accompagné Philippe , prétendirent qu'on
ne pouvoit leur refuſer le droit de partager avec les Grands d'Eſpagne la prérogative de ſe couvrir en préſence du Roi ;
les Grands prouverent que la nobleſſe Flamande ne devoit pas jouir de cette diſ-
tinction. Philippe termina la querelle, en
ôtant le privilége à la Grandeſſe. Les murmures ne tarderent pas à éclater. On ſe
plaignit des profuſions du nouveau Monarque, de l'eſpece de priſon où il retenoit la Reine, des changemens qu'il venoit de faire parmi les gouverneurs, les
miniſtres & les magiſtrats que Ferdinand
avoit placés ; les plus ſages craignoient
de voir renaître les anciens troubles. Philippe mourut le 25 de Septembre , à l'âge

de vingt-huit ans, après une maladie de
fix jours, & « nul Prince ne fut pleuré fi
» univerfellement, ni fi fincérement. » Il
laiffa deux fils, Charles & Ferdinand, avec
une couronne enviée par fon beau-pere,
qui commença à efpérer de la porter une
feconde fois. Il confia la tutelle & l'éducation de fes enfans à Louis XII, roi de
France, qu'il aimoit particuliérement, &
qu'il regardoit comme le plus honnête
homme de l'Europe.

❧[1506.]❧

La mort de Philippe I acheva de ren-
verfer le jugement de doña Jeanne. Elle
n'en recouvra l'ufage, de tems en tems,
que pour fe plaindre qu'on lui eût ôté le
gouvernement de fes Etats. On eut mille
peines à la faire confentir qu'on mit fon
époux dans un cercueil : « Mais ce cer-
» cueil l'accompagnoit toujours : elle ne
» le perdoit point de vue. Non contente
» de pleurer jour & nuit fon époux, elle
» le traînoit dans toutes les villes de Caf-
» tille avec l'appareil lugubre de fa vi-
» duité, ne goûtant d'autre plaifir au
» monde que celui de renouveller éter-
» nellement fes obféques, fans vouloir
» qu'on le féparât d'elle. On la contrai-
» gnit enfin de mettre en dépôt dans une
» églife, ce trifte aliment de fa douleur;

» mais elle l'en fit tirer ; & ordonna qu'on
» ouvrit le cercueil, pour revoir celui
» dont l'idée étoit toujours préfente à fon
» efprit. On fe laffa de la voir promener
» ainfi dans fes Etats l'étalage d'une mé-
» lancolie qui avoit d'abord excité la pi-
» tié. On la conduifit à Tordéfillas, où
» elle s'enferma avec ce qu'elle appelloit
» fon tréfor, paffant toute fa vie, qui fut
» affez longue, à le pleurer, à le contem-
» pler, à ne fe nourrir que de fes larmes,
» à fe plaindre de fon pere & des Caftil-
» lans, fans interrompre cet exercice, qu'en
» fe délaffant à combattre avec des chats,
» qui lui laifferent fouvent des marques
» de fon extravagance & de leur fureur.»
Elle mourut le 12 d'Avril 1555. On dit
qu'elle recouvra la raifon quelques jours
avant fa mort.

[1507.]

Ximénès fignala fon zèle pour le bien
public, dans un tems où l'Efpagne étoit
menacée de ces divifions inteftines qui
l'avoient tant de fois expofée fur le penchant d'une ruine prochaine. Il affembla
les Grands qui fe trouverent à la cour, &
leur fit fentir la néceffité de nommer
promptement un adminiftrateur de la couronne. Le choix ne pouvoit tomber que
» fur l'empereur Maximilien d'Autriche,

& fur D. Ferdinand, roi d'Aragon, qui avoient également la qualité d'aïeuls du jeune prince des Afturies. Tout fembloit annoncer que Ferdinand feroit préféré, mais il étoit haï des Grands, & on craignoit le reffentiment des injures dont il croyoit avoir lieu de fe plaindre. Ximénès eut le bonheur de fauver la Caftille, en forçant les Grands de concourir à un rappel qu'ils ne pouvoient plus empêcher. Ferdinand reprit avec joie une couronne qu'il n'avoit cédée qu'avec un extrême dépit ; & la maniere dont il fe comporta lui fit honneur. Il prit un fyftême de gouvernement tout différent du premier, parce que les conjonctures étoient différentes ; il devint les délices de la nobleffe & du peuple, & fut jufqu'à fa mort, non pas fimple adminiftrateur & régent du royaume, mais plus abfolu, plus fouverain & plus Roi qu'il ne l'avoit jamais été.

[1508.]

Ximénès venoit d'être décoré de la pourpre, & portoit le nom de cardinal d'Efpagne. Le defir de venger fa patrie des maux qu'elle avoit éprouvés fi long-tems de la part des Infidèles, lui infpira le deffein de porter la guerre en Afrique, & d'entreprendre à fes frais la conquête d'Oran, qui offroit un port avantageux au commerce & à la sûreté des côtes maritimes du royaume. Il s'embarqua avec quatorze mille hommes, commandés par le célèbre Pierre Navarre, & la nécessité d'en venir aux mains, suivit de près la descente en Afrique. Le cardinal se contenta de haranguer les troupes, & alla se mettre en prieres, tandis qu'elles combattoient. Plus de vingt mille Maures laissés sur le champ de bataille, la ville emportée d'assaut, & un butin immense, justifierent à peine cette entreprise aux yeux de la nation, qui la traitoit de projet chimérique. Tandis qu'on se disposoit à de nouvelles conquêtes, Ferdinand écrivoit à Pierre Navarre : « Empêchez le » bon homme (Ximénès) de repasser » sitôt en Espagne. Il faut user autant » qu'on le pourra sa personne & son ar- » gent. » Peu de tems après, Ximénès fonda l'université d'Alcala, & suivit toujours dans la suite la loi qu'il s'étoit prescrite de consacrer à la gloire de la religion & à l'utilité publique les grands revenus de son archevêché de Tolède, & des premieres dignités de l'Etat dont il étoit revêtu.

✎[1508.]✎

Le cardinal Ximénès exécute le projet qui l'occupoit depuis plusieurs années, d'assurer

à perpétuité la célébration de l'office Mozarabe, & le pape Jules II confirme un établissement formé en conséquence, & qui sub-
siste encore aujourd'hui. La liturgie, ou
l'ordre des cérémonies ecclésiastiques &
de l'office divin, avoit souffert quelques
changemens dès les premiers tems de la
domination des Gots. Le rit grec s'y étoit
introduit peu-à-peu, de maniere qu'avant
le septieme siécle, l'Espagne n'avoit plus
qu'une seule liturgie, composée de celle
des Grecs & de celle des Latins, non
point par S. Isidore, mais par de sçavans
évêques plus anciens que lui, & par des
conciles dont les canons ajoutoient ce qui
pouvoit manquer à la décence du culte
extérieur, & réformoient les abus qui s'y
glissoient de tems en tems. Plusieurs historiens font S. Isidore auteur d'un Bréviaire & d'un Missel qui porte son nom,
mais il a seulement contribué plus qu'aucun autre à le réformer, & à le mettre
dans un meilleur ordre.

Après l'invasion des Arabes ou Sarasins
d'Afrique, les Chrétiens Espagnols, cap-
tifs dans leur propre pays, acheterent, par
un tribut, la liberté de s'assembler dans
quelques églises pour y célébrer les di-
vins mystéres, & continuerent à faire l'office appellé de S. Isidore. Ces Chrétiens,
vivans parmi les Arabes, & asservis à

leur joug , furent appellés MOZARABES ;
cet office commença auſſi à porter ce
nom qu'il a conſervé juſqu'à préſent.
Dans les ſiécles ſuivans , il fut autoriſé,
confirmé, vivement combattu, & enfin
ſeulement conſervé dans ſix paroiſſes de
Tolède , ce qui lui a fait donner le nom
d'office de Tolède. Il étoit preſque tombé
dans l'oubli, lorſque Ximénès « conſi-
» dérant avec douleur qu'un office ſi reſ-
» pectable par ſon antiquité & par le
» mérite de ceux qui l'avoient établi, ne
» ſe trouvoit plus que dans de vieux li-
» vres gotiques, de difficile uſage, em-
» ploya, pour le revoir & l'examiner,
» les gens les plus habiles, » & fit imprimer à grands frais tous ces livres, non
pas en lettres gothiques, mais en caracteres romains. Le Miſſel fut imprimé au
mois de Janvier 1500, & le Bréviaire, au
mois d'Octobre 1502. Le zélé Cardinal
n'en demeura pas là ; il fonda treize cha-
pelains pour chanter les heures canoniales
& dire la Meſſe tous les jours, dans la
chapelle qu'il leur bâtit auprès de la cathédrale de Tolède. Il ordonna que les cu-
rés des ſix paroiſſes Mozarabes ſeroient
tirés de ce corps, toutes les fois que les
cures ſeroient vacantes. Bientôt après, le
rit Mozarabe fut établi comme à Tolède,
à Salamanque & à Valladolid, mais les

exemplaires du Miffel & du Bréviaire font
devenus fi rares , que , même dans le fei-
zieme fiécle , on fouhaitoit déja qu'un
imitateur du cardinal Ximénès en procu-
rât une édition. On vendit alors à Tolède un de ces Miffels , trente piftoles.
Le pape Paul III , qui mourut en 1549 ;
» envoya des exprès en Efpagne , pour
» demander à l'églife de Tolède un exem-
» plaire de cet office , qu'il obtint , &
» qu'il fit mettre dans la Bibliothéque du
» Vatican. »

Ceux qui voudront avoir une connoiffance plus détaillée de cette ancienne
liturgie, & du rit qui s'y obferve depuis
tant de fiécles , prendront la peine de
confulter le fixieme volume , du mois de
Juillet , des Actes des Saints. Ils y trouveront le traité le plus complet que nous
ayons fur cette matiere. Nous nous contenterons d'obferver ici , que , dans les fix
paroiffes Mozarabes de Tolède , on ne dit
plus aujourd'hui l'office Mozarabe qu'une
fois l'an , le jour du patron de l'églife ;
mais , dans la chapelle bâtie & fondée par
le cardinal Ximénès , on le dit chaque
jour de l'année. Le matin, on célèbre la
Meffe , après avoir chanté les quatre petites heures , Prime , Tierce , Sexte &
None. Après midi , on chante Vêpres ,
Complies , & enfuite Matines & Laudes de

l'office du lendémain. A Noël, on ne dit qu'une feule Meſſe, & on jeûne trois jours avant l'Epipbanie. L'ancien calendrier ne contenoit que les dimanches, les féries, les fêtes de Notre-Seigneur, de la fainte Vierge, & feulement des faints Mártyrs; celles des Conſeſſeurs & des Vierges y furent ajoutées dans la fuite, & en aſſez grand nombre pour qu'il ne reſtât preſ-que plus de féries, même pendant le Ca-rême.

Ce feroit une erreur de croire qu'il y ait une différence bien conſidérable en-tre le rit Mozarabe & la liturgie Romaine. L'une & l'autre ſe reſſemblent en tout ce qui eſt eſſentiel, & ne different que dans la maniere de folemniſer les fêtes; dans ce qu'on appelle rubriques & cérémonies; enfin dans le nombre des oraiſons, des hymnes, des bénédictions & des prieres particulieres qui font plus multipliées dans la liturgie Mozarabe que dans la Romaine.

[1510.]

Ferdinand forme le projet de conqué-rir toute la partie de l'Afrique dont les Romains avoient été autrefois les maîtres. Une feule victoire foumet les royaumes de Bugie & d'Alger; détermine les rois de Tunis & de Trémecen à ſe rendre vaſſaux & tributaires de l'Eſpagne; met

en liberté tous les esclaves Chrétiens, &
répand l'épouvante dans toute l'Afrique.
Un seul combat, engagé témérairement,
& par le desir d'emporter un riche butin,
ravit tous ces avantages, & fait périr l'ar‑
mée Espagnole.

[1512.]

La guerre continuoit dans la Navarre,
& le roi Jean d'Albret s'étant laissé pren‑
dre au dépourvu par les Castillans, fut
contraint de se réfugier en France. Fer‑
dinand s'empara de la Navarre, en vertu
d'une bulle du pape, qui en dépouilloit le
Souverain légitime, « comme fauteur du
» schismatique Louis XII. » C'est sur ce
titre imaginaire que les rois d'Espagne
ont retenu la haute Navarre. Elle ne leur
produit pas plus d'un million chaque an‑
née, mais ils y lèvent de bons soldats.

[1512.]

D. Ponce de Léon, infatué de l'opi‑
nion ridicule qu'il y avoit dans une des
isles Bimini une fontaine dont les eaux
avoient la vertu de rajeunir les vieillards
qui s'y baignoient, part avec deux vais‑
seaux bien équipés, pour aller à la re‑
cherche de cette fontaine. Il range la côte
septentrionale de S. Domingue, traverse
les Lucayes, apperçoit le continent, y
fait

fait une descente ; &, parce que ce pays étoit tout semé de fleurs , & qu'il y abordoit la semaine de Pâques-Fleuries , il le nomma Floride. Cette découverte inespérée le consola de n'avoir pas trouvé la fontaine de Jouvence.

[1515.]

Ferdinand ne traînoit plus qu'une vie languissante : ne pouvant s'accoutumer à l'idée d'un successeur étranger , il fit un testament par lequel il instituoit « pour » hétitier des deux couronnes de Castille » & d'Aragon , Ferdinand d'Autriche , » frere de Charles , parce qu'il étoit né en » Espagne , & qu'ayant été élevé parmi » les Espagnols , il en avoit pris les ma- » nieres , & s'en étoit fait aimer. » Le conseil de Castille obtint que cette disposition testamentaire seroit changée en faveur de Charles , afin d'éviter les divisions & les guerres qu'elle alloit occasionner infailliblement.

[1516.]

Ferdinand termine un règne aussi glorieux pour lui , qu'il fut utile à la nation. Il avoit donné dans les visions de l'astrologie judiciaire , qui étoit alors fort à la mode ; & il évita toujours avec grand soin de passer par Madrigal, où on lui avoit prédit qu'il mourroit. Une seule ville de Castille portoit ce nom. Quand il se vit arrêté par la maladie dans un hameau, il en demanda le nom, on lui répondit qu'il s'appelloit Madrigaléjo. Voyant alors comment il s'étoit trompé sur l'intelligence de son horoscope équivoque, il se disposa tout de bon à une mort que sa mauvaise santé lui présageoit depuis quelque tems. « La fameuse cloche de Villela, qui a dix brasses de tour, sonna, dit-on, d'elle-même, ce qui arrive quand l'Espagne, selon la tradition populaire, est menacée de quelque malheur. » On ne manqua pas de conjecturer alors qu'elle annonçoit la mort du Roi. Ferdinand confia la régence de la Castille au cardinal Ximénès, en attendant l'arrivée de Charles, qui venoit d'être déclaré majeur à Bruxelles.

La maison d'Autriche, qui a régné en Espagne l'espace de cent quatre-vingt-six ans, alloit succéder à celle de Raymond de Bourgogne, prince du sang de France, qui régnoit depuis quatre cens quarante-sept ans, soit en Castille, soit en Aragon.

Plusieurs historiens ont observé que, » parmi tant de couronnes accumulées

» fur la tête de Ferdinand, il y en avoit
» trois qu'il ne portoit que comme fuc-
» ceffeur de trois bâtards. Il étoit roi d'A-
» ragon, comme defcendant de Ra-
» mire III, fils naturel de Sanche. Il
» étoit roi de Caftille, par fon époufe
» Ifabelle, iffue de Henri de Tranftamare,
» fils naturel d'Alphonfe XI. Il poffédoit
» le royaume de Sicile, comme defcen-
» dant de Mainfroi, fils naturel de l'em-
» pereur Frédéric II. »

JEANNE, LA FOLLE ; & son fi
CHARLES I.

[1516.]

LES Aragonois refusent à l'archevêq
de Saragoffe le titre de Régent,
ne lui accordent que celui de curateur
la Reine , & de lieutenant du prince Cha
les. Le cardinal Ximénès assemble
Etats de Castille , & fait proclamer
nouveau Roi , pendant qu'on délibér
encore dans l'assemblée sur le titre qu'
lui donneroit. Dès qu'il en reçut la n
velle , il écrivit au roi de France , Fr
çois I : « Pour continuation de la ferve
» amour que je vous porte , j'ai vo
» vous faire part que j'ai été procl
» Roi dans mes royaumes de Casti
» Léon & Grenade , & que j'espere
» tre de même en Aragon. » Il fut tron
dans ses espérances ; les Aragonois n
proclamerent qu'en 1556 , l'année
près la mort de la reine Jeanne , sa m
Charles avoit alors le plus grand int
de ménager François I ; & ces deux p
ces affectoient de se donner les témoi
ges de la plus intime confiance. « Je

» rien de plus à cœur que de vous com-
» plaire, comme tout bon fils doit faire
» à son bon pere, » écrivoit Charles, en
envoyant à François de beaux chevaux
Napolitains. Ces titres de PERE & de
FILS étoient fort en usage parmi les Souverains. Les plus âgés prenoient le nom
de pere, en écrivant aux plus jeunes.

[1516.]

Jean d'Albret voulut profiter de la cir-
constance où se trouvoit la Castille, pour
recouvrer son royaume de Navarre. Il
perd une armée de vingt mille hommes,
& revient mourir de douleur à Pau, en
Béarn. Catherine de Foix, son épouse,
lui dit : « Si vous fussiez né Catherine,
» & moi D. Jean, nous n'aurions jamais
» perdu la Navarre. » Elle ne put survivre
à ce malheur.

[1516.]

Les Grands de Castille se liguent contre Ximénès, & viennent en armes, lui
demander de quel droit il gouverne le
royaume ? « En vertu du pouvoir qui m'a
» été confié, répondit-il, par le testament
» du feu Roi, & qui a été confirmé par
» le Roi régnant. — Mais Ferdinand,
» simple administrateur du royaume, pou-
» voit-il conférer la qualité de Régent ?

» La Reine seule a ce droit. — Eh
» bien, reprit le cardinal, en les faisar
» approcher d'un balcon d'où on décou
» vroit une batterie qui fit alors une de
» charge générale, voilà les pouvoirs ave
» lesquels je gouverne & je gouvernerai.
Ximénès avoit alors près de quatre-ving
ans.

Les mécontens députent en Flandres
pour y porter leurs plaintes : le cardin:
ne se justifie qu'en demandant à Charl
des pouvoirs sans bornes ; il les obtien
& commande en maître qui sçait fair
aimer & craindre l'autorité. Il retranch
les pensions & les officiers inutiles ; ré
nit de nouveau au domaine de la cor
ronne, tout ce qui en avoit été aliéné
usurpé ; rétablit l'ordre dans les finance
& acquitte les dettes de l'Etat.

[1516.]

L'ordre de la Toison d'or passa en Esp
gne avec le roi Charles I. Il tient le pr
mier rang parmi ceux qui sont conn
dans ce royaume ; les Rois se font gloi
d'en être les chefs & les grands-maître
& de ne l'accorder que difficilement. I
duc de Bourgogne, Philippe II, surnomr
LE BON, avoit institué cet ordre, en 143
à l'occasion de son mariage avec Elil
beth de Portugal, & il ne devoit êt

conféré qu'à vingt-quatre chevaliers » no-
» bles & fans reproche. » Dans un chapitre général, tenu à Bruxelles en 1516,
Charles fixa le nombre de ces chevaliers
à cinquante & un. Ils portoient alors un
manteau d'écarlate doublé d'hermine, &
un collier d'or émaillé, compofé 1º de
doubles fufils entrelaffés, de façon qu'ils re-
préfentent la lettre B initiale du mot Bourgogne ; 2º de pierres qui jettent des étin-
celles ; & ces mots lui fervent de devife :
Ante feris quàm flamma micet : « Il frappe
» avant que la flamme ne paroiffe. » La
toifon d'un mouton, en or, eft fufpendue à ce collier, avec cette autre devife :
Pretium non vile laborum : « Digne ré-
» compenfe des travaux. » L'ancien habillement des chevaliers à été changé en
une robe de toile d'argent, avec un manteau de velours cramoifi, & un chaperon
de velours violet. Le collier qu'on porte
hors des jours de cérémonie, eft un ruban cramoifi, auquel eft fufpendue la
Toifon d'or.

[1517.]

L'efprit de révolte fe réveille à la vue
des tréfors de l'Amérique & de l'Efpagne
qui paffoient en Flandres, à la cour d'un
Roi qui tardoit trop à venir prendre les
rênes du gouvernement, & on parle d'é-

D iv

lever fur le trône le prince Ferdinand.
Charles arrive fur les vives repréfentations
des Ximénès, qui mourut difgracié «après
» avoir fait plus de bien à fa patrie que
» tous les Rois qui avoient gouverné....
» Pendant vingt-deux ans qu'il fut arche-
» vêque de Tolède, il employa près de
» vingt millions pour les befoins de l'E-
» tat & du peuple. Il forma dans la ville
» archiépifcopale, en faveur des filles de
» condition, un établiffement que Louis
» XIV a imité depuis en grand, pour le
» foulagement de la pauvre nobleffe. »

❦[1518.]❦

Les Etats du royaume de Caftille, affemblés à Valladolid, proclament Charles, Roi, folidairement avec la Reine fa
mere ; & exigent de lui le ferment « de
» ne naturalifer aucun Etranger ; de ne
» point faire fortir d'argent d'Efpagne ;
» d'exclure les Flamands, & fes autres
» fujets non Caftillans, des charges, des
» dignités & des bénéfices de la Caftille ;
» enfin de ne point mettre à l'enchere les
» revenus de la couronne. »
" Charles ne tarda pas à donner l'archevêché de Tolède à Guillaume de Crouy,
neveu du feigneur de Crouy ou de Croy
de Chievres, qui avoit été fon gouverneur, & fit décorer de la pourpre Ro-

maine Adrien Florent, son précepteur, connu alors sous le nom de doyen de Louvain, bientôt après sous celui d'évêque de Tortose, & enfin d'Adrien VI, souverain pontife.

[1518.]

Le pape Léon X se plaignit au roi d'Espagne de la conduite du duc d'Urbin, François-Marie de la Rovere, qui ravageoit les terres de l'Eglise & de la Toscane. Charles écrivit sur le champ au roi de France : « Je suis touché des » justes plaintes de Sa Sainteté, & je vous » conjure de rappeller tous les François » qui servent dans l'armée du duc d'Urbin. » François I répondit : « Je suis » touché des justes plaintes de Sa Sainteté, & je vous conjure de rappeller » tous les Espagnols qui servent dans l'armée du duc d'Urbin. » Malgré cette plaisanterie qui montre sur quel ton ces deux princes étoient alors ensemble, le pape fut puissamment secouru.

[1518.]

Le célèbre Fernand Cortez part, avec dix vaisseaux, six cens Espagnols, dixhuit chevaux, & quelques piéces de campagne, pour tenter la conquête du Méxique. Il réussit autant par la politique & l'a-

dreffe, que par la force & l'audace. On
obferve que « toutes les expéditions qui
» ont procuré à l'Efpagne deux empires
» & trente provinces en Amérique, ne
» coûterent jamais rien au Roi. Des par-
» ticuliers tentoient la fortune à leurs dé-
» pens : un heureux fuccès les mettoit-il
» en poffeffion du gouvernement des pays
» conquis ? ce fruit de leurs travaux ap-
» partenoit à la cour, avec le Quint des
» richeffes qu'ils en retiroient. Etoient-ils
» malheureux ? ils perdoient leurs biens
» fans obtenir aucun dédommagement de
» la part du miniftere. Si l'amour de la
» patrie eût feul animé leur courage, on
» pourroit les regarder comme autant de
» héros. » On ne rappelle point ici le
fouvenir des violences tant de fois repro-
chées aux conquérans de l'Amérique. Le
marchand avide, le foldat licencieux,
l'aventurier fans mœurs & fans loix, font,
par-tout, des hommes capables de faire
honte à l'humanité. Malheureufement les
premiers conquérans du Nouveau-Monde
furent tirés de ces trois claffes, & fe trouverent trop éloignés du centre de l'autorité, pour entendre fa voix & craindre fa
vengeance. « Dans un cas comme celui-
» ci, chaque nation peut fe demander à
» elle-même, ce qui lui feroit arrivé, fi,
» la premiere, elle avoit couru à la con-

» quête ; si, avant toute autre, elle avoit
» armé ses plus mauvais sujets, pour con-
» sommer l'expédition ? Il y a toute ap-
» parence qu'avec un peu de philosophie,
» qui renferme toujours la connoissance
» des hommes, on résoudroit la question
» de maniere à ne pas s'enorgueillir soi-
» même, & qu'on apprendroit, sinon à
» excuser les crimes, du moins à ne pas
» croire que ceux à qui on les reproche
» en étoient seuls capables. »

Le systême du fameux Cortez étoit de
favoriser dans les colonies, les frabriques,
les manufactures & tous les arts utiles.
D'autres maximes n'ont pas tardé à prévaloir ; &, afin de tenir les colonies dans
une entiere dépendance, on a voulu
qu'elles fussent réduites à tirer directement de l'Espagne la plûpart des choses
nécessaires à la vie & à l'entretien. Mais,
l'Espagne ne se suffisant pas à elle-même,
il a fallu recourir aux nations étrangeres ;
ce qui, dans la suite des tems, a donné
lieu aux observateurs d'examiner « com-
» bien devoit coûter une aulne de drap,
» qui, portée de la Hollande à Cadix,
» de Cadix à la Vera-Cruz, de la Vera-
» Cruz au Méxique, finit par être vendue
» dans une province éloignée de quatre
» à cinq cens lieues, pour la douzieme
» & vingtieme fois, & vendue au prix

» arbitraire, fixé par l'avarice & la cupi-
» dité. »

[1519.]

Le roi d'Efpagne eft élu empereur fous
le nom de Charles-Quint, après la mort
de Maximilien I, fon aïeul, qui avoit eu
long-tems le deffein de procurer la couronne impériale à l'archiduc Ferdinand,
afin de partager fa maifon en deux branches également puiffantes. Charles fut
principalement redevable de la couronne
impériale à Frédéric, électeur de Saxe,
qui auroit pu la prendre pour lui-même.
Non-feulement il refufa une fomme confidérable que les ambaffadeurs d'Efpagne
lui offroient, mais encore il ne voulut
jamais permettre qu'on en diftribuât une
partie à fes gens.

On donna alors le titre de MAJESTÉ
au roi d'Efpagne, au lieu de celui d'AL-
TESSE. Quelques hiftoriens ajoutent que
» François I & les autres rois de l'Europe
» fuivirent cet exemple. » Il eft certain
qu'en 1474, le terme de MAJESTÉ commençoit d'être en ufage en France, lorfqu'on parloit ou qu'on écrivoit à Louis XI.

François I, le feul compétiteur à l'empire, que Charles eût à craindre, fentit
vivement le chagrin de n'avoir pas été
préféré; ce qu'on peut regarder comme

une des caufes principales de la jaloufie
qui anima toujours ces deux princes, &
qui augmenta les divifions entre la France
& la maifon d'Autriche.

[1520.]

L'Efpagne n'applaudiffoit pas au choix
des électeurs de l'empire. Elle prévoyoit
que fon roi ne réfideroit plus qu'en Allemagne ou dans les Pays-bas, & que fes
tréfors ne ferviroient plus qu'à enrichir
des étrangers. Charles eft obligé de quitter Valladolid, où l'on entreprend de le
retenir malgré lui. Tolède, Madrid, Salamanque, Toro, Murcie & Cordouë,
refufent de foufcrire à un don gratuit de
fix cens millions de maravedis, payables
en trois ans. Cette fomme étoit d'environ
quinze millions de notre monnoie. Le
roi eft obligé de traiter avec fes fujets,
& d'acheter la liberté d'aller fe faire couronner empereur, en jurant « de revenir
» au plutôt en Efpagne; de s'y marier;
» de réformer fa maifon; de priver tous
» les étrangers de leurs emplois & de
» leurs penfions; de défendre, fous peine
» de la vie, la fortie de l'or & de l'ar-
» gent hors du royaume; de ne nommer
» à la régence que des feigneurs du pays,
» & de déclarer, par un décret authen-
» tique, l'Efpagne indépendante de l'Em-

» pire. » Ce dernier point avoit pour objet les prétentions du corps Germanique,
qui se prétendoit substitué au pouvoir de
l'empire Romain.

❧ [1521.] ❧

Le mécontentement de voir les Flamands à la tête des affaires, & le cardinal Adrien, chargé de la régence,
malgré les promesses du Roi, excite le
peuple à la révolte. Bientôt il se forme
une confédération entre les principales
villes du royaume, sous le nom de *SANTA
IUNTA*. SAINTE LIGUE. La noblesse y
prit peu de part, & la nomma *commune-
ros*, COMMUNAUTÉS, pour signifier
qu'elle étoit composée de gens du commun. La ligue s'empara du château de
Tordesillas, où Jeanne la Folle étoit renfermée; & le nom de cette princesse
reconnue Reine, & à qui la couronne
appartenoit, se trouvoit à la tête de toutes les délibérations, & sembloit autoriser
les révoltés, en servant de prétexte à
toutes leurs violences; car on la supposoit en état de gouverner par elle-même,
& beaucoup mieux que son fils.

Deux femmes jouèrent le plus grand
rôle dans les deux partis contraires. La
duchesse de Médina-Sidonia, épouse du
gouverneur de l'Andalousie, retint cette

province dans la fidélité qu'elle devoit au Roi, & contribua, par son adresse autant que par plusieurs démarches hardies, à dissiper la ligue.

Marie de Pachéco, épouse de D. Jean Padilla, étoit l'ame de la *SANTA JUNTA*. Elle seule donnoit le mouvement à cette confédération, avec un courage, une activité, une prudence dignes d'une meilleur cause : elle écrivit à François I, pour l'engager à envoyer dans la Navarre Henri d'Albret, & ne ménagea rien pour appuyer son parti du secours des puissances ennemies de Charles ‑ Quint. Le roi de Portugal ne répondit que pour offrir aux rebelles sa médiation auprès de l'Empereur.

Les chefs de la ligue manquoient d'argent pour payer leurs soldats. Marie de Pachéco, après avoir épuisé toutes les ressources, fit fondre l'or & l'argent des vases sacrés & des reliquaires qui se trouverent dans toutes les églises de Tolède, pour en faire de la monnoie.

[1521.]

Les Navarrois, fidèles à la maison d'Albret, voulurent profiter des troubles que la ligue excitoit dans la Castille. Les habitans d'Estella écrivirent au jeune Henri, (aïeul maternel de Henri IV, roi de

France!) « Sire, paroissez seulement ;
» aussitôt vous verrez jusqu'aux pierres,
» aux montagnes & aux arbres s'armer
» pour votre service. » Une puissante armée pénetre dans la Navarre; en quinze
jours, les François font la conquête de
ce royaume : leur ardeur les conduit en
Castille; ils n'éprouvent que des pertes,
& la Navarre rentre sous la domination
des Espagnols.

[1522.]

Charles-Quint revient en Espagne, &
n'y veut affermir son autorité que par la
clémence. Il fait publier une amnistie générale, dont quatre-vingts personnes étoient
exclues. Huit députés des villes confédé-
rées périssent sur un échaffaut, & le conseil demandant encore des exemples de
sévérité : « Je n'y consentirai jamais, ré-
» pondit le Roi; voilà assez de sang ré-
» pandu. »

[1522.]

L'usage de porter la barbe longue, &
une fraise autour du cou , s'introduit en
Espagne. On y avoit suivi jusqu'alors la
coutume des Romains, de se faire raser la
barbe.

Les Espagnols faisoient alors consister
leur luxe dans la beauté de leurs armes
&

& de leurs équipages, dans le nombre de leurs domeſtiques, de leurs chevaux & de leurs troupeaux. Ils s'adonnoient ſurtout à l'agriculture. L'abondance rendoit les impôts ſupportables, & la frugalité laiſſoit peu de matiere à la chicane. Les villes ainſi que les campagnes étoient remplies d'habitans belliqueux, naturellement robuſtes, & aimant le métier des armes. Les hommes ne ſe marioient qu'à trente ans, & les femmes à vingt-cinq.

» Raiſonnables & vertueux par caractere, » leur tempérance n'admettoit que des » mets groſſiers & peu propres à irriter » l'appétit, la délicateſſe n'ayant pas encore été introduite par la communica- » tion avec l'étranger, & les parfums des » Indes n'ayant pas encore cauſé en Eſpa- » gne tous les maux que les richeſſes de » l'Aſie avoient autrefois produits dans » Rome. »

L'habillement des hommes conſiſtoit » en des hauts de chauſſes ſerrés avec » des genouillieres; un juſte au corps ou » ſaye, dont les pans étoient larges, & un » ſurtout; avec une cape & un capuchon. » Ils portoient à leur ceinture une eſcar- » celle ou bourſe de cuir. Une toque fort » plate de laine de Milan ou de velours; » un bonnet rond ou un chaperon de » drap leur couvroit la tête. Les chauſ-

» ses étoient de serge, de drap ou d'éta-
» mine, & s'attachoient avec des éguil-
» lettes. » Philippe II fut le premier qui
porta des bas de soie tricotés à l'éguille.
Il les reçut en présent de l'épouse de
D. Guttieres Lopes de Paradilla.

» Les femmes portoient des robes de
» drap : celles de velours étoient en usage,
» sur-tout pour les nôces, & elles se con-
» servoient dans les familles pendant plu-
» sieurs générations ; il n'étoit pas extraor-
» dinaire de voir une jeune mariée por-
» ter la robe de velours dont sa bisaieule
» s'étoit servie le jour de son mariage. Le
» peuple trouvoit à l'hôtel-de-ville des
» habits que l'on prêtoit pour la célébra-
» tion des nôces. L'habillement des fem-
» mes consistoit encore en une mante de
» drap très-fin, & un chapeau de feutre
» ou de velours, avec des houpes & des
» cordons de soie. »

[1522.]

Le roi d'Espagne récompense d'Ayala,
un de ses Pages, qui avoit vendu son cheval pour fournir de l'argent à son pere,
proscrit en qualité de chef du conseil de
la *Santa-Junta.*

On vint indiquer au monarque la retraite d'un autre proscrit : « Allez, dit-il,
» allez plutôt lui dire que je suis ici ; il

» a bien plus à craindre de moi, que je
» n'ai à craindre de lui. » Charles-Quint
regagna, par ces traits de clémence, le
respect & l'amour de ses sujets.

[1522.]

La guerre éclate entre la France &
l'Espagne. Les deux monarques avoient
une égale impatience de mesurer leurs forces, & furent également aggresseurs, sous
l'apparence de la modération. « L'un vou-
» loit faire rougir les Électeurs de la pré-
» férence qu'ils avoient accordée à son
» rival ; l'autre vouloit justifier ce choix,
» & faire avouer à l'Europe., que déja su-
» périeur à son rival dans les intrigues du
» cabinet, il étoit encore au moins son
» égal dans l'art de la guerre. » L'histoire
attribue à cette animosité la perte de l'isle
de Rhodes, qu'il eût été si facile de conserver, en secondant les efforts de ces héros, qui, sous la conduite de Villiers de
l'Isle Adam, résisterent pendant six mois
à toutes les forces de Soliman.

[1523.]

Le connétable de Bourbon, persécuté
à outrance par la duchesse d'Angoulême,
mere de François I, accepte les proposi-
tions, ou plutôt les promesses éblouissan-
tes de Charles-Quint qui lui offroit en

mariage la princeſſe Eléonore, ſa ſœur, veuve du roi de Portugal, avec une dot de deux cens mille écus, ſans y comprendre vingt mille écus de rente, & pour cinq ou ſix cens mille écus de bagues & de bijoux qu'elle avoit déja. Bourbon devoit faire ſoulever les provinces de ſa dépendance. Le comte de Beaurein, eſprit ſouple & adroit, lia cette intrigue, au nom de Charles, avec le connétable. «Il » ne falloit pas grand prêcheur, dit Paſ- » quier, pour perſuader celui qui ne l'é- » toit que trop de ſoi-même » par la haine qu'il portoit à la Reine-mere.

[1523.]

Charles-Quint commande en perſonne l'armée qui devoit opérer du côté des Pyrénées, & forme le ſiége de Fontarabie, malgré les repréſentations de ſes guerriers les plus expérimentés. Le célèbre duc d'Albe diſoit hautement : « L'empereur a » reſſemblé juſqu'ici à ſon ſage aïeul ma- » ternel Ferdinand ; le voilà qui va reſ- » ſembler à ſon imprudent aïeul paternel » Maximilien, que la difficulté d'aucune » entrepriſe ne rebuta jamais, & qui » échoua conſtamment dans toutes celles » qu'il forma. » Le ſuccès en fut cependant heureux, mais par la lâcheté du gouverneur Frauget, que le roi de France fit caffer & dégrader de nobleffe fur un échafaud dans la ville de Lyon.

[1523.]

Le meurtre de plufieurs perfonnes affaf-finées, faute d'avoir de quoi fe défendre, engagea le Roi à permettre à tous les Efpa-gnols de porter l'épée. Cette prérogative, réfervée à la nobleffe, occafionna un changement confidérable dans la nation. » On aima mieux promener habituelle-» ment, pendant tout le jour, une lon-» gue épée, que d'employer fes mains à » des arts utiles & à la culture des ter-» res. »

[1524.]

Le duc de Bourbon échoue dans fa premiere entreprife contre la France, & leve le fiége de Marfeille, dont « les bons » bourgeois, difoit-il, étonnés par trois » coups de canons, viendroient, la corde » au col, lui préfenter les clefs. » Il eut à fouffrir, en cette occafion, les hauteurs & les railleries des officiers généraux de Charles-Quint.

[1524.]

Premieres tentatives pour la découverte & la conquête du Pérou. Diégue d'Al-magro, & Ferdinand de Luque, ecclé-

E iij

fiaſtique, ſe chargent de cette entrepriſe, n'ayant avec eux que cent quatre-vingt-quatre hommes, un ſeul vaiſſeau & deux canots.

En moins de cinquante ans, il eſt arrivé, pour le quint du Roi ſur les ſeules mines du Potoſi, près de quatre cens millions. Il eſt conſtant, par les regiſtres de Séville, que, depuis l'année 1519 juſqu'en 1617, l'Eſpagne a reçu du Nouveau-Monde mille trois cens trente-ſix millions d'or. On prétendit dans la ſuite des tems que l'acquiſition du Nouveau-Monde avoit plongé l'Eſpagne dans un état d'indigence & d'inaction. « Cette » conquête, qui devoit lui donner tant » d'avantages ſur les autres nations, n'a » ſervi, en quelque ſorte, qu'à la tromper ſur la nature des véritables richeſ-» ſes d'un empire. On s'imagina que de-» puis qu'on avoit des mines d'or & d'ar-» gent, avec des pays immenſes, il ne » falloit plus travailler ; que les manu-» factures étoient inutiles ; qu'on auroit » tous les peuples à ſon ſervice & dans » ſa dépendance, en leur faiſant eſpérer » quelques légères parties des tréſors de » l'Amérique. Mais qu'eſt-il arrivé ? l'inac-» tion & la molleſſe, bien loin de dimi-» nuer les beſoins, n'ont fait que les aug-» menter. On a donné ſon or & ſon

» argent aux nations voisines pour les
» denrées de nécessité & de luxe. Les
» matieres premieres de l'Espagne, c'est-
» à-dire les productions de son cru, ont
» passé ailleurs pour y recevoir la main
» d'œuvre, & l'on a racheté bien cher
» ces mêmes marchandises fabriquées par
» l'étranger. Le défaut de commerce a
» dépeuplé l'Espagne & l'Amérique. Ces
» vastes contrées ont été réduites à un
» état de langueur ; tandis que d'autres
» Puissances, bien plus bornées, ont ac-
» quis des forces très-supérieures. »

{ 1525. }

On manquoit d'argent dans Pavie, as-
siégée par les François malgré les rigueurs
de l'hiver ; & nul convoi ne pouvoit pé-
nétrer dans la ville. Deux hommes dé-
guisés en vivandiers, traversent le camp
ennemi, conduisant chacun un cheval,
chargé de deux barils de vin, & s'appro-
chent de la ville le plus qu'ils peuvent.
Le gouverneur qui étoit peut-être l'auteur
de cette ruse, fait une sortie de ce côté-
là, & les prétendus vivandiers font enlever leurs barils qui contenoient, au lieu
de vin, trois mille ducats. Les Espagnols
offrirent la part qu'ils pouvoient prétendre
à cette somme, afin d'en grossir celle qui

E iv

étoit dûe aux Lanſquenets, & d'appaiſer leurs murmures.

✿[1525.]✿

L'Eſpagne veut faire éclater ſa joie du gain de la bataille de Pavie, où Fran-çois I venoit d'être fait priſonnier. « A » Dieu ne plaiſe, dit le Roi, que j'in- » ſulte par d'odieuſes fêtes au malheur de » mes freres! Les réjouiſſances ne con- » viennent qu'aux ſuccès obtenus contre » les ennemis de la religion. » Il défen-dit les feux de joie, le ſon des cloches, les réjouiſſances publiques, & ordonna des prieres «pour remercier Dieu de lui » avoir fourni les moyens de pardonner » à ſes ennemis, de récompenſer ſes al- » liés, de procurer une paix ſolide à la » Chrétienté, & de la réunir contre les » Infidèles. »

✿[1525.]✿

Les François taxoient d'hypocriſie les traits de modération que Charles-Quint offroit aux yeux de toute l'Europe, & dont il ne ſe démentit qu'à l'égard de Volſey, cardinal d'York, miniſtre & fa-vori d'Henri VIII, roi d'Angleterre. Il lui avoit toujours écrit de ſa main, & ſignoit: VOTRE FILS ET COUSIN CHAR-

LES. Auſſitôt après la bataille de Pavie, il ſe contenta de lui faire écrire par un ſecrétaire, & de ſigner ſimplement CHAR-LES. On attribue à ce changement, le zèle que le roi d'Angleterre fit paroître alors pour les intérêts de la France.

[1525.]

François I débarque en Eſpagne, où il déſiroit d'être transféré, eſpérant qu'une heure d'entretien avec Charles-Quint ſuffiroit pour terminer les négociations déja entamées, & qui traînoient en longueurs. » Je crois connoître la modération de » l'empereur, lui diſoit le marquis de » Peſcaire ; je ſuis ſûr qu'il uſera géné- » reuſement de la victoire. S'il pouvoit » oublier ce qu'il doit à votre rang, à » vos vertus, à vos malheurs, je ne ceſ- » ſerois de le lui rappeller, & je perdrois » le peu de crédit que mes ſervices peu- » vent m'avoir acquis, ou vous ſeriez con- » tent de lui. » Le Roi priſonnier n'en jugeoit pas moins favorablement, parce que rien n'étoit plus conforme à ſa façon de penſer. On le conduiſit d'abord dans la fortereſſe de Sciativa, au royaume de Valence, où les rois d'Aragon enfermoient anciennement les priſonniers d'Etat. Bientôt après on le tranſporta à Ma-

drid, afin de l'éloigner de la mer, dont
le voisinage auroit pu faciliter sa fuite.

[1525.]

Le duc de Bourbon arrive à Madrid,
afin de veiller à ses intérêts, & d'inter-
venir dans le traité qui devoit se conclure entre les deux Rois. Les Grands de
Castille ne l'appelloient que LE TRAITRE
A SON ROI, & ne lui donnèrent que
des marques de mépris. Le marquis de
Villena répondit au Roi, qui lui demandoit sa maison pour y loger le duc : « Je
» ne puis rien refuser à Votre Majesté,
» mais je lui déclare que, dès que Bour-
» bon en sera sorti, j'y mettrai le feu moi-
» même, comme à une maison infectée
» de la perfidie, & indigne d'être désor-
» mais habitée par un sujet fidèle. »

[1525.]

L'ennui inséparable d'une prison trop
dure, & les longueurs affectées qu'on
mettoit à la conclusion d'un traité, cau-
sèrent à François I une maladie qui fit
craindre pour ses jours. Charles-Quint
ne pût se défendre de lui faire une visite : « Votre Majesté impériale vient donc
» voit mourir son prisonnier ? » lui dit
François I. « Vous n'êtes point mon pri-

» fonnier, répondit Charles, mais mon
» frere, & mon ami ; je n'ai d'autre def-
» fein que de vous donner la liberté &
» toute la fatisfaction que vous pouvez
» défirer. » Les fuites répondirent mal à
ces proteftations, mais elles contribuerent
alors au rétabliffement de la fanté du Roi
de France.

[1526.]

Les Etats de la province de Bifcaye
choififfent, par ordre du Roi, de fçavans jurifconfultes pour travailler à un
corps de loix. Celles des Gots y étoient
encore en ufage. Les Bifcayens qui ne
plierent pas fous les Romains, & qui fçu-
rent défendre leur liberté contre les Maures, fe vantent, avec raifon, de n'avoir
point mêlé leur fang avec celui des Sarafins, ni avec celui des Juifs.

Cette province porte le titre de feigneu-
rie, & le feigneur n'en prend poffeffion
qu'après s'être obligé par ferment, jufqu'à quatre fois, de conferver tous les
priviléges. Alors il fe rend près de la ville
de Guernica, & affis fur une pierre placée
fous un arbre, il reçoit le ferment de fidélité de fes fujets.

[1526.]

Le traité de Madrid eft enfin figné le

14 de Janvier ; François I cédoit à Char-les-Quint « tous ſes droits ſur l'Italie ; » rendoit le duché de Bourgogne ; re-» nonçoit à la ſouveraineté de la Flan-» dre & de l'Artois ; ôtoit ſa protection » au roi de Navarre , au duc de Guel-» dres, au duc de Virtemberg, à Robert » de la Marque, & s'obligeoit à payer » deux millions de rançon , outre cinq » cens mille écus que l'Eſpagne devoit » au roi d'Angleterre… il promettoit » d'épouſer Eléonore d'Autriche, Reine » douairière de Portugal ; de rétablir le » duc de Bourbon & ſes complices dans » tous leurs biens ; de fournir un ſecours » d'hommes, d'argent & de vaiſſeaux pour » les expéditions qu'on méditoit de faire » en Italie ; & de donner en ôtages ſes » deux fils aînés, ou de remplacer le ca-» det par douze des plus grands ſeigneurs » du royaume. » François I avoit proteſté contre ce traité , que Gattinara déſap-prouva dans le conſeil, & refuſa opinia-trément de ſceller en ſa qualité de chan-celier. Charles-Quint le ſcella lui-même, & retint encore plus d'un mois ſon pri-ſonnier, tant il comptoit peu ſur l'exé-cution du traité.

[1526.]

Charles-Quint épouſe l'infante Iſabelle

de Portugal, & donne, à cette occasion, une forme durable à l'étiquette. Elle a les plus grands rapports avec le cérémonial uſité, pendant tout le quinzieme ſiécle, dans les cours de France & de Bourgogne. «Ces uſages qui furent d'abord l'éti» quette de la cour de France, paſſerent » chez tous les Princes iſſus de la Maiſon » Royale. Le tems qui les a abolis parmi » nous, les a introduits dans la Maiſon » d'Autriche, avec l'héritiere de Bour» gogne; & l'étiquette d'Eſpagne en eſt » encore une majeſtueuſe émanation. »

[1527.]

Toutes les puiſſances de l'Europe s'étoient liguées contre le roi d'Eſpagne, pour le forcer de modérer les conditions du traité de Madrid, & l'obliger à relâcher les deux fils aînés de François I, moyennant une rançon. Cette alliance s'appelloit LA LIGUE SAINTE, parce que le pape en étoit le chef. Charles-Quint ne ſçachant plus où trouver l'argent néceſſaire au payement de ſes troupes, aſſemble à Valladolid les Etats de Caſtille, & leur demande une partie des ſommes dont il a beſoin. Les trois ordres qui, pour la premiere fois, formoient des corps différens, & délibéroient ſéparément, refuſent les ſecours qu'on exige. « Le

» Clergé, parce qu'il ne pouvoit dispo-
» ser des biens consacrés à la religion;
» la Noblesse, parce qu'elle dérogeoit à
» ses priviléges en payant un tribut; le
» Tiers-Etat, parce que n'ayant pas en-
» core payé un don gratuit de quatre
» cent mille ducats accordé au Roi pour
» son mariage, il lui étoit impossible de
» fournir de nouvelles sommes. » Le monarque feignit de goûter ces raisons, quoiqu'il en fût très-mécontent; & les troupes n'étant pas payées en Italie, le duc
de Bourbon leur promit le pillage de Florence & de Rome.

[1527.]

Rome est emportée d'assaut, & le roi
d'Espagne qui sembloit être destiné à faire
prisonniers des Souverains, ce qui le fit
appeller CE PRENEUR DE PRINCES, apprend que le pape Clément VII est res-
serré dans un appartement du château
Saint-Ange, avec treize cardinaux, &
confié à la garde du capitaine Alarçon,
homme dur & féroce qui avoit rempli
la même fonction auprès de François I.

[1527.]

Charles-Quint défend de célébrer par
des fêtes publiques la naissance de son
fils, (Philippe II.) « Je ne puis consentir

» à des démonstrations de joie, disoit-il,
» tandis que l'Eglise est dans la douleur
» par la captivité de son chef. » Il avoit
déja ordonné des prieres publiques pour
la délivrance du souverain pontife. On
prétend qu'il vouloit le faire transporter
en Espagne, mais que les Evêques & les
Grands lui représenterent qu'il se rendroit
odieux à toute la Chrétienté.

[1527.]

Trente mille François passent en Italie,
exercent leur vengeance sur la ville de
Pavie qu'ils emportent d'assaut, & s'a-
vancent jusqu'à Bologne pour délivrer le
pape, mais il avoit déja signé le traité
par lequel il recouvroit sa liberté. Il s'obligeoit à payer quatre cens mille ducats,
& cédoit les meilleures places de l'Etat
ecclésiastique. Tous les cardinaux furent
livrés pour ôtages, & traités indignement,
sur-tout par les Allemands qui étoient
presque tous Luthériens, & formoient
une partie considérable de l'armée.

[1528.]

La France & l'Angleterre déclarent la
guerre à l'Espagne avec tout l'éclat que
pouvoit avoir une semblable déclaration.
Les hérauts d'armes n'avoient audience
qu'au milieu de toute la cour assemblée,

parce que leurs maîtres se trouvoient également intéressés à rendre publiques leurs querelles personnelles. Charles-Quint répondit aux trois raisons principales qui servoient de motifs à cette guerre ; » 1° Je n'ai eu aucune part à la violence » que le pape vient d'essuyer, & aussitôt que j'en ai été informé, j'ai pris, » autant qu'il étoit en moi, les mesures » propres à la faire cesser ; 2° je rendrai » la liberté aux enfans de France, aussitôt que le traité de Madrid sera exécuté ; » 3° je payerai à l'Angleterre les sommes » que je lui dois, mais après qu'elles auront été constatées, & qu'on sera convenu des termes raisonnables qui en fixeront le payement. » Cette réponse ne manqua pas de répliques qui furent suivies de reproches, d'injures, d'invectives & de défis mutuels, dont le bruit se répandit dans toute l'Europe. Charles dit publiquement à l'ambassadeur de France : » Votre maître a lâchement violé la parole qu'il m'avoit donnée à Madrid, &, » s'il ose le nier, je le lui soutiendrai » seul à seul les armes à la main. Aussi-bien, tandis que les ennemis de la Foi » menacent de toutes parts la Chrétienté, » il sied mal à des Rois qui doivent en » être les défenseurs, de verser des flots » sang Chrétien ; il vaut mieux qu'un com-
» combat

» bat particulier décide d'une querelle par-
» ticuliere.» François I ne laiſſa pas échapper une ſi belle occaſion de montrer ſon
goût pour les armes. Il écrivit lui-même
un cartel , qui contenoit le défi le plus
formel , & les ſommations les plus preſſan-
tes : « Qu'on m'aſſure le champ ; diſoit-
» il : plus d'écritures. Tout eſt dit : en-
» trons en champ clos , & terminons en
» gens d'honneur , une querelle illuſtre
» que tant de diſputes font dégénérer en
» un procès ridicule.» Charles fixa le lieu
du combat ſur la petite riviere de Bidaſ-
ſoa ; « ce lieu vous eſt connu , écrivoit-
» il à ſon rival, c'eſt celui où vous fûtes
» délivré ; c'eſt celui où vous me donnâ-
» tes vos enfans pour garants de l'exécu-
» tion de ce Traité que vous avez violé
» depuis. Ce lieu ne peut vous être ſuſ-
» pect ; il eſt ſitué autant dans vos états
» que dans les miens. Rendez-vous y, ſi
» vous aimez l'honneur. Rien ne doit plus
» nous arrêter. Nous envoyerons de part
» & d'autre un ſeul gentilhomme , pour
» arranger tout ce qui pourra procurer la
» ſûreté égale du champ , & pour décider
» du choix des armes que je prétends m'ap-
» partenir. »
     » Tous ces défis , dit Mézerai , ne fu-
·» rent que de belles piéces de théatre. »
Cette guerre qui paroiſſoit devoir être in-

terminable, fut la plus courte de celles que l'Espagne eut à soutenir contre la France.

[1528.]

Au fameux combat naval de Salerne, » on vit des compagnies Espagnoles chan- » ger jusqu'à sept fois de Porte-Enseigne. » Chacun briguoit, avec audace, l'hon- » neur de porter cette Enseigne qui sem- » bloit promettre une mort certaine à » quiconque osoit s'en charger. » Malgré tant de résistance, la victoire des Fran- çois fut complette.

[1528.]

Le célèbre André Doria quitte le parti de la France, pour s'attacher à celui de Charles-Quint qui lui assignoit soixante mille ducats d'appointemens ; il avoit cou- tume de dire qu'il ne connoissoit que trois ports qui fussent bien sûrs : Le mois de Juin, le mois de Juillet, & Cartagène. Ce port étoit alors aussi sûr que commode, & pouvoit contenir deux cens galeres : aujourd'hui on est obligé de nettoyer l'en- droit où l'on veut mettre à flot une seule galere, tant les orages & les torrens y ont entraîné de sable.

[1529.]

On conclud à Cambrai LA PAIX DES

DAMES, ainſi nommée, parce qu'elle fut l'ouvrage de la duchesſe d'Angoulême, mere de François I, & de Marguerite d'Autriche, tante de Charles-Quint. Le traité de Madrid en fut la baſe, & on fixa la rançon des enfans de France à deux millions d'écus d'or. On vit alors un connétable de Caſtille échanger deux Princes & une Reine qui alloit être leur belle-mere, contre quarante-huit caiſſes remplies d'argent, qu'on examinoit depuis quatre mois, pour s'aſſurer de la ſomme, de l'aloi & du poids des eſpeces. Quarante mille écus qu'il fallut ajouter, juſti-fierent ces défiances. Les Vénitiens acheterent la paix cinq cens mille ducats : Sforce en paya deux cens mille, pour être rétabli dans le Milanez.

❦[1529.]❦

Charles-Quint paſſe en Italie; &, tandis qu'il y donne la loi, l'Eſpagne dont il avoit confié le gouvernement à la Reine ſon épouſe, eſt inſultée par le célèbre Barberouſſe. Les côtes du royaume de Valence ſont ravagées, & la flotte Eſpagnole ſe diſperſe après un combat opiniâtre.

❦[1532.]❦

Rien n'étoit plus conforme au génie de

F ij

la nation Espagnole que la guerre contre
les Turcs, dont l'Allemagne & la Hongrie portoient tout le poids depuis deux
ans. Les chevaliers & la plus grande partie de la noblesse avoient suivi Charles-
Quint toujours heureux, moins par lui-
même, que par ses ministres & ses généraux, « les plus habiles qui fussent dans
» l'univers. » Après la retraite de Soly-
man, les états s'assemblerent à Ségovie,
où l'on fit de très-beaux réglemens pour
l'administration de la justice, il en faut
cependant excepter ceux qui paroissoient
avoir pour objet d'abréger les procédures :
on sçait qu'en Espagne, il est fort ordinaire de voir des procès durer jusqu'à la
troisiéme génération, & quelquefois au-
delà.

[1533.]

Charles voulant épuiser tous les moyens
de rompre l'entrevue que le Pape devoit
incessamment avoir à Marseille avec François I, prétexte une expédition contre les
Turcs, & demande les galeres de Malte,
sur lesquelles Clément VII alloit s'embarquer. Le Pape les céda volontiers, y joignit même les siennes, & se servit des
galeres de France pour son voyage.

[1535.]

Muley-Hascen, roi de Tunis, détrôné

par Barberouſſe, s'étoit réfugié en Eſpagne, où l'on ne tarda pas à effectuer la
promeſſe de le rétablir dans ſes états.
Charles-Quint raſſemble une flotte de quatre cens voiles, & débarque en Afrique
avec l'élite de ſa nobleſſe. Il enleve aux
ennemis trois cens piéces de canon, &
quatre-vingt-dix vaiſſeaux ou galeres : bientôt après il remporte une victoire complette ſur une armée de cent mille combattans ; prend Tunis par eſcalade, détruit l'ancienne Hippone, qui lui faiſoit
ombrage ; rend la couronne à Muley-Haſ-
cen, qui devient ſon vaſſal & ſon tribu-
taire ; garde, pour lui-même, pluſieurs places maritimes, & termine par les plus brillans ſuccès, la premiere campagne où il ſe
trouva, & qui le couvrit de gloire. Naples le reçut en triomphe ; il étoit ſuivi
de vingt mille eſclaves Chrétiens, dont il
avoit rompu les fers, & de toute ſon armée qui s'étoit enrichie des dépouilles de
l'Afrique.

[1535.]

Lorſque l'armée Eſpagnole s'avançoit
vers Tunis, un ſoldat effrayé du nombre
d'ennemis qui couvroit la campagne, s'é-
cria : « Avons-nous donc à combattre con-
» tre tant de Maures ? — Tais-toi, poltron,
» lui dit un de ſes camarades, plus il y

» aura de péril, plus il nous en reviendra
» de profit & de gloire. »

[1535.]

Ce fut au retour de cette expédition,
que Charles-Quint, (fuivant la coutume
ufitée parmi les Princes, & à leur exemple parmi les guerriers,) prit une devife
qui repréfentoit les deux colomnes d'Hercule, avec ce mot latin ULTRA, *au-de-*
là. Faifant entendre qu'il venoit de pouf-
fer fes conquêtes au-delà des colomnes
d'Hercule.

[1535.]

La mort du duc de Milan, François
Sforce, réveille les prétentions de François I. fur le Milanez; & Charles qui vouloit garder pour lui ce duché, épuifa toutes les reffources de la politique pour amu-
fer & tromper fon rival : il affuroit que
fon armement de mer étoit deftiné à une
expédition contre Alger, & demandoit
que le duc d'Orléans l'accompagnât :
François I répondit : « Je n'ai plus de
» fils à donner en ôtage à l'empereur.»

L'armement de terre faifoit un ombrage plus difficile à diffiper. Charles ne
s'en rapporta qu'à lui feul ; il écrivit à
François I : « Ne voyez-vous pas que c'eft
» un ftratagême par lequel j'en impofe

» aux puiſſances d'Italie, qui ne veulent
» point abſolument voir la maiſon de
» France ſur le trône de Milan, & qui
» ne ceſſeroient de former des brigues
» contre notre projet, ſi je ne leur pré-
» ſentois ces apparences d'une guerre prête
» à renaître entre nous ? Gardez-vous de
» leur rien apprendre de notre ſecret ;
» faites-en ſur-tout myſtere au Pape : vous
» connoiſſez ſa haine pour la Maiſon de
» Médicis ; que votre Ambaſſadeur à
» Rome n'en ſçache rien : je me garderai
» bien de mon côté que le mien n'en ſoit
» informé. » Peut-être que l'Ambaſſadeur
n'en ſçavoit rien ; mais le Pape étoit informé, jour par jour, de tous les détails
de cette négociation, dont le myſtere fut
dévoilé peu de tems après.

[1536.]

Charles-Quint s'étant rendu à Rome,
dit aux ambaſſadeurs de France : « Vous
» ne ſçavez donc rien des dernieres in-
» tentions de votre Maître ? Eh bien !
» ſuivez-moi chez le Pape, vous y ap-
» prendrez les miennes. » Alors, en plein
conſiſtoire, il prononce « la ſatyre la plus
» violente & la plus injuſte contre les
» François & contre leurs Rois, en re-
» montant juſqu'à Louis XII, & finit par
» propoſer fièrement à ſon rival le choix

» de trois chofes; du Milanez pour le duc
» d'Angoulême, du Duel ou de la Guerre.»
Il dit, en parlant des foldats & des généraux François : « Si je n'en avois que de
» tels, j'irois tout-à-l'heure les mains liées,
» la corde au col, implorer la miféri-
» corde de mon ennemi. » Brantôme affure qu'il a « oui dire qu'en ce fait il alla
» beaucoup de l'honneur de notre Roi,
» par faute de quelque bravache & pré-
» fomptueufe réplique de l'Ambaffadeur,
» dont le Roi n'en fut trop content. »
Charles déclara cependant le lendemain
que « ne pouvant refufer aux Ambaffa-
» deurs François les éclairciffemens qu'ils
» lui demandoient fur fon difcours de la
» veille, il n'avoit prétendu faire aucun
» reproche au Roi fon frere, & qu'il n'a-
» voit voulu que fe juftifier. » Il n'en renouvella pas moins fes trois offres, mais
avec beaucoup d'adouciffement. « Sau-
» vez-moi de la difgrace de mon Maître,
» lui dit Velly, l'un des ambaffadeurs de
» France. Je lui ai porté, de votre part,
» des paroles qui reftent fans exécution.
» Eft-ce votre faute ou la mienne ? Il
» m'accufera de précipitation ou d'infidé-
» lité. J'ofe demander pour ma juftifica-
» tion, que Votre Majefté déclare devant
» cette affemblée, s'il n'eft pas vrai que
» vous m'avez promis le Milanez pour

» le duc d'Orléans. » Charles-Quint avoua
qu'il avoit fait cette promeſſe, mais ſous
des conditions qu'on n'avoit pas remplies.
» On peut les remplir encore, dit Velly.
» — Non, répondit Charles; elles ſont
» impoſſibles. — Pourquoi donc, répli-
» qua Velly, les avez-vous preſcrites, ſi
» vous les jugiez impoſſibles? »

[1536.]

Au milieu d'une feinte négociation pour
conclure un traité de paix, Charles-Quint
pénètre en Provence, à la tête de ſoixante
mille hommes, & ſi prévenu en faveur
des ſuccès qu'il ſe promettoit, que, pendant huit jours, il fut tout occupé du ſoin
de diſtribuer d'avance, à ſes officiers, le
gouvernement des provinces, des villes,
des châteaux de France, & les dignités
& offices de ce Royaume. Il dit à Paul-
Jove, ſon hiſtorien; « faites proviſion
» d'encre & de plumes, parce que je vais
» vous tailler bien de la beſogne. »

[1536.]

D. Garcie de la Véga, l'un de ceux
à qui la poëſie Eſpagnole a le plus d'obligation, (Voyez ci-deſſus, page 18,) fut
bleſſé mortellement dans cette expédition; il avoit eu l'avantage d'être élevé
auprès de Charles-Quint, & le ſuivoit

dans toutes ses expéditions, qu'il célébroit par des odes que Paul-Jove ne craignoit pas de comparer à celles d'Horace. Elles peuvent en avoir la douceur, mais elles n'en ont point l'énergie. Ce poëte, nourri de la lecture des anciens qu'il prenoit pour modèles, leur empruntoit des beautés qui tiroient peu-à-peu la poësie Espagnole de son ancienne barbarie.

[1536.]

Pierre de la Baume, évêque de Genève, vient prier Charles-Quint de le rétablir sur son siége, d'où les Calvinistes l'avoient chassé. Charles lui répondit : » M. l'évêque, quand j'aurai conquis la » France pour moi, je prendrai Genève » pour vous. »

[1536.]

François I, dans son camp de Valence, & le maréchal de Montmorenci campé sous Avignon, exécutoient un nouveau plan d'opérations guerrieres que la prudence avoit tracé, & que la bravoure nationale ne suivoit qu'avec peine. Il étoit décidé « qu'on éviteroit toute occasion de » bataille ; qu'on n'en livreroit point sans » une nécessité absolue, ou sans une cer- » titude presque entiere du succès. » Cette maniere de combattre ruina l'armée ennemie, & Charles-Quint fit une retraite qui valoit une déroute. Les plaifans dirent « qu'il étoit allé enterrer en Efpagne » fon honneur mort en France. »

[1537.]

On fait des informations fecrettes fur l'adminiftration de la Reine, qui avoit été déclarée régente de l'Efpagne pendant l'abfence du Roi ; &, quoique Charles aimoit tendrement fon époufe, il caffa tous les officiers & les magiftrats qu'elle avoit nommés.

[1538.]

Tandis qu'une trève fe négocioit à Nice, par la méditation du pape Paul III, Charles-Quint étoit à Ville-Franche , & logeoit dans fa galere qui étoit à Lancre. On apperçut en pleine mer de petits nuages blancs, qui reffembloient à des voiles de vaiffeaux ; & on crut que c'étoit l'armée navale des Turcs, alliés & amis de la France, qui venoit enlever le rival de François I. Les uns vouloient combattre, les autres fe difpofoient à prendre la fuite ; tous conjuroient le monarque de fe mettre en fûreté dans les montagnes voifines. « Mes amis , répondit Charles, ne » me confeillez pas de me déshonorer. Si » ce que nous voyons eft la flotte de Bar- » berouffe, je veux combattre & mourir.

» avec vous ; si ce n'est rien, nous en ri-
» rons ensemble. » On ne tarda pas à dé-
couvrir la vérité, & chacun n'eut qu'à
rire de sa frayeur. « Ces formidables voi-
» les, appellées par François I, n'étoient
» que de petits tourbillons de poussiere que
» des paysans élevoient dans l'air, en van-
» nant des féves sur le rivage, & que le
» vent étendoit sur la mer. »

[1538.]

Après la conclusion d'une trève de dix
ans, les deux rivaux eurent une entrevue
à Aigues-Mortes, & se donnerent mutuellement des marques d'une réconciliation sincere. Charles pria François I, de
permettre qu'André Doria parut devant
lui, & le monarque François le reçut avec
bonté : « Enfin, lui dit-il, nous voilà
» réunis, l'empereur, mon frere & moi.
» Il faut que cette réconciliation soit éter-
» nelle ; que nous ayons désormais les
» mêmes amis & les mêmes ennemis ;
» que nous préparions contre le Turc une
» puissante armée navale, & que vous la
» commandiez. »

[1538.]

Les Etats de Castille, convoqués à Tolède, n'accordent que douze millions payables en trois ans. La noblesse opposa la

plus grande réſiſtance aux volontés du
Roi, qui demandoit un don gratuit conſidérable, ſous le nom d'Aſſiſe. La crainte
d'une révolte l'emporta ſur le beſoin d'argent, mais Charles-Quint punit le corps
de la nobleſſe, en l'excluant pour jamais
de l'aſſemblée des Etats généraux, « dé-
» clarant qu'elle ne devoit avoir aucune
» part au gouvernement, ni à la légiſla-
» tion de la République, puiſqu'elle n'en
» payoit pas les charges. » Aujourd'hui
même ces ſortes d'aſſemblées, appellées
las Cortés, ne ſont compoſées que des
députés des villes.

[1539.]

Charles-Quint, obligé de paſſer en Flandres, pour y éteindre une révolte dont
il ne connoiſſoit tout le danger que par
un procédé magnanime de François I,
prend ſa route par la France, & trouve à
Bayonne le connétable de Montmorenci,
chargé de lui préſenter pour ôtages les
deux fils du Roi. « Je les accepte, répon-
» dit Charles, non pour les envoyer en
» Eſpagne, me ſervir d'ôtages, mais pour
» les retenir auprès de moi, comme mes
» compagnons de voyage. » François I
ne s'étoit pas contenté de rejetter l'offre
des Gantois, de ſe donner à lui, & de
le rendre maître des Pays-Bas. Il informa

Charles-Quint des difpofitions de fes fujets rebelles.

[1539.]

Charles n'étoit pas tranquille au milieu des fêtes brillantes qu'on lui donnoit à Paris. « Rien étoit indifférent à fes » yeux... Il voyoit du deffein formé par » tout : un accident, un jeu d'enfant, » une plaifanterie, tout l'allarmoit. » On fe contentera de citer un trait du duc d'Orléans, fecond fils de François I. «Un » jour ce jeune prince, gai, folâtre & » très-agile, fauta fur la croupe du che- » val que montoit Charles-Quint, &, le » tenant embraffé, s'écria : Votre Majefté » Impériale eft actuellement mon prifon- » nier ; ce mot, ainfi que l'action, fit tref- » faillir l'Empereur ; il fe remit pour- » tant, & prit le parti d'en rire. »

[1540.]

Une famine horrible, fuivie d'une maladie contagieufe, coûte à l'Efpagne, la onzieme partie de fes habitans.

[1540.]

Fernand Cortez revient en Efpagne, pour défendre fes biens contre un des officiers du confeil des Indes. (Voyez ci-deffus, page 57.) Un jour qu'il fendoit la prefſe, pour ſe procurer audience, le Roi lui demanda : « Qui êtes-vous ? --- Je ſuis » un homme, répondit fiérement Cortez, » qui vous a donné plus de provinces, » que vos peres ne vous ont laiſſé de vil- » les. » Il ſuivit Charles - Quint à ſa ſe- conde expédition d'Afrique, & mourut dans ſa patrie, en 1554.

[1541.]

Tandis que François I. ſe diſpoſoit à venger la mort de ſes ambaſſadeurs, Rin- çon & Frégoſe, que le marquis du Guat, gouverneur du Milanez, venoit de faire aſſaſſiner, contre le droit des gens & la foi des traités, Charles - Quint ſe hâtoit d'inviter toute l'Europe à une expédition qu'il méditoit contre Alger. André Do- ria n'épargnoit rien pour l'en diſſuader ; il ſe jetta même à ſes pieds, en lui di- ſant : « Souffrez qu'on vous détourne de » cette entrepriſe ; car, ſi nous y allons, » nous périrons tous. » Charles lui ré- pondit : « Vingt-deux ans d'empire pour » moi, & ſoixante-douze ans de vie pour » vous, doivent nous ſuffire à tous deux » pour mourrir contens ; qu'une fois dans » ma vie, on me laiſſe agir à mon gré. » Il précipita l'embarquement, afin d'empê- cher François I. de commencer la guerre

qu'il venoit de lui déclarer dans les formes.

[1541.]

Pendant le siége d'Alger, Charles-Quint
voyant un jour que sa table étoit servie
avec une sorte de profusion, dit à son
maître d'hôtel : « Misérable ! n'es-tu pas
» honteux de me servir ainsi ? Comment
» pourrai-je souffrir cette délicatesse, pen-
» dant que mes compagnons meurent de
» misere ? » Aussitôt il fait enlever tous les
mets, & va les distribuer lui-même aux
malades & aux blessés.

[1541.]

La valeur des Algériens, & plusieurs
tempêtes forcent Charles-Quint de renoncer à son entreprise, après avoir perdu
son armée, sa flotte & sa réputation. De
retour en Espagne, il envoya à l'Aretin
une chaîne d'or qui valoit cent ducats.
Il prétendoit par ce présent fermer la bouche à ce poëte satyrique, appellé LE FLÉAU
DES PRINCES. « Voilà, dit l'Aretin, un
» don bien petit pour une si grande sot-
» tise. »

[1542.]

Charles-Quint dit, en apprenant la mort
de

de du Bellay-Langei, frere de Martin du Bellay ; « cet homme m'a fait feul plus » de mal que tous les François enfemble.»

✳[1543.]✳

La guerre, que les François vouloient porter en Efpagne, fut bornée à l'Italie & aux Pays-Bas. Henri VIII, roi d'Angleterre, fe lie avec Charles-Quint, de qui il avoit reçu plufieurs affronts, & à qui il en avoit fait « de plus grands, ce » qui fe pardonne encore moins. » Ils étoient convenus de conquérir & de partager la France, qu'ils attaquerent en même tems, l'un par la Picardie, & l'autre par la Flandre. François I, de fon côté, a recours une feconde fois à Soliman, qui lui envoie cent dix galeres, & trente galiotes; il fe ligue avec les Proteftans d'Allemagne, tandis qu'il faifoit punir ceux de fon Royaume, & obtient la paix, au moment où la guerre le réduifoit aux dernieres extrémités.

✳[1543.]✳

Le gouverneur de Duren, ville du duché de Juliers, forcé de rendre fa place, s'excufe d'avoir tenu fi long-tems, « fur » ce que fa garnifon croyoit n'avoir af- » faire qu'à des Allemands, & avoit ignoré,

» jufqu'alors, ce que c'étoit que de com-
» battre contre des Efpagnols. »

�֍[1543.]֍

Charles-Quint s'attendoit que les François tenteroient de lui faire lever le fiége
de Landreci : il dit à ceux qui devoient
combattre auprès de fa perfonne : « Si vous
» me voyez en danger, & que mon éten-
» dard y foit auffi, quittez-moi auffitôt
» pour voler au fecours de mon étendard. »

✖[1544.]✖

Avant la bataille de Cérizolles, en Piémont, le marquis Du Guaft avoit montré
les chaînes dont il fe vantoit de charger
le général & les jeunes volontaires de
l'armée Françoife. Il perdit la bataille, &
ne dut fon falut qu'à une fuite précipitée :
les vainqueurs trouverent les chaînes dans
les équipages, & en tirerent plus d'argent
que de la rançon de leurs prifonniers, qui
étoient au nombre de deux mille cinq
cens. Brantôme ajoute : « J'ai ouï faire
» un bon conte à une dame de la cour,
» que, pour la part du butin de la ba-
» taille, & des coffres & hardes de mon-
» fieur le Marquis Del Gouaft, qui étoit
» curieux en tout, fut envoyé au Roi,
» (François I,) par M. d'Anguien, une

» montre fort belle , riche & bien la-
» bourée. Le Roi accepta le préfent de
» très-bon cœur ; &, ainſi qu'il la tenoit
» entre ſes mains , & l'admiroit devant
» les dames de la cour, il y eut madame
» de Nemours, ſœur du Prince victorieux,
» belle dame, honnête & très-bien di-
» ſante , & qui rencontroit des mieux ,
» qui dit au Roi. — Penſez, Sire, que
» cette montre n'étoit pas bien montée
» lorſqu'elle fut priſe ; car, ſi elle eût été
» montée auſſi-bien que monſieur le Mar-
» quis ſon maître , vous ne l'euſſiez pas
» eue , & ſe fût ſauvée auſſi-bien que
» lui. — Le Roi en trouva le conte très-
» bon , & toute la compagnie. »

[1544.]

L'amiral d'Annebaut ſe rend à Bruxelles , pour faire ſigner à Charles-Quint le
traité de paix qu'on venoit de conclure
à Crépy, en Valois. Ce Prince étoit ſi
tourmenté par la goutte, qu'il ne pouvoit
remuer la main : « Voilà , dit-il à l'Ami-
» ral François, ce que m'a coûté la gloire,
» & voilà qui vous garantit , mieux que
» toutes les ſignatures , l'exécution du
» traité. Comment pourrois-je manier une
» épée ? Je ne peux pas même tenir une
» plume. »

[1545.]

Le concile de Trente s'ouvre, & les Luthériens qui l'avoient demandé avec tant de hauteur, refusent de s'y rendre. Charles-Quint sentit alors qu'il seroit obligé d'employer la force pour les réduire ; &, afin de se procurer les secours dont il avoit besoin, il répandit en Espagne & en Italie, qu'il alloit entreprendre une guerre de religion, & qu'il ne prenoit les armes que pour défendre & pour réduire des hérétiques incorrigibles. Mais, en Allemagne, où il vouloit diviser les Protestans, & les soulever les uns contre les autres, il écartoit avec soin toute idée de guerre de religion, & disoit hautement qu'il ne s'armoit que contre des perturbateurs du repos public : cette politique lui réussit, & son armée se trouva bientôt composée d'Italiens, d'Espagnols, d'Allemands Catholiques & Luthériens.

[1546.]

Douze mille Espagnols, avec des sommes considérables, ne pouvoient joindre l'armée, que par une marche très-rapide. N. d'Egmont, comte de Buren, qui les commandoit, étant arrivé où l'on devoit se reposer, fait sonner l'allarme, comme

si l'ennemi étoit proche ; ses troupes, ou-
bliant alors leurs fatigues & la longueur
du chemin, se remettent en marche, évi-
tent les Luthériens qui s'approchoient
pour leur couper le passage dans un lieu
fort étroit, & arrivent heureusement au
camp de l'empereur.

[1547.]

Un Luthérien d'une force & d'une
taille extraordinaire, s'avançoit tous les
jours entre les deux camps, &, comme
un nouveau Goliath, défioit au combat
le plus brave des Catholiques. Charles-
Quint avoit défendu d'abord, sous peine
de la vie, d'accepter ce défi. Un simple
fantassin Espagnol, nommé Tomayo, sort
du camp, attaque cette espece de géant,
le tue, lui coupe la tête, la porte encore toute sanglante aux pieds du Roi,
& demande pardon de sa désobéissance.
Tomayo, condamné à la mort malgré
les sollicitations d'une armée entiere, marche fiérement au supplice, en montrant
la tête de son ennemi qu'il tenoit à la
main. Tous les Espagnols quittent leurs
postes, & osent menacer des dernieres
extrémités, si l'on fait périr leur brave
compagnon. « On a raison de se soule-
» ver contre moi, dit Charles - Quint,
» puisque j'ai manqué moi - même à la

» difcipline militaire, en faifant ufage
» d'une autorité que j'ai confiée au duc
» d'Albe, mon général. C'eft à lui qu'il
» appartient de difpofer fouverainement
» des jours de mes foldats ; je reconnois
» que je n'en ai pas le droit, puifque je
» me le fuis ôté. » Le duc d'Albe entendit aifément ce langage, & fe hâta d'accorder la grace qu'on demandoit.

Bientôt après, les féditieux, frappés des
reproches de leur général, s'avouerent
coupables, demanderent pardon de leur
révolte, & Tomayo fe retira en Efpagne,
» plus fameux par le danger qu'il avoit
» couru, que par le combat dont il étoit
» forti avec tant de gloire. »

[1547.]

Charles-Quint s'écria, en apprenant la
mort de François I : « Il vient de mourir
» un Roi d'un mérite fi éminent, que je
» ne fçais quand la nature en produira
» un femblable. »

[1547.]

L'Electeur de Saxe, Jean-Frédéric, chef
de la ligue Proteftante, reprend les armes,
affeoit fon camp à Mulberg, fur les rives
de l'Elbe, en fait rompre le pont, & fe
croit à couvert de toute infulte. Charles-
Quint paroît de l'autre côté du fleuve,

& n'ayant point affez de pontons pour
traverfer un efpace de trois cens pas,
» c'est à vous, dit-il à fes foldats, qu'est
» réfervée la gloire de me mettre en état
» de vaincre, en me procurant de quoi
» achever un pont. » Auffitôt dix Efpagnols paffent le fleuve à la nage, tenant
leurs épées nues entre leurs dents, prennent
des bâteaux qui étoient à l'autre bord, &
les amenent malgré le feu continuel des
Saxons.

[1547.]

Un jeune payfan vient indiquer aux
Efpagnols un gué tel qu'ils le défi-
roient pour paffer l'Elbe. « Enfin, dit-il,
» j'aurai le plaifir de me venger de ces
» voleurs de Saxons, qui ont enlevé les
» deux chevaux de ma charrue. Pourvu
» qu'ils foient taillés en piéces, comme
» je l'efpere, je ferai bien payé du fer-
» vice que je vous rends. Je ne veux pas
» d'autre récompenfe. »

[1547.]

Tandis que le duc d'Albe faifoit paffer l'infanterie fur le pont, Charles traverfoit la riviere avec fa cavalerie, à la
vue d'une armée fupérieure à la fienne,
& malgré les décharges de quarante piéces d'artillerie ; le combat fut long &

opiniâtre : les Espagnols y firent des prodiges de valeur , & leur victoire fut complette. Charles écrivit à cette occasion :
» Je suis venu , j'ai vu, Dieu a vaincu.»
Quelques historiens ont écrit « qu'il pa-
» rut pendant l'action un phénomène sin-
» gulier dans le ciel ; & même que le so-
» leil s'étoit arrêté pour donner le tems
» de rendre la victoire plus entiere. »
Quelques années après , le Roi de France,
Henri II , ayant demandé au duc d'Albe
la vérité du fait , le général Espagnol répondit en riant : « J'étois si occupé de
» ce qui se passoit sur la terre , que je
» n'ai pas remarqué ce qui paroissoit au
» ciel. »

[1547.]

L'Electeur de Saxe, qui avoit été blessé
& fait prisonnier à la bataille de Mulberg, paroît devant Charles-Quint , &
lui dit : « Puissant & clément Empereur,
» puisqu'il plaît à la Providence, je me
» présente à vous comme votre prison-
» nier. --- Quoi ? répond Charles, vous
» traitez maintenant d'Empereur celui que,
» dans vos discours & même dans vos
» écrits publics, vous appelliez avec mé-
» pris, tantôt Charles de Gand, tantôt
» Charles, soi-disant Empereur? --- Vo-
» tre Majesté Impériale, reprit Frédéric,

» peut faire de moi tout ce qu'elle vou-
» dra, mais elle ne me fera jamais peur ;
» je n'ai pas cessé d'être Prince, en deve-
» nant votre prisonnier. » Il fut condamné, par le Conseil de guerre, à perdre la tête sur un échafaud ; &, quand on
vint lui en signifier la sentence, il jouoit
aux échecs avec le duc de Brunswick,
compagnon de son infortune : « Ache-
» vons notre partie, dit-il froidement,
» pourvu que l'Empereur n'ait point Wit-
» temberg par cet arrêt, qu'il n'a donné
» que pour engager ma femme & mes en-
» fans à lui livrer cette place, il ne ga-
» gnera rien ; & moi, je ne perdrai que
» quelques misérables jours qui me reste-
» roient encore à passer parmi les infir-
» mités de la vieillesse. » Ce qu'il craignoit arriva. On lui fit grace de la vie ;
ses états passerent à Maurice de Saxe, &
il suivit par-tout l'Empereur, en prisonnier.

[1547.]

Plusieurs Saxons prisonniers imploroient
la clémence de Charles-Quint, en l'ap-
pellant leur pere : « Des méchans comme
» vous, dit-il, ne sont point mes en-
» fans ; ce sont ceux-ci, ajoute-t-il, en
» montrant ses soldats, dont je suis le
» véritable pere. »

[1547.]

Les Espagnols entrent dans Wittem-
berg, & demandent la permission d'y
démolir le tombeau de Luther : « Non,
» répond l'Empereur, il a présentement
» un Juge, dont je ne pourrois sans crime
» usurper la jurisdiction. »

[1547.]

Le Landgrave de Hesse-Cassel se rend à
Charles-Quint, sur l'assurance de conserver sa liberté. Il est arrêté par une indigne supercherie. On avoit dressé un
acte dans lequel le Landgrave stipuloit
qu'il ne seroit enfermé dans aucune prison. On y substitua le mot EWIG, qui
signifie perpétuelle, en la place d'EINIG,
qui signifie aucune. Ce Prince n'obtint sa
liberté qu'en 1552.

[1548.]

Les soldats Allemands se révoltent à
Augsbourg ; & Charles-Quint ne mit ses
jours en sûreté qu'en se réfugiant chez un
bourgeois, où il resta caché pendant trois
heures.

[1548.]

La Guienne est en trouble pour la Ga-
belle, & les séditieux proposent à Char-

les-Quint de se donner à lui. « Il est in-
» digne d'un Roi, répondit-il, de soute-
» nir les révoltes des sujets d'un autre
» Prince ; Dieu m'a donné assez de do-
» maines, sans envier ceux d'autrui. » La
France n'avoit pas lieu de s'attendre à
tant de modération ; mais Charles voulut
peut-être en cette occasion se montrer aussi
généreux que François I l'avoit été à son
égard. (Voyez ci-dessus, page 93.)

❧ [1549.] ❧

Charles-Quint disoit souvent : *Yo , y
el tiempo para dos otres.* « Moi & le
» tems, nous en valons deux. » Rien n'é-
toit plus conforme au génie propre des
Espagnols, qui ont toujours excellé dans
le choix du tems & des circonstances.

❧ [1550.] ❧

L'Espagne étoit gouvernée par le Prince
des Asturies, (Philippe II,) qui donnoit les plus belles espérances. Charles se
proposoit de réaliser en sa faveur une
partie de son grand projet d'une monarchie universelle. Il le montra à l'Italie &
à l'Allemagne, espérant que sa présence
feroit désirer de le voir associé à l'Empire.
Il commença par le déclarer héritier des
Pays-Bas, & le fit reconnoître en cette
qualité à Bruxelles, où le jeune Prince

s'étoit rendu. Le Corps Germanique pé-
nétra les vues de Charles-Quint, se fit un
devoir de les déconcerter, & le prince
des Asturies s'en alla tristement reprendre
la régence de l'Espagne.

Le gouvernement intérieur étoit alors
composé, comme il l'est encore aujour-
d'hui, de plusieurs conseils particuliers qui
ont chacun leur objet, comme la guerre,
les finances, le commerce, la justice, &c.
& tous ces conseils sont subordonnés au
conseil d'Etat.

Charles-Quint avoit établi un conseil
dans l'Italie même, & qui se formoit de
la correspondance entre les ministres,
sur - tout le gouverneur de Milan, le
vice-roi de Naples, & les ambassadeurs à
Rome & à Venise. « Le résultat de leurs
» avis, avec une relation fidèle des faits,
» étoit envoyé en Espagne, à un conseil
» composé de personnes versées dans les
» affaires d'Italie, & qui ayant passé par
» les grands emplois de ce pays-là, en
» avoient des notions exactes. Leurs ré-
» solutions étoient portées au conseil d'E-
» tat, pour examiner si elles devoient
» trouver place dans l'ordre des affaires
» de la Monarchie, & si ce qui étoit con-
» forme au bien particulier de l'Italie, ne
» se trouvoit pas contraire au bien général
» de l'Espagne. » C'est-là l'image de ce

qui se pratique encore aujourd'hui pour les Indes, & pour les pays éloignés où s'étend la domination Espagnole.

[1551.]

D. Lope de Rueda, natif de Séville, & batteur d'or, travailloit à tirer la comédie de son berceau. Il avoit beaucoup de talent pour la déclamation, & son génie le portoit à la poësie pastorale. Les Drames n'étoient alors que des éclogues, ou des conversations entre des bergers & des bergeres. On les embellissoit quelquefois par des scènes burlesques de Négres, de Niais ou de Biscayens, qui servoient d'intermédes; bientôt après on y substitua des magiciennes, des figures grotesques qui paroissoient sortir du centre de la terre, & des combats à pied ou à cheval, entre des Maures & des Chrétiens. Le théatre n'étoit composé que de quatre bancs, sur lesquels on plaçoit des planches, & d'un rideau qui cachoit quelques musiciens, chargés de chanter des Romances antiques. Tous les habillemens des acteurs se renfermoient dans un porte-manteau, & consistoient en quatre habits de bergers, garnis de cuir doré, quatre barbes postiches, autant de perruques & de houlettes.

On ne tarda pas à mettre plus de décence

dans les habits & dans les décorations.
A des représentations informes & monf-
trueuses, fuccéderent des Comédies réduites à un petit nombre de journées, &
moins contraires aux régles de l'art ; mais
on n'en eut pas moins de mépris pour les
piéces de caracteres, ni d'averfion pour
la fimplicité dans les fujets. Les Drames
deviennent des romans en dialogues, férieux & bouffons, furchargés d'incidens,
d'intrigues & de merveilleux. D. Michel
Cervantes fut le premier qui introduifit
fur le théatre des figures morales, pour repréfenter les fentimens de l'ame ; & cette
nouveauté eut grand fuccès. Parut alors
ce prodige de la nature, le grand Lope
de Véga. Il s'empara de la monarchie
comique, fe foumit tous les Comédiens,
& remplit toute l'Efpagne de fes productions. Il naquit à Madrid, en 1562, & fes
talens lui mériterent des emplois honorables. On peut juger de la fécondité de
fon génie par le nombre de fes piéces ;
on en comptoit jufqu'à dix-huit cens, &
celles qu'on a raffemblées compofent vingt-
cinq volumes. A cette heureufe facilité
fe joignoit une force comique, une vraie
peinture des mœurs, & beaucoup d'exactitude à garder les bienféances. Antoine
de Solis, né en 1610, & Pierre Calderon, ont couru la même carriere avec

gloire, & se sont fait estimer par la finesse des sentimens, la clarté de l'expression, & un style presque toujours élégant. Calderon est supérieur aux autres, par des dénouemens fort heureux. L'édition de ses Œuvres est en neuf volumes *in-4°*.

On leur reproche avec raison des figures trop hardies, des tableaux sans proportion, des idées gigantesques, des métaphores outrées, de l'enflure, des jeux de mots, & des fautes énormes contre la vraisemblance. Ici, les Ptolomées, rois d'Egypte, figurent avec les Sultans & les grands ducs de Toscane ; là, un acteur se dit Landgrave de Tyr en Perse ; ailleurs, Capoüe, Vérone & Paris sont des ports de mer, & toutes les femmes qu'on introduit sur la scène, sont autant de femmes sçavantes qui différent en philosophes sur l'amour Platonique. L'astronomie, la musique, la géographie, la politique, toutes les sciences sont traitées & approfondies sur le théatre Espagnol. N'oublions pas que la scène Françoise lui a les plus grandes obligations, & que Lope de Véga, Calderon, Solis, auroient donné des comédies excellentes, s'ils avoient voulu se conformer aux régles prescrites, qu'on peut nommer les oracles d'une raison saine & épurée.

Lope de Véga avoue qu'il a cédé au

torrent de la mode. « Je renferme, dit-
» il, les préceptes sous la clef, & je chasse
» Térence & Plaute de mon cabinet,
» pour n'être pas importuné de leurs rai-
» sons. Le bon sens parle dans leurs livres ;
» j'y trouverois à tout moment la criti-
» que de mon ouvrage. » Nous ajouterons
que presque toutes les comédies de Lope
de Véga, & des autres poëtes illustres
qui font honneur à l'Espagne, offrent de
grandes beautés, & qu'on y trouve de
l'invention, des sentimens nobles ou dé-
licats, des caracteres bien marqués, des
situations heureuses, des surprises bien mé-
nagées, un grand fond de comique, &
un feu d'intérêt qui ne laisse point languir le spectateur.

On est surpris qu'une nation d'un caractere grave & sérieux, ait donné la
préférence à Thalie sur Melpomène ; il
est cependant vrai que les Espagnols ont
négligé le genre tragique, & qu'ils comptent des milliers de Comédies, tandis qu'ils
ont à peine quelques Tragédies. « N'est-
» ce point politique de la part des au-
» teurs ? Ils ont cru, & avec raison, qu'il
» falloit égayer leurs concitoyens, qui
» d'eux-mêmes étoient trop sérieux ; &,
» dans le vrai, est-ce trop que quelques
» heures d'amusement pour des hommes
» qui sont toujours sur le ton de la gra-
» vité ? »

» vité? » On pourroit ajoûter que les Drames Espagnols font, pour la plûpart, des Tragi-Comédies, dans lesquelles on voit communément des Héros, des Rois ou des Grands, ce qui les rapproche davantage du caractere de la nation.

Nous obferverons ici qu'il y a deux fortes de Rimes fort ufitées au théâtre. La premiere s'appelle *confonante*; elle eft réguliere & s'étend jufqu'aux confonnes. Les vers de cette efpece font d'onze fyllabes. La feconde fe nomme *affonante*; elle a lieu principalement dans les vers de huit fyllabes, & elle n'exige que le fon des voyelles. *Moda, cofa, canta, cara; Bueros, cuerdos, mixtos*, font des rimes ASSONANTES.

[1552.]

Maurice de Saxe, allié de la France, qui lui avoit fourni quatre cens mille écus, force Charles-Quint, alors fort incommodé de la goutte, de quitter Infpruck, au milieu de la nuit, & par un tems affreux. Les Proteftans prétendirent qu'il auroit pu s'emparer de la perfonne de l'Empereur, & s'en plaignirent hautement : Maurice leur répondit : « Je n'avois pas » de cage pour un tel oifeau. »

[1552.]

Charles-Quint raſſemble toutes ſes forces, dans le deſſein de reprendre Metz,
ſur les François. Il inveſtit la place le
19 d'Octobre, avec une armée d'environ
cent mille hommes. La belle défenſe de
François de Lorraine, duc de Guiſe, rendit inutile toute la valeur des aſſiégeans ;
» il ſe vit même obligé, plus d'une fois,
» de fermer les portes de la ville, & d'en
» cacher les clefs, pour empêcher les
» Princes du ſang & la haute nobleſſe
» d'aller inſulter l'ennemi. » Charles, outré de la lenteur des progrés d'un ſiége
qui intéreſſoit autant ſa gloire que la ſûreté de ſes Etats, quitte Thionville où la
goutte l'avoit retenu, & ſe rend en litière
à ſon camp, le 26 de Novembre, afin
d'animer ſes ſoldats par ſa préſence. Réduit à l'impoſſibilité « de combattre plus
» long-tems contre les rigueurs de la ſai-
» ſon, & contre des ennemis qu'on ne
» pouvoit vaincre ni par force ni par
» adreſſe, » il leve le ſiége, le 26 de
Décembre, en diſant : « La fortune eſt
» comme toutes les femmes ; elle accorde
» ſes faveurs à la jeuneſſe, & dédaigne
» les cheveux blancs. »

[1553.]

L'Espagne se trouvoit épuisée & dans l'impossibilité de supporter de nouveaux impôts. On proposa de vendre, au profit de l'état, les vassaux du clergé. Le pape y avoit consenti ; « mais l'université de Salamanque opposa des raisons » si fortes, que le conseil n'osa passer ou- » tre. »

[1554.]

Philippe confie la régence de l'Espagne à sa sœur Isabelle, veuve du prince de Portugal, & passe en Angleterre pour y épouser la Reine Marie, fille de Henri VIII, & de Catherine d'Aragon. Charles-Quint n'écoutant que le désir de placer une nouvelle couronne sur la tête de son fils, avoit souscrit à toutes les conditions proposées par les ministres de Marie, & qui leur paroissoient nécessaires, « soit » pour vaincre les répugnances du peu- » ple Anglois, soit pour calmer leurs pro- » pres craintes, & la défiance qu'ils avoient » d'un maître étranger. » Les principaux articles étoient « que Philippe porteroit le » titre de Roi d'Angleterre, pendant la » vie de la Reine, mais qu'elle gouver- » neroit seule, & disposeroit entiérement » de tous les revenus, emplois, & bé-

» néfices du Royaume ; que les enfans
» qui naîtroient de ce mariage, hérite-
» roient non-feulement du trône de leur
» mere, mais encore auroient la poffef-
» feffion du duché de Bourgogne & des
» Pays-Bas ; que, fi le Prince D. Carlos,
» le feul Prince qui reftoit à Philippe de
» fa premiere femme, mouroit fans pof-
» térité, les enfans de Marie fuccéde-
» roient à la couronne d'Efpagne & à
» tous les Etats héréditaires de Charles-
» Quint. Philippe devoit jurer qu'il n'in-
» troduiroit point en Angleterre d'étran-
» gers qui puffent donner de l'ombrage
» à la nation, & qu'il n'en feroit jamais
» fortir ni la Reine ni aucun de fes en-
» fans.» Le mariage fut célébré avec la
plus grand pompe, & Philippe tâcha de
fe concilier la nobleffe par une libéralité
qui n'avoit point de bornes. La perte de
Calais, que les François reprirent en 1558,
fit dire que c'étoit « tout le douaire de
» Marie, reine d'Angleterre. » Une propofition d'accorder à Charles-Quint des
fecours contre la France, fut rejettée généralement par la chambre des communes : « Une démarche faite au parlement
» pour l'engager à confentir que Philippe
» fût couronné, en qualité d'époux de la
» Reine, eut fi peu de fuccès, que la
» cour s'en défifta promptement. »

[1555.]

La reine Jeanne la Folle, mére de Charles-Quint, mourut après avoir paſſé environ cinquante ans dans l'état où l'avoit
jettée la mort de Philippe I. (Voyez ci-
deſſus, page 40.) On dit « qu'elle recou-
» vra la raiſon quelques jours avant que
» de mourir. » On peut dire que Charles
ne devint ſeul maître de la couronne
d'Eſpagne, qu'au moment de la faire paſſer ſur la tête de ſon fils. Le nom de
Jeanne inſéré dans tous les actes publics,
avoit entretenu l'attachement ſingulier des
Eſpagnols pour une Reine infortunée,
fille de Ferdinand & d'Iſabelle.

[1555.]

Charles - Quint ſe rend à l'aſſemblée
des Etats qu'il avoit convoqués à Bruxelles pour le 25 d'Octobre. Il étoit accompagné de ſon fils, roi d'Angleterre, de
Maximilien, roi de Bohême, des reines
douairieres de France & de Hongrie,
(Eléonore & Marie, ſes ſœurs,) des ducs
de Savoye & de Brunſwick, du prince d'O-
range, & ſuivi d'un cortége nombreux de
grands d'Eſpagne, de princes de l'Empire,
de ſeigneurs des Pays-Bas, & des ambaſſadeurs de tous les Souverains de l'Europe.
Le préſident du conſeil de Flandres lut un

acte, par lequel Charles « abandonnoit
» à Philippe, son fils, tous ses domaines
» & son autorité dans les Pays-Bas ; dé-
» chargeoit ses sujets de l'obéissance qu'ils
» lui devoient, pour la transporter à son
» héritier. » Charles prit lui-même la parole, & rappella que, dès l'âge de dix-
sept ans, il s'étoit dévoué tout entier au
soin du gouvernement ; soit en tems de
paix, soit pour faire la guerre, « il avoit
» passé neuf fois en Allemagne, six fois
» en Espagne, quatre fois en France,
» sept fois en Italie, dix fois dans
» les Pays-Bas, deux fois en Angle-
» terre, autant en Afrique, & avoit tra-
» versé onze fois la mer. » Il ajouta que
ses infirmités l'avertissant de quitter un
sceptre devenu trop pesant, il le faisoit
passer entre les mains d'un Prince qui
joignoit à la force de la jeunesse, l'expérience & la maturité que donment les
années. Adressant aussitôt la parole à son
fils, qui étoit à ses genoux & lui baisoit
la main : « Si je ne vous laissois que par
» ma mort, lui dit-il, ce riche héritage
» que j'ai si fort accru, vous devriez quel-
» que tribut à ma mémoire ; mais lors-
» que je vous résigne ce que j'aurois pu
» conserver encore, j'ai droit d'attendre
» de vous la plus grande reconnoissance.
» Je vous en dispense cependant, & je

» regarderai votre amour pour vos fu-
» jets, & vos foins de les rendre heu-
» reux, comme les plus fortes preuves de
» votre gratitude. C'eſt à vous de juſti-
» fier la marque extraordinaire que je
» vous donne aujourd'hui de mon affec-
» tion paternelle ; c'eſt à vous de paroî-
» tre digne de la confiance que j'ai en
» vous. Conſervez un reſpect inviolable
» pour la religion ; maintenez la foi Ca-
» tholique dans ſa pureté ; que les loix
» de votre pays vous ſoient ſacrées ; n'at-
» tentez ni aux droits, ni aux priviléges
» de vos ſujets ; & ſi jamais il vient un
» tems où vous deſiriez de jouir, à mon
» exemple, de la tranquillité d'une vie
» privée, puiſſiez-vous avoir un fils qui
» mérite par ſes vertus que vous lui ré-
» ſigniez le ſceptre avec autant de ſatis-
» faction que j'en goûte à vous le cé-
» der ! »

Quelques ſemaines après, & dans une
aſſemblée auſſi ſolemnelle que la premiere, Charles-Quint céda à ſon fils la
couronne d'Eſpagne, & tout ce qui en
dépendoit, ſoit dans l'Ancien, ſoit dans
le Nouveau-Monde. Il ne ſe réſerva qu'une
penſion de cent mille écus, & ſeroit parti
ſur le champ pour aller s'enſevelir dans
la retraite qu'il s'étoit choiſie en Eſpagne,
ſi les médecins ne lui avoient pas repré-

fenté fortement le danger de fe mettre en mer dans la faifon la plus froide & la plus orageufe. Le 27 d'Août de l'année fuivante, il abandonna le gouvernement de l'Empire, à Ferdinand fon frere.

C'eft ainfi que Charles-Quint exécuta le projet qu'il méditoit depuis long-tems, & qu'il avoit communiqué aux deux Reines, fes fœurs. Il s'étoit arrêté long-tems à confidérer, en 1542, une agréable folitude, fur les frontieres du Portugal, dans l'Eftramadoure, & il n'avoit pu s'empêcher de dire affez haut : « Que cette retraite » conviendroit bien à un Dioclétien ! »

PHILIPPE II.

[1556.]

LE nouveau Monarque fut proclamé, le 26 de Mars, à Valladolid, & son fils l'Infant D. Carlos déploya lui-même l'étendard de Castille. On fit le relevé des dettes que Charles-Quint avoit laissées; & le ministere en fut d'abord si effrayé, qu'il proposa de les abolir, ou du moins de n'assigner aucun fonds pour les payer. Mais on regarda cette espece de banqueroute comme un moyen trop dangereux, non pas tant à cause de la perte qui devoit en résulter pour les créanciers, puisque les intérêts qu'ils avoient déja reçus surpassoient de beaucoup le dommage qu'ils pourroient éprouver, que parce qu'on paroîtroit autoriser les prodigues à emprunter de toutes mains, dans l'espérance d'une semblable ressource. On prit le parti de modérer les intérêts, & de ne payer que ce qui étoit dû légitimement.

[1556.]

La Reine d'Angleterre apprend que

Charles-Quint doit s'embarquer à Fleſſin-
gue, le 17 de Septembre, & l'invite à
relâcher dans quelqu'endroit de ſes Etats
pour s'y rafraîchir, & lui donner la con-
ſolation de le voir encore une fois. Charles ſe contenta de répondre : « Quelle ſa-
» tisfaction peut eſpérer cette Princeſſe,
» de voir un beau-pere qui n'eſt plus qu'un
» ſimple gentilhomme ? »

❧ [1557.] ❧

Charles-Quint débarque à Laredo en
Biſcaye, ſe proſterne ſur le rivage, &
dit en baiſant la terre : « O mere com-
» mune des hommes ! je ſuis ſorti nud de
» ton ſein, j'y rentrerai nud. » Il confirme ſon abdication, & ſe rend à Burgos. Frappé du petit nombre de ceux qui
ſe préſenterent pour lui faire la cour, il
ſentit qu'il n'étoit plus Souverain, « & il
» eut la foibleſſe d'être fâché de voir
» qu'on n'avoit rendu qu'à ſon rang les
» reſpects qu'il croyoit dûs à ſes qualités
» perſonnelles. » Mais il fut bien plus affligé d'attendre pendant quelques ſemaines
le payement d'une partie de la penſion
qu'il s'étoit réſervée, & ſans laquelle il
ne pouvoit ni congédier ſes domeſtiques,
ni les récompenſer de leurs ſervices.

Il entra enfin dans la retraite qu'il s'é-
toit fait préparer au monaſtere de S. Juſt

de l'ordre de S. Jérôme, à quelques lieues de Plazentia dans l'Eftramadoure. (Voyez ci-deffus, p. 120.) Tout fon appartement étoit compofé de quatre cellules & de deux piéces de vingt pieds en quarré, tapiffées d'une étoffe brune, & meublées fort fimplement. « Il y enfevelit, le 24 de

» Février, dans la folitude & le filence,
» fa grandeur, fon ambition, & ces vaf-
» tes projets qui l'avoient occupé pendant
» la moitié d'un fiécle. »

[1557.]

Philippe II, attaqué par le Pape & le roi de France, envoie un de fes favoris en Efpagne, pour y lever des troupes & de l'argent. Il ne tira que de foibles fecours d'un Royaume épuifé pas les guerres continuelles de Charles-Quint.

[1557.]

Le roi d'Efpagne entre en Picardie avec une armée de foixante-dix mille hommes, & gagne la bataille de Saint-Quentin, pendant laquelle on dit qu'il fe tint renfermé dans fa tente, où il prioit avec deux Cordeliers pour obtenir la victoire. D'autres hiftoriens difent que ce fut alors la premiere & la derniere fois de fa vie qu'il parut armé de toutes piéces, & qu'il obferva fidèlement les deux vœux qu'il fit en cette occafion : l'un de ne fe trouver jamais en aucune bataille ; l'autre de bâtir, en actions de graces de la victoire, une églife & un monaftere fous le nom de S. Laurent : c'eft, ce qu'on appelle aujourd'hui l'Efcurial. Le duc de Savoie, qui venoit de gagner la bataille, s'approcha de Philippe pour lui rendre hommage : « C'eft à moi, lui dit le Roi, de » baifer vos mains qui ont remporté une » victoire fi glorieufe, & qui nous coûte » fi peu de fang. » Charles-Quint demanda au courrier qui lui apportoit la nouvelle de cette victoire, fi fon fils étoit à Paris? « Non, répondit le courrier, mais . . . » Charles lui tourna le dos, fans rien dire. Tous les officiers de l'armée avoient propofé d'abandonner le fiége de Saint-Quentin, & de marcher droit à Paris : « Non, » non, avoit répondu Philippe, il ne faut » jamais réduire fon ennemi au défefpoir. » Cette réfolution timide, & la défenfe opiniâtre de l'amiral de Coligni, qui tint pendant feize jours, donnerent le tems à Henri II de pourvoir à la fûreté de fes Etats.

⚜ [1558.] ⚜

Charles-Quint couloit des jours tranquilles, & les partageoit entre l'office divin, la lecture des Ouvrages de S. Auguftin & de S. Bernard, la culture d'un jardin & la mécanique, pour laquelle il avoit toujours montré un goût particulier, & ne s'informoit pas même des évène-mens politiques de l'Europe. Un accès de goutte, d'une violence extraordinaire, tourna toutes fes penfées vers une mort qu'il regardoit comme très-prochaine, & à laquelle il prit la réfolution de fe pré-parer, en menant une vie des plus aufte-res. « Il réfolut de célébrer fes propres » obféques avant fa mort. En conféquence, » il fe fit élever un tombeau dans la cha-» pelle du couvent. Ses domeftiques y » allerent en proceffion funéraire, tenant » des cierges noirs dans leurs mains, & » lui-même il fuivoit en habit de deuil. » On le couvrit d'un drap mortuaire, & » on chanta l'office des morts. Charles » joignit fa voix aux prieres qu'on réci-» toit pour le repos de fon ame ; fes amis » & fes domeftiques fondoient en larmes, » croyant déja célébrer de véritables fu-» nérailles. La cérémonie fe termina, fui-» vant l'ufage, par jetter de l'eau bénite » fur le cercueil ; &, tout le monde s'é-» tant retiré, on ferma les portes de l'é-» glife, dans laquelle Charles refta en-» core quelques tems : il fe retira dans » fon appartement plein des idées que » cette folemnité devoit infpirer. » Le lendemain il fut faifi de la fiévre, & ne fit plus que languir jufqu'au moment de fa mort, qui arriva le 21 de Septembre. On lui éleva, dans toute l'Europe, trois mille fept cens catafalques.

[1558.]

Le célèbre Michel Noftradamus adreffe à Philippe II l'horofcope qu'il avoit tiré de ce Prince, avec les pronoftiques de fa naiffance, & le détail de tout ce que lui annonçoient les aftres fous lefquels il étoit né. Le monarque Efpagnol envoie cinq cens écus à l'aftrologue François, & jette au feu toute la prédiction.

Si l'on vouloit rapprocher aujourd'hui, & allier enfemble tout ce que les hifto-riens nous difent de ce Prince, l'embar-ras feroit bien plus grand que n'a pu l'ê-tre celui du faifeur d'horofcope. S'il eft peu de Monarques dont les règnes ayent été plus éclatans, plus longs, & plus fer-tiles en évènemens que celui de Phi-lippe II, il en eft peu auffi qui ayent été plus expofés aux traits de l'envie, de la médifance, & de la calomnie. Sa haine implacable pour l'héréfie, & fon union conftante avec ceux des François qu'un faux zèle écartoit de leur devoir, réuni-rent contre lui une infinité d'écrivains. Il eft vrai qu'il trouva plus d'un apologifte

parmi fes fujets, & dans le parti Catholique ; mais ceux-ci n'ont-ils pas outré de
leur côté ? & leurs éloges ne font-ils pas,
dans bien des occafions, auffi fufpects que
les déclamations des écrivains fatyriques ?
Les uns, n'empruntant que les affreufes cou-
leurs de la haine, le comparent à Tibère.
» Fils ingrat, pere dénaturé, époux bar-
» bare, maître impitoyable, ami dange-
» reux, implacable ennemi, allié infidèle,
» voifin avide ; Prince toujours prêt à
» facrifier fa foi, fon honneur, l'huma-
» nité, les biens & la vie de fes fujets à
» la chimere de la Monarchie univerfelle,
» dont il ne fe défabufa qu'à la mort ; &
» toujours habile à cacher fous les appa-
» rences de modération, d'équité, de
» zèle pour la religion, fes injuftices, fon
» ambition, fes cruautés & fon defpo-
» tifme.» Les autres, au contraire, ne crai-
gnent pas de l'appeller « un fecond Sa-
» lomon, & le plus grand Prince de fon
» fiécle, par fa fermeté, fa fageffe, fa
» politique, fa prévoyance, fes lumieres,
» fa gravité, fes connoiffances, fa piété,
» fon zèle, fon application, fa magni-
» ficence, fon équité & fa grandeur
» d'ame.» Eloigné des traits de la fatyre & des menfonges de la flatterie, Philippe II va fe peindre ici lui-même par
fes actions, & les faits feuls dépoferont

en fa faveur ou contre lui. Ce n'étoit pas
un héros guerrier, mais un génie capable de porter par-tout le feu de la guerre.
S'il fe montra rarement à la tête de fes
troupes, il avoit le talent de trouver d'excellens généraux pour les commander. Ses
tréfors lui fervoient à fufciter des ennemis domeftiques & étrangers aux puiffances dont il étoit jaloux. Du fond de fon
cabinet il formoit des projets immenfes,
& donnoit le mouvement à tout. Nuls détails ne lui échappoient : « Le génie, le
» caractere, les loix des différentes na-
» tions foumifes à fon Empire, lui étoient
» toujours préfens à l'efprit. Tout ce qui
» fe paffoit, foit dans fes Etats, foit dans
» ceux de fes voifins, parvenoit rapide-
» ment à fa connoiffance. » Ses projets
chimériques furent fouvent préjudiciables
à fes propres intérêts. En voulant démembrer la France par les factions que fon
argent y entretenoit, il laiffa entamer fon
patrimoine, & couper bien des fources,
d'où cet argent couloit dans fes coffres.
La conquête qu'il fit du Portugal ne le
dédommagea point de ce qu'il perdit dans
les Pays-Bas. Il affoiblit fes forces en Efpagne, pour s'enrichir en Amérique ; &
les tréfors qu'il tira du Nouveau-Monde,
n'empêcherent pas qu'il ne mourût accablé
de dettes.

[1559.]

[1559.]

Après la paix de Cateau-Cambreſis, par laquelle les François reſtituerent cent quatre-vingt-neuf villes fortifiées, pour trois qu'on leur rendit, Philippe II quitte les Pays-Bas, & paſſe en Eſpagne, où les erreurs de Luther commençoient à ſe répandre. Il. avoit écrit aux tribunaux de l'Inquiſition de procéder avec la derniere rigueur contre tous ceux qui ſeroient ſuſpects d'héréſie, & de ne pas même épargner ſon fils s'il étoit trouvé coupable.

Il avoit déja déféré à l'Inquiſition le teſtament de Charles-Quint ſon pere, & ce tribunal délibéra s'il n'étoit pas à propos de le condamner au feu.

[1559.]

Les LAS CORTÉS, où États généraux, aſſemblés à Tolède pour réformer les abus qui s'étoient gliſſés dans le gouvernement, défendent aux Maures d'avoir des eſclaves Chrétiens, « attendu la facilité avec » laquelle ils leur faiſoient embraſſer & » pratiquer la loi de Mahomet. »

[1560.]

Jean Poſſevin, nonce du pape, perdit le fil d'un diſcours qu'il adreſſoit au Roi : « Si vous l'avez écrit, lui dit Phi-

» lippe , donnez-le moi , il fera le même
» effet. »

✤ [1560.] ✤

Madrid devient la capitale de l'Espagne , & la demeure ordinaire des Rois. La position de cette ville , placée au centre du Royaume , entroit dans le nouveau plan de politique , dont Philippe ne vouloit plus s'écarter. Du fond de son cabinet, il se proposoit de régir ses vastes états , d'y entretenir la paix, « d'allumer la guerre chez ses voisins, & de » profiter de leurs dissensions pour établir » les fondemens de sa grandeur. »

✤ [1560.] ✤

Elisabeth de France , dont le mariage avec Philippe II avoit été conclu par la paix de Cateau-Cambresis , fait son entrée dans Tolède. « Huit compagnies » d'infanterie , & cent cavaliers superbe- » ment vêtus , allerent la recevoir à quel- » que distance de la ville ; &, après dif- » férentes évolutions , prirent les devans » pour ouvrir la marche. Plusieurs trou- » pes de danseurs les suivoient : la pre- » miere étoit composée de jeunes villa- » geoises : la seconde, de ceux qui sça- » voient le mieux la danse des épées, déja » fort ancienne en Espagne, où elle avoit

» été inventée : la troisieme, des maîtres
» d'escrime, dont les fleurets étoient bi-
» zarrement ornés : la quatrieme, de Bo-
» hémiennes qui exécutoient avec beau-
» coup de légéreté les danses singulieres
» de leur pays : la cinquieme, de vingt-
» quatre Morisques, suivis de vingt-quatre
» officiers de la sainte Hermandad, ha-
» billés de velours verd, avec des passe-
» mens d'or, & des capes de velours
» noir ; on voyoit cent trente-huit offi-
» ciers de la monnoie, en habits de ve-
» lours cramoisi brodés d'or ; enfin qua-
» rante musiciens vêtus de drap rouge,
» & portant des bonnets bleus, terminés
» en pointe par une fleur de lys d'or,
» chantoient des vers à la louange de leur
» nouvelle Reine, & imitoient dans leurs
» chants le gasouillement des oiseaux. Six
» troupes de masques précédoient les of-
» ficiers de l'Inquisition, montés à cheval,
» & qui avoient sur la poitrine les ar-
» mes du Roi. L'université marchoit en-
» suite avec ses suppôts ; & quatre-vingts
» chanoines en soutanes de velours cra-
» moisi étoient suivis par les chevaliers
» des ordres militaires. La Reine se ren-
» dit à la cathédrale de Tolède, où elle
» trouva une belle illumination, diffé-
» rentes danses, & sur-tout celle des
» géants, » ancien spectacle qui a toujours

I ij

été du goût des Efpagnols , & dont l'ufage
s'eft long-tems confervé dans plufieurs
villes des Pays-Bas.

[1561.]

Tous les Maures de Grenade font défar-
més dans un feul jour. Leur commerce
& leurs fecrettes intelligences avec ceux
d'Afrique , rendoient fort fufpecte une
fidélité qu'ils n'avoient jurée que malgré
eux. Obligés par un édit de faire baptifer leurs enfans , ils n'en portoient à l'E-
glife qu'un feul de tous ceux qui naiffoient
à peu près dans le même tems ; enfuite
ils fe prêtoient cet enfant, & on lui faifoit recevoir le baptême , à la place de
tous les autres , autant de fois qu'il y avoit
d'enfans nouveaux-nés.

[1561.]

Une Bulle du pape Pie IV déclare le
roi d'Efpagne, Protecteur de l'Eglife Catholique. Une autre Bulle de Pie V, donnée en 1566 , l'établiffoit « vicaire du
» faint fiége , protecteur & confervateur
» du clergé féculier & régulier , avec
» pouvoir de ftatuer & d'ordonner tout
» ce qu'il croiroit néceffaire pour le bon
» ordre & la difcipline du clergé. » Ce
Monarque employa tous les moyens poffibles pour engager la reine d'Angleterre,

Elifabeth, à reconnoître le concile de
Trente, qui fe tenoit alors, & ne fut
terminé que le 5 de Décembre 1563; &
il offrit au roi de France, Charles IX,
fes troupes & fes tréfors pour l'aider à
abattre le parti des Huguenots qui devenoit plus puiffant de jour en jour.

[1562.]

On demandoit à Philippe II un canoni-
cat pour un homme de mérite, qui offroit
de renoncer à une penfion qu'il avoit fur
le domaine. Le Prince fit examiner par
plufieurs théologiens, fi cette propofition
ne tenoit pas un peu de la fimonie. « On
» ne fçauroit l'en blâmer; mais un Roi
» plus libéral n'auroit pas eu befoin de
» cafuiftes. »

[1563.]

On jette les premiers fondemens de
l'Efcurial, édifice immenfe qui coûta vingt-
deux ans de travail, & occafionna une
dépenfe d'environ quarante millions, qui
en vaudroient aujourd'hui cent cinquante.
Il eft bâti en forme de gril, par allufion
au martyre de faint Laurent, (Voyez ci-
deffus, page 124,) & au bas d'une montagne; ce qui faifoit dire à Philippe II;
» Du pied d'une montagne ftérile, &
» avec quatre doigts de papier, je me fais

» obéir d'un bout du monde à l'autre. »
Ce bâtiment, semblable à une ville, contient un palais royal, une église, qui est la sépulture des Rois, un monastere, une bibliothéque, & un collége où l'on entretient gratuitement un grand nombre de gentilshommes. On y compte onze mille fenêtres, quatre mille portes & dix-sept cloîtres. La bibliothéque est un salle fort longue, étroite, peu ornée, & qui renferme environ cinquante mille volumes. Elle est publique, & on l'ouvre tous les jours depuis neuf heures du matin jusqu'à midi, & depuis trois heures du soir jusqu'à six.

[1564.]

Les ordres réitérés de la cour d'Espagne pour rétablir l'Inquisition dans les Pays-Bas, & y faire recevoir le concile de Trente, quant à la discipline, révoltent les Protestans. Ils se proposoient, à l'exemple de ceux d'Allemagne & de France, d'obtenir, l'épée à la main, la liberté de conscience.

[1565.]

Le duc d'Albe, un des principaux ministres de Philippe II, & qui avoit le plus de part à sa confiance, entra brusquement dans son cabinet, sans s'être fait annon-

cer : « Sçavez-vous , lui dit le Roi,
» qu'une hardieſſe telle que la vôtre mé-
» riteroit la hache ? »

[1565.]

La flotte d'Eſpagne fait lever le ſiége
de Malte , qui coûta quarante mille hommes à Soliman. Dans le même tems on
ferma l'embouchure de la riviere de Tétuan en Afrique. On y coula à fond,
malgré la préſence d'une armée de Maures, pluſieurs vaiſſeaux chargés de pierres, de chaux & de fer, ce qui fit perdre à ces infidèles la facilité qu'ils avoient
de troubler la navigation & d'infeſter les
côtes d'Eſpagne.

[1566.]

François Hermando , célèbre natura-
liſte, ſe rend en Amérique, par ordre
du gouvernement , pour y compoſer l'hiſtoire des animaux & des plantes inconn-
nus dans les autres parties du monde. Son
ouvrage , en dix-huit volumes in-folio,
a été fort applaudi en Eſpagne, où l'on
commençoit à goûter & à étudier l'hiſtoire naturelle.

Dans le même tems on raſſembloit à
grands frais , au château de Simencas,
tous les actes & les titres propres à former les archives de la couronne. Le duc

d'Albe reprochoit souvent au Roi la dépense qu'exigeoit un travail si nécessaire,
& trop long-tems négligé : « des Monar-
» ques tels que vous, lui disoit-il, ont
» plus besoin de canons que de papiers. »

[1566.]

Le prince d'Espagne, D. Carlos, donnoit depuis long-tems de cuisans chagrins au Roi, son pere, qui de son côté
lui faisoit essuyer toutes les mortifications
possibles. Ce jeune Prince, soit par une
suite de son caractere violent, soit qu'il
goûtât les principes des Protestans, résolut
de se rendre dans les Pays-Bas, à l'insçu
de son pere. Le secret fut découvert, &
il en coûta la tête au baron de Monti-
gni, qui étoit le confident & peut-être
l'auteur du projet.

[1567.]

On porte contre les Maures un nouvel
édit plus rigoureux que tous les autres,
& qui les oblige à prendre l'habillement,
la langue & les usages des Espagnols, à
faire inscrire leurs enfans depuis l'âge de
cinq ans jusqu'à quinze, & à les mettre
dans des écoles, où l'on devoit leur en-
seigner la religion & la langue du pays.
Les Maures croyoient, d'après une ancienne tradition, que, lorsqu'un vieux

chêne, pour lequel ils avoient une vénération superstitieuse, viendroit à tomber,
le tems seroit venu pour eux de se rendre
maîtres de l'Espagne. Le chêne tomba
cette année ; &, sa chute s'accordant avec
leurs dispositions à la révolte, ils en formerent un plan qui fut heureusement découvert par un prêtre Espagnol. Obligés
de subir la loi, ils mirent tout en usage
pour en modérer la rigueur.

[1567.]

On publie la nouvelle Collection des
Loix, à laquelle Charles-Quint avoit fait
travailler, & qui ne put être finie sous
son règne. C'est le cinquieme Recueil,
ou Code particulier que la Castille s'étoit
donné depuis que les loix anciennes ou
gothiques n'étoient plus en usage.

Le premier est intitulé LOIX PARTI-
TES, divisées en sept livres, & tirées du
droit canon & du droit civil. Il fut commencé par les ordres de saint Ferdinand,
achevé par ceux d'Alphonse X, le Sage, &
autorisé par Alphonse XI, en 1339. Ni-
colas Antoine, dans sa Bibliothéque Espagnole, Liv. VIII, ch. 5, fait un éloge
pompeux de cet ouvrage, qu'il ne craint
pas d'égaler à celui des DIGESTES. C'est
prouver qu'il aime la gloire de sa nation.

Le second est L'ORDONNANCE ROYALE de Ferdinand & d'Isabelle.

Le troisieme contient LES LOIX DE TORO. Ferdinand, après la mort d'Isabelle, ayant convoqué les Etats de Castille à Toro, pour assurer la couronne sur la tête de l'Infante Jeanne, fit publier un Code de Loix, dont l'observation fut ordonnée par la reine Jeanne & son fils Charles-Quint.

Le quatrieme comprend LES LOIX DU STYLE, compilées vers l'an 1310, & reçues par l'usage.

[1567.]

Le duc d'Albe, commandé pour assembler une armée en Italie, & la conduire contre les Protestans & les rebelles des Pays-Bas, alla prendre congé de D. Carlos. Ce Prince armé d'un poignard se précipita sur le duc, qui n'évita la mort que par sa force & son adresse. « Je te » porterai ce fer dans le sein, avoit dit » ce Prince, plutôt que de te souffrir, » comme un ennemi, ruiner des Provin- » ces qui me sont si cheres. » Cet attentat mit le comble aux sentimens d'indignation que Philippe avoit pour son fils.

[1568.]

Philippe II alla lui-même arrêter D.

Carlos dans ſon appartement, la nuit du
18 de Janvier, & le fit garder avec la
plus grande exactitude. On accuſoit ce
jeune Prince d'être ſur le point de ſe
rendre ſecrettement dans les Pays-Bas, &
d'entretenir, depuis pluſieurs années, des
intelligences avec les Proteſtans d'Allemagne & de Flandres. Le roi d'Eſpagne
ſe crut obligé de juſtifier ſa conduite dans
toutes les cours de l'Europe, ſoit par ſes
ambaſſadeurs, ſoit par ſes lettres. Voici
celle qu'il écrivit à l'Impératrice ſa ſœur.
» Quoique Votre Majeſté ait pu voir par
» tout ce que je lui ai déja écrit ſur la
» conduite du Prince, de quelle néceſſité
» il étoit depuis long-tems d'y apporter
» du remède: cependant la tendreſſe pa-
» ternelle, les précautions & les éclair-
» ciſſemens que j'ai dû prendre avant
» que d'en venir à la derniere extrémité,
» m'ont arrêté juſqu'à préſent. Les fautes
» du Prince ſe ſont portées à un tel excès,
» que, pour remplir mes devoirs envers
» Dieu, & pour ſatisfaire à ce que je
» dois aux peuples qu'il lui a plu de me
» confier, je n'ai pu différer davantage de
» m'aſſurer de ſa perſonne, & de le faire
» empriſonner. Votre tendreſſe maternelle
» vous fera connoître combien cette ré-
» ſolution a dû coûter à mes ſentimens
» & à mon cœur. J'ai cru devoir, en

» cette occasion, faire à Dieu un sacri-
» fice de ma chair & de mon sang, pré-
» férer le bien général à toutes les con-
» sidérations humaines. Les nouveaux mo-
» tifs qui se sont joints aux anciennes
» raisons que j'avois déja de faire ce que
» j'ai fait, sont de nature à ne pouvoir
» vous être découverts à présent. Votre
» Majesté ne pourroit les entendre, sans
» sentir renouveller ses douleurs. Elle les
» apprendra dans d'autres circonstances.
» Je me crois cependant obligé de la pré-
» venir que ma conduite, à l'égard du
» Prince, n'est fondée sur aucun vice ca-
» pital, ni sur aucun crime déshonorant.
» Selon toute apparence, il ne s'ensuivra
» point d'autre punition. Ce n'est pas
» non plus que je regarde cet emprison-
» nement comme un remède à ses désor-
» dres. Ma conduite est appuyée sur des
» raisons auxquelles ni le tems ni au-
» cune autre chose ne peuvent remédier.
» Je donnerai avis à Votre Majesté des
» suites de cette affaire, & sur-tout de ce
» qui pourra la tranquilliser, n'ayant rien
» de plus à lui dire, je la prie de me re-
» commander à Dieu, que je supplie en
» même tems de vouloir bien conserver
» les jours de Votre Majesté. » De Madrid, le 21 de Janvier 1568.

Les précautions excessives que prit Phiippe II pour affurer fa juftification, & mettre dans le plus grand jour les crimes de fon fils, font peut-être ce qui dépofe plus hautement contre lui. Une affaire fi délicate & fi extraordinaire pourroit-elle être fubordonnée au pur raifonnement ? La nature devoit prononcer en faveur de ce jeune Prince, en même tems que le zèle pour l'état devoit porter Philippe à prévenir les fuites de ce caractere trop emporté.

[1568.]

D. Carlos meurt le 25 de Juillet, foit de mort violente, comme plufieurs hiftoriens Proteftans ont effayé de le perfuader à toute l'Europe ; foit, comme l'affurent les hiftoriens Efpagnols, des fuites d'une maladie occafionnée par des accès de fureur qui venoient d'un caractère très-violent, & par un régime qui devoit caufer la mort. Ce Prince paffoit alternativement plufieurs jours de fuite fans prendre de nourriture, & à manger avec excès.

La mort de la reine d'Efpagne fuivit de près celle de D. Carlos, & on accufa encore Philippe II d'avoir imnolé cette victime à fa jaloufie. Ces triftes évènemens ont fourni à M. l'abbé de Saint-Réal la matiere d'une hiftoire intéreffante,

& à M. de Campiftron le fujet d'une
tragédie qui a eu beaucoup de fuccès,
fous le nom d'Andronic.

[1568.]

Les Maures qui habitoient les montagnes d'Alpuxarras, & qui compofoient
environ quatre-vingt-dix mille familles,
fe choififfent un Roi, prennent les armes,
manquent la ville de Grenade qu'ils efpé-
roient de furprendre, & fe vengent de ce
mauvais fuccès, en faifant main-baffe
fur tous les Chrétiens qu'ils rencontrent:
ceux-ci, croyant pouvoir ufer de repréfailles, égorgent douze cens femmes Maures
qui s'étoient rendues à difcrétion. Bientôt la révolte eft générale dans tout le
royaume de Grenade; & les Maures, vaincus dans trois batailles rangées, n'en deviennent que plus furieux & plus redoutables. Philippe II déclara que tous les
prifonniers de guerre feroient réduits à
l'efclavage, & permit à fes foldats de garder les dépouilles qu'ils enleveroient aux
ennemis. Après deux campagnes très fer-
tiles en événemens, tous les Maures du
royaume de Grenade, même ceux qui
n'avoient pas pris les armes, furent tranf-
férés en Caftille.

[1569.]

Trois mille cinq cens Maures détrui,

fent un pont qu'ils défefpéroient de pouvoir défendre, & ne laiffent que des piéces de bois qui formoient un paffage auffi étroit que dangereux. Chriftophe de Molina, religieux de l'ordre de S. François, tenant un crucifix d'une main, & de l'autre une épée, exhorte les Efpagnols à braver ce danger, & paffe le premier fur le pont. On le fuit en foule, & les Maures ne trouvent leur falut que dans la fuite.

[1569.]

Un Alcade amene à Philippe II le fupérieur d'un couvent de l'Ordre de S. François, convaincu d'avoir caché un criminel qu'on cherchoit avec beaucoup de foin. Le Roi dit d'un ton plein de colere : « Qui vous a déterminé à cacher » un homme fi coupable ? — La charité, » répond modeftément le pere. — Qu'on » le reconduife avec honneur dans fon » couvent, reprend Philippe, qui s'étoit » appaifé tout à coup ; puifque c'eft la » charité qui l'a guidé, nous devons agir » par un fi beau motif. »

[1570.]

Philippe II époufe, en quatrieme nôces, Anne d'Autriche, fille de l'empereur Maximilien ; & Séville fait, à l'occafion de ce mariage, un préfent de fix cens mille ducats. Cette ville étoit devenue la plus riche de toute l'Efpagne, depuis que les galions de l'Amérique venoient y aborder, & que le commerce avoit repris une nouvelle vigueur. On y comptoit foixante mille métiers en foie.

Dans la feule foire de Médina, il fe négocioit en lettres de change plus de cent cinquante-cinq millions d'écus; & il y avoit alors dans ce Royaume plufieurs autres foires auffi célébres.

[1570.]

On comptoit, fous la domination Efpagnole, cinquante-huit archevêchés, fix cens quatre-vingt-quatre évêchés, onze mille quatre cens abbayes d'hommes & de femmes, cent vingt-fept mille paroiffes, trois cens douze mille prêtres, deux cens mille clercs, & quatre cens mille tant religieux que religieufes. On faifoit monter les revenus du clergé à quatre-vingts millions.

Philippe II comptoit environ vingt millions de fujets en Europe, & prefque autant dans les trois autres parties du monde. Les revenus de fa couronne montoient à vingt-cinq millions de ducats. Dans le dix-huitieme fiécle, on ne comptoit plus en Efpagne, fans y comprendre
dre

dre le Portugal, que sept millions quatre cens vingt-trois mille cinq cens quatre-vingt-dix habitans ; & les revenus publics étoient de soixante-douze millions six cens cinquante-six mille huit cens cinq livres de notre monnoie.

[1570.]

D. François de Tolède, vice-roi du Pérou, où il avoit exercé des cruautés inouies, revient en Espagne. Philippe II le chasse de sa cour, en lui disant : « Je » ne vous avois pas envoyé au Pérou » pour être le bourreau des Rois, mais » pour être l'appui des malheureux. » Etoit-ce assez punir un vice-roi qui, à la faveur d'un traité frauduleux, avoit tiré des montagnes le légitime héritier de » l'empire, & l'avoit fait pendre publi-» quement, avec tous les Princes de la » famille royale ? »

[1571.]

On invente le nom de GÉNÉRALIS-SIME, & on le donne pour la premiere fois à D. Juan d'Autriche, qui alloit commander une flotte de deux cens ga-leres, équipée contre le Turc, par le Pape, Philippe II & les Vénitiens.

[1571.]

La flotte des Turcs, composée de trois

cens voiles, rencontre celle de la Ligue
vers le golphe de Lepante, déja fameux
par le combat d'Antoine & d'Auguste.
D. Juan d'Autriche ne dut qu'à sa valeur
une victoire qui coûta au sultan Sélim,
cent quatre-vingt-cinq galeres, dont cinquante-cinq furent brûlées ou coulées à
fond, trente mille hommes de tués, dix
mille faits prisonniers, & quinze mille
esclaves Chrétiens mis en liberté.

[1571.]

Philippe II, peu sensible aux succès de
son frere naturel, D. Juan d'Autriche,
répondoit à ceux qui lui parloient de la
bataille de Lepante : « D. Juan a gagné
» la bataille, il pouvoit la perdre ; il a
» beaucoup hasardé. » Le pape Pie V,
en apprenant cette heureuse nouvelle,
avoit dit : « Il y eut un homme envoyé
» de Dieu, & cet homme se nommoit
» Jean. »

[1572.]

On donne une nouvelle édition de la
Bible de Complut, que le cardinal Ximénès avoit fait imprimer à grands frais.
Philippe II en confia le soin à Arias Mon-
tanus, qui s'associa plusieurs sçavans, &
ajouta plusieurs piéces qui manquoient à
celles de Complut ; elle est connue sous

le nom de Bible royale, & imprimée à Anvers, en huit volumes, par le célèbre Plantin.

[1572.]

D. Juan d'Autriche renouvelle contre Tunis l'expédition de Charles - Quint; (Voyez ci-deſſus, page 85;) &, au lieu de renverſer cette ville de fond en comble, ſuivant l'ordre qu'il en avoit reçu, il y fait bâtir une citadelle. Pluſieurs hiſtoriens aſſurent qu'il demanda pour lui-même le Royaume qu'il venoit de conquérir, & que Philippe rejetta cette propoſition, que le Pape regardoit comme un ſûr moyen de mettre l'Eſpagne & l'Italie à l'abri des ravages qu'un peuple de Corſaires y portoit ſans ceſſe.

[1573.]

Le duc d'Albe, rappellé des Pays-Bas, eſt bien reçu à la cour de Madrid. On l'en éloigne peu à peu; & la priſon devient la récompenſe de ſes ſervices, ou la punition de ſon orgueil & de ſa cruauté. Il avoit commencé par faire conſtruire à Anvers une citadelle à cinq baſtions, dont quatre portoient ſon nom & ſes qualités. Le premier s'appelloit FERDINAND, le ſecond TOLÈDE, le troiſieme LE DUC, le quatrieme d'ALBE, & le cinquieme

avoit le nom de l'Ingénieur : peu de tems
après, sa statue fut érigée dans la place
d'armes de cette citadelle. Deux figures
allégoriques, représentant la noblesse &
le peuple, paroissoient prosternés à ses
pieds, avec des écuelles pendues aux
oreilles, & des besaces au cou, par allusion au nom de GUEUX, que l'on avoit
donné aux mécontens. Le piédestal portoit cette inscription : « A la gloire de
» Ferdinand Alvarès de Tolède, duc
» d'Albe, gouverneur général de la Flan-
» dre pour le roi d'Espagne, pour avoir
» éteint les séditions, chassé les rebelles,
» mis en sûreté la Religion, fait observer
» la justice, & affermi la paix dans ces
» Provinces. » Cette statue fut mise en
piéces par les Confédérés des Pays - Bas,
en 1577 ; chacun voulut en avoir quelques morceaux, comme autant de dépouilles d'un ennemi redoutable qui venoit
d'être vaincu.

On n'avoit pas eu d'abord une haute
idée de ses talens militaires ; &, lorsqu'on
l'envoya commander dans le Milanez, il
y reçut une lettre avec cette suscription :
» A monseigneur le duc d'Albe, général
» des armées du Roi dans le duché de
» Milan, en tems de paix, & grand-maître
» de la Maison de Sa Majesté, en tems de
» guerre. » On dit que ce trait piquant

lui devint une leçon utile, « le tira de son
» affoupiffement, & lui fit faire des cho-
» fes dignes de paffer à la poftérité. »

[1574.]

Tandis que les troupes Efpagnoles fe ré-
voltoient dans les Pays-Bas, faute de payement, Philippe II offroit au nouveau roi
de France, Henri III, des foldats & quatre cens mille écus par an, pour l'engager
à faire la guérre aux Huguenots. Les tréfors de l'Amérique étoient employés, difent plufieurs hiftoriens, « à gagner des
» traîtres dans toutes les cours de l'Eu-
» rope, à bâtir des monafteres & des pa-
» lais, au lieu de les conferver pour la
» défenfe de la Flandre & de l'Afrique
» menacés par les Proteftans & les Turcs.
» D'ailleurs on croyoit ne pouvoir fau-
» ver les Pays-Bas, qu'en entretenant, à
» quelque prix que ce fût, les guerres de
» Religion en France. »

[1574.]

Un ingénieur Efpagnol, qui avoit travaillé aux fortifications de Tunis & de
la Goulette, réduit à recevoir la diftri-
bution qui fe faifoit chaque jour aux pauvres, à la porte du palais, fut frappé par
un Alcade de la cour. Plus fenfible à ce
mauvais traitement qu'à la mifere où on

K iij

le laiſſoit languir, il devient traître à ſa
patrie ; paſſe en Afrique, & donne au
Roi détrôné le moyen de rentrer dans
ſes Etats par la priſe des deux villes principales.

[1574.]

On demandoit à Philippe II ce qu'il
falloit faire d'un homme qui parloit mal
de lui ? « Le renvoyer, répondit-il ; c'eſt
» un fou, puiſqu'il dit du mal de quel-
» qu'un qui ne lui en a jamais fait, &
» qu'il ne connoît point. » On inſiſta pour
la punition du coupable : « Non, non, re-
» prit le Roi, ce ſeroit le vrai moyen de
» faire ſçavoir à tout le monde le mal
» qu'il a dit de moi. »

[1575.]

L'équipage d'un vaiſſeau Eſpagnol paſ-
ſant près de Gibraltar, apperçut un énorme
poiſſon, à qui deux grandes aîles ſem-
bloient ſervir de voiles. On lui lâche une
bordée ; il paſſe le détroit en pouſſant
des hurlemens éffroyables, & vient expirer ſur le rivage de Valence. Il avoit
cent cinquante palmes de long ſur cent
de contour. Sept hommes pouvoient ſe
placer dans l'intérieur de ſa tête, & un
homme à cheval entroit dans ſa gueule.
On en voit encore aujourd'hui les côtes

à Saint-Laurent, *il Réal* ; elles font longues de feize pieds.

[1575.]

Douze mille Efpagnols, vieux foldats aguerris, & les meilleurs qu'il y eût alors dans l'univers, foutenoient tout le poids de la guerre occafionnée par la révolte des Pays-Bas; quatre mille d'entr'eux s'emparent des ifles de Duveland & de Scouanen, en traverfant d'abord un marais de quatre milles d'étendue, qui étoit couvert de petits bâtimens légers, garnis de canons & remplis de foldats : après avoir bravé tous les dangers avec une intrépidité prefque incroyable, ils arrivent aux digues de Duveland, les attaquent & les forcent; traverfent le fecond marais fans perdre de tems, & s'établiffent dans l'ifle de Scouanen, après avoir tué ou fait prifonniers tous ceux qui la défendent.

[1576.]

Les Efpagnols, refferrés par les habitans de Maftricht dans une partie de la ville, placent devant eux toutes les femmes qu'ils peuvent prendre, &, couverts de cette efpéce de rempart, ils s'avançent dans la ville en faifant un feu continuel. Les habitans aiment mieux fe réfugier dans leurs maifons, que de fe défendre

au risque de tuer eux-mêmes leurs femmes ou leurs parentes.

✠[1576.]✠

Le sultan Amurat III , impatient de
porter la guerre en Perse , fait proposer un
traité avec l'Espagne. Philippe II , après
avoir joui avec ostentation de la gloire
de voir le plus redoutable ennemi des
Chrétiens lui demander la paix & son
amitié , répondit fièrement : « Mon sur-
» nom de Catholique ne me permet pas
» d'être l'ami d'un prince Musulman. »
Peu d'années après , il lui en coûta des
sommes immenses pour acheter des trèves
de ce prince Musulman.

✠[1576.]✠

Les seuls Castillans avoient conservé
ce qu'on peut appeller le génie Espagnol,
ce zèle pour la gloire de la nation & le
service du Souverain, qui fait le bonheur
des peuples & la sûreté des Empires. Philippe II entreprit de le ranimer, en unis-
sant , par des mariages, les premieres maisons des différentes provinces qui conservoient entr'elles une ancienne antipathie,
fondée « sur ce qu'elles avoient été long-
» tems soumises à des Souverains particu-
» liers, & qu'elles s'étoient faites des guerres
» longues & sanglantes. » Cette politique

eut les plus grands succès ; & bientôt les Espagnols, les Italiens même, ne témoignerent d'émulation entr'eux, que pour la gloire de la monarchie. Le Roi, qui parcouroit alors toute l'Espagne, rétablissoit en même tems le bon ordre ; réformoit les abus, & donnoit audience à ses sujets avec une bonté qui lui attachoit tous les cœurs.

[1577.]

Un bouffon plaisantoit sur l'extrême réserve que Philippe II mettoit dans ses largesses, & lui dit : « Pourquoi n'accordez-vous pas toutes les graces qu'on vient solliciter ? — Si j'accordois tout ce qu'on me demande, répondit le Roi, je demanderois bientôt moi-même. »

[1577.]

La guerre continuoit dans les Pays-Bas ; l'Espagne étoit menacée par les Turcs & les Maures ; la conquête du Portugal paroissoit devoir être prochaine, & les trésors du Nouveau-Monde n'étoient plus une ressource suffisante. Philippe II obtient du Pape la permission de vendre à son profit toutes les seigneuries de l'archevêché de Tolède, met un impôt sur les cartes, dépouille la maison de Velasco des dixmes de la mer, (Voyez

ci-deſſus, T. I, page 565,) & réduit la dépenſe de ſa maiſon à cent mille ducats. Il
en promettoit trois cens mille par mois au
gouverneur des Pays-Bas, pour les frais
de la guerre.

❧[1578.]❧

D. Sébaſtien, roi de Portugal, périt
en Afrique dans un combat contre les
Maures; & Philippe II, qui, depuis pluſieurs années, épioit le moment de s'emparer du Portugal, ordonne une pompe
funèbre pour le Roi mort; « C'eſt à Lis-
» bonne, lui dit le duc d'Albe, qu'il faut
» aller la célébrer. — Il n'eſt pas tems,
» répondit froidement Philippe. »

❧[1579.]❧

La conquête du Portugal faiſoit négli-
ger la conſervation des Pays-Bas. Les ſept
Provinces qui portent aujourd'hui le nom
de PROVINCES-UNIES, renouvellent leur
alliance à Utrecht, & font frapper à
cette occaſion, une médaille ſur laquelle
étoient empreintes les têtes des comtes
d'Horne & d'Egmont; on liſoit à l'exer-
gue: «Il vaut mieux combattre pour la
» liberté, la religion & la patrie, que de
» ſe laiſſer ſéduire par les avantages trom-
» peurs d'une paix ſimulée. »

❧[1579.]❧

Les Espagnols commençoient à se rebuter de la résistance opiniâtre des défenseurs de Maſtricht. Le comte de Mansfeld imagina une ruse dont le ſuccès fut des plus heureux. On forme une double attaque ; des ſoldats apoſtés crient d'un côté : « Les Wallons ont déja arboré leurs » Enſeignes ſur la porte de Tongres ; » & de l'autre : « Victoire, Saint-Jacques ! » la porte de Bolduc eſt priſe ; le régi-» ment de Lombardie eſt dans la ville. » Les troupes reprennent une nouvelle ardeur, forcent les deux portes de Bolduc & de Tongres ; la ville eſt emportée d'aſſaut.

❧[1580.]❧

Philippe II veut s'emparer du Portugal, après la mort du cardinal D. Henri, qui avoit prit le nom de PRÊTRE-ROI. Depuis long-tems il entretenoit des intelligences dans le Royaume, à force d'argent & ſur-tout de promeſſes. Ceux qui dans la ſuite lui en demanderent l'exécution, eurent pour toute récompenſe de leur trahiſon, cette réponſe faite par le conſeil de conſcience du roi d'Eſpagne : « De » deux choſes l'une, ou le royaume de » Portugal appartenoit à Philippe, ou au

» Prieur de Crato, (fils naturel du frere
» aîné de D. Sébastien, & proclamé Roi
» par le peuple de Lisbonne:) dans le pre-
» mier cas, ceux qui ont mis un prix aux
» démarches qu'ils ont faites, méritent la
» mort, pour avoir vendu leurs services
» à leur Souverain : dans le second cas,
» ils n'étoient que des traîtres & des lâ-
» ches. »

[1580.]

Le roi d'Espagne n'étoit pas le seul qui
eût des droits à faire valoir sur la couronne de Portugal. Les prétendans étoient
en grand nombre, & sortoient, pour la
plûpart, du roi Emmanuel, mais en différens degrés. « Philippe II étoit fils de
» l'Infante Isabelle, fille aînée du roi Em-
» manuel. La duchesse de Bragance sor-
» toit du prince D. Edouard, fils du
» même roi Emmanuel : son mari descen-
» doit, en ligne indirecte, des rois de
» Portugal ; mais elle prétendoit à la cou-
» ronne de son chef, parce qu'elle étoit
» Portugaise, & que, par les loix fonda-
» mentales du Royaume, les Princes
» étrangers en étoient exclus. Le duc de
» Savoie réclamoit les droits de la prin-
» cesse Béatrix, sa mere, sœur de l'impé-
» ratrice. Le duc de Parme avoit pour
» mere Marie de Portugal, sœur aînée

» de la duchesse de Bragance. D. An-
» toine, de l'ordre de Malthe, grand-
» prieur de Crato, étoit fils naturel de
» D. Louis de Béja, second fils du roi
» Emmanuel, & de Violante de Gomez,
» dite la Pélicane, qu'il prétendoit avoir
» été épousée secrétement par D. Louis.»
Le Prieur de Crato, proclamé Roi par la
populace, fut le seul qui leva des troupes pour les opposer aux Espagnols. Le
vieux duc d'Albe, disgracié & emprisonné
depuis quelque tems, avoit reçu ordre de
commander l'armée que Philippe II envoyoit en Portugal. Il ne put obtenir la
permission de voir le Roi. « C'est peut-
» être la premiere fois qu'on ait confié
» le commandement des troupes à un gé-
» néral presque encore enchaîné. » Son
aïeul avoit conquis le royaume de Navarre ; en trois semaines, il soumit le Portugal ; & mourut peu de tems après.

La duchesse de Bragance renonça à ses
droits, moyennant une somme de dix-sept
cens mille ducats, & à condition que la
dignité de Connétable seroit héréditaire
dans sa famille.

Le Portugal devint insensiblement province d'Espagne, comme il l'avoit été
autrefois ; & les Portugais furent long-
tems hors d'état de penser même à se sous-
traire à la domination des rois d'Espagne.

[1581.]

Les Flamands déclarent Philippe II déchu de la souveraineté des Pays-Bas, & réalisent le projet qu'ils méditoient depuis long-tems de s'ériger en République. Le roi d'Espagne se faisoit reconnoître roi de Portugal ; on y prêtoit serment de fidélité, même à son fils aîné, comme à l'héritier de la couronne ; & les Etats de Hollande relevoient leurs vassaux de tout engagement pris avec ce Prince ; lui enlevoient la meilleure partie du patrimoine de ses peres ; changeoient les coins de la monnoie, & détruisoient tous les monumens de son règne.

[1582.]

Philippe II couroit les plus grands risques au milieu des Portugais qui n'avoient plus d'autres forces que leur animosité naturelle contre les Castillans. On découvrit à Lisbonne deux mines sous son palais, & une sous l'église où il alloit entendre la Messe.

[1584.]

Un édit très-sévère contre les duels, dont on procure l'exécution avec la derniere rigueur, arrête ces sortes de combats que l'esprit de chevalerie rendoit plus fréquens en Espagne que par-tout ailleurs.

[1584.]

On apprend à Philippe II que le prince d'Orange, Guillaume de Nassau, a été assassiné : « Si le coup eût été fait il y a » douze ans, s'écria-t-il, la Religion Ca-» tholique & moi y eussions beaucoup » gagné. » Il ignoroit sans doute qu'on le chargeoit de ce crime.

[1585.]

La mort du prince d'Orange, qui étoit le plus redoutable ennemi de l'Espagne, & l'auteur de la liberté Belgique, procura de nouvelles prospérités aux armes Espagnoles. La prise d'Anvers, après un an de siége, causa tant de joie à Philippe II, qu'en ayant appris la nouvelle pendant la nuit, il oublie la gravité austère dont il ne s'écartoit jamais, & va frapper à la porte de sa fille aînée, l'infante Isabelle, en criant: « Anvers est à » nous. »

[1585.]

Le duc de Savoie, Charles-Emmanuel, passe en Espagne pour épouser l'infante Catherine, seconde fille du Roi. Les Grands ne vouloient lui donner que le titre d'EXCELLENCE, dont ils jouissoient

eux-mêmes ; mais Philippe le traita d'AL-
TESSE , & il fallut fuivre fon exemple.

[1586.]

Plufieurs impofteurs fe firent paffer fucceffivement pour D. Sébaftien , le dernier
roi de Portugal , qui avoit péri en Afrique avec toute fon armée. Quelques traits
de reffemblance avec ce Prince , favori-
foient l'impofture ; & l'horreur des Portugais pour le joug Efpagnol , leur mettoit
aifément les armes à la main. Les fuppli-
ces terminerent enfin ces fortes d'entreprifes d'autant plus dangereufes , qu'elles entretenoient l'efprit de révolte dans une
nouvelle conquête.

[1586.]

D. Pedro de Tolède , connétable de
Caftille , eft envoyé à Rome pour rendre l'obédience au Pape. Sixte V, furpris
de voir un ambaffadeur fi jeune : « Eh !
» quoi , lui dit-il , votre Maître , fouve-
» rain de tant d'Etats , manque-t-il de fu-
» jets , pour m'envoyer un ambaffadeur
» fans barbe ? — Saint Pere , répond
» D. Pedro de Tolède , fi mon Maître
» eût fçu que le mérite confiftoit dans la
» barbe , il vous eût envoyé un bouc ,
» & non un gentilhomme comme moi. »

[1586.]

[1586.]

Philippe II réforme les abus qui s'é-
toient gliffés dans le cérémonial prefcrit
à l'égard des évêques, des grands, des
miniftres, &c. & ordonne de pourfuivre
tous ceux qui avoient ufurpé le titre de
DOM, qui n'appartenoit qu'à la nobleffe.
Un nouveau décret, donné l'an 1596,
fut encore un frein inutile à la paffion
des Efpagnols pour les titres faftueux. La
conduite du Roi, à cet égard, ne fem-
bloit-elle pas démentir fes ordonnances ?
Henri IV lui en fit fentir tout le ridicule,
lorfqu'il figna ainfi une de fes réponfes,
» Henri, bourgeois de Paris. »

[1587.]

La couronne d'Angleterre étoit un objet d'envie pour Philippe II. Depuis cinq
ans, il faifoit préparer dans tous les ports
de l'Efpagne & de l'Italie un armement
formidable, & la reine Marie Stuart
venoit de l'inftituer fon héritier, « au cas
» que fon fils Jacques, roi d'Ecoffe, per-
» fiftât dans la religion Proteftante. » Le
marquis de Santa-Crux, général auffi diftingué par fes victoires que par fes talens,
étoit chargé de l'entreprife qu'on méditoit contre l'Angleterre, & on l'accufoit
de ne pas y mettre toute l'activité nécef-

faire : « Vous répondez fort mal à la con-
» fiance que j'ai en vous, » lui dit Philippe. Ces paroles furent un coup de foudre pour le marquis. Il en mourut de
douleur.

❧[1588.]☙

Une flotte de cent cinquante vaiſſeaux,
à laquelle on avoit donné le nom d'IN-
VINCIBLE , & qui portoit trente mille
hommes de débarquement, avec la fleur
de la nobleſſe Eſpagnole , eſt retenue
dans le port de Lisbonne par les vents
contraires, y eſt repouſſée par la tempête,
& ne peut en ſortir qu'au mois de Juillet;
ce qui donna aux Anglois le tems de ſe
précautionner contre une ſurpriſe que
l'Eſpagne regardoit comme inévitable.
Quelques combats légers , & deux horri-
bles tempêtes diſſiperent, en moins d'un
mois, une flotte qui avoit jetté l'épouvante dans la France, l'Angleterre, la
Hollande , & qui coûtoit à l'Eſpagne
vingt millions de ducats, vingt-cinq mille
hommes & cent vaiſſeaux. Les cinquante
autres diſperſés, & hors d'état de tenir la
mer , aborderent enfin au port de San-
tander.

Perſonne n'oſoit annoncer ce déſaſtre
à Philippe II. Le courrier ſe préſenta d'un
air conſterné, & lui dit : « Seigneur, tout

» eſt perdu ; vôtre flotte, aſſaillie par la
» tempête, eſt entiérement détruite. ---Eh
» bien ! répondit-il, je l'avois envoyée
» combattre les Anglois, & non pas les
» vents : que la volonté du Ciel ſoit ac-
» complie ; » & il continua d'écrire tranquillement quelques dépêches.

Il ordonna des prieres publiques, en
actions de graces de la conſervation d'une
partie de ſa flotte ; écrivit à l'amiral pour
le conſoler ; fit diſtribuer des récompenſes
aux ſoldats & aux matelots qui étoient
de retour ; défendit qu'on portât le deuil
qui étoit preſque général, & répondit au
Pape qui lui avoit écrit qu'il prenoit part
à ſa douleur : « Saint Pere, tant que je
» reſterai maître de la ſource, je regar-
» derai, comme ſans conſéquence, la perte
» d'un ruiſſeau. Il ne me reſte qu'à té-
» moigner ma profonde reconnoiſſance à
» l'Arbitre des Empires, qui m'a donné
» le pouvoir de réparer aiſément un déſaſ-
» tre que mes ennemis ne peuvent attri-
» buer qu'aux élémens qui ont combattu
» pour eux. »

❦ [1588.] ❧

Les Eſpagnols, commandés par le célèbre duc de Parme, Alexandre Farnèſe,
échouent devant Berg-op-Zoom, que Co-
horn, le plus grand ingénieur qu'ayent eu

les Hollandois, avoit fortifié, & qu'il regardoit comme son chef-d'œuvre. Ils ne
furent pas plus heureux en 1622; &, malgré l'expérience de leur chef Spinola, ils
en leverent le siége, après y avoir perdu
plus de dix mille hommes. Les François
la prirent d'assaut le 17 de Septembre 1747,
après deux mois de tranchée ouverte.

❦[1589.]❦

Philippe II avoit fixé toute son attention sur les troubles qui agitoient la France,
& qu'il fomentoit depuis long-tems par
des secours d'hommes & d'argent. Il reçoit & porte avec complaisance le titre
de PROTECTEUR DE LA SAINTE LI-
GUE, que les chefs des Ligueurs lui dé-
fèrent, & sa conduite ne tarde pas à prouver qu'il espéroit de monter bientôt sur
le trône de France, ou d'y placer un de
ses enfans. Il ne parloit plus des principales villes de ce Royaume, qu'en disant :
» Ma bonne ville de Paris, ma bonne
» ville d'Orléans, &c. »

❦[1589.]❦

La reine Elisabeth veut rendre à l'Espagne le mal que Philippe II avoit voulu
faire aux Anglois, (Voyez ci-dessus,
page 162,) & conclut un traité avec D. Antoine, qui ne cherchoit qu'à s'emparer du

Portugal. (Voyez ci-deſſus, page 157.)
Il s'étoit engagé à rembourſer cinq millions de ducats, dès qu'il ſeroit en poſſeſſion du Royaume ; à payer chaque année trois cens mille ducats ; à livrer aux
Anglois cinq fortereſſes, & à leur laiſſer
la liberté du commerce dans les Indes
orientales. La Reine lui donne une flotte
de cent vingt vaiſſeaux, avec vingt mille
hommes de débarquement. On perd un
tems, dont Philippe ſçait profiter pour ſe
mettre en défenſe ; tous ces préparatifs
de guerre & de conquête ſont rendus
inutiles ; & les Portugais, qui avoient
tendus les bras à D. Antoine, n'en deviennent que plus malheureux ſous un
joug qui s'appeſantiſſoit de plus en plus,
afin de leur ôter toute idée de révolte.

[1590.]

La France paroiſſoit devoir ſuccomber
ſous les efforts de l'Eſpagne : ils étoient
preſque incroyables. Tandis que le comte
d'Egmont combattoit à Ivri, & que le
duc de Parme faiſoit lever le ſiége de
Paris, ſans que Henri IV pût l'engager
à une bataille, ſoixante vaiſſeaux arrivoient ſur les côtes de la Provence, dont
on méditoit la conquête ; & deux armées
pénétroient en même tems dans le Languedoc & dans la Bretagne. Philippe II

épuisoit ses Etats , pour soutenir le poids
d'une guerre qui embrasoit la moitié de
l'Europe. La Castille lui donna six millions & demi ; il emprunta des sommes
immenses à Gènes ; & , parmi ses sujets ,
il leva soixante mille hommes de milice.

[1591.]

La guerre continuoit avec les Provinces-Unies , & les Espagnols voulant en
excuser les longueurs, disoient que le Roi
leur maître « auroit réduit ces rebelles en
» fort peu de tems , si des considérations
» d'Etat ne s'y étoient pas opposées. Il
» conserve ce pays de contradiction ,
» comme le manége & la salle d'escrime
» de ses fidèles sujets , afin de les tenir
» en haleine par un exercice continuel. »
　　» Je sçais quelle est votre naissance &
» votre fidélité pour le Roi mon maître,
» disoit un capitaine Espagnol au marquis
» de Warembon, qui étoit Bourguignon.
» Je ne doute point que vous ne soiez un
» grand homme de guerre ; mais le sol-
» dat est de cette humeur , qu'il n'obéi-
» roit pas même à Dieu descendu du ciel,
» s'il n'étoit pas Espagnol. »

[1591.]

Philippe II épioit le moment d'humilier la JUSTICE D'ARAGON ; c'est le nom

qu'on donnoit au premier magiftrat de ce Royaume, placé entre le Roi & les fujets, pour défendre leurs priviléges & les contenir en même tems dans le devoir & dans la foumiffion. Son pouvoir reffembloit à celui des Tribuns du Peuple Romain. Les Caftillans, jaloux des Aragonois, avoient fouvent follicité Ferdinand V d'abattre une autorité qui donnoit des bornes à celle du Souverain; mais ce Prince vouloit avoir des ménagemens pour fes premiers fujets. Philippe II fut plus fenfible aux nouvelles plaintes des Caftillans, & ne laiffa pas échapper une occafion qui fe préfenta d'elle-même. Antoine Perés, fecrétaire d'Etat, coupable de plufieurs crimes, fe fauve en Aragon fa patrie, & prétend ne pouvoir être jugé que fuivant les loix de fon pays. Le peuple de Sarragoffe, l'arrache des mains du Vice-Roi qui l'avoit arrêté. Philippe II envoie des troupes; Jean Nuça, juftice d'Aragon, s'oppofe à leur marche, comme à une infraction des priviléges; raffemble fes foldats; eft défait, & perd la tête fur un échafaud. Depuis ce tems-là, on a eu moins d'égard pour les priviléges & pour la juftice d'Aragon.

[1592.]

Le duc de Féria, l'un des plus habiles

L iv

négociateurs de son tems, arrive en France, afin d'engager les Etats convoqués à Paris par les Ligueurs, à choisir pour leur Reine, l'infante Isabelle, que l'on promettoit de donner en mariage au jeune duc de Guise. Le ministre Espagnol alla même jusqu'à proposer d'abolir la loi Salique. A ce mot, les cœurs François se réveillent ; le parlement donne un arrêt solemnel en faveur de cette loi ; & le duc de Mayenne rejette hautement la proposition, quoique, pour payer son suffrage, on lui offrît le duché de Bourgogne & une armée de soixante mille hommes.

[1593.]

Elisabeth, reine d'Angleterre, accuse Philippe II d'avoir cherché à la faire empoisonner, & ses ambassadeurs en portent des plaintes dans toutes les cours de l'Europe. Le roi d'Espagne se plaignit, à son tour, d'une accusation si horrible, qu'il traitoit de calomnie, & mit une nouvelle ardeur dans la guerre qu'il faisoit à l'Angleterre.

[1594.]

Les Espagnols sortent tranquillement de Paris, où Henri IV venoit d'entrer, bien plus en pere qu'en vainqueur. Philippe II refuse de se prêter à un accom-

modement , fous prétexte que le Pape
n'avoit pas encore donné l'abfolution au
roi de France ; & lui-même faifoit tous
fes efforts pour empêcher le Pape de l'accorder.

[1595.]

Henri IV déclare la guerre à l'Efpagne,
& attaque lui-même , à la tête de deux
mille hommes de cavalerie , le connétable
de Caftille , D. Ferdinand de Velafco, &
le duc de Mayenne, qui commandoient en
Bourgogne une armée de dix-huit mille
hommes.

[1595.]

Les médecins n'ofoient propofer une
faignée à Philippe II , qui étoit attaqué de
la goutte & d'une fiévre lente : «Eh ! quoi,
» leur dit-il , vous craignez de tirer quel-
» ques gouttes de fang des veines d'un
» Roi qui en a fait répandre des fleu-
» ves entiers aux hérétiques ? »

[1596.]

La guerre que l'Efpagne foutenoit depuis fi long - tems contre la France &
l'Angleterre, avoit rallenti celle qui fe faifoit dans les Pays-Bas ; & les Provinces-
Unies profitoient d'une circonftance fi
favorable à l'établiffement de leur République. Philippe II ne perdoit pas de vue le

projet de les remettre fous l'obéiſſance de
leurs anciens maîtres , & il crut en trouver le moyen dans le mariage de l'archiduc Albert d'Autriche avec l'infante Iſabelle, dont la dot ſeroit la Franche-Comté
& les Pays-Bas. La ſuite des évènemens
a prouvé combien il ſe trompoit dans ſa
politique.

[1596.]

Les François , les Anglois & les Hollandois s'uniſſent contre l'Eſpagne par un
traité de Ligue offenſive. Philippe ne veut
en paroître que plus redoutable. Deux
flottes ſortent en même tems de ſes ports ;
l'une eſt deſtinée contre l'Angleterre ; une
tempête en ſubmerge quarante vaiſſeaux ,
& diſſipe le reſte. L'autre ſe rend ſur les
côtes de la Morée , pour y attirer les Turcs
qui accabloient l'Empereur en Hongrie.

[1596.]

Le gouverneur Eſpagnol , qui défendoit
la Fère lorſque Henri IV en fit le ſiége ,
refuſa de ſigner la capitulation, parce qu'on
y ſtipuloit que la ville ſeroit rendue ſans
fraude. « Il faut, diſoit-il, employer d'au-
» tres expreſſions : SE RENDRE , ſent la
» lâcheté , & LA FRAUDE ſent la perfi-
» die ; deux vices dont on ne peut pas
» même ſoupçonner la nation Eſpagnole. »

✦[1597.]✦

Bernardo Aragonès, sergent Espagnol, qui servoit d'espion pendant le siége d'Amiens, est pris & conduit à Henri IV, qui ordonne de le faire mourir : « Sire, dit » Bernardo, vous allez vous écarter en » pure perte de la générosité de votre ca-» ractere : ma mort n'empêchera pas un » seul Espagnol de se charger de la même » commission, aussi généreusement que » moi. » On lui pardonne, à condition qu'il renoncera pour toujours au métier qu'il fait : « Eh ! quoi, répond-il hardi-» ment, puis-je promettre une chose que » je ne tiendrai pas ? ce seroit me désho-» norer.» Henri IV le fait mettre en liberté.

✦[1597.]✦

Porto-Carréro n'ayant point été secouru par le cardinal d'Autriche qui comman-doit une armée nombreuse, rend la ville d'Amiens à Henri IV, & lui dit : « Je re-» mets la place entre les mains d'un Roi » soldat, puisqu'il n'a pas plu au Roi mon » maître de me faire secourir par des ca-» pitaines soldats. »

✦[1597.]✦

Une nouvelle flotte s'avance contre l'Angleterre, presque aussi formidable, &

plus malheureufe encore que celle qui portoit le nom d'INVINCIBLE. (Voyez ci-
deffus, page 162.) Une tempête la diffipe & la fait périr. Philippe II ne s'opiniâtre plus à tenter l'exécution de fes projets contre l'Angleterre, & tourne fes regards fur fes propres Etats, que la famine,
la pefte & les armes des Anglois rava-
geoient impitoyablement.

[1597.]

Philippe II « qu'on n'avoit vu rire de
» fa vie, qui fe vantoit de n'avoir danfé
» que trois fois ; ce Prince, le plus grave
» & le plus férieux des hommes, vou-
» loit que tout ce qui l'environnoit refpi-
» rât la gravité la plus impofante. » Il ordonne, en conféquence, à tous les membres des confeils fouverains & des chan-
celleries, de ne paroître jamais en public
qu'avec « une robe longue & ample, &
» de porter la barbe, non-feulement dans
» toute fa longueur, mais encore dans
» toute fa circonférence à l'entour du
» menton. » Par un autre décret, il fixa la
majorité des rois d'Efpagne à quatorze ans.

[1598.]

La paix eft conclue & fignée, par la
médiation du Pape, entre la France &
l'Efpagne. Philippe II la défiroit autant

que Henri IV. Le comté de Charolois resta à la maison d'Autriche ; fruit unique d'une guerre qui, de l'aveu même de Philippe II, lui coûtoit plus de cent millions de ducats.

 [1598.]

Philippe étoit aux prises avec une maladie cruelle occasionnée par l'humeur de la goutte qui couvroit tout son corps d'ulceres. On fut obligé de lui couper le pouce de la main gauche, & de lui faire aux jambes des incisions profondes. Il n'en mettoit pas moins d'application aux affaires ; &, avant sa mort, arrivée le 13 de Septembre, il donna les meilleures leçons à son fils, & lui recommanda, ce que Charles - Quint avoit aussi recommandé en mourant, de restituer la Navarre à la maison de Bourbon.

Le prince d'Espagne, Philippe III, voyant son pere dans une foiblesse qui faisoit craindre pour ses jours, demande à Christophe de Moura, un des ministres, la clef d'un cabinet qui lui avoit été confiée. De Moura la refuse constamment, au risque d'encourir l'indignation du Prince qui alloit régner.

PHILIPPE III.

[1598.]

PHILIPPE III parut ne prendre les rênes du gouvernement, que pour les faire passer dans les mains de son favori D. François de Roxas de Sandoval, qu'il fit d'abord grand d'Espagne, duc de Lerme & premier ministre. Celui-ci se décharge à son tour des soins d'un gouvernement qui étoit au-dessus de ses forces, & s'en rapporte à Rodrigue Calderon, fils d'un simple soldat, qui avoit sçu gagner sa confiance, & dont les talens n'étoient rien moins que supérieurs. On éloigne des affaires tous les ministres du feu Roi ; &, par égard pour ses dernieres volontés, on élargit tous les criminels condamnés à mort.

L'état des dettes montoit à cent quarante millions de ducats, dont on payoit sept millions d'intérêts. Philippe II avoit encore aliéné, en Italie, un fond de cent millions de ducats, &, pour comble de malheur, l'Europe ne tarda pas à s'appercevoir de la foiblesse d'une monarchie qui, sous les deux derniers régnes, paroissoit devoir envahir toutes les autres.

✦[1599.]✦

La réduction des Pays-Bas n'étoit pas encore un projet abandonné ; mais que pouvoit-on se promettre d'une armée à laquelle il étoit dû trente-six mois de paye ? ce qui occasionnoit de fréquentes révoltes parmi des troupes accoutumées depuis long-tems à n'obtenir leur solde qu'en se faisant craindre.

✦[1600.]✦

L'infante Isabelle, épouse de l'archiduc Albert d'Autriche, gouvernoit les Pays-Bas qu'on lui avoit cédés à condition qu'ils reviendroient à la couronne « dans » le cas que l'Infante ou ses successeurs » abandonnassent la Religion Catholique, » ou que la Princesse mourut sans posté- » rité. » Par cette cession, on avoit prin- cipalement en vue de réunir la Hollande aux autres Provinces, mais la guerre n'en devint que plus vive par les secours que la France donnoit aux Hollandois. Ils fu- rent vaincus par une armée dont l'Infante avoit fait elle-même la revue ; qu'elle avoit haranguée & envoyée au combat : le soir du jour de leur défaite, ils rempor- terent une victoire complette sur l'archi- duc, mais ils n'en leverent pas moins le siége de Nieuport.

❧[1601.]☙

Les Efpagnols affiegent Oftende, &
renouvellent tous les prodiges de patience
qu'on admiroit dans les anciens Caftillans. Après trente-neuf mois, (le 20 de
Septembre 1604,) la ville fe rendit; elle
n'étoit plus qu'un monceau de cendres,
& il en avoit coûté de part & d'autre
cent quarante mille hommes. L'Infante
verfa des larmes à la vue de ees funeftes
débris.

❧[1602.]☙

Un fimple négociant, Ambroife Spinola, fort avancé en âge, plein de l'art
de la guerre qu'il n'avoit appris que dans
les livres, lève à fes frais cinq mille foldats avec lefquels il fe rend au fiége
d'Oftende. Bientôt on lui confie le commandement de l'armée, & ce choix fut
juftifié par de brillans fuccès.

❧[1603.]☙

L'Efpagne voit d'un œil indifférent les
pertes confidérables que les Hollandois
faifoient éprouver aux Portugais dans les
Indes orientales. On vouloit mettre le
Portugal hors d'état de fe faire craindre,
& on ne voyoit pas que fes dépouilles
enrichiffoient les plus redoutables ennemis
de la couronne d'Efpagne.

[1604.]

❦[1604.]❦

Philippe III renouvelle un ancien édit, par lequel on fixoit la navigation des Espagnols aux isles Canaries, à moins d'un permission expresse, qui devenoit nulle, si l'on se servoit de vaisseaux appartenans aux étrangers. Il enjoignoit, en même tems, à tous ceux qui, n'étant pas Espagnols ou Portugais d'origine, s'étoient établis aux Indes orientales & occidentales, d'en sortir, dans l'espace d'un an, sous peine de mort. Etoit-ce opposer une barriere assez forte aux progrès du commerce de la Hollande, qui établissoit précisément alors sa célèbre compagnie des Indes orientales, sur les débris des établissemens qu'elle enlevoit au Portugal? » Ce qui est digne de remarque, c'est » que ça été du sein de la guerre la plus » opiniâtre & la plus ruineuse, que le » commerce des Hollandois s'est élevé à » ce haut degré de puissance où il est » parvenu. »

❦[1605.]❦

Les ministres & les ambassadeurs Espagnols ne voyoient qu'avec un extrême chagrin la gloire de leur patrie s'éclipser peu à peu, & s'efforçoient de lui rendre tout l'éclat qu'elle avoit eu sous le règne précédent : chacun entreprenoit de fon côté ; & le monarque, n'ayant pas de moyens propres à les foutenir, fe trouvoit obligé de les défavouer. Le comte de Fuentes, gouverneur du Milanez, vouloit affervir l'Italie, en dédommagement de la perte de la Hollande, qu'il regardoit comme infaillible. Henri IV menaça, & Philippe III modéra l'ardeur du comte de Fuentes. D. Balthafar de Zuniga, ambaffadeur d'Efpagne en France, fe mêloit dans la confpiration de la marquife de Verneuil, & traitoit avec Marargues, gentilhomme François, qui devoit lui livrer la ville de Marfeille : on l'arrêta dans fon palais. L'ambaffadeur de France fut infulté à Madrid : Philippe fe hâta de faire toutes les réparations convenables, & de blâmer la conduite de Zuniga.

[1606.]

D. Michel Cervantes, qui dès fa tendre jeuneffe avoit été regardé comme le meilleur poëte de fon tems, donnoit des comédies qui le combloient de gloire. Le duc de Lerme, peu favorable aux talens & aux hommes de lettres, le traita fort mal. Cervantes entreprend alors, pour fe venger, le fameux roman de Dom Quichotte, « fatyre fine de la nation & du » premier miniftre, entêtés alors de la

» chevalerie. » Ce chef-d'œuvre attira
des perſécutions à ſon auteur, qui l'obli-
gerent de ceſſer d'écrire. Un écrivain pi-
toyable, D. Alonſo Fernandès, s'aviſa
de continuer l'ouvrage ; ce qui força Cervantes à le reprendre, & ſes ſuccès ne
purent l'empêcher de mourir de faim, en
1616.

Saint-Évremont diſoit, en parlant de
Dom Quichotte : « C'eſt un livre que je
» puis lire toute ma vie, ſans en être dé-
» goûté un ſeul moment ; de tous les ou-
» vrages que j'ai lus, ce ſeroit celui que
» j'aimerois le mieux avoir fait. » Un
écrivain célèbre obſerve à cette occaſion,
» avec ceux qui oppoſent le génie préſent
» des nations à leur génie paſſé, que le
» ridicule éternel, dont Michel Cervantes
» a flétri la chevalerie dans ſon roman
» de Dom Quichotte, a plus nui à la va-
» leur Eſpagnole, que la rodamontade de
» l'ancienne chevalerie n'avoit pu nuire
» à la gravité de la nation. C'eſt ainſi que,
» par la ſatyre, les beaux eſprits ont ſou-
» vent changé les vices & les vertus de
» différens Royaumes. »

[1607.

D. Pedre de Tolède eſt envoyé en
France, pour engager Henri IV à ſe rendre médiateur entre l'Eſpagne & la Hol-

lande ; il étoit proche parent de la reine
Marie de Médicis , & Henri lui donnoit
le titre de coufin : « Sire , dit Tolède
» en l'interrompant , les Rois n'ont point
» de parens. » La France accepta la médiation , & fit figner une trève de huit
mois, pendant lefquels on devoit travailler , à la Haye , à un traité de paix.

[1607.]

Les frais de la guerre contre les Hollandois feuls, l'avidité des miniftres , un
grand nombre de penfions, & les intérêts de l'argent emprunté par Philippe II,
abforboient tous les tréfors qui venoient du
Nouveau Monde. Il fallut lever des fub-
fides , & les Etats de Caftille donnerent
vingt-trois millions qu'on devoit toucher
en huit ans. On prenoit un huitieme fur
les vins & fur les huiles.

[1609.]

L'Efpagne foupiroit après la paix, & ne
diminuoit rien de fa fierté en traitant avec
les Etats de Hollande, qui vouloient être
regardés comme une puiffance libre & indépendante. Il fallut céder, & acheter une
trève de douze ans, par la perte de fept
provinces, & par un traité honteux qui
ne produifit pas le fruit qu'on s'en promettoit, puifque les Hollandois continue-

rent d'attaquer les Portugais dans les Indes orientales & dans l'Amérique.

✴[1609.]✴

L'Espagne étoit menacée d'une guerre qui sembloit devoir l'accabler. Henri IV » qui avoit tant de raisons de se venger» de cette couronne, méditoit une alliance avec le duc de Savoye, les Princes protestans d'Allemagne, l'Angleterre, la Hollande, & les puissances du Nord. On assure que les Maures ou Maurisques, (comme on les appelloit alors) avoient promis de lever l'étendard de la révolte, aussi-tôt que les François seroient entrés dans le royaume de Navarre. La France préparoit des forces formidables, & l'Espagne se tenoit dans une sécurité difficile à comprendre.

✴[1609.]✴

Philippe III ordonne aux Maurisques, sous peine de mort, de sortir de ses États, dans un terme de trente jours, qui fut prolongé à six mois. « On ne pouvoit, » dit le Commentateur Espagnol de Comines, faire une meilleure action, ni » prendre un pire conseil. » Le duc d'Ossone fut le seul qui osa condamner cet avis, qu'on dit avoir été donné par les inquisiteurs. Il est vrai que les Maures,

M iij

d'après les édits de Ferdinand V, de Charles-Quint & de Philippe II, n'avoient pris que l'extérieur du Christianisme, afin de rester en Espagne, & qu'ils tenoient toujours à leurs mœurs anciennes, à leurs coutumes & à l'Alcoran. Ils proposerent à Henri IV de venir habiter & défricher les landes de Bordeaux, s'il vouloit leur permettre de professer la religion de Mahomet; ce que ce Prince refusa, lui qui les avoit invités dabord à se réfugier en France, dans la persuasion qu'ils étoient Chrétiens.

[1610.]

Les Maures quittent l'Espagne au nombre de cinq cens mille ames, d'autres disent huit cens mille, & se réfugient en Afrique & en Asie. On leur avoit permis de vendre leurs biens immeubles, & d'en employer la valeur en marchandises d'Espagne, qu'ils pourroient emporter avec eux. Ils eurent l'adresse de se conserver ce qu'ils avoient de plus précieux en or, en argent & en pierreries. « L'Espagne perdoit plus que de vains trésors, » en perdant de tels citoyens : avec les » Maures disparurent de son sein les laboureurs, les négocians, l'industrie & » les arts. » Les meilleurs écrivains Espagnols ne disconviennent pas que cette se-

conde expulfion des Maures , & la population des colonies n'aient influé dans le
dépériffement de leur monarchie ; mais
ils foutiennent que le plus grand mal vient
d'une autre fource que de la difette
d'hommes. Parmi les preuves qu'ils en
donnent , celle-ci leur paroît fans repli-
que : « D. Martin de Loynaz, après les
» plus exactes informations , fait monter
» le nombre des habitans de l'Efpagne ,
» (non compris le Portugal,) à fept mil-
» lions quatre cens vingt-trois mille cinq
» cens quatre-vingt-dix ; & le produit
» des revenus publics de tout le Royaume,
» à foixante-douze millions fix cens cin-
» quante-fix mille huit cens cinq livres
» de notre monnoie : or , felon l'évalua-
» tion commune, la population de l'An-
» gleterre eft à peu près la même, & toute-
» fois fes revenus montent prefque au dou-
» ble , fans compter l'entretien des pau-
» vres & du clergé , quoique d'ailleurs
» les impôts foient bien plus modérés
» qu'en Efpagne. Ce parallèle conduit
» naturellement à penfer que la prodi-
» gieufe différence qui en réfulte, eft cau-
» fée par l'abandon de l'agriculture &
» des arts. Mais ces deux malheurs trop
» réels ont leur principe eux-mêmes dans
» la mauvaife adminiftration. »

» Quatre caufes ont fait tomber l'agri-

» culture : sçavoir, la taxation des grains,
» établie & maintenue depuis trois sié-
» cles ; la défense absolue des exporta-
» tions ; la mauvaise régie des greniers
» publics ; la multitude des terres vagues
» couvertes de broussailles, & que per-
» sonne n'ose défricher, parce qu'elles sont
» communes. »

En remontant insensiblement à la source
du mal, ces écrivains la trouvent « dans
» le mauvais principe sur lequel les finan-
» ces d'Espagne ont été long-tems gou-
» vernées. Il paroît que l'Espagne consi-
» déra les finances comme le principe de
» vie du corps politique ; c'est dans cette
» erreur funeste qu'on trouve la source
» principale de son affoiblissement. Le
» dérangement des finances anéantit l'a-
» griculture & les arts, tandis que leur
» ruine même, par un cercle vicieux,
» précipita celle des finances. »

[1611.]

Le duc de Savoye, Charles-Emmanuel,
exposé au ressentiment de la cour de Madrid, par la mort de Henri IV, avoit pris
le parti d'envoyer en Espagne le prince
Philibert, son fils, pour obtenir sa réconciliation avec une puissance qu'il avoit
cru pouvoir braver impunément, & pour se
ménager même une nouvelle alliance con-

tre Louis XIII. Le jeune Prince fut reçu
à Madrid comme un fimple particulier ;
&, loin de lui rendre des honneurs, on
ne cherchoit qu'à l'humilier. Il avoit mis
par écrit & appris exactement ce qu'il devoit dire, afin de n'y pas changer un
mot ; fes geftes même étoient étudiés &
concertés avec les miniftres que fon pere
lui avoit donnés pour le conduire dans
une occafion fi délicate. La réponfe qu'il
eut dans fa premiere audience, fut qu'il
demanderoit pardon à genoux, & qu'il
feroit la lecture, à haute voix, d'une efpece
d'acte de réparation, conçu en ces termes :

» Sire, le duc mon feigneur & pere,
» m'a envoyé aux pieds de Votre Majefté,
» comme j'ai déja eu l'honneur de lui
» dire. Son âge & fes affaires ne lui ont
» pas permis de venir en perfonne, la
» fupplier à genoux de vouloir bien accep-
» ter la fatisfaction qui paroîtra la meil-
» leure à Votre Majefté, & que je fuis
» ici pour lui donner. Il n'eft pas poffi-
» ble de trouver des expreffions affez for-
» tes pour repréfenter à Votre Majefté le
» regret que mon pere reffent de fe voir
» déchu de fes bonnes graces ; je me jette
» de nouveau à fes pieds, avec une dou-
» leur fincere, & toute forte d'humilité,
» réfolu d'y mourir, ou de ne me relever
» qu'après avoir obtenu qu'elle le recevra

» fous fa royale protection avec toute la
» maifon de Savoye, en mettant en œu-
» vre cette bonté avec laquelle elle a cou-
» tume de pardonner les grandes fautes,
» & cet amour qu'elle témoigna toujours
» porter à une maifon qui lui eft très-
» dévouée & très-foumife. J'efpere qu'au-
» jourd'hui elle fera fatisfaite en voyant
» un Prince de fon fang profterné à fes
» pieds; &, s'il faut davantage, je don-
» nerai cette fatisfaction fignée du fang
» de mon cœur. Enfin la volonté de mon
» pere & la mienne dépendent unique-
» ment de celle de Votre Majefté. Nous
» remettons tout, fans réferve, entre fes
» mains, ayant à fervir Votre Majefté
» toute notre vie, conformément à l'obli-
» gation où nous fommes à cet égard. »

Le duc de Savoye, à qui on envoya
cette formule de fatisfaction, n'y vit
qu'une nouvelle preuve de la fierté que la
cour de Madrid affectoit de montrer dans
toutes les occafions où elle n'avoit rien
à craindre. Il la rejetta hautement, & défendit à fon fils de s'y conformer. On
négocia & on finit par fe relâcher des
premieres prétentions. Philippe III fut fatisfait, & répondit : « En confidération
» de l'entremife du Pape & du roi de
» France, de votre venue à Madrid &
» de vos prieres, je me défifte des réfo-

» lutions que j'avois prifes ; la conduite
» de votre pere réglera fa grace. » Le
prince Philibert remercia le Roi, en s'in-
clinant profondément, comme on en étoit
convenu, & ne dit pas un mot de l'approbation qu'il devoit demander pour le
mariage de Madame de France avec le
prince de Piémont. Le connétable de
Caſtille eut ordre de défarmer dans le
Milanez ; & comme cet armement étoit
le motif de la méfintelligence qui régnoit
entre la France & l'Eſpagne, on ne tarda
pas à conclure un traité de paix. Le duc
de Savoye fut aſſez puni de s'être épuiſé
en hommes & en argent, fans avoir rien
acquis, foit du côté de l'Eſpagne, foit
du côté de la France.

[1612.]

L'Eſpagne reprend la ſupériorité qu'elle
avoit eue fur la France, & fe voit recher-
chée par la régente Marie de Médicis,
qui venoit de changer le fyſtême politique de Henri IV. On cimente cette nouvelle alliance par un double mariage entre Louis XIII & l'infante Anne d'Autriche, & le prince des Aſturies (Philippe IV) & Elifabeth de France. Ces
deux mariages furent célébrés en 1615.

❧[1613.]❧

Le duc de Savoye étoit le feul des Princes fouverains en Italie, qui parût connoître l'état de foibleffe & de langueur où le gouvernement Efpagnol étoit tombé. Avec fes feules forces, il envahiffoit le Montferrat ; il renvoyoit à Philippe III le collier de la Toifon d'or, raffembloit des armées auffi nombreufes que celles qu'on lui oppofoit, & cherchoit à intéreffer toute l'Europe dans fa querelle. Le duc de Lerme vouloit l'humilier, & répétoit fans ceffe : « Il faut traiter les Souverains » d'Italie comme les Grands d'Efpagne.» Tant de fierté n'étoit qu'en paroles. On termina toute cette affaire par la médiation de la France, & on alloit jufqu'à propofer dans le confeil d'Etat de payer un tribut aux Turcs, pour délivrer la Sicile de leurs ravages. Il eft vrai que le traité d'Aft, conclu avec la Savoye en 1615, ne fut figné par aucun miniftre Efpagnol, parce que « Philippe III ne » vouloit pas traiter d'égal à égal avec » un Prince auffi inférieur que Charles- » Emmanuel. » Mais l'ambaffadeur de France avoit figné pour fon Roi médiateur, & les conditions furent d'abord exactement remplies de part & d'autre.

[1615.]

Philippe III conduit l'Infante Anne d'Autriche, fa fille, jufqu'à Fontarabie, où on lui remet Madame Elifabeth de France. (Voyez ci-deffus, page 187.) On traita d'égal à égal ; & les Efpagnols faifoient beaucoup valoir l'acte par lequel l'Infante avoit renoncé, pour elle & pour fa poftérité, à tous les droits qu'elle pouvoit avoir fur les Etats du Roi fon pere. L'Infante avoit trois freres, D. Philippe, D. Carlos & D. Ferdinand, qui rendoient cet acte au moins fuperflu ; mais, outre que ces fortes de renonciations étoient déja en ufage dans la maifon d'Autriche, on mettoit plus d'égalité entre l'Infante & une Princeffe que la loi Salique excluoit de toute prétention à la couronne de France.

[1616.]

D. Pedre de Tolède fe rend en Piémont, & déclare au duc de Savoye que le traité d'Aft étoit regardé comme nul, & qu'il falloit fe foumettre aux conditions qu'on jugeroit à propos d'impofer : » Car mon maître, difoit-il, ne recon- » noîtra jamais d'autres loix que celles » que la modération lui prefcrira. » Charles-Emmanuel fait alliance avec les Vé-

nitiens, & détermine le maréchal de Lef-
diguieres à venir le fecourir. Celui-ci,
malgré les ordres du roi de France, paffe
en Piémont avec dix mille hommes, &
renverfe tous les projets des Efpagnols.
Le duc de Savoye lui dit : « Mon pere m'a
» laiffé fes Etats ; & vous, vous me les
» avez confervés ; je ne vous dois pas
» moins qu'à lui. »

[1617.]

Une pluie abondante & continuelle
tombe dans la Catalogne, depuis le 12
de Septembre jufqu'au 17. Alors une ef-
froyable tempête porte les eaux de la
mer dans toute la ville de Barcelone. Les
rivieres fe débordent ; cinquante mille
habitans périffent dans les villes de Bala-
guier, de Lérida, de Tolède, de Barcelone, qui font abîmées en partie, avec
plus de trente bourgs ou villages. Le
dommage fut évalué à neuf millions de
notre monnoie.

[1618.]

Le duc de Lerme fe défioit de fa faveur, & crut fe mettre à l'abri de la difgrace, en obtenant la pourpre Romaine.
Le Pape lui envoya le chapeau & l'an-
neau. Cet honneur, qui eft réfervé aux
princes du fang royal, parut précipiter la

chute de celui qui venoit de le recevoir.
Son propre fils, le duc d'Ucede, qui déja
lui avoit ravi la place de favori, lui en-
leva celle de premier miniftre, le fit chaffer
de la cour, & reléguer dans fes terres.

[1618.]

L'Italie trembloit à la vue des maux
que lui préparoient le marquis de Bedmar, ambaffadeur d'Efpagne à Venife,
le duc d'Offone, vice-roi de Naples, qui
appelloit Philippe III, « le grand tam-
» bour de la Monarchie, » & D. Pedre
de Tolède, gouverneur du Milanez. Pleins
des idées les plus hautes pour la gloire
de leur nation, ils réuniffoient leurs lumieres, leurs efforts & leur déteftable politique, afin d'élever la domination Efpagnole fur les ruines de toutes les puiffances d'Italie. Ce triumvirat redoutable
» confentoit à être défavoué, fi le hafard
» ou la prudence des ennemis confon-
» doient leurs projets. » Ceux du marquis de Bedmar furent découverts à Venife. « Il ne s'agiffoit pas moins que d'é-
» gorger le fénat, & de porter le fer &
» le feu dans cette grande ville ; de livrer
» enfuite à l'Efpagne tout ce qui dépen-
» doit de cette République. Mille aven-
» turiers, complices de Bedmar, furent
» pris, jettés dans la mer, ou exécutés

en prifon ; cet ambaſſadeur lui-même manqua d'être mis en piéces par là po-

» en priſon ; cet ambaſſadeur lui-même
» manqua d'être mis en piéces par là po-
» pulace : il trouva le moyen de ſe ſau-
» ver à Milan. » On regarde aujourd'hui
comme un problême cette conjuration,
qui devoit être « éclaircie aux yeux de
» toute l'Europe , dit un hiſtorien con-
» temporain. Cependant tout ſe paſſa dans
» un ſecret impénétrable ; les juges dirent
» ce qui leur plut ; on fit périr ſecrette-
» ment les principaux conjurés. Le déſir
» de rendre le nom Eſpagnol odieux à
» toute l'Italie , & de ſe venger du trium-
» virat qui lui avoit fait tant de mal,
» n'auroit-il pas porté à inventer cet af-
» freux complot ?»

[1619.]

Les Etats de Portugal, aſſemblés à Lisbonne, accordent un don gratuit de deux
millions de ducats , & reconnoiſſent le
jeune prince des Aſturies ; (Philippe IV,)
pour héritier préſomptif de leur Royaume,
qui n'étoit plus qu'une province de la monarchie Eſpagnole.

[1619.]

Philippe IV alloit en proceſſion à Notre - Dame d'Atoche , une des égliſes
les plus conſidérables de Madrid. Le duc
de Médina della Torrés lui offrit un très-
beau

beau cheval qui paſſoit pour le meilleur
de l'Eſpagne. « Je ne veux point m'en
» ſervir, répondit le Prince ; ce ſeroit
» faire tort à ce bel animal qui ſeroit
» déſormais inutile au monde. »

Lorſque les Rois ont monté un vaiſſeau,
une galere, un cheval, perſonne n'oſe les
monter après eux. Cet uſage eſt venu des
Maures.

[1620.]

Philippe III, voulant ranimer l'agriculture parmi ſes ſujets, & repeupler les fer-
tiles contrées que les Maures avoient laiſ-
ſées déſertes, donna un édit qui fixe une
époque unique, & bien propre à immor-
taliſer un grand Roi. Il accordoit les
honneurs de la nobleſſe, & l'exemption
d'aller à la guerre à tous ceux de ſes ſujets qui s'adonneroient à la culture des terres. Les Eſpagnols, accoutumés à l'oiſiveté
d'une vie fainéante en tems de paix, &
au bruit des armes pendant la guerre, ne
virent dans cet édit que la permiſſion de
s'adonner à des travaux qu'ils mépriſoient
& qu'ils avoient toujours regardés comme
au-deſſous d'eux.

» Un payſan eſt aſſis devant ſa porte,
» dans une place publique, ou au coin
» d'une rue, les bras croiſés, & le man-
» teau ſur l'épaule, occupé de ſes ré-

» flexions, ou d'une guittare diſſonnante.
» Il eſt pauvre, mais il ſouffre ſon indi-
» gence avec un air de gravité qui im-
» poſe. . . . Les Eſpagnols ne veulent pas
» s'abaiſſer à la plûpart des emplois que
» la néceſſité a fait naître, & les laiſſent
» à des étrangers. »

[1621.]

Le comte de Gondemar « l'un des plus
» ruſés Eſpagnols de ce ſiécle » jouiſſoit
de la plus haute faveur en Angleterre, &
ſervoit bien ſa nation auprés du roi Jacques I : « J'ai ſoin, écrivoit-il à la cour
» de Madrid, de faire, en fort mauvais
» latin, des contes au Roi, qui ſe pique
» de parler cette langue auſſi purement
» qu'un profeſſeur d'Oxford. Il prend un
» plaiſir ſingulier à relever mes fautes de
» langage ; au reſte, moi je parle latin
» en gentilhomme, & lui en pédant. »

[1621.]

Philippe III, ſe trouvant incommodé
d'un braſier trop ardent qui échauffoit la
ſalle où il travailloit, ordonna de l'ôter.
L'officier qui avoit cet emploi n'étoit pas
préſent, & on craignoit d'empiéter ſur
les devoirs de ſa charge. Tandis qu'on le
cherchoit, le Roi, qui relevoit à peine
d'une maladie dangereuſe, tomba en foi-

bleſſe, & on le porta mourant ſur ſon lit. Il expira peu d'heures après, le dernier jour du mois de Mars. Il appella ſon fils aîné, & lui dit : « Gardez-vous » de m'imiter : à mon avénement au trône, » je chaſſai les vieux miniſtres de mon » pere, & je m'en trouvai mal : ſervez- » vous de ceux que j'ai mis en place, ils » ont du zéle & de l'expérience. » Il avoit mandé, le jour même, au cardinal duc de Lerme de revenir auprès de ſa perſonne. Ce Prince avoit toujours eu la conſcience fort timorée ; il ſe reprocha vivement à la mort, ſon éloignement pour les affaires, auxquelles il donnoit à peine une heure chaque jour, ſa confiance aveugle pour des miniſtres qui avoient abuſé de ſon autorité, & l'état où il laiſ- ſoit les finances.

PHILIPPE IV.

[1621.]

PHILIPPE IV monta fur le trône à l'âge de feize ans, & fon premier foin fut d'éloigner les miniftres que fon pere lui avoit recommandé de conferver. (Voyez ci-deffus, page 195.) Il donna toute fa confiance au jeune comte d'Oli-varès, qu'on a regardé comme l'un des plus profonds politiques que l'Efpagne ait produits, & qui auroit pu lui rendre fon ancien éclat, s'il n'avoit pas prétendu conduire la maifon d'Autriche à la Mo-narchie univerfelle.

[1621.]

Le cardinal duc de Lerme eut ordre de retourner dans fon exil, & on le priva de fa penfion de foixante-douze mille ducats, & des quinze mille charges de bled qu'il prenoit tous les ans fur la Sicile. Il fut redevable de fa vie à la di-gnité de cardinal. Son favori Calderon eut la tête tranchée, fans égard aux let-tres d'abolition que le feu Roi lui avoit accordées.

[1621.]

Plufieurs avantages confidérables remportés fur des flottes Hollandoifes, fignalerent les commencemens de ce nouveau
règne , & donnerent l'efpérance de reprendre les Provinces-Unies. Spinola devoit exécuter ce projet avec une armée
de foixante mille hommes; mais la nouvelle République avoit profité de la trève
pour fe mettre en état de défenfe, & pour
obtenir des fecours de la France. Les
Efpagnols bornerent leurs fuccès à des
fiéges longs & meurtriers , & à des combats peu décififs,

[1622.]

Un Edit folemnel ordonne « à tous les
» officiers d'état, de juftice & de finance,
» de donner l'inventaire de leurs biens ,
» avant que d'entrer en exercice de leurs
» charges. » Ce n'étoit que le prélude
d'une ordonnance rendue l'année fuivante,
& qui fupprima les deux tiers de ces officiers.

[1623.]

Le roi d'Angleterre Jacques I , que la
cour de Madrid amufoit par l'efpérance
de donner l'Infante en mariage au prince
de Galles , impatient des lenteurs qu'on

N iij

mettoit à la conclusion de cette alliance, envoie son fils dans l'Espagne, pour épouser la princesse en personne. C'est à cette occasion qu'un fou du roi d'Angleterre lui dit : « Il faut que nous changions de » bonnet. --- Eh ! pourquoi ? --- Pour » avoir fait la folie d'envoyer votre hé-» ritier en Espagne. » L'Infante déclara qu'elle se feroit religieuse, plutôt que d'é-pouser un hérétique ; & le Prince fut re-gardé comme un héros de Roman. On le reçut cependant avec beaucoup de magni-ficence, & on lui donna les fêtes qui étoient alors en usage.

La fête des taureaux est le plus grand & le plus magnifique de tous les specta-cles des Espagnols ; ils l'ont hérité des Maures, & ne la donnent pas souvent, parce qu'elle exige des frais considérables. Voici la description qu'en fait un Fran-çois : « Lorsque j'étois à Madrid, on fit » une de ces fêtes dans une grande place, » environnée de tous les côtés par des » échafauds en forme d'amphithéâtre & » de loges. Des tambours, des timbales » & des trompettes annoncent l'attaque » du taureau, & indiquent les différentes » circonstances du combat. Le premier » magistrat du lieu où se donne la fête, » donne le premier signal avec un mou-» choir qu'il lève en l'air ; il est dans une

» loge particuliere qui lui a été préparée.
» Les taureaux font noirs & d'une taille
» médiocre. On ne les fait paroître que
» l'un après l'autre. D'abord, on l'excite
» avec des dards qu'on lui enfonce entre
» les deux cornes, au-deffus du col. Les
» Torréadors, (c'eft le nom qu'on donne
» à ceux qui combattent à pied contre le
» taureau,) badinent avec lui en le pi-
» quant, & lui préfentant leurs manteaux.
» Ils fçavent éviter avec une adreffe fin-
» guliere, & fans quitter leur place, les
» coups que porte le taureau. Comme il
» ferme les yeux eir préfentant fes cor-
» nes, le Torréador fait un demi-pas de
» côté en effaçant le corps, & l'animal
» ne frappe que l'air : il fe retourne, re-
» vient fur le Torréador qui recommence
» le même manège jufqu'à fept & huit
» fois de fuite. On a vu des Torréadors
» qui, au moment où le taureau alloit les
» frapper, lui mettoient un pied entre les
» deux cornes, fautoient par-deffus fon
» corps, & fe trouvoient derriere lui.
» Lorfque les trompettes fonnent pour la
» feconde fois, les Torréadors quittent le
» dard, & prennent l'épée, avec laquelle
» ils attaquent le taureau, toujours en
» face, & le mettent à mort. Alors qua-
» tre mules, richement caparaçonnées,
» entrent dans la lice, au fon des trom-

» pettes, & on les charge du taureau qui
» vient de périr. On en tua douze dans
» cette fête ; plusieurs ne durerent pas
» quatre minutes, ayant été mortellement
» blessés du premier coup. Parmi les dards
» qu'on lance au taureau, il s'en trouve
» toujours un auquel on attache un pé-
» tard, afin de l'animer davantage au
» combat, & de le rendre plus furieux.
» Quand un Torréador a fait un coup ex-
» traordinaire, le magistrat lui jette une
» piéce d'argent pour récompense. Il y
» eut dans cette fête quatre ou cinq Tor-
» réadors jettés par terre, sans qu'il leur
» en arrivât de mal. Un des taureaux sauta
» sur l'amphithéâtre, qui étoit élevé de
» cinq pieds au moins ; il ne blessa per-
» sonne. Tous ceux qui sont au premier
» rang, tiennent leurs épées nues à la main,
» & en piquent le taureau lorsqu'il passe
» le long de la barriere. Quand les Tor-
» réadors sont poursuivis trop vivement,
» ils sautent sur l'amphithéâtre, en posant
» le pied sur une planche saillante, qui rè-
» gne autour de l'enceinte, & qui donne la
» facilité de franchir la barriere. On lâche
» contre le dernier taureau qui doit com-
» battre, plusieurs chiens vigoureux, qui
» s'attachent à son cou & à ses oreilles ;
» alors plusieurs des spectateurs sautent
» dans l'arêne, l'épée à la main, & se

» difputent la gloire de percer l'animal
» dans le cœur. Il y eut dans cette même
» fête un gentilhomme qui combattit à
» cheval contre le taureau. Il fit trois fois
» le tour de la place dans le caroffe du
» duc d'Offonne, qui lui fervoit de par-
» rain, & parut enfuite à cheval. Il étoit
» fuivi de deux pages à pied, vêtus en
» pourpoint & en manteau de damas
» rouge & blanc. Ils fervoient à préfen-
» ter les dards & à tenir la felle, parce
» que la réfiftance du coup eft très-forte.
» Les dards étoient longs d'environ trois
» pieds, d'un bois fort léger, & armés de
» fer. Le cavalier tenoit l'extrémité du
» dard dans la paume de la main, &
» l'enfonçoit de façon que la moitié lui
» en reftoit dans les doigts, & le refte
» dans le cou du taureau. Ces fortes de
» bleffures n'étant pas mortelles, ce font
» les Torréadors qui terminent le com-
» bat avec leurs épéés. »

Les Papes ont fouvent tenté, mais toujours inutilement, d'abolir des combats fi
dangereux & fi barbares. Le goût des Efpagnols a prévalu, & n'eft pas aujourd'hui
moins vif à cet égard qu'il ne l'étoit autrefois.

Les divertiffemens les plus ordinaires,
font les fêtes & les cérémonies de l'E-
glife, (on pourroit reprocher fur ce point

des abus presque infinis ;) les carrousels, les jeux de cannes, la musique & la danse, la promenade & la comédie. Les danses sont si graves & si uniformes, qu'elles en paroissent insipides aux étrangers. Les Espagnols ont conservé l'usage de danser avec des castagnettes.

[1623.]

Le duc d'Olivarès, enflé des succès que les généraux Espagnols venoient de remporter en Afrique sur une armée formidable des Maures, & dans la Méditerranée sur une escadre & une flotte Algérienne, veut engager Philippe IV à prendre le surnom de GRAND. Ce Prince refuse un titre que la postérité ne lui a pas donné, & qu'il auroit mérité sans doute, si la suite de son gouvernement avoit répondu à sa célèbre ordonnance du 10 de Février.

» Elle supprimoit les deux tiers des of-» ciers de justice & de finance, & dé-» fendoit à ceux qui aspiroient aux char-» ges & aux dignités, de séjourner plus » d'un mois à la cour.... Les chancelle-» ries ne pouvoient plus envoyer des ju-» ges en commission ; » c'étoit prévenir l'abus qu'ils y faisoient de leur autorité.

Afin de réprimer un luxe qui étoit porté jusqu'à l'excès, on défendoit « à

» tous les fujets, fans même en excepter
» les Infants, d'avoir plus de dix-huit do-
» meftiques à leur fervice, (le duc d'Of-
» fonne en avoit trois cens,) de dorer
» ou argenter aucun métal; de broder
» d'or ou d'argent les meubles & les ha-
» bits, excepté les harnois des chevaux,
» & de porter des manteaux de foie;» ils
étoient devenu fi communs, que les plus
vils artifans ne fortoient jamais qu'en
manteaux de foie. Il avoient auffi l'ufage
de porter l'épée.

On régloit les dots fuivant le bien des
familles; & la femme ne pouvoit pas
avoir, en joyaux, bijoux & vêtemens,
plus de la huitieme partie de fa dot.
» Chaque nouveau marié étoit exempt,
» pendant quatre ans, de tout fubfide,
» impôt, charge & logement de foldats;
» celui qui fe marioit avant dix-huit ans,
» pouvoit, du jour même de fon mariage,
» adminiftrer fon bien & celui de fa
» femme. On lui permettoit encore de fe
» marier fans la permiffion de fes pere,
» mere & tuteur. Tout citoyen qui avoit
» fix enfans mâles, étoit exempt d'impôts
» pour toute fa vie, quand même un ou
» deux de fes enfans viendroient à mou-
» rir.» On vouloit remédier aux maux
que caufoit la fuite d'un grand nombre de

peres de famille qui abandonnoient leurs
femmes, leurs enfans & leurs biens, pour
ne pas payer les tributs, .& pour aller
chercher la fortune en Italie ou en Amérique. Afin de favoriser encore davantage
la population, le Roi affectoit des fonds
considérables qu'on devoit employer, chaque année, à marier de pauvres filles.
On défendoit « de sortir du Royaume
» avec sa famille & ses biens, sans le
» congé exprès du Roi, sous peine de
» confiscation de ses effets ; de se rendre
» à Madrid, à Séville & à Grenade, les
» endroits les plus peuplés de l'Espagne,
» sous peine de mille ducats d'amende,
» à moins qu'on n'y fût appellé pour des
» affaires importantes. »

.Depuis long-tems les Espagnols se regardoient comme un peuple-roi, & chacun prenoit la qualité de Noble. On
borna cet honneur, à ceux qui produi-
roient « trois titres ou actes de noblesse
» certifiés par quatre témoins irréprocha-
» bles, & émanés du tribunal de l'Inqui-
» sition, de celui du conseil des Ordres,
» ou de celui de la Religion de Malte,
» des quatre principaux colléges de Sala-
» manque, & des deux principaux d'Al-
» cala, de Hennares, & de Valladolid.
» On confirmoit & expliquoit le décret

» de Philippe II, concernant les titres &
» les complimens, ſoit de vive voix, ſoit
» par écrit. »

On invitoit « les étrangers à venir s'é-
» tablir en Eſpagne, à vingt lieues de la
» mer, avec promeſſe de les exempter à
» jamais d'impôts, de taxe & de tributs,
» pourvu qu'ils fuſſent laboureurs ou ar-
» tiſans. »

Le génie & l'indolence de la nation
prévalurent ſur des loix ſi ſages & ſi néceſſaires ; les circonſtances ne permirent
pas de tenir la main à leur exécution,
& l'Eſpagne continua de s'épuiſer par les
efforts même qu'elle faiſoit pour ſe rétablir.

[1624.]

Spinola fait les plus vives repréſentations ſur l'ordre qu'on lui avoit donné
d'aſſiéger Bréda, ville très-bien fortifiée,
d'un accès difficile, & qui renfermoit
alors une garniſon formidable. Philippe IV
lui renvoie ſa dépêche, au bas de laquelle
il avoit écrit cette réponſe : « Marquis,
» prenez Bréda. Moi, le Roi. » Spinola
exécuta cet ordre à la lettre, mais il en
coûta dix mois de ſiége, des ſommes immenſes, & un nombre de ſoldats qu'on
n'oſa point évaluer. Maurice de Naſſau,
prince d'Orange, fut ſi ſenſible à la perte

de cette ville, qu'il mourut de douleur
de n'avoir pu en faire lever le fiége.

[1625.]

Le cardinal duc de Lerme eſt condamné à reſtituer tout ce qu'il avoit touché de ſa penſion pendant plus de vingt
ans. (Voyez ci-deſſus, page 196.) La
ſomme alloit à quinze cens mille ducats.
Les Etats de Caſtille accorderent un don
gratuit de ſoixante & douze millions
payables en pluſieurs années; c'eſt ainſi
qu'on cherchoit à remplacer une partie
des tréſors du Nouveau-Monde, que les
Hollandois enlevoient ſur les flottes qu'ils
ſurprenoient ſouvent.

[1626.]

On ôte au prince de Savoye la charge
de grand-amiral d'Eſpagne, pour la donner à l'infant D. Carlos, frere du Roi.
» Le ſeul André Doria avoit obtenu cette
» dignité avant ces deux Princes; &,
» depuis eux, il n'y a eu que l'infant
» D. Philippe, duc de Parme, mort
» en 1765, qui en ait été revêtu. »

[1627.]

Spinola ſe rend au ſiége de la Rochelle,
qui fixoit alors l'attention de toute l'Europe. Louis XIII le reçoit avec diſtinc-

tion, & le conduit lui-même dans le camp. « La présence de Votre Majesté, » dit Spinola, rend la noblesse de France » infatigable & invincible. Un de mes » grands chagrins, c'est que le Roi mon » maître n'a pu être témoin de ce que » j'ai fait pour son service ; je mourrois » content, si j'avois eu cet honneur une » seule fois. » Le cardinal de Richelieu le prie d'indiquer les moyens qu'il croit les plus propres à assurer & à hâter la reddition de la place. « Il faut fermer le » port & ouvrir la main, » répond Spinola. C'est ce qu'on fit peu de tems après par cette digue devenue si célèbre, & par l'argent qu'on distribua aux soldats, pour les encourager à supporter les rigueurs de la saison & les travaux d'un siége très-difficile.

[1627.]

L'Espagne trouvoit son intérêt à entretenir les troubles dans la France, & préparoit une flotte pour secourir la Rochelle. On en propose le commandement à Spinola. « J'ai vu les opérations de ce » siége, répond-il, & j'ai donné mon » avis sur ce qu'il y avoit à faire ; je ne » peux donc pas me charger de ce qu'on » désire de moi. »

[1628.]

La France menaçoit l'Espagne, & l'Angleterre se liguoit contre la maison d'Autriche avec la Suéde, le Danemarck & la Hollande. Philippe IV fit une ligue avec plusieurs puissances d'Italie, qui promettoient une armée de trente mille hommes, & une flotte de quatre-vingt-dix galeres. L'Espagne s'engageoit à fournir cent mille hommes, & quatre-vingt-douze vaisseaux, avec un grand nombre de galeres. Bien-loin d'avoir assez d'argent pour un armement si considérable, on n'avoit pas même de quoi fournir aux premiers préparatifs ; les évêques, les grands, les gentilshommes titrés, s'imposerent volontairement une taxe, & se chargerent de pourvoir à la subsistance des troupes. Ce trait de zèle, si glorieux à la nation, ne tourna point à son avantage. Les ennemis en conclurent que l'Espagne n'étoit plus cette puissance aussi formidable par ses trésors que par le courage de ses soldats, & qu'on pouvoit l'attaquer avec avantage, puisqu'elle manquoit d'hommes & d'argent.

[1629.]

Philippe IV signe, le 3 de Mai, deux traités bien différens : par le premier, il ratifioit

ratifioit la paix particulière que le duc de
Savoie venoit de conclure avec la France ;
& par le fecond, il s'engageoit de fournir fix cens mille écus par an au duc
de Rohan, chef des Huguenots François,
& de lui entretenir une armée de quinze
mille hommes, à condition que le duc
ne feroit ni paix, ni trève, fans fon confentement, & qu'il fe cantonneroit en
Languedoc, où l'on établiroit une République de Prétendus Réformés, « fous
» la protection de Sa Majefté Catholique.»
C'eft ainfi que l'Efpagne vouloit fe venger des maux que la France lui avoit faits,
en protégeant la Hollande.

[1630.]

Les grands d'Efpagne portoient depuis
long-tems le titre d'EXCELLENCE, & ne
donnoient aux cardinaux que celui de
SEIGNEURIE ILLUSTRISSIME ET RÉVÉ-
RENDISSIME. Le Pape donna cette année le nom d'EMINENCE à tous les cardinaux, au Grand-Maître de Malte, &
aux électeurs eccléfiaftiques. Le Cardinal
Infant a confervé celui d'ALTESSE.

[1630.]

Ambroife Spinola, étonné de la belle
défenfe que les François lui oppofoient
dans Cafal, s'écria : « Qu'on me donne

» cinquante mille hommes auſſi vaillans
» & auſſi bien diſciplinés, je me rendrai
» maître de l'Europe. » Il diſoit ſouvent
» qu'un Eſpagnol ſeul, quoique bon ſol-
» dat, n'étoit bon qu'à faire ſentinelle....
» pour qu'il ait une hardieſſe & une fer-
» meté digne de ſon pays, il faut qu'il
» ſoit fondu dans un eſcadron ou dans
» un bataillon. Les corps entiers ſont ca-
» pables de très-grandes choſes, quoique
» chaque membre pris ſéparément, n'ait
» pas une valeur diſtinguée. »

❧[1630.]❧

Auſſitôt que la trève eut été conclue
entre la France & l'Eſpagne, M. de Toiras, qui avoit défendu Caſal, va voir Spinola, que le chagrin d'échouer devant
cette place rendoit malade. « Je ne doute
» pas, dit-il, que tout le monde ne pût me
» blâmer de n'avoir pas pris Caſal; mais
» j'ai en moi-même la ſatisfaction d'en
» avoir été empêché par une brave réſiſ-
» tance; » &, s'adreſſant auſſitôt à Saint-
Auriez, neveu de Toiras, il ajoute: « Je
» vous ai voulu grand mal, un jour que
» vous vîntes maltraiter ma cavalerie;
» mais c'eſt une haîne qu'il eſt agréable
» de s'attirer de la part des ennemis. » Il
mourut peu de tems après, en répétant
ſans ceſſe : « Ils m'ont ravi l'honneur. »

[1631.]

On a recours à de nouveaux impôts, pour fournir aux besoins de l'Etat. Le cardinal de Borgia remit au Roi pour cinq cens mille écus de pensions & de bénéfices qu'il possédoit ; & tous les Grands leverent des regimens qu'ils promirent d'entretenir à leurs dépens. Il s'agissoit d'enlever aux Hollandois ce qu'ils avoient conquis depuis vingt-cinq ans. Trois flottes équipées contre eux ne leur firent aucun mal.

[1632.]

Les Etats de Castille refusent de nouveaux subsides, & se contentent de reconnoître le jeune prince des Asturies pour héritier présomptif de la couronne. Les Catalans font éprouver au Roi le même refus, & déclament hautement contre le duc d'Olivarès, ce qui mit le comble à la haine que ce ministre leur portoit. Il augmenta les dettes nationales, en prenant plusieurs millions à un très-gros intérêt.

[1632.]

L'Espagne signe un traité avec le duc d'Orléans, Gaston, frere de Louis XIII ; & on lui donne des secours d'hommes & d'argent, à l'aide desquels il rentre en

France par la Bourgogne. Il envoya un ambassadeur à Madrid : peu s'en fallut que le peuple ne le mît en piéces, tant il avoit horreur d'un sujet rebelle à son Roi.

[1632.]

On apprend en Espagne que le duc de Montmorenci avoit eu la tête tranchée à Toulouse, le 30 d'Octobre. Le cardinal Zapata demande à l'ambassadeur de France » qu'elle est la plus grande cause de la » mort du duc ? — Ses fautes ; répond » l'ambassadeur. — Non, non, reprend » le cardinal, ce ne sont point ses fautes, » mais celles des prédécesseurs du Roi. »

[1633.]

La mort de Gustave Adolphe, roi de Suède, répand dans toute l'Espagne une joie indécente, qui se manifeste par les plus vils transports, par des fêtes & des réjouissances publiques. Philippe IV ne craignit pas meme d'assister à une tragédie intitulée : LA MORT DU ROI DE SUÈDE, & dont la représentation dura douze jours.

Le théâtre Espagnol étoit encore dans une espece de barbarie, par rapport à la grande régle des trois unités de lieu, de tems & d'action. *Bernardo de el Carpio*, héros de la piéce qui porte son nom, est d'abord un enfant qui peut à peine marcher, mais il grandit rapidement; & au cinquieme acte, il fait des prodiges de valeur contre les Maures. Boileau vouloit-il caractériser ce drame, quand il a dit:

Le héros d'un spectacle groffier,
Enfant au premier acte, est barbon au dernier.

L'action dure plus de vingt ans, dans la comédie de *los Siete Infantes de Lara*, & dans celle de *el Genizaro de Ungria*. Une autre, *los Siete dormientes*, demande deux cens ans pour sa durée. La plus finguliere de toutes, c'est celle de *San-Amaro*. Saint-Amare part au premier acte pour aller en paradis, & ce voyage dure deux cens ans. Ce terme expiré, le faint revient sur le théâtre, qui est pour lui un monde nouveau. Aux acteurs du premier acte ont fuccédé de nouvelles générations, & de-là naissent des coups de théâtre, des méprises & des incidens qu'on trouvoit merveilleux.

La Locura por la Houra, de Lope de Véga, renferme trois actions qui n'ont aucun rapport entre elles, & dont la moindre fourniroit la matiere d'un drame dans toutes les régles.

L'unité de lieu n'est pas plus respectée. *El Principe perfecto*, de Lope de Véga, commence en Espagne; le second

O iij

acte se passe en Italie, & le dénouement se fait en Afrique : dans sa comédie *d'El Amigo hasta la Muerte*, il met la scène à Tétuan, à Cadix, à Séville & à Gibraltar. Dans *Para vencer amor, Querer vencer le*, de Calderón, l'action se passe en partie à Ferrare, & en partie dans la Suisse.

En deux heures de tems les acteurs traversent l'Europe, passent en Afrique, & franchissent une étendue immense de pays.

Les poëtes François, imitateurs trop serviles des Espagnols, ne se donnoient pas moins de liberté, sur-tout à l'égard de l'unité de tems. Le grand Corneille même en parloit ainsi dans la préface de Clitandre, tragi-comédie imprimée en 1632 : » Si j'ai renfermé cette piéce dans la régle » d'un jour, ce n'est pas que je me re- » pente de n'y avoir point mis Mélite, ou » que je me sois résolu de m'y attacher » dorénavant. Aujourd'hui quelques-uns » adorent cette régle, beaucoup la mépri- » sent ; pour moi, j'ai voulu seulement » montrer que si je m'en éloigne, ce n'est » pas faute de la connoître. »

Il doit paroître surprenant que le théâtre Espagnol n'ait pas acquis plus de perfection sous le régne d'un Prince qui l'aimoit passionnément, & dont le goût s'est montré dans sa tragédie du Comte d'Essex.

❧[1633.]❧

Le Cardinal-Infant a une entrevue avec
le duc de Savoie, pendant laquelle il lui
donne le titre d'ALTESSE ; le duc lui donne
celui d'ALTESSE ROYALE ; & c'eſt à cette
époque qu'on doit fixer l'uſage du titre
d'ALTESSE ROYALE, adopté pour les fils
& petit-fils des Rois.

❧[1634.]❧

Les Eſpagnols, conduits en Flandre par
le Cardinal-Infant, ſe joignent aux Autrichiens, & attaquent dans les plaines de
Nortlingue, les Suédois, les Hollandois &
les Proteſtans d'Allemagne. Ils remportent
la victoire après une bataille des plus mémorables. Elle commença le 5 Septembre
à cinq heures du ſoir, dura toute la nuit,
& ne finit que le lendemain à deux heures
après midi. Cette victoire étoit déciſive,
ſi la France n'avoit pas fait les plus grands
efforts en faveur des vaincus. Elle envoya déclarer la guerre au Cardinal-Infant
par un hérault-d'armes, & avec toutes les
cérémonies, alors en uſage, & qui précédoient toujours les hoſtilités. C'eſt la
derniere fois que ces ſortes de formalités
furent employées, & on s'eſt contenté
dans la ſuite d'une ſimple déclaration de
guerre.

✦ [1635.] ✦

Le cardinal de Richelieu & le duc d'O-livarès, impatiens de mesurer leurs forces & de signaler leur ministere, déterminent Louis XIII & Philippe IV à commencer une guerre qui dura vingt-quatre ans, & qui fit perdre à l'Espagne l'ascendant qu'elle avoit sur la France depuis plus d'un siécle. L'Allemagne, l'Italie, les Pays-Bas & la Méditerranée furent les théâtres de cette guerre ; les révoltes & les séditions désolerent également la France & l'Espagne ; après une longue suite de bons & de mauvais succès, on fit une paix devenue nécessaire aux deux nations rivales.

✦ [1636.] ✦

Le Cardinal-Infant pénètre en Picardie à la tête de trente mille hommes, & perd l'occasion de prendre Paris, dont la moitié des habitans avoit pris la fuite. Il fuit à son tour devant une armée levée à la hâte, & composée de laquais & d'aprentifs, dont les maîtres avoient été obligés de se défaire en vertu d'un arrêt du Conseil. Richelieu fut sur le point de renoncer au ministere ; « & il en auroit fait la folie, » sans le pere Joseph qui le rassura. »

✦ [1637.] ✦

Les Espagnols qui défendent Damvilliers contre les François, capitulent après six femaines de tranchée ouverte. Un fecours d'hommes & de munitions arrive devant la place le jour que la garnifon devoit en fortir ; le gouverneur ne veut pas le recevoir : « Ma parole eft donnée, » dit-il ; les ôtages font échangés de part » & d'autre ; on m'a fourni toutes les » chofes néceffaires pour emporter le ba-» gage, les malades & les bleffés : à Dieu » ne plaife que je me rende infame à ja-» mais, en violant une pareille conven-» tion ! »

[1637.]

La ducheffe de Mantoue, Marguerite de Savoie, arrive à Lisbonne en qualité de Vice-Reine : les Portugais, humiliés de fe voir gouvernés par une femme, invoquent, mais inutilement, la promeffe qui leur avoit été faite de ne confier la vice-royauté du Portugal qu'aux fils, aux freres, aux oncles ou aux neveux des rois d'Efpagne. Ce nouveau mécontentement femble appefantir le joug qu'ils portoient avec tant d'impatience, & ranime leur haine contre le nom Caftillan. La nobleffe commence à jetter les yeux fur le duc de Bragance, & à entrevoir la poffibilité de lui frayer le chemin au trône.

[1638.]

L'Amirante de Caftille & le marquis de Mortare attaquent les retranchemens du prince de Condé qui faifoit le fiége de Fontarabie, & remportent une victoire complette qui ne leur coûte que feize hommes.

Le maréchal de Créqui eft tué au moment qu'il alloit en venir aux mains avec les Efpagnols. « La mort de ce grand » homme ne fut pas moins avantageufe » que le gain d'une bataille. » Les François fe retirent & abandonnent le Piémont fans défenfe.

[1638.]

Le cardinal de la Valette envoie annoncer à D. François de Mélos la naiffance du Dauphin, (Louis XIV,) & lui offrir en même tems la bataille. Le général Efpagnol donne au trompette vingt piftoles, en lui difant : « Voilà pour la premiere » nouvelle.... Je te donnerai deux fois » plus, fi tu m'apportes bientôt la confir- » mation de la feconde. »

Dix jours après, (le 15 de Septembre,) l'Efpagne célébra la naiffance de l'Infante Marie-Thérèfe, (époufe de Louis XIV.) » Aux tranfports de joie que les peuples

» firent éclater, il semble qu'ils prévoyoient
» que cette Princesse leur apporteroit un
» jour la paix, qu'elle seroit unie à un Roi
» que la victoire accompagneroit presque
» toujours, » & qu'un de ses petits-fils,
(Philippe V,) rendroit à l'Espagne son
ancien éclat, en lui faisant partager le
bonheur que la France goûtoit sous le
règne des Bourbons.

[1639.]

Les Espagnols perdent plusieurs places
dans les Pays-Bas. Bernovits, gouverneur
d'Hesdin, âgé de quatre-vingt-huit ans,
& blessé d'un éclat de bombe, paroît
dans une chaise à la tête de sa garnison, &
dit à Louis XIII: « Sire, un grand Roi
» m'avoit honoré du commandement
» d'Hesdin, & un grand Roi m'en fait
» sortir. Puisque Dieu a permis que le
» Roi mon maître perdît la place qu'il
» m'avoit confiée, l'honneur de la remet-
» tre entre vos mains me console de ma dis-
» grace. — Monsieur, répond Louis XIII,
» vous avez si bien défendu Hesdin, que
» le Roi votre maître doit être content de
» vous. »

Bernovits alla défendre Arras, qu'il ne
rendit, le 4 d'Août 1640, qu'après qua-
rante-cinq jours de tranchée ouverte. L'année suivante, il soutint le siége d'Aire

pendant deux mois, & en sortit couvert de gloire.

[1639.]

Vingt mille Espagnols attaquent dans le Piémont huit mille François, & sont battus. Le marquis de Léganès, leur général, envoie un trompette au comte d'Harcourt pour demander l'échange de quelques prisonniers, & lui fait dire que » s'il étoit roi de France, il lui feroit » couper la tête pour avoir hasardé une » bataille contre une armée beaucoup plus » forte que la sienne. — Et moi, répond » le comte d'Harcourt, si j'étois roi d'Es- » pagne, je ferois couper la tête au mar- » quis de Léganès, pour s'être laissé battre » par une armée beaucoup plus foible » que la sienne. »

[1640.]

Le Castille, toujours fidelle à soutenir & à défendre la gloire de la nation, supportoit seule tout le poids d'une guerre qui l'épuisoit par sa durée. L'Aragon, la Navarre, la Biscaye, Valence & la Catalogne, faisoient valoir leurs priviléges, & ne contribuoient que par une somme d'argent, sous le nom de don gratuit, & réglée par les députés des Etats. Un ordre de fournir des troupes, & un subside con-

sidérable, devient le signal de la révolte ;
Barcelone en lève l'étendard, on y fait
main-basse sur les Castillans ; & la Catalogne se donne à la France qui lui fournit
de puissans secours.

[1640.]

Philippe IV ordonne à tous les gentilshommes Portugais, sous peine de perdre
leurs fiefs, de monter à cheval pour servir dans l'armée qu'on envoyoit contre
les Catalans. Ce décret fut le signal d'une
révolution que la dureté du gouvernement Espagnol sembloit préparer depuis
long-tems. « Dans la nécessité de faire la
» guerre, les Portugais aimerent mieux
» combattre leurs tyrans, qu'un peuple
» dont l'exemple & l'alliance leur furent
» d'un grand secours. » Le secret d'une
conjuration méditée pendant trois ans,
& conduite avec une circonspection qui
tenoit du prodige, éclate enfin le 3 Décembre : en plein jour, & dans l'espace
de quelques heures, le joug Espagnol est
secoué pour jamais ; le duc de Bragance
est proclamé roi sous le nom de Jean IV,
Lisbonne est tranquille, & toutes les villes
du royaume suivent l'exemple de la capitale. Un Castillan, témoin d'une révolution si subite & si étrange, s'écria en sou-
pirant : « Est-il possible qu'un si beau

» royaume ne coûte qu'un feu de joie à
» l'ennemi de mon maître ? »

[1640.]

On craignoit d'apprendre à Philippe IV
la nouvelle de la révolution de Portugal.
Le duc d'Olivarès s'en chargea ; &, se préfentant avec un visage ouvert & plein de
confiance : « Sire, lui dit-il, la tête a
» tourné au duc de Bragance ; il vient de
» se faire proclamer Roi. Sa folie vous
» vaut une confiscation de douze mil-
» lions. » Philippe se contenta de répondre : « Il y faut mettre ordre. »

[1641.]

La guerre commence entre les Portugais & les Espagnols ; ceux-ci entrent les
premiers en campagne, ravagent le pays,
pillent des églises, font des prisonniers,
& reviennent sans ordre, en jouant des
instrumens : « Vous chantez trop tôt vos
» succès, disoit leur commandant, on
» n'est jamais assuré de la victoire tant
» qu'on est sur les terres de l'ennemi. »
Bientôt après, appercevant les Portugais :
» Quittez vos guitares & vos flûtes, il ne
» s'agit plus de chants ; il faut combattre :
» montrez-vous braves & courageux. » Ils
ne tardent pas à être chargés, taillés en
piéces, mis en fuite ; &, pour cacher leur

honte, ils coupent les oreilles des soldats qu'ils ont perdus, & les montrent, en afsurant que ce font celles des Portugais qu'ils viennent de châtier. Un chanoine de Bajados leur dit : « Il valoit mieux » rapporter les armes de vos ennemis que » leurs oreilles, parce qu'il n'eft pas pof» fible de les diftinguer de celles des Caf» tillans. »

[1641.]

Les Efpagnols & les Portugais, peu contens de s'attaquer à force ouverte, employoient encore les intrigues, les complots & les confpirations. Le roi de Portugal fit périr une troupe de conjurés, parmi lefquels fe trouvoient plufieurs grands du royaume, qui fe propofoient de lui ôter la couronne & la vie. Il s'en vengea en jettant de nouvelles femences de rébellion dans l'efprit du duc de Médina-Sidonia, fon beau-frere, gouverneur de l'Andaloufie, & acheva de le féduire, en lui offrant les moyens de fe rendre indépendant, & de changer fon gouvernement en royaume. Ce projet fut découvert; & Philippe eut la force de dire à fon miniftre, proche parent du duc : « La » fierté des Gufmans me devient fufpecte ». & odieufe; c'eft à l'ambition de la du» cheffe de Bragance qu'on doit attri-

» buet la perte du Portugal. Tous les mal-
» heurs de l'Espagne viennent de votre
» maison. » L'adroit ministre termina cette
affaire à l'avantage de son parent ; &, pour
achever de persuader le Roi, il dressa lui-
même ce cartel qu'il fit répandre dans l'Espagne, en Portugal & dans toutes les cours
de l'Europe : on y trouvera plusieurs traits
qui servent à faire connoître les mœurs
de ce siécle.

DOM GASPAR ALONÇO, PEREZ DE
GUSMAN, duc de Médina-Sidonia,
marquis, comte & seigneur de Saint-
Lucar de Baraméda, capitaine général de la mer Océane, côtes d'Andaloufie, & des armées de Portugal,
gentilhomme de la chambre de Sa
Majesté Catholique.
DIEU-LE-GARDE.

» Je dis que comme c'est une chose no-
» toire à tout le monde que la trahison de
» Juan de Bragance, jadis Duc, que l'on
» sçache aussi la détestable intention avec
» laquelle il a voulu tacher d'infidélité la
» très-fidelle maison des Gusmans, laquelle
» par tant de siécles est demeurée, & de-
» meurera en l'avenir en l'obéissance de
» son Roi & maître, & vérifiée telle par
» tant de sang de tous les siens répandu
» pour ce sujet. Ce tyran a introduit dans
» l'esprit

» l'esprit des Princes étrangers, & dans
» celui des Portugais errans qui suivent
» son parti, pour mettre en crédit sa mé-
» chanceté, les animer en sa faveur,
» & me mettre mal, bien qu'en vain,
» dans l'esprit de mon maître, Dieu le
» garde, que je sois de son opinion, fon-
» dant & établissant sa conservation sur
» le bruit qu'il en faisoit courir, & duquel
» il infectoit un chacun, se promettant
» que s'il pouvoit gagner ce point, que
» de faire douter au roi d'Espagne de ma
» fidélité à son service, il ne trouveroit
» pas de ma part une si grande opposition
» qu'il la rencontre en tous ses desseins ;
» &, pour y parvenir... il publia que je
» donnerois libre entrée & faveur à toutes
» les armées étrangeres qui viendroient
» aux côtes de l'Andaloufie.

» Tout cela, afin de faciliter l'envoi du
» secours qu'il demandoit auxdits Princes
» étrangers ; & plût à Dieu que cela fût !
» je ferois le monde témoin de mon zèle
» & de la perte de leurs vaisseaux, comme
» ils auroient expérimenté par les ordres
» que j'avois laissés, s'ils eussent entrepris
» quelque chose de semblable.

» Voilà bien quelques-uns de mes mo-
» tifs ; mais le principal sujet de mon dé-
» plaisir, est que sa femme soit de mon
» sang, lequel étant corrompu par cette

» rebellion, je defire le répandre, & me
» fens obligé de montrer à mon Roi &
» Maître, par cette action, le reffenti-
» ment que j'ai de la fatisfaction qu'il té-
» moigne avoir de ma fidélité, & la donner
» pareillement au public pour le relever
» du doute qu'il a pu concevoir des fauf-
» fes impreffions qu'on lui a données.

» C'eft pourquoi je défie ledit Juan de
» Bragance, jadis Duc, comme ayant
» fauffé la foi à fon Dieu & à fon Roi,
» & l'appelle à un combat fingulier,
» corps à corps, avec parrain ou fans
» parrain, ce que je remets à fon choix,
» comme auffi le genre d'armes; la place
» fera près de Valence d'Alcantara, à
» l'endroit qui fert de limites aux deux
» royaumes de Portugal & de Caftille, où
» je l'attendrai quatre-vingt jours, à com-
» mencer dès le premier d'Octobre, & à
» finir le 19 Décembre de la préfente
» année : les vingt derniers jours, je ferai
» en perfonne dans ladite place de Va-
» lence; &, le jour qu'il me fignifiera, je
» l'attendrai fur ces limites; lequel tems,
» bien qu'il foit long, je donne audit ty-
» ran, afin qu'il le puiffe fçavoir, & la
» plûpart des royaumes de l'Europe, voire
» tout le monde, à la charge qu'il affurera,
» au defir des cavaliers que j'envoyerai,
» une lieue avant dans le Portugal, comme

» je l'assurerai aussi à ceux qu'il envoyera
» de sa part, une lieue dans la Castille,
» & me promets de lui faire entendre lors,
» plus à plein, l'infamie de l'action qu'il
» a commise. Que s'il manque à l'obli-
» gation qu'il a de gentilhomme, de se
» trouver à l'appel que je lui fais ; pour
» exterminer ce phantôme par les voies,
» qui seules me resteront en ceci, voyant
» qu'il n'aura pas la hardiesse de se trou-
» ver en ce combat, & de m'y faire pa-
» roître tel que je suis, & tels qu'ont tou-
» jours été les miens au service de leurs
» Rois ; comme les siens, au contraire,
» ont été traîtres : j'offre, dès-à-présent,
» sous le bon plaisir de Sa Majesté Catho-
» lique, Dieu le garde, à celui qui le
» tuera, ma ville de Saint-Lucar de Bara-
» meda, siége principal des ducs de Mé-
» dina-Sidonia ; & en étant prosterné aux
» pieds de sadite Majesté, je la supplie de
» ne me donner point en cette occasion,
» le commandement de ses armées, pour
» ce qu'il a besoin d'une prudence &
» d'une modération que ma colere ne
» me pourroit dicter en cette occurrence,
» me permettant seulement que je la serve
» en personne avec mille chevaux de mes
» sujets, afin que ne m'appuyant lors, que
» sur mon courage, non-seulement je serve
» à la restauration du Portugal, & puni-

» tion de ce rebelle, mais que ma per-
» fonne & celle de mes troupes, en cas
» qu'il refufe mon appel, puiffe amener,
» mort ou prifonnier, cet homme aux
» pieds de fadite Majefté ; &, pour ne rien
» oublier de ce que pourra mon zèle,
» j'offre une des meilleures villes de mon
» Etat au premier gouverneur ou capitaine
» Portugais qui aura rendu quelque place
» de Portugal, trouvée tant foit peu im-
» portante au fervice de Sa Majefté Ca-
» tholique ; demeurant toujours trop peu
» fatisfait de ce que je pourrois faire pour
» fadite Majefté, puifque tout ce que j'ai,
» je le tiens & le dois à elle & à fes
» glorieux ancêtres. » Fait à Tolède, le
29 de Septembre 1641.

[1642.]

Philippe IV traverfoit Madrid pour fe
rendre à une chaffe au loup. Il entend
crier de toutes parts : » Ce font les Fran-
» çois que vous devez chaffer : Voilà les
» loups qui nous dévorent. » Le monarque part auffitôt pour aller fe mettre à la
tête de fon armée. Arrivé à Saragoffe, il
voit les ravages caufés dans l'Aragon
par les François & les Catalans, & reprend le chemin de fa capitale.

Les Catalans ne donnoient à leurs excès que le nom de repréfailles. Le mar-

quis de los Vélez, chargé de les réduire,
exécutoit ponctuellement un ordre barbare « de mettre le feu aux maisons, de
» couper les arbres, de massacrer les hom-
» mes au-dessus de quinze ans, & de mar-
» quer les femmes aux deux joues avec
» un fer brûlant. » On l'avoit entendu
crier dans Tortose, emportée d'assaut :
» Soldats, apprenez que c'est un sacrilege
» d'épargner des rebelles. »

[1642.]

Les malheurs de l'Espagne augmentoient
chaque jour. Aux guerres étrangeres se
joignoient des guerres intestines ; l'esprit
d'indépendance ou de révolte se répandoit dans toutes les parties de cette vaste
monarchie ; les pertes se multiplioient, &
les moyens de les réparer ou d'en arrêter les progrès, commençoient à manquer
absolument. La reine d'Espagne, Elisabeth
de France, digne fille de Henri IV, eut
seule assez de courage & de fermeté pour
sauver l'Etat. En moins d'un mois, elle
forma une armée de cinquante mille hommes ; obtint des vivres, des munitions,
de l'argent en abondance, & ralluma dans
tous les cœurs cet amour du Roi & de
la patrie si naturel aux Castillans, mais
que le découragement général commençoit à éteindre.

[1643.]

Le comte-duc d'Olivarès eft difgracié,
fix femaines après la mort du cardinal de
Richelieu, « c'eft-à-dire, au moment où
» n'ayant plus de rival dans l'Europe, il
» auroit pu rétablir les affaires d'Efpagne. »
Philippe ne put réfifter à l'efpece de violence qu'on lui fit pour éloigner un miniftre qui, n'ayant plus à combattre contre le génie de Richelieu, auroit pu réparer les pertes de fa nation, & lui rendre fon ancien afcendant fur les puiffances liguées contre elle. La Reine mit la
derniere main à la difgrace d'Olivarès, en
paroiffant baignée de larmes devant Philippe, avec fon fils qu'elle tenoit par la
main. « Voilà, dit-elle, notre feul fils ;
» il eft menacé de devenir le plus pauvre
» gentilhomme de l'Europe, fi vous n'é-
» cartez des affaires un miniftre qui a
» mis la monarchie à deux doigts de fa
» ruine. » On avoit même eu récours à
la nourrice du Roi, & elle ofa lui dire :
« Quoi ! n'eft-il pas tems à votre âge que
» vous fortiez de tutelle ? »

[1643.]

Après avoir exilé le Comte-Duc, Philippe affembla un grand confeil, & y
déclara qu'il n'auroit d'autre premier mi-

niftre que lui-même. Le lendemain, on affcha au palais ces mots : « C'eft à pré- » fent que tu es PHILIPPE LE GRAND ; » le Comte-Duc te rendoit PETIT. » On faifoit allufion au furnom de GRAND, que le duc d'Olivarès avoit voulu donner au Roi. (Voyez ci-deffus, page 202.) Ce miniftre fut dabord relégué à quatre lieues de Madrid. On alloit le rappeller « s'il » n'eût pas précipité fes efpérances : car, » ayant voulu fe juftifier par un écrit qu'il » publia, il offenfa plufieurs perfonnes » puiffantes, dont le reffentiment fut tel, » que le Roi jugea à propos de l'éloi- » gner encore davantage, en le confinant » à Toro, où il mourut bientôt de cha- » grin, comme il arrive aux grands efprits » qui ne font pas accoutumés au repos. » D. Louis de Haro, fon neveu, gagna in- fenfiblement la faveur du Roi, & devint premier miniftre.

[1643.]

Philippe IV, voulant profiter de la mort de Louis XIII, & du trouble inféparable des premiers jours d'une minorité, ordonne le fiége de Rocroi, dont le fuccès pouvoit ouvrir à fon armée les portes de Paris. Le duc d'Enguien, (le grand Condé,) âgé de vingt-deux ans, fait lever le fiége, en gagnant la célèbre bataille de Rocroi, qu'une méprise rendit si funeste à l'Espagne. Le comte de Fuentes, qui combattoit au centre de son armée, voyant les deux aîles battues & mises en déroute, rassemble l'infanterie, composée de ces vieilles bandes Castillanes, qui s'étoient rendues si célèbres & si redoutables. Il en forme un bataillon quarré, résolu de combattre jusqu'à la derniere extrémité. « Les » François, après avoir été repoussés plu- » sieurs fois avec beaucoup de perte, l'en- » veloppent. Alors cette brave infanterie, » accablée par le nombre, & ne pouvant » plus se défendre, demande quartier. Le » duc d'Enguien, suivi d'un gros de ca- » valerie, s'avance pour recevoir la pa- » role des vaincus, & leur donner la » sienne, lorsque quelques soldats Espa- » gnols, croyant qu'on va recommencer » l'attaque, tirent sur lui ; ces premiers » coups sont suivis d'une décharge géné- » rale. Les François, convaincus que c'est » une perfidie, fondent sur les Espagnols, » l'épée à la main, percent ce corps jus- » ques-là impénétrable, & y font un car- » nage affreux. » La perte de cette vieille infanterie fut irréparable, & l'Espagne n'a plus été connue que par des défaites continuelles.

[1644.]

Le maréchal de la Mothe-Houdencourt manque, en Catalogne, l'occafion de prendre Philippe IV à la chaffe, & de l'envoyer prifonnier en France. On dit alors que « la crainte d'offenfer la Régente, le » fit renoncer à un fi beau coup. » Il eft vrai qu'Anne d'Autriche confervoit un tendre attachement pour fon frere (Philippe IV,) & pour l'Efpagne, fa patrie ; mais elle n'en avoit pas moins de zèle pour la gloire de fon fils, (Louis XIV,) & pour les intérêts de la France qui étoit devenue fa patrie véritable. Elle renouvella, cette même année, les anciens traités avec la Hollande & le Portugal, dans le tems où fon frere lui propofoit la paix à des conditions qui pouvoient paroître équitables.

[1645.]

La baronne d'Albi, célèbre par fa beauté, fes richeffes & fon courage, forme le hardi projet de rendre inutiles toutes les conquêtes dans la Catalogne, en livrant à Philippe la ville de Barcelone. Elle même trace le plan de la confpiration, préfente les moyens de l'exécuter, & fe réferve la gloire de donner le fignal. Deux fois la flotte d'Efpagne pa-

roît devant Barcelone , mais en vain. Le
comte d'Harcourt, qui commande les François, avoit découvert la conſpiration confiée à trop de perſonnes ; les conjurés
étoient déja livrés au ſupplice , & leur
chef avoit obtenu grace , en faveur de
ſon ſexe & de ſon amour pour la patrie ,
mais à condition de quitter la Catalogne.

[1646.]

Philippe IV ſurmonte en héros la perte
de ſon fils unique , mort à l'âge d'environ dix-huit ans. Lui-même il conſoloit
ſa cour ; & il écrivoit à ſes généraux ,
en leur apprenant cette triſte nouvelle :
» Je vous recommande mes ſoldats & mes
» peuples ; ils ſont plus que jamais mes en-
» fans , & je veux qu'on les traite en con-
» ſéquence. »

[1647.]

Le duc d'Enguien, qui venoit de prendre le nom de prince de Condé , impatient de ſe venger par une victoire, de la
levée du ſiége de Lérida, ne cherchoit que
les occaſions de livrer bataille : le roi
d'Eſpagne avoit ordonné très-expreſſé-
ment à ſes généraux d'éviter toute eſpece
de combat avec ce jeune héros , & ils ſe
retiroient dès qu'il paroiſſoit.

[1648.]

Le traité de Munster, entre l'Espagne
& la Hollande, est signé le 30 de Janvier. Philippe IV renonça pour lui &
ses successeurs à tout droit sur les sept
Provinces-Unies, qu'il reconnut pour Etats
libres, souverains & indépendans. Tel fut
le succès d'une guerre de soixante-dix-
huit ans, qui coûtoit à l'Espagne une
somme de deux milliards, environ deux
millions d'hommes; & la perte d'une partie considérable de sa puissance dans l'Ancien & le Nouveau-Monde : elle en étoit
même au point de regarder ce traité
comme infiniment avantageux à la nation.

[1648.]

D. Louis de Haro découvre une horrible conspiration tramée contre Philippe IV par quelques courtisans. Le projet étoit de poignarder le Roi à la chasse,
de conduire à Lisbonne l'Infante Marie-
Thérese, & de lui faire épouser le fils
aîné du roi de Portugal. Les conjurés
avouerent leur crime; les deux chefs D.
Carlos Padilla & D. Pedro de Sylva
perdirent la tête sur un échafaud, & leurs
complices furent resserrés dans une étroite
prison.

[1648.]

L'armée d'Espagne entre en campagne dans les Pays-Bas, plutôt qu'elle n'avoit coutume, & fait mettre dans les gazettes : » Les Espagnols sont résolus de faire jet- » ter des monitoires, pour sçavoir ce » qu'est devenue l'armée de France. Ils » l'ont cherchée par-tout où elle devoit » être, sans avoir jamais pu la trouver. » Le prince de Condé ne tarde pas à leur montrer cette armée de France, & gagne sur eux la célèbre bataille de Lens. Avant que d'en venir aux mains, il avoit dit à ses soldats : « Mes amis, ayez bon cou- » rage, il faut nécessairement combattre » aujourd'hui. Inutilement on chercheroit » à reculer. Vaillans & poltrons, tous se » battront, les uns de bonne volonté, » les autres par force. »

[1648.]

Le duc de Guise est enlevé à Naples, & conduit en Espagne. Il s'y vit au moment d'être condamné à perdre la tête ; » Attendu que, n'ayant aucune commis- » sion du roi de France, il ne pouvoit » être regardé comme un ennemi légi- » time. » Il fut redevable de la vie à la clémence de Philippe IV. Le prince de

Condé le tira, en 1652, de l'étroite prifon où on le traitoit en criminel d'Etat.

[1649.]

La pefte qui ravageoit l'Andaloufie,
emporta cette année près de cent mille
perfonnes dans les feules villes de Cadix
& de Séville.

[1650.]

Les troubles qui agitoient la France, re-
levent les expérances des Efpagnols ; ils
s'empreffent de traiter avec Cromwel, afin
de l'intéreffer en leur faveur contre les
François. Ceux-ci parent le coup, en re-
connoiffant le nouveau gouvernement
d'Angleterre. « Au lieu de fe réunir pour
» venger la caufe commune des Rois,
» trahie en la perfonne de Charles I, à
» qui fes fujets venoient de faire couper
» la tête, les rois de France & d'Efpagne,
» l'un neveu, & l'autre beau-frere de
» l'infortuné monarque, n'étoient occu-
» pés que de leurs fanglantes querelles. »

[1651.]

On propofe au roi d'Efpagne d'envoyer des plénipotentiaires à Cologne, où
le cardinal Mazarin avoit été obligé de fe
réfugier. Philippe IV répondit : « Il n'eft
» pas de la dignité de ma couronne, de

» négocier la paix avec un miniftre ex-
» pulfé, attendu que la France pourroit
» le défavouer. » Le véritable motif de
cette réponfe, étoit l'efpérance de tirer
avantage des troubles qui agitoient la
France, & du fecours d'hommes & d'argent qu'on envoyoit, avec vingt vaiffeaux,
en Guienne où le prince de Condé combattoit contre fa patrie.

[1652.]

Une feule campagne rend aux Efpagnols la Catalogne & la plûpart des places dont les François s'étoient emparés, depuis dix ans, du côté des Pyrénées, des Alpes, & dans les Pays-Bas.

[1653.]

Le prince de Condé fe donne à l'Efpagne avec fix mille François. On le déclare Généraliffime des troupes Efpagnoles ; mais, par un excès de défiance, on
commet pour fon furveillant le comte de
Fuenfaldagne, qui, « par fon flegme, fa
» circonfpection & fes lenteurs, l'empê-
» cha fouvent de vaincre. » On peut en
juger par ce trait. Turenne arrive pour
fecourir Arras, & veut reconnoître hui-
même les retranchemens des Efpagnols.
On l'accufe de témérité, & on ne craint
pas de lui dire qu'en s'approchant ainfi il a

exposé sa cavalerie à une défaite entiere,
parce que les ennemis pouvoient aisément
sortir de leurs lignes & l'envelopper. « Ils
» le pouvoient sans doute, répond Tu-
» renne, & je n'aurois jamais hasardé
» du côté où commande le prince de
» Condé : la connoissance que j'ai du
» flègme Espagnol, m'a fait sentir que je
» ne courois aucun risque. J'étois sûr qu'à
» mon approche, Fernando de Solis n'en-
» treprendroit rien de son chef ; qu'il de-
» manderoit les ordres de Fuensaldagne,
» qui voudroit avoir ceux de l'Archiduc,
» lequel feroit appeller Condé, pour dé-
» libérer sur ce qu'il y auroit à faire. Pen-
» dant toutes ces consultations, j'avois
» le tems de faire mes observations, sans
» autre danger que celui du canon. » On
sçut, après l'attaque des lignes, que tout
s'étoit passé suivant les conjectures de Turenne.

[1653.]

Les lignes des Espagnols sont forcées
devant Arras ; le prince de Condé se défendoit de maniere à remporter la victoire ; « il combattoit encore, que l'archi-
» duc D. Juan d'Autriche & le comte
» de Fuensaldagne étoient déja à Douai. »
Philippe IV lui écrivit : « Mon cousin,
» j'ai appris que tout étoit perdu, & que

» Votre Alteffe a tout fauvé. » Il étoit redevable de la moitié de fon armée, à la
belle retraite du prince de Condé.

[1654.]

Les François prennent, dans la Catalogne, un petit fort nommé la Tour de Villars. Le gouverneur Francifco Rodrigues,
qui ne voyoit rien d'auffi grand que fon
pofte, s'écrie, en fortant du fort : « Ah !
» pauvre roi Philippe ! »

[1655.]

Cromwel avoit offert à l'Efpagne toutes les forces de l'Angleterre, fi l'on vouloit fupprimer l'Inquifition, & abandonner le commerce de l'Amérique : il paroiffoit fe relâcher de ces prétentions, on
efpéroit même qu'il figneroit bientôt une
ligue contre la France, quand on apprit
que les Anglois s'étoient rendus maîtres
de la Jamaïque; qu'ils attaquoient l'Amérique avec deux puiffantes flottes, &
qu'une de leurs efcadres infultoit les côtes
d'Efpagne. On ufa de repréfailles, en fai-
fiffant tous les effets & les vaiffeaux appartenans aux Anglois dans l'étendue de
la monarchie, & Cromwel figna un traité
par lequel il devoit conquérir & partager les Pays-Bas avec la France.

[1655.]

[1655.]

Le prince de Condé fait préfenter à
Louis XIV les étendards que le régiment
du Roi avoit perdus dans une rencontre ;
le jeune monarque les renvoie, & fait dire
au Prince : « Il eft fi rare de voir les Efpa-
» gnols battre les François, qu'il ne faut
» pas leur envier le plaifir d'en garder les
» marques. »

[1656.]

M. de Lionne, miniftre de France, arrive à Madrid, pour y propofer le mariage de fon maître, avec l'Infante Marie-
Thérèfe, comme une condition effentielle
à la paix que l'Efpagne défiroit de conclure. Le roi de Hongrie, (Léopold I,
empereur,) demandoit auffi la Princeffe.
Philippe IV, incertain fur le choix qu'il
avoit à faire entre un Prince de fa maifon, qui fe facrifioit pour la défenfe de
l'Efpagne, & un Roi qui lui faifoit éprouver tous les jours de nouvelles pertes, fe
détermine enfin à renvoyer le miniftre de
Louis XIV, en lui difant : « Non, je ne
» puis me réfoudre d'accepter un parti
» en même tems fi avantageux & fi dan-
» gereux. » De nouvelles victoires le for-
cerent à prendre ce parti, en 1659 ; mais

l'Infante n'étoit plus alors héritiere pré-
somptive de la couronne d'Espagne.

[1657.]

La prise de Saint-Venant dépendoit
d'un convoi de vivres & de munitions
néeessaires à l'armée Françoise. Turenne
le fait passer à l'heure que, suivant l'usage
du pays, les deux commandans Espagnols dorment après le dîné. On craint
de les éveiller, & le convoi arrive es-
corté seulement de trois escadrons. Le
prince de Ligne, qui commandoit la cavalerie, n'ose rien entreprendre, parce
que, « dans les principes alors établis en
» Espagne, il s'expose à avoir le cou
» coupé, même en réussissant, s'il atta-
» que sans ordre, & que rien ne peut le
» sauver, s'il a le malheur de recevoir un
» échec. »

[1658.]

Les Espagnols s'avancent vers Dunker-
que, pour en faire lever le siége. Turenne
se détermine à les attaquer, sans leur donner le tems de se reconnoître. En vain
le prince de Condé propose de corriger
le vice des dispositions qu'il voit prendre;
ce qui lui fait dire au jeune duc de Glo-
cester : « N'avez-vous jamais vu perdre
» une bataille? Eh bien ! vous l'aller voir. »
L'événement suivit de près la prédiction,

& la bataille des Dunes fut la plus décifive & la plus mémorable de ce siécle.
L'archiduc d'Autriche combattit long-
tems à pied, & la pique à la main : le
prince de Condé difputa la victoire jufqu'au dernier moment, eut deux chevaux tués fous lui, & fes amis fe firent
tuer ou prendre pour le fauver. Turenne
recueillit tous les fruits qu'il pouvoit efpérer de fa victoire ; & l'Efpagne accablée
n'eut plus de reffources que dans les conditions de paix propofées par la France.

[1659.]

Après vingt-quatre conférences, tenues
depuis le 13 d'Août jufqu'au 7 de Novembre, par le cardinal Mazarin & D.
Louis de Haro, le traité de paix fut conclu entre la France & l'Efpagne. On
l'appelle des Pyrénées ; & il contient
cent vingt-quatre articles, dont le principal étoit le mariage de Louis XIV avec
l'Infante Marie - Thérèfe, (qui eut une
dot de cinq cens mille écus, qu'on ne
paya jamais,) fous la condition expreffe
qu'elle renonceroit à la fucceffion d'Efpagne ; « condition qui fut dès-lors recon-
» nue inutile par D. Louis de Haro, &
» par Philippe IV lui - même, qui dit,
» *Efto es una patarata*, c'eft une péta-
» rade. » D. Louis de Haro difoit au car-

dinal Mazarin: « Il feroit à fouhaiter, &
» non à efpérer, qu'au cas que l'Efpagne
» perdît fes deux Princes, le Roi très-
» chrétien ne s'attendît pas à hériter.»
Le cardinal Mazarin s'en étoit expliqué
ainfi dans fes lettres aux miniftres de
France à Munfter: « Si le Roi très-chré-
» tien pouvoit avoir les Pays-Bas & la
» Franche-Comté pour dot, en époufant
» l'Infante d'Efpagne, alors nous aurions
» tout le folide, car nous pourrions afpi-
» rer à la fucceffion d'Efpagne, quelque
» renonciation que l'on fît faire à l'In-
» fante; & ce ne feroit pas une attente
» fort éloignée, puifqu'il n'y a que la vie
» du Prince fon frere, qui l'en pût ex-
» clure. »

[1659.]

Le roi d'Efpagne combla d'honneur &
de bienfaits D. Louis de Haro, & lui
donna le furnom de *la Paz*, (la Paix,)
qui devoit paffer à fes defcendans. Mille
tranfports de joie éclaterent à la cour,
quand on y vit paroître le maréchal de
Grammont, habillé en courrier, avec
foixante feigneurs François, dans le même
équipage, « afin de mieux exprimer l'im-
» patience & les defirs de leur maître. ».
Le maréchal venoit faire la demande fo-
lemnelle de l'Infante au nom de Louis XIV.

[1660.]

Philippe IV conduit l'Infante, sa fille, jusqu'à la frontiere où Louis XIV s'étoit rendu avec une cour brillante. Frappé de l'air noble & majestueux du jeune Roi, il ne cessoit point d'avoir les yeux fixés sur lui. Les acclamations des François, à la vue de leur nouvelle Reine, réveillerent dans son ame les sentimens qu'il avoit sur la succession à sa couronne, & il s'écria : « Je crains bien que cette allé-» gresse des François, ne cause bientôt » le deuil de l'Espagne. »

[1660.]

Les deux Rois se présentoient mutuellement les personnes les plus considérables de leur cour. Philippe IV regarda Turenne avec beaucoup d'attention, lui dit plusieurs choses très - honnêtes, & ajouta, en s'adressant à la reine Anne d'Autriche, sa sœur : « Voilà un homme qui » m'a fait passer bien de mauvaises nuits. »

[1661.]

L'Espagne se vit tout-à-coup exposée à une nouvelle guerre contre la France, » par une prétention chimérique sur la » préséance. » Le baron de Batteville, ou Vatteville, ambassadeur d'Espagne à Londres, prit le pas sur le comte d'Estrades,

ambaſſadeur de France, qui fut obligé de
céder à la force, après avoir vu tuer quelques-uns de ſes gens. A cette nouvelle,
Louis XIV exigea une réparation égale à
l'offenſe. Philippe IV rappella ſon ambaſſadeur, le déſavoua & le punit. Ce n'étoit
pas encore aſſez; &, après avoir long-
tems balancé, il fit la réparation que la
France exigeoit : « Mon gendre, diſoit-
» il, agit en roi fier & belliqueux, & moi
» j'agirai en pere. » Le marquis de la
Fuentes, ambaſſadeur extraordinaire, ſe
rendit à la cour de France, & dit, en
préſence de tous les miniſtres étrangers :
» Sire, le Roi mon maître a envoyé ſes
» ordres à tous ſes ambaſſadeurs & mi-
» niſtres, afin qu'ils s'abſtiennent, & ne
» concourent point avec les ambaſſa-
» deurs & miniſtres de Votre Majeſté. »
Louis XIV, adreſſant auſſitôt la parole aux
miniſtres étrangers, leur dit : « Vous avez
» ouï la déclaration que l'ambaſſadeur
» d'Eſpagne m'a faite ; je vous prie de
» l'écrire à vos maîtres, afin qu'ils ſça-
» chent que le Roi Catholique a donné
» ordre à tous ſes ambaſſadeurs de céder
» le rang aux miens en toute occaſion. »
L'ambaſſadeur de Hollande diſoit, en parlant de cette affaire : « Je ſçavois bien que
» les Princes Catholiques envoyoient des
» ambaſſades d'obédience au Pape, mais

» je n'avois pas encore vu qu'un Prince
» en envoyât à un autre Prince. »

[1662.]

Le marquis de Liche, fils aîné de D.
Louis de Haro, n'ayant pu obtenir, après
la mort de son pere, de lui succéder dans
le gouvernement du Buen-Retiro, conf-
pire contre les jours du Roi. Plufieurs fcélérats, fes complices, jettent une grande
quantité de poudre sous le théâtre de
Buen-Retiro, & s'engagent d'y mettre le
feu, dès que le Roi y aura pris fa place.
Cet horrible attentat eft découvert, prefque au moment qu'on alloit le commettre.
» La mémoire des fervices du pere fauva
» le fils de l'échafaud. Philippe, dont la
» clémence ne fe démentit jamais, ne le
» laiffa pas même languir long-tems en
» prifon : il en fortit honnête homme, &
» ne fongea plus qu'à prodiguer fa vie
» pour un Roi fi humain. Son crime fut
» oublié ; il parvint aux premiers emplois
» de la Monarchie, & mourut vice-roi
» de Naples, en 1687. »

[1663.]

Auffitôt après la conclufion de la paix
avec la France, Philippe IV avoit fixé
toute fon attention fur le Portugal ; mais

Q iv

les forces réunies de l'Efpagne ne fuffi-
foient pas pour exécuter ce qu'on appelloit « le châtiment d'une troupe de rebel-
» les. » Une feule bataille fembloit devoir
décider du fort des Portugais; elle fe donna
le 8 de Juin. On fe battit de part &
d'autre avec un acharnement prefque incroyable. Les Caftillans perdirent la victoire, & douze mille hommes, tués ou prifonniers. Six Grands d'Efpagne furent conduits en triomphe à Lisbonne. Ce défaf-
tre acheva d'altérer la fanté du Roi, que
la crainte d'un trifte avenir pour fes peuples allarmoit fortement. Il ne lui reftoit
qu'un fils âgé de deux ans, d'une com-
plexion très-délicate; & il répétoit fouvent que fon royaume feroit déchiré par
fes deux gendres, l'Empereur & le roi de
France.

[1665.]

De nouveaux malheurs caufés par les
Portugais, qui, loin de fe tenir fur la défenfive, attaquoient par la force des armes & par des intrigues fecretes; de nouvelles allarmes & des maladies aiguës,
conduifirent Philippe IV au tombeau,
après un règne de quarante-quatre ans,
pendant lequel l'Efpagne fut auffi malheureufe qu'elle avoit pu l'être depuis l'inva-
fion des Maures.

CHARLES II.

[1665.]

L'ESPAGNE se trouvoit sous l'empire d'un enfant de quatre ans & demi, & d'une régente, (Anne d'Autriche,) qui manquoit de talens pour bien gouverner, sur-tout pendant une minorité qui devoit être orageuse. D. Yuan d'Autriche, fils naturel de Philippe IV, le héros & l'idole de la nation, étoit exclus du gouvernement, & faisoit craindre qu'il n'usurpât le trône : « Ce n'eût pas été le » premier exemple, en Espagne, d'un bâtard » parvenu à la couronne. » Les Grands avoient profité de la foiblesse des deux derniers règnes pour accroître leur puissance, & prenoient ouvertement le parti de D. Juan. Le jeune Roi fut proclamé à Madrid le 15 d'Octobre, & aussitôt après dans toutes les villes de la Monarchie.

[1665.]

On commence à négocier la paix entre l'Espagne & le Portugal, par la médiation du roi d'Angleterre. On craignoit Louis XIV, qui menaçoit les Pays-Bas. On tire en longueur la négociation, dans l'espérance de profiter des troubles que la conduite du furieux & imbécille Alphonse VI, roi de Portugal, ne manqueroit pas d'exciter dans ses Etats.

[1666.]

Suivant la loi de dévolution qui avoit lieu, sur-tout dans le Brabant, Louis XIV se proposoit de faire valoir les droits de la reine de France sur plusieurs provinces des Pays-Bas. Les manifestes publiés de part & d'autre, ne furent que le prélude d'une guerre que l'Espagne auroit pu prévenir par la cession de quelques villes.

[1667.]

Louis XIV, suivi de toute sa cour, de Turenne, & d'une armée de soixante mille hommes, commence la célèbre campagne, appellée la campagne de Lille, & en moins de quatre mois enleve à l'Espagne les meilleures villes des Pays-Bas. La Régente faisoit dire par le Roi son fils, lorsque les Grands venoient lui faire la cour : « Défendez-moi, je suis innocent. »

[1668.]

L'Espagne perd la Franche-Comté, conquise en moins d'un mois, & au milieu de l'hiver, par Louis XIV & le grand

Condé. A cette nouvelle, on écrivit au gouverneur qui étoit accufé d'avoir oppofé peu de réfiftance : « Le roi de » France auroit dû envoyer fes laquais » prendre poffeffion de cette province, » au lieu d'y aller lui-même. » La Régente figna la paix avec le Portugal, qui fut reconnu pour un royaume libre & indépendant ; &, peu de mois après, le traité d'Aix-la-Chapelle, par lequel on abandonnoit au roi de France fes conquêtes dans les Pays-Bas, à condition qu'il reftitueroit la Franche-Comté. D. Juan d'Autriche blâmoit hautement cette paix, parce qu'il étoit mécontent de la cour de Madrid. Turenne n'avoit pas été d'avis qu'on rendît la Franche-Comté, par zèle pour la gloire de fon maître, & par l'idée qu'il avoit de la foibleffe de l'Efpagne.

[1669.]

D. Juan d'Autriche paroît aux portes de Madrid avec deux mille chevaux, ce qui force la Régente à lui accorder tout ce qu'il demande. Il s'en tient à procurer des graces à fes amis, & à former un confeil qui ne devoit être occupé qu'à chercher des moyens de foulager les peuples. Cette action le fit appeller LE PERE DE LA PATRIE, & facilita le fuccès du

projet qu'il avoit formé d'abord, de partager l'autorité de la Régente, s'il ne pouvoit pas l'en dépouiller entiérement. Il
obtint le titre de Vicaire général de la
Couronne dans l'Aragon, la Catalogne,
Valence, les Baléares, la Sardaigne, &
s'établit une cour à Saragoffe.

[1669.]

La Régente craignoit que D. Juan ne
lui enlevât le Roi : elle leve un régiment
de Gardes à pied ; &, le peuple accoutumé à ne voir autour du palais que quelques vieux foldats armés de hallebardes,
s'allarme de ce nouvel appareil de gens
de guerres. Les Grands menacent d'une
guerre civile, fi le régiment des Gardes
n'eft pas licencié ; mais on vient à bout
de les calmer.

[1669.]

Le comte de Melgar, fils de l'Amirante
de Caftille, force en plein jour les prifons de Madrid, & en tire un criminel.
L'Amirante arrête lui-même fon fils, le
conduit en prifon, & va prier la Régente
de punir cet attentat fuivant la rigueur des
loix. La Reine, défarmée par un procédé
fi noble & fi digne d'un citoyen, ne répond
au pere que par des larmes, & figne la
grace de fon fils.

[1670.]

De nouvelles plaintes sur les impôts font établir un nouveau conseil pour re-remettre l'ordre dans les finances, & retrancher les dépenses de la cour. Que pouvoit-on retrancher? Le Roi n'avoit pas plus de sept millions pour soutenir l'éclat de sa Couronne, & pour défendre ses Etats en tems de guerre.

[1671.]

La France n'épargnoit rien pour détacher l'Espagne de l'alliance avec la Hollande, & la Régente opposoit beaucoup de fermeté aux instances du marquis de Villars, ambassadeur de France. « Non, » lui disoit-elle, l'exemple de l'Empereur, » des rois de Suède & d'Angleterre ne » me touchent point ; & rien au monde » ne me fera manquer de foi à mes al- » liés. »

[1672.]

L'Espagne envoie douze mille hommes aux Hollandois, & traite l'envoyé du Stathouder, le prince d'Orange Guillaume III, comme ceux des ducs de Savoye & de Lorraine ; honneur auquel il n'avoit pas lieu de s'attendre, & dont l'Europe fut étonnée. Les ministres de Louis XIV étoient d'avis d'attaquer les Pays-Bas. Catholiques, pour punir l'Espagne de l'infraction faite au traité d'Aix-la-Chapelle, par le secours accordé aux Hollandois ; mais on n'étoit occupé qu'à tirer vengeance de la conduite de leurs ambassadeurs dans toutes les cours de l'Europe, de l'insolence de leurs gazetiers, & des médailles qu'ils faisoient frapper.

❦ [1673.] ❦

La Régente renouvelle son alliance avec la Hollande, & s'engage à déclarer la guerre à la France toutes les fois qu'elle en sera requise par les Etats-Généraux ; ce qui fut exécuté sans délai. C'étoit replonger l'Espagne, pour la défense des Hollandois, dans tous les maux qu'elle avoit soufferts pour les accabler. (Voyez ci-dessus, sous les règnes de Philippe II & de Philippe III.)

❦ [1674.] ❦

Charles II, étant entré dans sa quatorzieme année, devoit être déclaré majeur ; mais on eut moins d'égard pour les loix du Royaume, que pour les ordres du feu Roi. Il avoit prescrit dans son testament, que « la Reine ne quitteroit le titre de » Régente, que lorsque le jeune Prince » auroit quinze ans accomplis. »

[1675.]

D. Juan d'Autriche fe rend à la cour le 6 de Novembre, jour auquel le Roi prenoit poffeffion du gouvernement. La défiance que cette démarche infpire le fait reléguer à Saragoffe ; & la Reine fe conferve une autorité dont on vouloit la dépouiller, en lui ordonnant de fe retirer dans un couvent, ce qui ne tarda pas à arriver.

[1676.]

Valenzuéla obtient rapidement tous les honneurs auxquels fa naiffance & fa fortune ne lui donnoient pas lieu de prétendre ; &, par la feule faveur de la Reine, il devient premier miniftre. « Les Grands » regarderent la grandeffe comme proftituée, lorfque le favori y fut admis : la » perte de quelques Royaumes leur eût » été moins fenfible que la honte d'avoir » un pareil camarade. Quand ils fe ren-» controient, ils ne pouvoient s'empê-» cher de s'écrier les larmes aux yeux... » Valenzuéla eft grand d'Efpagne! ô tems! » ô mœurs! » Le nouveau miniftre travailloit à gagner le peuple, en lui procurant des vivres en abondance, & en l'amufant par des fpectacles. Il faifoit repréfenter des comédies de fa compofition, & toutes les places y étoient gratuites.

[1676.]

Il étoit nécessaire d'envoyer une armée dans la Catalogne, & on manquoit de troupes. Tous les commandeurs des ordres militaires eurent ordre d'aller servir en Catalogne, ou d'y envoyer, à leurs dépens, chacun trois soldats. Ce n'étoit plus ces anciens chevaliers, l'honneur de la nation, & si redoutables aux Maures : au lieu de voler au secours de la patrie, ils envoyerent des mercenaires qu'ils payoient mal, & qui ne rendirent aucuns services.

[1677.]

Charles II, persuadé que la Reine-mere le tenoit dans une espece de servitude, ne vit pas d'autre moyen pour s'en tirer, que de sortir seul de son palais pendant la nuit, & de se rendre à Buen-Retiro, d'où il écrivit à la Régente de ne point sortir de son appartement. D. Juan d'Autriche fut déclaré premier ministre, & se pressa de faire conduire la Reine dans un couvent de Tolède, avec défense d'en sortir & d'y recevoir aucune visite. Le nouveau ministre fit rendre une ordonnance contre le luxe, qui fut mal exécutée : on y défendoit « l'usage des étoffes étrangeres & » des carrosses, à moins qu'on ne justifiât » qu'on avoit des revenus suffisans pour
» fournir

» fournir à ces fortes de dépenfes. » Du
refte, D. Juan répondit mal aux efpérances qu'il avoit données : la guerre contre
la France n'étoit qu'une fource de revers,
& l'Efpagne affoiblie mendioit des fecours
qu'elle devoit trouver dans fon fein : on
vendoit les charges, les dignités, les gouvernemens ; les intrigues fe fuccédoient à
la cour ; déja on y regrettoit la Régente ;
mais D. Juan fçut conferver fa place avec
autant d'adreffe que de fermeté.

[1678.]

L'Efpagne accède à la paix de Nimé-
gue, en cédant à la France la Franche-
Comté, & feize villes confidérables des
Pays-Bas. Toute fa confolation « fut qu'elle
» traita avec fon heureufe rivale, fur le
» pied d'une égalité parfaite. Louis XIV,
» fe relâcha d'une vaine prééminence, en
» faveur des avantages folides qu'il retiroit
» d'une paix dont lui-même avoit dicté
» les conditions. » Deux ans après, il donna
ordre à fes officiers de marine de faire
baiffer par-tout le pavillon aux Efpagnols.

[1679.]

Charles II époufe à Burgos, le 18 de
Novembre, la princeffe Marie-Louife
d'Orléans, fille de Monfieur, & d'Hen-
riette d'Angleterre ; elle montroit une ex-

trême répugnance pour ce mariage, ce qui fit dire à Louis XIV : « Mais je ne » pourrois rien de mieux pour ma fille. — » Ah ! répondit-elle, vous pourriez quel- » que chofe de plus pour votre niéce. » Elle defiroit d'époufer le Dauphin; D. Juan ne vit point cette alliance qui étoit fon ouvrage. Il mourut le 17 de Septembre, au moment où le roi avoit réfolu de le difgracier. La Reine-mere revint triom- phante à la cour.

[1680.]

Philippe IV, ayant befoin d'augmenter fes finances, avoit doublé les efpeces d'or & d'argent, fur le poids de leur valeur intrinféque, & la monnoie de Billon étoit prefque au pair de la monnoie d'argent. Charles II, fe trouvant dans une circonf- tance auffi fâcheufe, donne un édit qui fupprimoit la monnoie de Billon, & di- minuoit des deux tiers les efpeces d'or & d'argent. Les Efpagnols virent tomber tout-à-coup leur commerce, & augmen- ter leurs denrées, tandis que les étran- gers emportoient des fommes immenfes fur lefquelles ils firent des gains confidé- rables. On fe trouva réduit, dans une grande partie de l'Efpagne, à l'échange de denrées pour denrées, comme dans un pays où l'ufage de la monnoie n'eût pas

encore été introduit. On répara cette faute
en 1686. Les finances étoient épuisées par
les appointemens & les penfions accordées aux miniftres, aux grands & aux
membres des conseils. « A la mort du
» marquis de Céralvo, qui mourut cette
» année, le roi gagna foixante & dix mille
» piaftres qu'il lui donnoit chaque année
» pour fes appointemens. » On avoit introduit la coutume d'accorder des places
de furnuméraires & des furvivances, même
pour plufieurs vies; & ceux qui les obte-
noient, jouiffoient des appointemens attachés aux charges, aux offices, &c; ce qui
caufoit une dépenfe énorme.

[1686.]

Le luxe en vaiffelle d'or & d'argent
étoit porté au point qu'on « s'eftimoit
» pauvre en argenterie, quand on n'avoit
» que huit cens douzaines d'affiettes & deux
» cens plats. » On comptoit dans plufieurs
maifons jufqu'à douze cens douzaines d'affiettes, beaucoup plus fortes que les nô-
tres, & jufqu'à douze cens plats. Il n'y
avoit pas alors dans le commerce pour
deux cens millions d'argent monnoyé.

[1680.]

Les menaces de Louis XIV font rendre
au marquis de Villars les priviléges dont

il jouiffoit à la cour en qualité d'ambaffadeur, & que Charles II lui avoit ôtés
pour fe venger de l'obligation qu'on lui
impofoit de retrancher de fes titres celui
de duc & comte de Bourgogne.

✳[1681.]✳

La jeune reine, Marie-Louife d'Orléans,
tombe de cheval, & y refte attachée par
un pied engagé dans l'étrier. Elle eft traî-
née dans la cour du palais, au rifque de
perdre la vie ; & aucun des fpectateurs
n'ofe voler à fon fecours, parce qu'il eft
défendu à tout homme, fous peine de
mort, de toucher la Reine. Deux gentilshommes fe déterminerent cependant à expofer leur vie pour la fauver. L'un arrête
le cheval, l'autre dégage le pied de l'é-
trier, & tous deux prennent la fuite à
toute bride. La Reine revenue à elle, &
remife de fa frayeur, demande à voir fes
libérateurs : on lui répond qu'ils ont dif-
paru, afin de fe mettre a couvert de la
rigueur des loix. Elle obtient leur grace,
les fait chercher, & les récompenfe
d'un fervice dont elle n'avoit pas connu
d'abord tout le prix.

Mamoud, roi de Cambaye en Afrique,
avoit couru le même danger à la chaffe,
vers l'an 1550. Une de fes femmes s'approchant hardiment du cheval, coupa

d'un coup de fabre les courroies de l'étrier,
& dégagea Mamoud. Ce barbare la fit
mourir, en difant : « Qui a eu la hardiefle
» de me conferver la vie, pourroit avoir
» le courage de me l'ôter. » Cette action
abominable acheva de le faire détefter.

[1682.]

Cinq vaiffeaux de la flotte des Indes périffent avec vingt millions en or dont ils
étoient chargés. Cette perte afflige le duc
de Médina-Cæli, premier miniftre, & il
croit n'avoir plus d'autre reffource que de
vendre la grandeffe. Le marquis de Stépa,
Génois, l'acheta une fomme qui revien-
droit aujourd'hui à huit cens mille francs.
En 1699, le comte de Caftromonte l'obtint pour quatre cens mille francs ; & le
comte Vifcomti, pour cent mille piéces
de huit.

On l'accorda gratuitement au général
de l'ordre de la Merci, à l'exemple des
généraux des ordres de S. François & de
S. Dominique.

Les Grands fe contenterent alors de gé-
mir & de fe plaindre. Ils auroient pu fournir eux-mêmes aux befoins de l'Etat, &
préfenter les reffources qui reftoient encore dans le domaine royal qui étoit ufurpé,
dans un grand nombre de penfions inutiles, & dans une infinité de particuliers

qui accumuloient chaque jour des richeffes immenfes aux dépens du Roi & du peuple.

❧ [1684.] ☙

Après deux ans d'une guerre malheureufe, pendant laquelle l'Efpagne follicitoit, pour la foutenir, les fecours de l'Empire, de l'Angleterre, & fur-tout de la Hollande, on fut obligé de recourir à la négociation; & le 10 d'Août une trève de vingt ans fut fignée à Ratisbonne. Il en coûta Luxembourg & toutes les villes dont les François s'étoient emparés, excepté Courtrai & Dixmude que Louis XIV confentit de reftituer à l'Efpagne.

❧ [1689.] ☙

La reine d'Efpagne meurt, en trois jours, à l'âge de vingt-fept ans. Charles II, qui l'aimoit beaucoup, avoit fupprimé en fa faveur tout ce qu'elle trouvoit de trop rigoureux dans l'étiquette, & la preffoit de faire venir à Madrid le duc de Chartres, fon frere, qu'il vouloit déclarer héritier de fa couronne. Elle appartenoit de droit à la maifon d'Orléans, au défaut des enfans de Marié-Thérèfe, reine de France, & du prince électoral de Baviere; mais les miniftres d'Efpagne étoient trop devoués à l'Empereur, pour ne pas travailler à conferver la couronne dans la maifon d'Autriche. C'eft ce qui les fit foupçonner d'avoir avancé, par le poifon, la mort de leur Reine.

✦[1689.]✦

Des négocians François, informés que l'Efpagne va publier fa déclaration de guerre contre la France, viennent réclamer plufieurs millions qu'ils avoient dans le commerce de l'Amérique. On les fatisfait, malgré la circonftance & l'embarras où l'on étoit de trouver des fonds.

✦[1690.]✦

Charles II époufe à Valladolíd la princeffe Marie-Anne de Neubourg, fille de l'électeur Palatin, & belle-fœur de l'empereur Léopold. La nouvelle Reine commença par foutenir trop ouvertement les intérêts de fon neveu l'archiduc Charles d'Autriche, que l'on vouloit faire monter fur le trône. Les Efpagnols n'ignoroient pas qu'on élevoit ce jeune Prince « dans » un mépris choquant & injurieux pour » leurs mœurs, leurs coutumes & leurs » perfonnes. On peut obferver ici que rien » ne contribua davantage à tranfporter » dans une maifon étrangere les vingt-deux » couronnes qui compofoient la monar- » chie Efpagnole, que la connoiffance » qu'eurent les peuples que le maître qu'on

R iv

» leur deftinoit, ne les aimoit, ni ne les
» eftimoit. »

[1691.]

Charles II apprend que Louis XIV s'eft
emparé de Mons ; &, ne fçachant pas que
cette ville lui appartenoit, il s'attendrit
fur la perte qu'il croyoit que l'Empereur
venoit de faire en cette occafion.

Par une femblable méprife, ou plutôt
par une fuite de l'ignorance dans laquelle
on l'avoit élevé, en apprenant, l'année
fuivante, la prife de Namur; il en parla
comme d'une place qui appartenoit à la
maifon d'Orange, & plaignit Guillaume III d'avoir effuyé une perte fi confidérable.

[1691.]

Les François, commandés par le duc de
Noailles, pénétroient dans l'Aragon, tandis què leur flotte bombardoit Alicante
& Barcelone. Charles II affemble un
confeil pour délibérer fur les moyens de
foutenir la guerre avec avantage : « Il faut,
» dit le duc d'Offonne, que le Roi pa-
» roiffe à la tête des armées, afin de ra-
» nimer l'audace de la nation. Sa préfence
» entraînera les Grands, les chevaliers des
» ordres militaires & la nobleffe, qui de=
» puis le règne de Philippe IV, n'ont paru

» dans aucun cas. C'est ainsi que Louis XIV
» trouve autant de héros qu'il a de sol-
» dats. » Plusieurs courtisans répondent,
qu'il vaut mieux perdre la Catalogne, &
même la moitié du Royaume, que d'exposer la vie & la santé du Roi. Cet avis
prévaut, le conseil se sépare, & la guerre
continue comme elle avoit commencé.

[1691.]

On signe avec l'empereur de Maroc, un
cartel pour l'échange des prisonniers. On
lui rendoit dix Maures pour un Espagnol.
» Ce cartel n'étoit point avantageux à la
» nation, mais il flattoit sa vanité. »

[1693.]

La nécessité d'envoyer une armée en
Catalogne, oblige Charles II de vendre
une ville, (Sabionetta dans le Milanez,)
de retrancher le tiers de sa dépense, de
suspendre le payement des pensions & des
appointemens, & de recevoir une taxe que
les Grands s'imposeroient eux-mêmes.

[1694.]

Louis XIV, quoique vainqueur, offre
la paix aux mêmes conditions, qu'elle fut
acceptée trois ans après. L'Espagne la refuse, dans l'espérance d'épuiser enfin sa
rivale, & de lui dicter à son tour des con-

ditions. Une nouvelle suite de disgraces répandit bientôt la terreur jusques dans Madrid ; & les François, domiciliés depuis
long-rems parmi les Aragonnois & les
Navarrois, furent impitoyablement massa-
crés par la populace. Le duc d'Escalonne
réprima cette fureur qui devenoit épidé-
mique.

[1695.]

La marine espagnole, autrefois si flo-
rissante, étoit réduite à huit vaisseaux ; il
en coûta cinq cens mille écus pour obtenir des Anglois & des Hollandois que
leur flotte passeroit l'hiver à Cadix, afin
d'être à portée d'agir au printems, & d'arrêter les progrès des François.

[1695.]

L'Empereur envoie quinze mille hommes au secours de la Catalogne ; &, pour
payer ces troupes auxiliaires, on met à
l'enchere les vice-royautés du Méxique &
du Pérou. Les trois millions qu'on en tire
ne suffisant pas, on emprunte le reste à
douze & quinze pour cent d'intérêt.

[1696.]

La fureur des duels avoit été heureusement réprimée depuis plus de deux siè-
cles, soit par la sévérité des loix, soit par

le caractere de la nation, qui eſt naturellement grave & circonſpect. La foibleſſe
du gouvernement de Charles II ſembloit
réveiller cette fureur. Dix Seigneurs oſe-
rent ſe battre, cinq contre cinq, à la vue
de Madrid. Il y en eut quatre de bleſſés.
» Ceux qui étoient Grands, en furent quit-
» tes pour garder les arrêts dans leurs pa-
» lais, & les autres dans les priſons pu-
» bliques. »

[1696.]

Charles II, dont la ſanté étoit toujours
languiſſante, tombe dangereuſement malade, & fait un teſtament en faveur de
ſon neveu le prince de Baviere, comme
ſon plus proche héritier, attendu la renonciation de Marie-Thérèſe d'Autriche. On
a conteſté long-tems l'exiſtence de ce teſtament, parce qu'aucun des hiſtoriens
n'en parle; mais il eſt certain, que le 16
de Décembre 1698, « de Guilville, major
» du régiment de Normandie, arriva de
» Madrid; c'étoit un des officiers de
» confiance que le marquis d'Harcourt
» avoit amené avec lui en Eſpagne: on
» apprit par lui que le roi d'Eſpagne con-
» tinuoit à ſe mieux porter, mais que ce-
» pendant il a fait ſon teſtament, par le-
» quel il nomme le prince électoral de
» Baviere pour ſon héritier, & il nomme

» fa femme Régente durant la minorité du
» Prince électoral ; ce teftament n'eft pas
» encore public en Efpagne, mais Sa Ma-
» jefté Catholique l'a montré à fes confeil-
» lers d'Etat ; & le cardinal Portocarrero,
» qui eft un du confeil, l'a appris au mar-
» quis d'Harcourt, & c'eft fur cela qu'il
» a fait partir de Guilville qui ne retour-
» nera pas en Efpagne. » On trouve encore dans les mêmes Mémoires, au 7 de
Novembre 1700 ; « Le roi d'Efpagne fit,
» il y a un mois, un teftament NOUVEAU
» qu'il figna de fa main. » Donc il y en
avoit un antérieur.

[1696.]

La convalefcence de Charles II fut
fignalée par la liberté rendue à tous les
prifonniers, qu'on ne trouva pas coupables des crimes les plus énormes. Rien
n'étoit plus rare en Efpagne que l'exécution des criminels. On fe contentoit de
condamner aux mines ou aux galeres, les
fcélérats les plus infignes.

[1697.]

La prife de Barcelone par les François,
après une victoire complette, remportée
fur une armée fupérieure, détermine enfin l'Efpagne à figner la paix qu'on négocioit, depuis trois ans, à Rifwick, Ja-

mais elle n'en fit de plus avantageuſe :
» Tout ce que Louis XIV ſacrifioit par
» ce traité, annonçoit aſſez que la mort
» prochaine du roi d'Eſpagne en étoit le
» motif. » Il offrit même d'envoyer une
flotte contre les Maures, qui depuis trente
ans attaquoient les poſſeſſions des Eſpagnols ſur les côtes d'Afrique : « Mais la
» Reine & les partiſans de l'Empereur,
» qui dominoient dans les conſeils, en-
» gagerent le Roi à rejetter cette offre
» généreuſe, dans la crainte que la mai-
» ſon de Bourbon ne devînt trop chère
» aux Eſpagnols. »

[1698.]

Charles II déclare publiquement qu'il
a choiſi pour ſon héritier, le jeune Prince
électoral de Baviere. Il vouloit par cette
déclaration rendre inutile un traité que la
France, l'Angleterre & la Hollande venoient de ſigner à la Haye, & par lequel
on partageoit ſa ſucceſſion entre ceux qui
ſe portoient pour héritiers. Le prince de
Baviere y étoit déſigné roi d'Eſpagne &
des Indes : on donnoit au Dauphin, Naples, Sicile, ce que l'Eſpagne poſſédoit
en Toſcane, & la province de Guipuſ-
coa : l'archiduc Charles d'Autriche devoit avoir le duché de Milan. Ce traité

réveilla le zèle des Espagnols pour la conservation de la monarchie , & ils jurerent de la conserver sans aucun partage , au prince de Baviere. Il mourut âgé de sept ans , le 6 de Février de l'année suivante. Il étoit , par sa mere , petit-fils de Marguerite-Thérèse d'Autriche , fille du second lit de Philippe IV , & premiere femme de l'empereur Léopold.

[1699.]

La mort du jeune Prince électoral replongea la cour dans les cabales & les intrigues. Les partisans de la maison d'Autriche espéroient tout de l'ascendant qu'ils avoient dans le conseil , & de la bonne intelligence qui régnoit depuis si long-tems entre l'Espagne & l'Empire : les partisans de la maison de Bourbon employerent un artifice bien indigne de la cause qu'ils défendoient. « Ils insinuerent » au Roi qu'il étoit ensorcelé , & que » ceux qui l'approchoient le plus , pou-» voient bien avoir part au maléfice sous » le poids duquel il gémissoit. » Une émeute populaire , occasionnée par la disette , les servit plus efficacement , en éloignant du conseil leurs adversaires, dans un tems où le Roi ne devoit plus différer à se choisir un successeur.

Les héritiers de Charles II étoient, 1º
les enfans de Marie-Thèrefe, fille du premier lit de Philippe IV, & femme de
Louis XIV. Le Prince électoral de Baviere n'auroit occupé que le fecond rang
dans l'ordre de la fucceffion. (Voyez ci-
deffus, page 270.) 2º Monfieur, frere
de Louis XIV, fils cadet d'Anne d'Autriche, laquelle étoit fille aînée de Philippe III, & avoit époufé Louis XIII.
3º L'archiduc Charles, fils de Léopold,
petit-fils de Marie-Anne d'Autriche, feconde fille de Philippe III, & femme de
Ferdinand III, pere de Léopold. 4º Le
duc de Savoie, dont la bifaïeule, Catherine d'Autriche, étoit fille de Philippe II,
& femme du duc Charles-Emmanuel.

Le droit à la fucceffion d'Efpagne devoit fe régler, 1º par la ligne directe,
en forte qu'une fille, feule héritiere, eft
préférée à fon oncle. On n'a jamais recours aux lignes collatérales, que toute
la ligne directe ne foit épuifée: 2º par
le degré, en forte qu'entre les lignes collatérales, on prenne celle qui eft la plus
proche du dernier Roi mort: 3º par le
féxe, c'eft-à-dire qu'entre ceux qui fon
également éloignés, on préfére le mâle t
la femme: 4º par l'âge, enforte qu'en

tre ceux qui font en même ligne, même degré, même fexe, on préfere l'aîné au cadet.

C'étoit d'après ces principes que Charles-Quint appelloit, dans fon teftament, à la fucceffion de fes Royaumes, d'abord Philippe II, fon fils, & enfuite Charles, fils de Philippe II, fi connu fous le nom de D. Carlos : &, en cas que ni l'un ni l'autre n'euffent point d'enfans, il déclaroit fa fille aînée, Marie, reine de Bohême, héritiere de tous fes Etats, &, à fon défaut, ou au défaut de defcendans, fa feconde fille Jeanne avec fes defcendans ; &, enfin au défaut de fes enfans, Ferdinand I, fon frere, avec fa poftérité, & enfuite madame Eléonore, fa fœur, veuve de François I. Le teftament de Philippe II fuivoit la même difpofition, & celui de Charles II ne s'en eft prefque point écarté.

⚜[1700.]⚜

Charles II, voulant prévenir les malheurs que fa mort pourroit caufer à l'Efpagne, porte deux fois à fon confeil d'Etat l'affaire de la fucceffion à fa couronne. Des douze membres dont ce confeil étoit compofé, un feul fut d'avis de remettre à l'affemblée des Etats-généraux, le choix que le Roi vouloit faire par fon teftament ;

teftament ; tous les autres opinèrent en faveur des droits de la maifon de France. Peu content de cette décifion, le Monarque confulte toutes les Facultés de Théologie & de Droit, & tous les avis furent également favorables « au Dauphin de France, » comme au feul Prince qui eût un droit » légitime, les moyens de le foutenir, » & le pouvoir de conferver en fon en- » tier une fucceffion dont le partage eût » été funefte à la Monarchie. » Ils ajou- toient que, « fi on lui réfufoit fon héri- » tage, il étoit en état de le conquérir, » & par conféquent d'arracher comme » vainqueur, une couronne qu'il devoit » recevoir comme héritier. »

Enfin le Roi s'adreffa au pape Inno- cent XII, fur le choix qu'il devoit faire d'un fucceffeur. Le fouverain Pontife ré- pondit : « Que la renonciation de Marie- » Therèfe ne pouvoit annuller les loix » fondamentales du Royaume, ni déro- » ger à celles qui avoient été conftam- » ment obfervées ; & qu'on ne devoit pas » s'écarter de l'avis du confeil royal, fondé » fur le principe néceffaire d'affurer l'u- » nion & la confervation entiere de la » Monarchie. » La répugnance que Char- les II avoit à fe choifir un héritier parmi les Princes de la maifon de Bourbon, ne fut vaincue que par le cri de fa confcience ;

& son teſtament en faveur du duc d'Anjou, fut un acte de juſtice qu'il termina
le 2 d'Octobre. Afin qu'il ne manquât rien
à l'authenticité d'un pareil acte, on donna
la qualité de notaire à D. Antoine de
Ubilla, ſecrétaire des dépêches : le cardinal Porto-Carrero, & D. Manuel Arias,
ſignerent ſeuls comme témoins, & on
garda le ſecret avec la plus ſcrupuleuſe
exactitude. Charles II ayant entendu la
lecture de ſon teſtament, ne put retenir
ſes larmes ; & il répéta pluſieurs fois,
» c'eſt Dieu qui donne les Royaumes,
» parce qu'ils ſont à lui. » Il confia la
régence au cardinal Porto-Carrero, &
dit, en lui remettant les ſceaux : « Déja
» nous ne ſommes plus rien. » Ce Prince
mourut le 1er de Novembre, à l'âge de
trente-neuf ans. Il fut le dernier des ſix
Rois de la maiſon d'Autriche, qui avoient
porté la couronne d'Eſpagne pendant qua-
tre-vingt-ſix ans.

[1700.]

Le cardinal Porto-Carrero convoque
les Grands, les préſidens des conſeils, &
les miniſtres, à l'inſtant même de la mort
du Roi, & fait lire le teſtament. Tous
entendent avec la plus agréable ſurpriſe
cette diſpoſition qui mettoit le comble à
leurs vœux : « La reine de France, notre

» sœur, n'ayant renoncé à la succession,
» qu'afin que les sceptres d'Espagne & de
» France ne fussent pas portés par la
» même main, nous entrons dans les
» vues de Philippe IV notre pere, en ap-
» pellant à notre succession indivisible
» Philippe de France, duc d'Anjou; &,
» dans le cas qu'il meure sans postérité,
» où qu'il parvienne à la couronne de
» France, le duc de Berri, son frere; &,
» au défaut de ce Prince, l'archiduc Char-
» les d'Autriche, & enfin le duc de Sa-
» voye. » (Voyez ci-dessus, page 271.)
Monsieur, frere de Louis XIV, & le duc
de Chartres, son fils, qui devoient pré-
céder l'archiduc dans l'ordre de la succession, étoient oubliés. Monsieur fit ses
protestations contre cet oubli, le 1er de
Décembre, & Philippe V donna un décret qui le confirmoit dans ses droits.

[1700.]

Le duc d'Abrantes, sortant de l'appartement du Roi, rencontre l'ambassadeur
de l'Empereur, & lui dit : « Je viens de
» prendre congé de la maison d'Autri-
» che. » Ce mot déconcerte d'autant plus
l'ambassadeur, qu'il ne doutoit pas que le
testament pût être favorable à personne
qu'à son maître.

[1700.]

En attendant l'arrivée du nouveau Roi, l'autorité souveraine étoit confiée à une Junte où tout devoit être décidé à la pluralité des voix. Elle écrivit à Louis XIV, pour le conjurer d'accepter le teſtament, & d'envoyer au plutôt ſon petit-fils à Madrid. Quoi qu'en diſent pluſieurs hiſtoriens, on délibéra très-ſérieuſement à la cour de France ſur les conſéquences de ce teſtament, & la Junte avoit ordonné des prieres publiques dans toute l'Eſpagne, pour obtenir du Ciel que Louis XIV acceptât le teſtament. On craignoit qu'il ne s'en tînt à un ſecond traité de partage, dont celui de la Haye étoit la baſe, & qui paroiſſoit plus avantageux aux intérêts de la Monarchie Françoiſe. (Voyez ci-deſſus, page 257.) Après un conſeil extraordinaire, Louis XIV accepta le teſtament de Charles II, le 11 de Novembre; le déclara, le 16, à l'ambaſſadeur d'Eſpagne, & écrivit à la Junte, ainſi que le nouveau Roi, dans des termes remplis d'eſtime, d'amitié & de reconnoiſſance. Le Dauphin tranſporta à ſon fils tous ſes droits ſur la couronne d'Eſpagne, & dit, en ſignant l'acte de tranſport : « Je ne déſire rien tant que de dire toute ma vie, le Roi mon pere, le Roi mon fils. »

PHILIPPE V, LE COURAGEUX.

[1700.]

UNE foule prodigieufe d'Efpagnols étoit accourue en France pour y voir le nouveau Roi, & l'efcorter pendant une marche qu'ils vouloient changer en un triomphe. Ils répandirent des larmes à ces paroles qui terminerent les adieux de Louis XIV : « Il n'y a plus de » Pyrénées, mon fils ! » & jurerent aux François de cimenter, par les fentimens d'une tendre amitié, l'alliance que les deux peuples venoient de contracter. Philippe V quitta Verfailles le 4 de Décembre, accompagné des ducs de Bourgogne & de Berri fes freres, & congédia tous les François dès qu'il fut arrivé fur les frontieres. Toute l'Europe, excepté l'Empereur, venoit de le reconnoître pour Roi d'Efpagne.

[1701.]

Philippe V, en arrivant dans fes Etats, le 22 de Janvier, confirme la Junte jufqu'à fon arrivée à Madrid ; (Voyez ci-deffus, page 276.) & la penfion de feize cens mille livres, donnée à la Reine

S iij

douairiere par le teſtament de Charles II.
La vue des maux que la ſtérilité des années précédentes cauſoit à ſes nouveaux
ſujets, l'engage à leur remettre la moitié des droits qu'ils devoient payer; &
cette généroſité lui gagne tous les cœurs.
On ne tarde pas à reconnoître en lui,
» un entendement lumineux ; un jugement
» facile ; un eſprit ſérieux, paiſible, ca-
» pable de ſecret & de diſcrétion, & de
» la continence juſqu'à exciter l'admira-
» tion. ..., Il avoit reçu une éducation
» peu ordinaire aux Princes, ſous les
» yeux du Roi ſon aïeul. Le pouvoir
» ſouverain n'altéra jamais ces vertus : il
» les rendit au contraire plus fortes, &
» elles jetterent de profondes racines avec
» le tems, l'expérience & les travaux. »

[1701.]

Cervera, ville de la Catalogne, fut une
des premieres qui ſe déclara pour Philippe V ; & la fidélité qu'elle lui jura fut
inviolable. Le Monarque reconnoiſſant,
accorda pluſieurs priviléges à cette ville,
& y fonda une univerſité.

[1701.]

Louis XIV avoit donné le 3 de Février
des Lettres-Patentes, par leſquelles « il
» conſervoit au roi d'Eſpagne & à ſes

» enfans mâles le droit de fuccéder à la
» couronne de France. » Il rendit aufli
une ordonnance « qui déféroit aux Grands
» d'Efpagne les mêmes honneurs à fa cour,
» qu'aux Ducs & Pairs. » Philippe V ne
tarda pas d'accorder, par un décret, le traitement de GRANDS aux Ducs & Pairs de
France, « ce qui bleffa, dit-on, la fierté
» des feigneurs Efpagnols. »

[1701.]

On travaille à réformer les abus dans
le confeil fecret, qui n'étoit compofé que
du cardinal Porto-Carrero, de D. Manuel Arias, & du duc d'Harcourt, ambaffadeur de France ; mais il fallut bientôt fufpendre des occupations fi utiles au
bien public, & fe préparer à de nouvelles guerres. Tandis qu'on regardoit la couronne comme affurée fur la tête du nouveau Roi, on délibéroit en Allemagne
fur les moyens de la difputer, & l'on y
répandoit une foule d'écrits favorables
aux droits de la maifon d'Autriche.

[1701.]

Philippe V fe rend dans la Catalogne,
pour y célébrer fon mariage avec la princeffe Marie-Louife-Gabrielle, feconde
fille du duc de Savoye, & pour tenir
les Etats qu'il avoit convoqués à Barce-

lone. Les Catalans donnerent un don gratuit de quatre millions & demi, & obtinrent de nouveaux priviléges, des graces & des diftinctions, qui, loin d'exciter leur reconnoiffance, ne fervirent qu'à les animer à la révolte.

✺[1701.]✺

L'Empereur Léopold avoit répondu à la demande de l'inveftiture du Milanez, pour le roi d'Efpagne, que « non-feulement le Milanez, mais toute la Monarchie lui appartenoit, parce que le teftament de Charles II avoit été fuppofé ou fuggéré par le cardinal Porto-Carréro, & que Charles mourant l'avoit figné fans aucune connoiffance. » Une armée de trente mille hommes, envoyée en Italie fous les ordres du prince Eugène, fuivit de près cette réponfe.

✺[1702.]✺

Pendant que Philippe V alloit raffurer l'Italie par fa préfence, l'Angleterre & la Hollande fignoient leur fameux traité de LA GRANDE ALLIANCE avec l'Empereur. « Leur objet n'étoit dabord que de démembrer ce qu'ils pouvoient de la fucceffion d'Efpagne ; & ce ne fut qu'après les avantages qu'ils remporterent dans la fuite, que leurs prétentions

» s'augmenterent au point de vouloir dé-
» trôner Philippe V. » L'Espagne n'avoit
alors presqu'aucunes troupes formées ; sur
ses frontieres aucunes villes fortifiées , &
dans ses ports aucune marine guerriere.

[1702.]

La jeune reine d'Espagne , qui gouvernoit pendant l'absence du Roi , offrit ses
pierreries pour la solde des troupes , &
proposa d'aller en Andalousie , si l'on
croyoit que sa présence y fût utile. Tant
de zèle & de courage engagerent tous les
ordres à faire des efforts extraordinaires.
La noblesse & le Tiers-Etats envoyerent
à la caisse militaire des sommes très-
considérables ; le clergé ne réservant sur
ses revenus que le pur nécessaire , abandonna tout le reste « pour la défense de
» Dieu , du Roi & de l'Etat. »

[1702.]

Le duc de Vendôme commandoit en
Italie l'armée combinée de France &
d'Espagne , & on l'accusoit de rester dans
l'inaction , en ouvrant la campagne. Philippe V lui avoit écrit le 9 de Mai : « J'ap-
» préhende que vous ne battiez les enne-
» mis avant mon arrivée. Je vous per-
» mets de secourir Mantoue ; mais de-
» meurez-en là , & attendez-moi pour le

» refte. Rien ne peut mieux vous mar-
» quer la bonne opinion que j'ai de vous,
» que de craindre que vous n'en faffiez
» trop pendant mon abfence. »

❧ [1702.] ❧

Le défir de fournir aux frais de la guerre,
fans accabler les peuples par de nouveaux
impôts, fait prendre à Philippe V la réfolution de réunir au domaine les droits
de la couronne, ufurpés depuis Henri III;
mais il lui manquoit un fujet capable de
rétablir l'ordre dans les finances. Il le
trouva dans M. Orri, qu'il appella de
France, & qui, par un travail affidu &
une intelligence fupérieure, fe montra digne de la confiance dont on l'honoroit.

❧ [1702.] ❧

Philippe V fe trouve en perfonne à la bataille de Luzara, dont les ennemis ont voulu
s'attribuer l'honneur ; mais le duc de Vendôme en retira l'avantage qu'il fe propofoit, en prenant, après l'action, Luzara &
Guaftalle, à la vue des prétendus vainqueurs. Comme ils s'étoient procuré l'avantage du terrain & de la furprife, il ne fut
pas difficile de perfuader à leurs partifans
qu'ils avoient vaincu, & de faire oublier
une circonftance très-glorieufe à M. de
Vendôme & aux troupes Françoifes. Il fal-

lut difpofer l'armée à la hâte ; & les efcadrons & les bataillons étoient obligés de
combattre à mefure qu'ils arrivoient.

Les mufes Françoifes pleurerent la
mort du marquis de Créqui ; & celle du
Prince de Commerci fut pleurée par les
mufes Italiennes.

L'officier dépêché à la cour de France
avec le détail de cette fanglante journée,
s'exprimoit avec tant d'embarras, que madame la ducheffe de Bourgogne ne put
s'empêcher d'en rire avec éclat. Après
qu'il eut fini fon récit, il demanda gravement à la Princeffe : « Eft-ce que vous
» croyez, Madame, qu'il eft auffi aifé de
» raconter une bataille, qu'à M. de Ven-
» dôme de la gagner ? »

[1703.]

La défection du duc de Savoye fauve
l'empereur Léopold, que trois armées alloient attaquer jufques dans fa capitale.
La France & l'Efpagne avoient trop
compté fur leur alliance avec la Savoye
& le Portugal, & cette fécurité doit être
regardée comme la fource de toutes leurs
difgraces,

[1703.]

Le Pape invitoit les puiffances belligé-
rentes à rendre la paix à l'Europe ; &
l'Empereur, qui fe promettoit les plus

grands fuccès, tranfportoit à l'archiduc
Charles les droits que lui-même & fon
fils aîné le roi des Romains, faifoient
valoir fur la couronne d'Efpagne. Il le fit
même proclamer à Vienne, fous le nom de
Charles III, & reconnoître par toutes les
Puiffances alliées contre la France &
l'Efpagne. On frappa l'année fuivante
une médaille, dont la légende étoit :
» Charles III, Roi Catholique, par la grace
» des hérétiques. » Ce Prince étant arrivé
à Duffeldorp, y reçut la vifite de Mal-
boroug. Il vouloit lui faire préfent d'une
épée riche, qu'il portoit : « Milord, lui
» dit-il, je n'ai pas honte de dire que je fuis
» un pauvre Prince, & que je n'ai que la
» cappe & l'épée. La derniere n'eft pas de-
» venue pire, parce que je l'ai portée un
» jour. »

[1703.]

Philippe V apprend qu'une flotte de
cent cinquante vaiffeaux de guerre infulte les côtes de l'Efpagne. « Je combat-
» trai, dit-il, jufqu'à la mort du dernier
» de mes fujets, pour défendre mes droits
» & conferver ma couronne. Mes peu-
» ples me verront toujours le premier
» dans tous les périls, pour conferver
» leurs priviléges, & maintenir la Monar-
» chie dans fon entier. »

[1703.]

L'Espagne déclare la guerre au roi de Portugal ; & l'indignation des Castillans est satisfaite, en voyant qu'on ne donnoit à ce Prince que le titre de duc de Bragance. Un simple paysan sonde les chemins où Philippe V devoit passer, pour aller combattre les Portugais, & on lui présente quelques pistoles qu'il refuse : « Comment, dit-il, » mon Souverain expose sa vie pour la » défense de l'Etat, & je n'y contribue- » rois pas autant que ma situation me le » permet ? Jamais je ne me reprocherai » cette bassesse. »

[1704.]

La garde ordinaire des rois d'Espagne ne répondoit en rien à celle des rois de France ; &, pour lui donner quelques traits de ressemblance, qui augmenteroient en même tems le nombre des troupes, Philippe V créa quatre compagnies de gardes du corps, dont deux Espagnoles, une Italienne, & une Flamande, composées chacune de deux cens gentilshommes. Ces compagnies se distinguent par la bandouliere ; elle est rouge pour l'Espagnole, verte pour l'Italienne, & jaune pour la Flamande.

On joignit à cette garde à cheval, deux

régimens d'infanterie, chacun de six bataillons, formant trois mille hommes,
& qu'on appelle gardes Espagnoles & Wal-
lones. Ils ont le même uniforme, habit
bleu. Ces six mille huit cens hommes forment encore aujourd'hui la garde ordinaire du Roi, & sont toujours de service
auprès de sa personne.

L'infanterie Espagnole consiste actuellement,

1º En vingt-neuf régimens d'Espagnols,
de deux bataillons chacun;

2º Sept autres, dont la création est
plus récente;

3º Deux régimens d'infanterie Italienne.

4º Quatre d'infanterie Wallone;

5º Quatre d'infanterie Suisse;

6º Un régiment d'artillerie, créé en
1710, composé de quatre bataillons &
d'une compagnie de cent vingt-sept cadets.

On y compte quatorze colonels, dix-
sept lieutenans-colonels, soixante-dix
capitaines, soixante-dix lieutenans,
& quatre-vingt-quatre sous-lieutenans.

Il y a une école d'artillerie à Ségovie.

La cavalerie consiste,

1º En quatorze régimens de cavalerie,
de quatre escadrons chacun;

2º Huit régimens de dragons, aussi de
quatre escadrons.

Il y a encore,

1º Quarante-deux régimens de milices, chacun d'un bataillon, appellées milices provinciales , dont vingt-huit ont été crés en 1734, & quatorze en 1766 ;

2º Treize régimens de milices des villes, crés fucceffivement en 1762 , 1766, 1768 & 1769 ;

3º Quarante-fix compagnies d'invalides.

On compte

1º Six capitaines généraux;

2º Soixante-trois lieutenans généraux ;

3º Soixante-trois maréchaux de camp ;

4º Cent quinze brigadiers.

[1704.]

Toutes les troupes furent habillées à la françoife, peu de tems après l'avènement de Philippe V à la couronne. La nobleffe, & même une partie de la bourgeoifie, ne tarderent pas à adopter l'habillement françois, & bientôt on ne vit plus que les magiftrats, les gens de campagne, & les vieillards habillés fuivant l'ancienne mode. Les magiftrats portent la gotille, efpece de collet de carton, couvert de toile ou de dentelle, dont l'ufage s'eft long-tems confervé, & qui fe trouve aujourd'hui prefque totalement banni.

Les Efpagnols portoient autrefois une épée très-longue, un poignard attaché à la ceinture, & un manteau fort ample. Les gens de la campagne n'ont ordinairement qu'une vefte qui ne paffe pas la ceinture, & le manteau qu'on ne quitte jamais, ni à la ville, ni à la campagne. Il eft d'une grande reffource, foit pour cacher les habits qui communément ne font pas fort bons, foit pour fe couvrir pendant l'hiver, & fe tenir plus commodément au foleil ; on ne fe chauffe, même dans les meilleures maifons, qu'avec des brafiers. Les chéminées font fort rares, & n'ont commencé d'être un peu en ufage dans Madrid, que depuis le règne de Philippe V.

[1704.]

La flotte Angloife, après avoir échoué dans toutes les entreprifes contre l'Efpagne, paffe devant Gibraltar. On y jette au hafard quelques bombes, qui n'y caufent aucun mal. Plufieurs matelots déterminés veulent tenter un coup de main, montent fur des rochers qui paroiffoient inacceffibles, & prennent un grand nombre de femmes qui alloient en proceffion à une chapelle. Les habitans capitulent pour fauver leurs femmes, & les Anglois s'emparent s'emparent d'une place importante qu'ils craignoient d'attaquer, & qu'ils ont fçu rendre imprenable.

[1705.]

La guerre fe continuoit en même tems dans la Catalogne, fur les frontieres du Portugal, en Italie, en Allemagne & dans les Pays-Bas. Philippe V étoit dans la plus étrange fituation ; il voyoit fon trône affiégé par des Puiffances étrangeres & par des fujets rebelles, & il n'avoit en finances ni en troupes, aucunes reffources capables de réfifter à tant d'ennemis conjurés. Dans fes confeils, comme à fa cour, les fentimens étoient auffi partagés que les intérêts perfonnels. Les Efpagnols fidèles ne fembloient fervir le même maître, que pour fe defservir dans fon efprit : les François qui avoient fa confiance, employoient leurs forces, plutôt à fe déchirer mutuellement, qu'à foutenir le Monarque dont ils étoient l'appui ; & les troubles qui agitoient le palais du Roi, ne lui donnoient pas moins d'occupation que les mouvemens qui fe faifoient dans les armées ennemies. « Le malheur des tems » étoit tel, que, dès qu'on n'obtenoit pas » du Roi ce qu'on défiroit, on devenoit » auffitôt ennemi du gouvernement, &

» l'on se jettoit dans le parti de la mai-
» son d'Autriche. »

❧ [1705.]☙

Un officier Portugais force avec un détachement Allemand trente Espagnols qui
s'étoient défendus jusqu'à la derniere extrémité : « Je devrois, leur dit-il, vous
» faire pendre pour avoir fait périr beau-
» coup de braves gens en vous défendant,
» contre les loix de la guerre, avec trente
» hommes contre quatre cens. ⸻ Pardon-
» nez-moi, répond le commandant Espa-
» gnol, j'ignorois que j'avois affaire à des
» Allemands ; je croyois n'avoir à com-
» battre que des Portugais. »

❧ [1705.]☙

L'ambassadeur de France reprochoit
aux ducs de Montellano & de Montallo
le peu de réserve qu'ils mettoient dans
leurs discours. Ils répondirent : « C'est
» une preuve de zèle & d'affection, de
» censurer ce qui est contraire au bien de
» la Monarchie. Du reste, nous pouvons
» parler ainsi pour notre propre intérêt,
» nous voyant embarqués dans le même
» vaisseau que le Roi, lequel est prêt à
» se perdre ; ceux qui auroient dû le sau-
» ver, ne travaillant qu'à le couler à fond. »

[1705.]

L'archiduc Charles débarque sur les côtes de la Catalogne avec douze mille hommes de troupes réglées, dans le dessein de profiter d'une conjuration formée en sa faveur par les Catalans ; & ses succès surpassent bientôt toutes ses espérances. Il prend Barcelone, y est proclamé Roi, & ses nouveaux sujets lui prouvent leur zèle, en mettant en pièces les statues de Philippe V, & en faisant brûler par la main du bourreau les nouveaux privilèges dont ce Prince les avoit honorés. Alors il y eut dans l'Espagne « deux Rois, deux » capitales, deux cours, & deux peuples » plus acharnés l'un contre l'autre, que » ceux qui venoient les détruire. »

[1706.]

Philippe V forme le siége de Barcelone, & le succès de ses premieres opérations fait craindre à son rival de tomber entre ses mains. Déja la prise du fort Montjoui annonçoit la prompte reddition de la place ; « déja les assiégés tenoient » investi le palais de l'archiduc, afin qu'il » ne pût se sauver par mer, & qu'il par- » tageât avec eux le fort qui les atten- » doit ; plusieurs Catalans proposoient

T ij

» même d'arrêter ce Prince, & de le li-
» vrer au roi Philippe, afin de mériter
» leur grace par une nouvelle perfidie, »
quand tout-à-coup la flotte de France,
qui bloquoit le port, prend le large pour
éviter celle des ennemis qui étoit trois
fois supérieure. Les assiégés prennent l'é-
pouvante ; une éclipse de soleil augmente
la terreur ; Philippe V franchit les Pyrénées, arrive à Perpignan, & rentre dans
ses Etats par la Navarre. Le maréchal de
Tessé qui l'accompagnoit, lui proposa de
se rendre à Versailles, pour y conférer avec
le Roi, son aïeul. « Non, répondit le
» Prince, jamais je ne reverrai Paris ; je
» veux mourir en Espagne. »

. L'archiduc n'étoit pas plus tranquille à
Barcelone, qui devenoit le théâtre des
plus affreux désordres. « Les Anglois ar-
» boroient aussi haut l'étendard de l'héré-
» sie, que celui de la licence. Il n'étoit plus
» question des priviléges qu'on s'étoit pro-
» mis du nouveau Roi. L'impiété s'ap-
» plaudissoit de ses fureurs, & la débau-
» che ne rougissoit pas des horreurs les
» plus inouïes. Ce monstrueux libertinage
» devint funeste aux Anglois, & ruina
» leurs troupes. Mais les Catalans n'en
» soutinrent pas leur révolte avec moins
» d'opiniâtreté. »

[1706.]

Quarante mille Anglois & Portugais entrent dans l'Eftramadure, & s'avancent vers Madrid. On conjure Philippe V de fe rendre en Andaloufie, où il auroit le tems de raffembler une armée, & d'attendre des secours de France. « Non, dit-il, » je veux combattre & m'enfevelir fous » les débris de mon trône. » Il quitte fa capitale, après avoir donné un décret qui transféroit à Burgos, la Reine & tous les tribunaux. Cette Princeffe, non moins courageufe que le Roi fon époux, répondoit à ceux qui vouloient lui faire appréhender les progrés des ennemis : « Nous » avons encore des villes ; mais, fi nous » les perdons, chaffée de la derniere, » j'irai dans les montagnes, & je gravirai » de rocher en rocher avec mes enfans » dans mes bras, jufqu'à ce qu'on nous » tue. » Elle contribua plus que perfonne à procurer au Roi de l'argent & des foldats qu'elle enrôloit elle-même : « Mes en- » fans, difoit-elle, ne m'appellez point » votre Reine ; appellez-moi plutôt la » femme d'un pauvre foldat. »

[1706.]

Le comte de Santa-Cruz livre aux Anglois Carthagène, & les galères qu'il com-

mandoit. Son frere, archidiacre de Cordouë, va prendre à la paroiffe le regiftre
des baptêmes, & arrache la feuille où le
nom du comte étoit infcrit : « Il ne faut
» pas, difoit-il, qu'il refte aucun fouve-
» nir d'un homme fi méprifable. »

[1706.]

François Vélafco, curé dans le pays de
la Manche, qui eft la partie méridionale
de la nouvelle Caftille, fe met à la tête
de fes paroiffiens, fe cantonne dans les
montagnes, & empêche la jonction de l'armée des Anglois & des Portugais avec celle
de l'Archiduc. Philippe V difoit qu'il étoit
redevable de fa couronne à Vélafco, qui
d'ailleurs étoit un homme de mérite. Il
lui donna d'abord l'évêché de Badajos,
& enfuite l'archevêché de Tolède.

[1706.]

Philippe V avoit raffemblé dix mille
hommes, parmi lefquels le bruit couroit
que, las de lutter contre fa mauvaife fortune, il alloit abandonner la couronne à
fon rival. Il affemble fes foldats, leur fait
une courte harangue qu'il termine ainfi
en répandant des larmes : « Je vous jure
» de périr à la tête de mon dernier efca-
» dron, & de n'abandonner qu'à la mort
» mes fidèles Caftillans. » Chacun lui

jure, à son tour, de verser pour lui jusqu'à la derniere goutte de son sang. La joie, la confiance & le zéle des Castillans se raniment; le bruit de cette heureuse révolution se répand; jeunes & vieux, prêtres & laïques, fondent à l'envi sur les Portugais, les Allemands & les Anglois : on vit même en plusieurs lieux des femmes & des enfans combattre pour conserver la couronne à un Roi si digne de la porter.

» Nous autres Anglois, disoit le géné-
» ral Stanhope, nous pourrons bien dé-
» truire toute l'Espagne, mais non pas la
» conquérir, parce que Philippe est le
» Roi des cœurs des Espagnols. »

[1707.]

Louis XIV, accablé par une longue suite de disgraces, ne fait de nouveaux efforts en faveur de son petit-fils, qu'après s'être assuré des sentimens dont la Castille étoit animée. « Il n'y eut pas un Grand qui ne
» jurât entre les mains de l'ambassadeur
» de France, de mourir plutôt que d'obéir
» à un autre Roi, » & tous les Castillans donnerent les mêmes assurances. Les villes de Cordoüe, de Grenade, de Séville & de Jaën, se réunirent pour entretenir quinze mille hommes ; le clergé donna deux millions d'écus, & le Mexique un

T iv

million de piaſtres. La groſſeſſe de la Reine
avoit cimenté l'attachement des peuples,
& leur cauſoit une joie qu'ils n'avoient
pas goûtée depuis quarante-ſept ans.

[1707.]

L'armée des alliés rencontre le maréchal de Berwick dans les plaines d'Al-
manſa, & perd la victoire « la plus com-
» plette & la plus déciſive que les Fran-
» çois & les Eſpagnols aient remportée
» dans cette guerre. » L'artillerie, les ba-
gages, cent douze drapeaux ou étendards,
& un grand nombre de priſonniers, releverent la gloire d'une action dont le ſuccès demeura long-tems douteux. Le marquis d'Avarey & le chevalier d'Asfeld
en partagerent l'honneur avec le général;
& le régiment du Maine mérita une diſ-
tinction bien remarquable. Les habitans de
Valence firent graver ces paroles en lettres d'or, ſur leur hôtel-de-ville : « Quand
» le régiment du Maine commença à com-
» battre, alors on cria, victoire ! vic-
» toire ! » Les ſuites en furent des plus
heureuſes, parce que l'armée vaincue,
compoſée de trente-cinq mille Anglois,
Portugais, Allemands & Hollandois, ſe
trouvant réduite à cinq ou ſix mille, le
vainqueur ſoumit, preſqu'en les parcou-
rant, les royaumes de Valence & d'Ara-

gon. Trois villes oferent fe défendre, &
furent emportées d'affaut. La premiere,
appellée Xativa, « fut brûlée & détruite
» jufqu'aux fondemens : on fema du fel
» fur le fol qu'elle occupoit, & on éleva
» une pyramide qui inftruifoit la poftérité
» du nom de cette ville, de fon crime
» & de fon châtiment. Philippe V la re-
» bâtit depuis, & l'appella de fon nom
» Philippeville. »

[1707.]

Huit cens Anglois fe rendent à condition qu'on les conduira jufqu'à Lérida.
Le chemin qu'ils vouloient prendre n'é-
tant pas ftipulé, on profite de cet oubli,
& on leur fait employer trois mois à ce
voyage qu'ils auroient pu faire en quinze
jours. A leur arrivée, ils trouvent la place
inveftie, & ne peuvent plus y porter un
fecours qui en auroit empêché la prife.

[1708.]

Les généraux Efpagnols & Portugais,
de l'aveu des Rois leurs maîtres, conviennent entr'eux que les hoftilités n'auront plus lieu qu'entre les troupes réglées,
& que, loin d'inquiéter les habitans des
deux frontieres, qui s'occupent à la garde
des troupeaux & à la culture des terres,
on veillera à leur fûreté, & à les mettre

à couvert des malheurs qu'entraîne ordinairement la licence des armes.

[1709.]

Senſible aux malheurs que la guerre apportoit à ſes peuples, Louis **XIV** entreprend de la terminer par la voie des traités, & tente une négociation avec la Hollande qui ne demandoit rien moins pour préliminaire, que la ceſſion de l'Eſpagne, des Indes, du Milanez & des Pays-Bas, en faveur de l'Archiduc. Bientôt des conditions énormes exigées avec une rigueur impérieuſe, les variations ſur tous les articles, le déſaveu des conventions précédentes, la nouveauté des demandes, ne décelerent que trop des intentions contraires à une paix que chaque conférence ne faiſoit qu'éloigner. Le tems d'ouvrir la campagne arriva ; &, plus encore en France qu'en Eſpagne, il fallut ſe défendre de tous côtés, ſans avoir le moyen de ſoutenir la guerre, ni de faire la paix. Les ſuccès de la grande alliance ne furent cependant pas tels qu'on avoit lieu de le préſumer.

[1709.]

On veut s'emparer du château d'Alicante, placé ſur le haut d'une montagne eſcarpée, & l'on creuſe une mine dans

laquelle on met douze cens quintaux de poudre. Le projet étoit de faire sauter toute la montagne, mais il ne s'en détache qu'une très-petite partie, ce qui l'a rendue plus escarpée qu'elle n'étoit auparavant. « L'effet de la poudre fut si pro-
» digieux, & le mouvement qu'il produi-
» sit fut si violent, que tous ceux qui
» étoient dans le château passerent vingt-
» quatre heures sans pouvoir se remuer ;
» ensorte que, si, pendant cette espace de
» tems, on eût envoyé douze grenadiers
» avec des pétards pour faire sauter les
» portes, ils s'en seroit emparés, sans
» trouver aucune résistance. »

❧ [1710.] ☙

De nouvelles conférences pour la paix, tenues à Gertruydemberg, donnent lieu aux alliés de multiplier leurs demandes & leurs prétentions. Ils allerent même jusqu'à exiger que Louis XIV forceroit par la voie des armes, seul & à ses dépens, le Roi, son petit-fils, à céder son trône à l'Archiduc, & dans le court espace de deux mois. « Toute la France applaudit
» à son Roi qui lui fit part des justes mo-
» tifs qui l'empêchoient d'accepter une
» paix illusoire, plus funeste que la guerre
» même ; » & Philippe V, abandonné à ses propres ressources, eut la gloire de se

maintenir fur le trône. Il leva deux armées, en offrant des priviléges, des graces & des honneurs à ceux qui viendroient
fe ranger fous fes drapeaux, ou qui contribueroient volontairement aux frais de
la guerre. C'étoit connoître le génie d'une
nation toujours grande & toujours fenfible à la gloire.

❊[1710.]❊

La perte de trois batailles, dans l'efpace
d'un mois, ouvre pour la feconde fois
les portes de Madrid à l'Archiduc. Les habitans fe tiennent renfermés chez eux ; on
ne daigne pas ramaffer l'argent qu'il fait
jetter fur fon paffage ; chaque jour on
lui tue des foldats en trahifon ; il manque d'être enlevé dans les bois du Pardo
où il étoit à la chaffe. Defefpérant de régner jamais fur les fidèles Caftillans, il
affemble un confeil, dont le réfultat eft
de quitter Madrid. Les uns propofent de
piller cette ville & d'y mettre le feu. Le
général Anglois Sthanhope s'y oppofe.
» Eh bien ! dit l'Archiduc, puifque nous
» ne pouvons la piller, abandonnons-la. »

❊[1710.]❊

On preffoit vivement le marquis de
Mancéra, âgé de plus de cent ans, de
rendre hommage à l'Archiduc : « Non,

» répondit-il, je ne ternirai pas ma gloire
» à l'âge où je fuis ; je l'emporterai toute
» entiere au tombeau. »

[1710.]

Philippe V demande pour tout fécours
à Louis XIV, le duc de Vendôme avec
lequel il avoit triomphé à Luzara. Vendôme prend congé de fon Roi, qui, malgré les malheurs des tems, lui offre cinquante mille écus. « J'ai trouvé, dit-il,
» dans mes propres reffources de quoi
» faire la guerre ; j'efpere même que je ne
» ferai pas à charge à l'Efpagne. »

[1710.]

Vendôme arrive en Efpagne, & voit
les Grands délibérer fur le rang qu'ils lui
donneront : « Tout rang m'eft bon, leur
» dit-il ; je ne viens point vous difputer
» le pas, je viens fauver votre Roi. »

[1710.]

La réputation de Vendôme, & l'exemption d'un tribut pour les familles qui auront un fils à la guerre, réveille le courage de la nation ; &, dans l'efpace de
cinquante jours, il fe forme une très-belle
armée. En cherchant l'ennemi, on trouve
cinq mille Anglois qui s'étoient jettés
dans Brihuéga. Vendôme les attaque ; &,

termes les plus honorables. Un officier
trouvoit que des services si importans méritoient d'autres récompenses : « Vous
» vous trompez, répondit Vendôme, les
» hommes comme moi ne se payent qu'en
» paroles & en papiers. »

[1711.]

L'Archiduc quitte l'Espagne pour aller
recueillir la succession de son frere, l'Empereur Joseph, & laisse en ôtages, aux
Catalans, son épouse & le général Sta-
remberg. Les conquêtes importantes que
faisoient les ducs de Vendôme & de Noailles, la retraite de l'Archiduc, & les pré-
liminaires de la paix, signés par Louis
XIV & la reine Anne, achevent d'assurer la couronne sur la tête de Philippe V,
& l'arrivée des Gallions le mettent en état
de terminer la guerre avec avantage. Il
destinoit quatre cens quarante mille livres
au duc de Vendôme, qui les refusa en disant : « Je suis très-touché des soins ten-
» dres & magnifiques de Votre Majesté,
» mais je peux m'en passer ; & je vous
» supplie de faire distribuer cette somme
» à ces braves & fidelles troupes Espagno-
» les, qui seules, en vingt-quatre heures,
» vous ont conservé quatorze royaumes,
» en combattant dans les plaines de Villa-
» Viciosa. »

[1711.]

[1711.]

Un capitaine de dragons cède à l'impatience qu'il a depuis long-tems de voir
Charles XII, roi de Suède ; se démet de
sa compagnie, & quitte l'Espagne pour
se donner la satisfaction d'envisager de
près un héros qui fixoit son admiration.
Après un voyage de mille lieues, il arrive
à Bender, donne à ses yeux tout le tems
de contempler le roi de Suède, & reprend le chemin de Constantinople, dans
le dessein de se rendre en France.

[1711.]

Le gouverneur de Vénasque, ville d'A-
ragon, est pris dans une sortie ; on somme
le lieutenant de Roi, son frère, de rendre
la place, avec menace, en cas de refus,
de faire mourir à ses yeux le gouverneur.
Il répond à cette sommation : « Mon hon-
» neur & mon devoir me sont plus chers
» que la vie de mon frère. »

[1712.]

La mort du Grand-Dauphin, celle des
ducs de Bourgogne & de Bretagne, rap-
prochoient la couronne de France de la
tête de Philippe V, & formoient à la paix
un obstacle imprévu. On propose à ce
Prince de renoncer au droit que sa naif-

fance lui donnoit fur la France , ou de
le conferver, en acceptant un échange
pour la couronne d'Efpagne. Louis XIV
l'invitoit à préférer l'échange ; il préféra
la couronne qu'il portoit , & dit dans fa
réponfe : « Je donne par-là également la
» paix à la France ; je lui affure pour al-
» liée une Monarchie qui , fans cela,
» pourroit un jour, jointe aux ennemis,
» lui faire beaucoup de peine; & je fuis
» en même tems le parti qui me paroît
» le plus convenable à ma gloire, & au
» bien de mes fujets qui ont fi fort con-
» tribué par leur attachement & leur zèle
» à me maintenir la couronne fur la tête.»

[1712.]

Le duc de Vendôme , âgé de cinquante-
huit ans, meurt à Vinaros, le 11 de Juin.
Philippe V baigna de fes larmes le tombeau qu'il lui donna à l'Efcurial parmi
ceux des Rois fes prédéceffeurs ; &, par
une diftinction unique, il voulut que toute
la nation prît le deuil.

[1713.]

La paix eft fignée à Utrecht avec tous
ceux qui compofoient la grande alliance,
excepté l'Archiduc, devenu empereur,
fous le nom de Charles VI , & qui s'obf-
tinoit à réclamer l'Efpagne & les Indes, tan-

dis que Philippe V réclamoit, de son côté, toute l'Italie. Ces deux princes refuserent mutuellement de se reconnoître pour Empereur & pour roi d'Espagne, & se firent la guerre jusqu'en 1725.

[1713.]

Les Etats-généraux, assemblés à Madrid, font la promulgation d'une loi qui prouvoit leur amour & leur zèle pour le Roi & la patrie ; elle régloit que « les Prin» ces descendans de Philippe V, en quel» que degré qu'ils soient, parviendront » à la couronne avant les Princesses, fus» sent-elles filles du Roi régnant. » Toute l'Espagne applaudit à une loi qui fixoit la succession à la couronne dans la postérité masculine, de préférence aux droits des femmes, & dissipoit la crainte d'être soumis à un Prince étranger.

[1713.]

Les Catalans, soutenus par les secours & les promesses de l'Empereur, se confirment dans le dessein d'établir parmi eux le gouvernement Républicain, & portent l'audace jusqu'à déclarer la guerre à leur légitime Souverain. Philippe obtient de son aïeul, le maréchal de Berwick avec quarante bataillons. Il étoit réservé au vainqueur d'Almansa, (Voyez ci-desfus, page 296,) de terminer la rebellion par un des siéges les plus opiniâtres & les plus meurtriers. Tandis que les généraux Espagnols travailloient à soumettre la Catalogne, Berwick en attaquoit la capitale, où tous les scélérats & les plus furieux des rebelles s'étoient renfermés. Barcelone se rendit le 12 de Septembre de l'année suivante, après onze mois de blocus, soixante-un jours de tranchée ouverte, un assaut qui dura quarante-huit heures, & une perte de vingt mille hommes. Les habitans planterent sur la brêche un drapeau, sur lequel étoit peinte une tête de mort, symbole de la résolution qu'ils avoient prise de se défendre en désespérés. Forcés enfin de se rendre, la vie sauve, ils furent désarmés, dépouillés de tous leurs priviléges, & accablés d'impôts qu'on a continué de lever avec une sévérité singuliere. « On donne pour solde aux » soldats, des billets dont ils doivent être » payés par les villages ; & ils vivent aux » dépens de la communauté, jusqu'à ce » qu'ils soient payés. »

[1714.]

Les Castillans pleurent sincérement la mort de leur Reine, qu'ils avoient vu partager en héroïne les malheurs de Philippe ; & qui, par un exemple inouï, avoit compté fon pere, le duc de Savoye, au nombre des ennemis conjurés pour lui arracher fa couronne. Elle eft remplacée par la princeffe de Parme, Elifabeth Farnèfe, qui, par fes droits fur les duchés de Parme & de Plaifance, du chef de fon pere, & fur la Tofcane, du chef de fa bifaïeule Marguerite de Médicis, procuroit à Philippe V de nouveaux Etats en Italie, où il avoit tant d'intérêt de balancer la puiffance de l'Empereur.

[1714,]

Fondation de la ROYALE ACADÉMIE ESPAGNOLE, deftinée à perfectionner la langue, l'éloquence & la poëfie Caftillane.

Deux langues différentes font en ufage dans l'Efpagne, la Bifcayenne & l'Efpagnole. La premiere eft, comme nous l'avons déja dit, l'ancien langage des Efpagnols. La feconde eft différente, felon la diverfité des provinces, & chacune a fa dialecte particuliere. Le Caftillan eft le plus riche, le plus pur & le plus châtié. C'eft celui que les honnêtes gens parlent, & dont on fe fert pour écrire. On peut l'appeller une corruption de la langue latine, mêlée d'une infinité de mots Goths & Arabes. Un méchant railleur allemand a dit que « fi l'on ôtoit au

» Caſtillan les os & les as, il ne lui reſ-
» teroit plus de ſons que pour fiffler &
» bâiller. » La plaiſanterie n'eſt pas juſte ;
& l'on doit convenir que cette langue
eſt riche, noble, faite pour exprimer des
ſentimens relevés, & que les mots ſont
pompeux & ſonores : elle ne manque pas
de douceur, mais elle ne deſcend point
à l'afféterie de la langue Italienne.

Cette Académie, qui devoit n'être compoſée que de vingt-quatre Académiciens,
tint ſa premiere aſſemblée le 6 de Juillet
1713. On y dreſſa la liſte des huit premiers Académiciens fondateurs : on choiſit un ſceau particulier, dont le corps
étoit un creuſet dans le feu, avec cette
légende qui ſpécifie l'objet principal que
ſe propoſoit l'Académie, d'épurer, de
fixer, de perfectionner la langue : L'IM-
PIA, FIIA, Y DA ESPLENDOR. « Il épure,
» il fixe, & donne du brillant. » Enfin
on rédigea les ſtatuts les plus convenables au deſſein de l'Académie ; &, le 13
de Mai 1714, la patente Royale d'approbation & de protection fut expédiée. Le
Roi s'y exprimoit ainſi :

» Nous ayant été repréſenté par le marquis de Villéna que différentes perſonnes
» de qualité, & d'une érudition conſom-
» mée en tout genre de ſciences, deſi-
» roient travailler en commun pour culti-

» ver & fixer les termes & les phrafes de
» la langue Caſtillane dans leur plus grande
» propriété , élégance & pureté ; & que,
» pour contribuer à un deſſein ſi utile &
» ſi louable , ledit marquis avoit offert ſa
» maiſon & ſa perſonne. ... & comme
» ce même deſſein eſt un des principaux
» que j'avois conçus, dès le moment que
» Dieu, la raiſon & la juſtice, m'appel-
» lerent à la couronne de cette Monarchie,
» n'ayant pas été poſſible de le mettre à
» exécution parmi les ſoins continuels de
» la guerre , j'en ai toujours conſervé l'ar-
» dent deſir , & la réſolution d'en réali-
» ſer le projet auſſitôt que la conjoncture
» des tems me permettroit d'y employer
» tous les moyens qui peuvent contribuer
» au repos public , à l'utilité de mes ſu-
» jets, & à rendre la nation Eſpagnole
» plus illuſtre. L'expérience générale a
» fait voir qu'il n'y a point de ſigne plus
» certain de la félicité parfaite d'une Mo-
» narchie, que quand les ſciences & les
» arts y fleuriſſent dans un ſouverain de-
» gré ; & comme ces mêmes ſciences
» s'inſinuent & ſe perſuadent plus facile-
» ment & plus efficacement lorſqu'elles
» paroiſſent revêtues & ornées de l'élo-
» quence, qui ne peut être parfaite, ſi au-
» paravant l'on n'a choiſi , avec une ex-
» trême application & un diſcernement

V iv

» exact, les mots & les phrases les plus
» propres, dont se sont servi les auteurs
» Espagnols les plus célèbres, faisant con-
» noître les façons de parler hors d'usage,
» proscrivant les termes bas ou barbares:
» quand l'Académie s'appliquera à la com-
» position d'un Dictionnaire Espagnol
» avec une critique prudente des paroles,
» & des manieres de s'exprimer qui mé-
» ritent, ou qui ne méritent pas d'être
» admises en notre idiôme, on connoî-
» tra évidemment que la langue Castil-
» lane est une des meilleures qui soient
» aujourd'hui en usage, & qu'on peut en-
» seigner & apprendre tous les arts &
» toutes les sciences, traduire quelques
» auteurs originaux que ce soit, grecs ou
» latins, en langue Castillane, sans qu'ils
» perdent rien de leur beauté & de leur
» force : enfin le crédit de la nation peut
» considérablement s'augmenter par un
» dessein si beau, puisqu'on voit par-là
» le grand nombre de sujets qui font hon-
» neur à cette Monarchie par leur haute
» réputation en tout genre de littérature,
» & dans la profession de l'éloquence
» Espagnole, d'où résulte l'honneur de mes
» sujets, & la plus grande gloire de mon
» gouvernement.

» C'est par des considérations si justes
» que j'ai agréé la demande qui m'a été

» faite, & qui étoit déja si conforme à
» mes intentions royales, d'établir une
» Académie Espagnole de vingt-quatre
» Académiciens, sous ma sauve-garde &
» protection royale. C'est pourquoi....
» que la dignité de directeur de ladite
» Académie soit perpétuelle dans celui
» qui l'occupera le premier.... qu'il y
» préside, & qu'il y régle tout ce qu'il
» jugera à propos, pour parvenir à la
» fin qu'on se propose.... que celui qui
» lui succédera dans cet honorable em-
» ploi, ne l'occupe seulement qu'une an-
» née, & qu'ensuite il soit élu entre les
» Académiciens à la pluralité des voix &
» par scrutin. J'approuve la dénomination
» du secrétaire, dont la charge sera per-
» pétuelle. Je permets à l'Académie d'a-
» voir son imprimeur particulier pour
» imprimer ses ouvrages, à condition ce-
» pendant qu'il prendra toujours la per-
» mission du conseil, avant que de rien
» entreprendre.... &, pour montrer ma
» bienveillance royale, & animer les Aca-
» démiciens à remplir leurs devoirs avec
» plus de zèle & d'application, j'ai ré-
» solu de leur accorder, comme par la
» présente je leur accorde tous les privi-
» léges, graces, prérogatives, immuni-
» tés, exemptions dont jouissent les offi-
» ciers qui assistent & sont actuellement

» de fervice dans mon royal palais. . . .
» Donné le 3 d'Octobre 1714. »

Philippe V voulut être le protecteur de cette Académie, comme le Roi fon aïeul étoit celui de l'Académie Françoife.

Suivant les ftatuts, l'Académie s'affemblera un jour par femaine; les affemblées commenceront & finiront par une courte priere qui eft indiquée, & dureront au moins l'efpace de trois heures. . . . Pour commencer une féance, il fuffira qu'il y ait fept Académiciens, y compris le préfident. Si l'on avoit à délibérer fur quelque chofe d'importance, au jugement du directeur, on en fufpendra la propofition jufqu'à ce qu'il y ait au moins treize Académiciens. . . . Le directeur choifira tous les mois un Académicien, pour faire un difcours en profe ou en vers, qui fera lu dans l'affemblée. . . . Les ouvrages que chaque Académicien écrira pour être donnés au public, en Caftillan, feront examinés par l'Académie, fi l'auteur le veut ; &, à l'égard des ouvrages que l'Académie n'aura point examinés, ou n'aura point approuvés, on ne permettra point à l'auteur de prendre, dans le titre, la qualité d'Académicien.

C'eft à l'époque de cet établiffement que les fciences ont commencé à renaître en Efpagne. La nation, excitée par les re-

gards d'un Roi protecteur des beaux arts,
ne tarda pas à prouver que son génie peut
réuffir également dans tous les genres :
qu'elle eft propre pour la guerre, autant
que pour la politique; pour les fciences
élevées où il faut fe défier de l'imagination, autant que pour les ouvrages d'efprit où l'imagination a plus de part. « Il eft
» vrai qu'un penchant naturel la porte à
» s'abandonner à l'imagination plutôt qu'à
» la contraindre. Ce feu mal ménagé à
» un peu gâté l'éloquence & la poëfie
» Efpagnole. »

[1715.]

L'attention que Philippe V donnoit à
la réforme des abus qui s'étoient gliffés
dans le gouvernement, produifit un décret qui prouve fa candeur & fa droiture.
Après avoir défavoué l'ancien miniftere,
» il prioit les confeils de lui repréfenter
» ce qu'ils jugeroient convenable au bien
» de la Religion & de l'Etat, ajoutant que
» les miniftres dont il avoit été environné,
» pouvoient l'avoir trompé, & engagé à
» des démarches contraires aux avanta-
» ges de la Patrie & de la Religion. »

[1715.]

L'efpérance d'une nouvelle révolte en
Catalogne, où il fallut punir quelques

chefs de rebelles, retenoit Majorque &
Ivica dans les intérêts de la maison d'Autriche. Le chevalier d'Asfeld réduisit, en
moins de quinze jours, ces deux îles qui
étoient le dernier retranchement des troupes impériales. Charles VI n'en prenoit
pas moins le titre de Majesté Impériale
& Catholique. Il créoit des Grands d'Espagne, des Chevaliers de la Toison d'or,
& confisquoit les biens de ceux qui, dans
les Pays-Bas & en Italie, ne se décla-
roient pas pour lui. Philippe V n'attendoit que le moment de l'attaquer avec
avantage.

[1715.]

La mort de Louis XIV donne à Albéroni, (cardinal en 1717,) l'occasion
d'exercer l'esprit intrigant, présomptueux
& téméraire que lui reprochent plusieurs
historiens. On prétend que Philippe V
n'auroit pas manqué de réclamer la Régence, en qualité de premier Prince du
Sang de France, s'il n'avoit pas craint de
renouveler contre lui la grande alliance,
& de fournir à l'Empereur un prétexte légitime d'envahir l'Espagne. Du moins
» il voulut que le duc d'Orléans regar-
» dât son désistement comme un vérita-
» ble sacrifice, & que par reconnoissance
» il entrât dans toutes ses vues. »

[1716.]

D. Balthafar Guévarra fort des ports d'Efpagne avec cinq galères & fix vaiffeaux de guerre, pour fe joindre aux Vénitiens, & fe fait fuivre par tous les vaiffeaux marchands qu'il rencontre fur fa route. Cette rufe en impofe aux Turcs, qui affiégeoient Corfou. Ils comptent plus de cent voiles, fe croyent perdus, levent le fiége, & fe réfugient précipitamment dans leurs ports. L'Efpagne fecouroit l'Italie contre les Turcs, afin de la mettre dans fes intérêts, & de l'engager à favorifer les projets qu'elle méditoit contre l'Empereur. Elle diffimuloit fes forces dans le tems qu'elle étoit redoutable par cent mille hommes de troupes aguerries, foixante-dix vaiffeaux de guerre, & le plus grand ordre rétabli dans fes finances. Ces avantages étoient dûs à Albéroni, cet homme fingulier, ce génie actif & plein de courage qui portoit fes vues fur toutes les branches de l'adminiftration, & qui, dans l'efpace de quelques années, eut l'art & le fecret de ranimer pour ainfi dire la Monarchie d'Efpagne, au point qu'elle fut elle-même, avec le refte de l'Europe, étonnée de fes propres forces.

[1717.]

La France, l'Angleterre & la Hollande se réuniffent, en fignant le traité de la triple alliance, dont le but étoit de déconcerter les projets de l'Efpagne contre l'Italie. Le cardinal Albéroni en prit occafion de chercher tous les moyens de troubler la France, d'allarmer l'Angleterre, d'inquiéter la Hollande, & de cacher les préparatifs de la guerre qu'on alloit porter en Italie.

[1717.]

Une flotte confidérable, dont on ignoroit abfolument la deftination, met à la voile, aborde en Sardaigne, y débarque quinze mille hommes, qui font la conquête de cette île, en moins de deux mois, & avec tant de facilité, qu'il n'en coûta que fix cens hommes. Le royaume de Naples auroit fubi le même fort, fi l'on avoit perdu moins de tems en préparatifs inutiles.

[1718.]

Cinquante vaiffeaux de guerre, dix galères, trente-cinq mille hommes, avec des munitions en abondance, arrivent en Sicile, & cette expédition n'avoit pas été tenue moins secrete que celle de l'année précédente. L'Empereur conclud une trève de vingt ans avec les Turcs, accède au traité de la triple alliance, & fait passer en Italie cinquante mille hommes.

Le cardinal Albéroni, voulant n'avoir à combattre que l'Empereur, met toute sa politique à exciter des troubles en France & en Angleterre. Il fait répandre le bruit d'une rupture, ou du moins il en profite pour donner lieu à cette déclaration, qui ne tendoit pas uniquement à rassurer les négocians françois.

» Il m'est revenu de plusieurs endroits,
« que des personnes mal intentionnées
» ont affecté depuis quelques jours d'insinuer avec artifice aux négocians François qui résident dans mes Etats, qu'il
» leur convient de mettre au plutôt leurs
» effets en sûreté, voulant sans doute
» leur faire entendre par-là, qu'on en
» viendra bientôt à une rupture ouverte
» contre l'Espagne. Il est aisé de voir que
» le but des auteurs de ces insinuations,
» est de troubler la paix & de rompre
» l'étroite union que la divine Provi-
» dence, par une admirable disposition,
» a ménagée entre les deux nations, non-
» seulement pour leur propre félicité, mais
» pour la tranquillité de toute l'Europe.

» Souhaitant de faire connoître au pu-

» blic la fincérité de nos intentions, &
» de raffurer les négocians François con-
» tre ces allarmes fi malicieufement inf-
» pirées, je veux bien leur déclarer, par
» ces préfentes, qu'on ne confifquera ni
» ne mettra point leurs biens en féqueftre,
» en quelque lieu de ma Monarchie qu'ils
» puiffent être; que fi, contre mon at-
» tente, il arrivoit dans la fuite qu'on me
» forçât à prendre les armes, je leur donne
» ma parole royale, que je leur accor-
» derai auparavant, une année entiere
» pour recueillir & tranfporter leurs ef-
» fets où bon leur femblera, de quelque
» nature qu'ils foient; & fi, ce terme étant
» expiré, quelques-uns d'entre eux vou-
» loient refter dans mes Royaumes, je leur
» promets de les y laiffer vivre avec toute la
» tranquillité & toute la fûreté qu'ils pour-
» ront defirer, & de contribuer même, au-
» tant qu'il fera poffible, à leurs avantages,
» auffi-bien qu'à ceux de tous les autres
» négocians & particuliers François qui,
» maintenant ou après les ruptures qui
» pourroient furvenir, ou en quelque tems
» que ce foit, voudroient s'établir dans
» mes Etats. J'ai d'autant plus de raifon
» de les recevoir & de les traiter avec
» bonté, que je fuis perfuadé que, quand
» même on fe porteroit à me déclarer la
» guerre, on ne pourroit imputer un évé-
                                    » nement

» nement auffi peu attendu & fes fu-
» neftes conféquences, à une nation à
» qui je fçais que je fuis cher, & que je
» dois tendrement chérir par tant de ti-
» tres, n'étant pas poffible que j'oublie
» jamais que je fuis né dans fon fein, que
» je lui fuis redevable de mon éducation,
» & que, conjointement à mes fidèles fu-
» jets, elle a généreufement prodigué fon
» fang avec fes biens, pour me maintenir
» fur le trône d'Efpagne. »

Donné au château du Pardo, le 9
de Novembre 1718.

Signé, Moi le Roi.

❧ [1718.] ❧

Le cardinal Albéroni travailloit avec
ardeur à fe former en France un parti
puiffant, par le moyen du Prince de Cellamare, ambaffadeur d'Efpagne à la cour
de France. Il s'agiffoit d'arrêter le duc
d'Orléans Régent; d'affembler les Etats-
Généraux du Royaume, & de déférer
la Régence à Philippe V. L'ambaffadeur
s'en expliquoit ainfi dans une lettre au
cardinal Albéroni, écrite de fa main &
fans chiffre :

» J'ai trouvé plus néceffaire d'ufer de
» précaution que de diligence, dans le
» choix du moyen de faire paffer à vo-

» tre Eminence les papiers que j'ai ren-
» fermés ici. Ainsi j'ai mis ce paquet en-
» tre les mains de Dom Vincent Porto-
» Carréro, frere du comte de Montijo,
» qui va où vous êtes, en le chargeant,
» avec grand soin, de le rendre à Votre
» Eminence. Je l'ai cacheté doublement,
» & j'ai mis deux enveloppes. Votre Emi-
» nence trouvera dans ce paquet deux
» différentes minutes de manifestes, cotées
» n° 1° & 2°, que nos ouvriers ont com-
» posées, croyant que, quand il s'agira de
» mettre le feu à la mine, elles pourront
» servir de prélude à l'incendie. Une de
» ces minutes est relative aux instances de
» la nation Françoise, dont j'envoyai un
» exemplaire à Votre Eminence par mon
» courrier extraordinaire : l'autre, sans
» avoir rapport à ces instances, expose
» les griefs que souffre ce Royaume. En
» appuyant sur ce fondement les résolu-
» tions de Sa Majesté, & en demandant
» la convocation des Etats, en cas que
» pour notre malheur nous soyons obli-
» gés de recourir aux remèdes extrêmes
» & de commencer les entreprises, il sera
» bon que Sa Majesté choisisse une de
» ces deux voies, & qu'elle examine l'é-
» crit coté n° 3°, dans lequel nos parti-
» sans prennent la liberté de lui proposer
» avec respect tous les moyens qu'ils ju-

» gent convenables, ou plutôt néceſſai-
» res, pour l'accompliſſement de nos dé-
» ſirs, pour éviter les malheurs que l'on
» prévoit être prêts d'arriver, & pour aſ-
» ſurer la vie de Sa Majeſté Très-Chré-
» tienne, & le repos public.

» L'écrit coté nº 4º eſt un abrégé de
» différentes choſes arrivées dans le tems
» d'autres minorités ; il peut ſervir d'inſ-
» truction ſuffiſante, pour régler pluſieurs
» des meſures que l'on doit prendre dans
» le cas préſent. Enfin j'envoie à Votre
» Eminence, en feuilles ſéparées, ſous le
» nº 5º, un catalogue des noms & qualités
» de tous les officiers François qui de-
» mandent de l'emploi dans le ſervice de
» Sa Majeſté. Après que Votre Eminence
» aura vu tous ces Mémoires, elle pourra
» donner ſon avis ſur ce qu'ils contien-
» nent, & Sa Majeſté prendra les réſolu-
» tions qu'elle eſtimera les plus convena-
» bles à ſon ſervice. Si la guerre & les
» violences nous forcent à mettre la main
» à l'œuvre, il faudra le faire avant que
» les coups qu'on nous portera nous af-
» foibliſſent, & que nos ouvriers perdent
» courage, ſans épargner, ni le tems, ni
» les offres, ni l'argent : ſi nous ſommes
» obligés d'accepter une paix ſimulée, il
» faudra, pour entretenir ici le feu ſous

X ij

» la cendre, lui donner quelques alimens
» modérés : & , si la divine Miséricorde
» appaisoit les jalousies & les méconten-
» temens présens, il suffira, par la recon-
» noissance à laquelle nous sommes obli-
» gés, de protéger & favoriser les princi-
» paux chefs qui s'intéressent présentement
» avec tant de zèle pour le service de nos
» maîtres, en méprisant les dangers aux-
» quels ils s'exposent. En attendant les
» résolutions décisives de Sa Majesté , je
» tâche d'entretenir leur bonne volonté,
» & j'éloigne tout ce qui pourroit la ral-
» lentir. Je suis avec respect , &c. »

Signé , N. P. de Cellamare.
A Paris, le 1er de Décembre 1718.

[1718.]

La conjuration fut découverte , peu
d'heures avant le départ de Dom Vincent
Porto-Carréro, par la Fillon , maîtresse
d'un lieu de débauche que fréquentoit le
secrétaire de l'ambassadeur. On se saisit de
tous les papiers dont il s'agit dans la lettre ci-dessus, & le prince de Cellamare
fut arrêté dans son hôtel, & gardé par
un détachement de mousquetaires. Il écrivit aussitôt cette lettre aux ambassadeurs
des cours étrangeres qui se trouvoient à
Paris.

» Monfieur,

» L'intérêt commun qui regarde tous les
» miniftres des Princes, dans le tems
» que l'on viole en ma perfonne le ref-
» pectable & facré caractere d'Ambaffa-
» deur d'un grand & puiffant Monarque,
» m'oblige de vous en donner la con-
» noiffance, quoique tout Paris foit inf-
» truit de la maniere avec laquelle, après
» m'avoir intercepté & ouvert avec tant
» de violence & fi peu d'égards un pa-
» quet que j'envoyois au Roi mon maî-
» tre, adreffé à M. le cardinal Albéroni,
» je me trouve arrêté dans ma maifon,
» auffi-bien que le fecrétaire de l'ambaf-
» fade, & gardé par un détachement de
» moufquetaires de la maifon du Roi
» Très-Chrétien, & tous les papiers, tant
» publics que fecrets, faifis & fcellés.
» N'ayant pas donné le moindre fujet à
» cette action, & ne pouvant m'empê-
» cher de rendre compte à mon Souve-
» rain de tout ce qui peut contribuer, en
» cette délicate conjoncture, à fon fer-
» vice, & à la défenfe naturelle de fes
» Royaumes, il eft évident que le droit
» des gens fe trouve griévement bleffé &
» violé par plufieurs motifs, & qu'une
» telle violence, qui ne s'eft jamais vue,
» crie & demande à tous les Princes une
» jufte fatisfaction & réparation d'infrac-

» tion si grande. C'est pourquoi je vous
» prie d'en rendre compte à Sa Majesté,
» afin qu'un exemple si étrange, si injuste
» & si scandaleux ne s'autorise point par
» un pernicieux silence. Je suis, &c. »
Le 10 de Décembre 1718.

M. l'abbé Dubois, secrétaire d'Etat,
fit cette Lettre circulaire aux mêmes ambassadeurs étrangers qui résidoient à Paris.

» Comme ce qui se passa hier, Mon-
» sieur, à l'égard de M. le Prince de Cel-
» lamare, excite sans doute l'attention
» du public, & que le Roi veut faire con-
» noître le motif de ses résolutions, lors-
» qu'elles peuvent intéresser les Puissan-
» ces, Sa Majesté m'a ordonné de vous
» marquer que ce n'est qu'après que, par
» un événement inattendu, l'on a trouvé
» dans un paquet que M. le Prince de
» Cellamare avoit confié à une personne
» qui passoit en Espagne, des preuves, de
» la propre main de cet ambassadeur, de
» l'abus qu'il faisoit du caractere dont il
» est revêtu, pour porter les sujets du
» Roi à la révolte, & le plan de la cons-
» piration qu'il avoit formée pour ren-
» verser l'ordre & la tranquillité de tout
» le Royaume, qu'elle s'est portée à pren-
» dre la résolution de mettre l'un des gen-

» tilshommes ordinaires de sa maison au-
» près de lui, & à l'engager à cacheter
» de son cachet, conjointement avec ce-
» lui de son Altesse Royale, les papiers
» de son ambassade, pour empêcher qu'ils
» ne soient détournés ; ce que Sa Majesté
» m'a prescrit de vous faire sçavoir, afin
» que vous en informiez votre cour, en
» attendant que ce qui a rapport à cette
» découverte soit mis dans tout son jour.
» Je puis vous assurer, en même tems, que
» la nécessité indispensable de pourvoir,
» en cette occasion, à la tranquillité des
» peuples, étoit le seul motif qui pût
» être capable de porter Sa Majesté à s'as-
» surer, par les mesures qu'elle a prises,
» contre les trames dangereuses de M. le
» Prince de Cellamare ; que ce n'est
» qu'avec beaucoup de peine qu'elle s'est
» portée à prendre cette résolution, quoi-
» qu'accompagnée de tous les égards &
» de toutes les marques de considération
» possible à l'égard de l'ambassadeur d'un
» Prince dont l'amitié lui sera toujours
» chere, & qui est incapable d'entrer
» dans des vues aussi pernicieuses. Je vous
» supplie de croire que je suis, &c. »

A Paris, ce 10 de Décembre 1718.

[1718.]

Le prince de Cellamare ne tarda pas

X iv

à informer la cour de ce qui venoit d'arriver, & Philippe V donna ce manifeste.

» Les avis que je reçois de toutes parts,
» qu'on prépare depuis quelque tems de
» gros magasins sur les frontieres de la
» France, & qu'on a déja nommé les
» chefs qui doivent y commander une
» armée ; plusieurs autres dispositions mi-
» litaires, & enfin l'attentat qu'on vient
» de commettre, contre le droit des gens,
» à l'égard de mon ambassadeur, me font
» croire que, contre toute raison, on pense
» à faire une irruption dans mes Etats.

» Un procédé si singulier & si barbare
» me surprend d'autant plus, qu'il est évi-
» dent que le Roi Très-Chrétien, mon
» très-cher neveu, n'y a aucune part,
» étant incapable par son âge, & encore
» plus par la bonté de son naturel, d'une
» action si noire. On ne doit pas aussi
» l'imputer à une nation que j'aime ten-
» drement, & avec laquelle je suis lié
» par des nœuds si étroits ; personne
» n'ignore qu'outre que je suis né & que
» j'ai été élevé dans son sein, elle a uni
» ses forces avec celles de mes fidèles su-
» jets, & que, de concert avec eux, elle
» m'a maintenu sur le trône d'Espagne, au
» prix même de son sang, & malgré les
» derniers efforts de presque toute l'Eu-
» rope conjurée contre moi.

» Ce détestable projet ne pouvant donc
» être attribué, ni au Roi, mon très-
» cher neveu, avec qui je compte d'en-
» tretenir toute ma vie une tendre &
» sincere correspondance, ni à la nation
» qui m'est si chere & qui a sacrifié tout
» pour moi, ne peut être que l'ouvrage
» d'un particulier, dont les desseins pré-
» médités depuis long-tems, ne font que
» trop connus dans le monde : la posté-
» rité aura peine à croire qu'il se soit tel-
» lement dépouillé de tout sentiment de
» religion & d'humanité, que, pour
» arriver à ses propres fins, il ait foulé
» aux pieds les droits les plus sacrés,
» ceux de la patrie, d'un pupille du
» sang de France, & qu'il ait rompu une
» union qui coûte la vie d'un million
» d'hommes, & pour laquelle le Roi mon
» aïeul a tout hasardé, jusqu'à son pro-
» pre Etat, persuadé que la conservation
» & la félicité des deux couronnes y
» étoient attachées, & que par-là il met-
» troit fin à des guerres éternelles entre
» des Rois voisins, dont la concorde est
» également importante au repos de l'Eu-
» rope & des deux nations.

   » On ne doute pas que les fidèles su-
» jets du Roi, mon très-cher neveu, ne
» soient effrayés & scandalisés d'une nou-
» veauté si monstrueuse ; sçachant sur-

» tout que, pendant la minorité du Roi,
» on ne peut, sans le consentement des
» Etats, ni déclarer la guerre, ni entre-
» prendre quoique ce soit dont les suites
» peuvent être funestes à toute la nation,
» parce que les Etats sont seuls dépositai-
» res de l'autorité du Roi pupille, seuls
» chargés de la défense du Royaume.

» Nul François, quelque prévenu &
» séduit qu'il soit par ces faux & spé-
» cieux préjugés, pour peu qu'il réflé-
» chisse, ne peut au moins disconvenir
» qu'il n'est pas au pouvoir d'un particu-
» lier d'abuser du nom & de l'autorité
» d'un Roi mineur, pour engager toute
» la nation, sans son aveu, dans une
» guerre qui ne peut que lui être très-fa-
» tale, parce qu'il est vraisemblable que
» la guerre étant une fois allumée, on at-
» tirera jusques dans le cœur de la France,
» ses plus implacables ennemis qui la ra-
» vageront, sous prétexte de la secourir.

» Je suis persuadé que tous les bons
» François, touchés de ces raisons si jus-
» tes, auront horreur de prendre les ar-
» mes; &, au cas qu'ils les prennent, je
» me promets de leur bon cœur, que ce ne
» sera que pour défendre une couronne,
» que, secondant le zèle & le courage
» de mes fidèles sujets, ils ont si long-
» tems soutenue avec cet amour qu'ils

» ont naturellement pour leurs Princes,
» dont ils ont donné des preuves si écla-
» tantes dans tous les siécles. S'ils se pré-
» sentent dans cet esprit sur mes frontie-
» res, comme je ne doute point, je pro-
» teste que je les recevrai à bras ouverts,
» comme mes bons amis & mes bons al-
» liés : je donnerai aux officiers des em-
» plois proportionnés à leurs rangs, j'in-
» corporerai les soldats dans mes troupes,
» & je me ferai un plaisir d'épuiser, s'il
» est nécessaire, mes finances en leur fa-
» veur, afin que tous ensemble, Espagnols
» & François, nous combattions unani-
» nement les ennemis communs des deux
» nations.

» Que s'il arrive, ce que je ne puis
» croire, que quelque particulier oublie
» son devoir, en exerçant des actes d'hos-
» tilité dans mes Royaumes, il doit bien
» s'attendre à être généralement regardé
» comme un sujet rebelle au Roi Très-
» Chrétien, mon très-cher neveu, & traî-
» tre à sa patrie.»

Donné au château du Pardo, le 28 de
Décembre 1718.

Signé, MOI LE ROI.

[1718.]

Le projet du cardinal Albéroni contre

l'Angleterre, étoit de rétablir le Prétendant fur le trône, à l'aide des partifans
que la maifon de Stuart confervoit en Ir-
lande, en Ecoffe & même en Angleterre.
Le Czar Pierre I, & le roi de Suéde
avoient promis de fe réunir, & de concourir au fuccès de ce projet. Il fut dé-
concerté par l'avis que le duc d'Orléans
en donna au roi Georges I, & par une
tempête qui difperfa la flotte deftinée à
porter des fecours dans la Grande-Bre-
tagne.

Le cardinal n'avoit pas eu de peine à
déterminer les Hollandois à ne prendre
aucune part dane une querelle qui ne leur
offroit que des rifques à courir, & à fe
contenter d'une déclaration dans laquelle
Sa Majefté Catholique les affuroit que,
» contente de la conduite de vos Hautes-
» Puiffances, & des égards que vous avez
» pour elle, elle continuera de faciliter
» votre commerce, de le protéger, d'a-
» voir à cœur vos intérêts comme les
» fiens propres ; qu'elle ne fera aucune
» difficulté de remettre fes prétentions
» entre vos mains ; & qu'elle fe fera un
» plaifir de donner à vos Hautes-Puiffan-
» ces, dans une affaire fi grave, toutes
» les marques poffibles de fon amitié &
» de fa confiance. »

[1719.]

Tandis que le cardinal Albéroni continuoit de chercher à troubler la France,
par une guerre civile, & qu'il préparoit
un foulevement général en Bretagne, le
duc d'Orléans diffipoit cette conjuration
par le fupplice de quelques gentilshommes Bretons, les autres chefs ayant pris
la fuite au nombre de trente-trois; il déclaroit la guerre à l'Efpagne, & le maréchal de Berwick, après avoir été le défenfeur de l'Efpagne, venoit combattre
contre elle avec une puiffante armée. Il
eft vrai qu'en France, on regardoit cette
expédition comme une efpece de guerre
civile, & que le maréchal de Villars, qui
la jugeoit telle, avoit refufé le commandement de cette armée.

[1719.]

Philippe V marchoit en perfonne contre les François, « moins pour les com-
» battre que pour les attirer fous fes dra-
» peaux; mais ni la préfence de ce Prince,
» ni les manifeftes qu'il fit répandre dans
» le camp des François, dans lefquels il
» prenoit la qualité de Régent de France,
» & les invitoit à paffer à fon fervice;
» ne produifirent l'effet qu'on s'étoit pro-
» mis. Les officiers & les foldats Fran-

» çois combattirent à regret , mais ils
» combattirent; » & leurs fuccès, joints
aux intrigues employées contre le cardinal Albéroni, précipiterènt la chûte de
ce miniftre malheureux, dont la difgrace
étoit l'objet principal que le duc d'Orléans fe propofoit dans cette guerre.

[1719.]

Le maréchal de Berwick apprend que
fon fils, le duc de Líria, eft dans l'armée
des Efpagnols. Il lui écrit pour l'exhortet
» à donner à la patrie qu'il a adoptée,
» toutes les preuves de zèle & de fidé-
» lité qu'il lui doit. —— Je fçaurai, ré-
» pond le duc, concilier mes différens
» devoirs; & ce que je dois à l'auteur
» de mes jours ne me fera jamais ou-
» blier ce que je dois au roi d'Efpagne
» mon maître. J'aurai toujours devant
» les yeux les inftructions & les exemples
» d'un pere refpectable, qui ne rougira
» jamais de m'avoir pour fils. »

[1719.]

Le cardinal Albéroni reçoit l'ordre de
fortir d'Efpagne, en huit jours, & de fe
retirer en Italie. Il erra long-tems fous
un nom inconnu, & ne ceffa d'être per-
fécuté qu'à la mort de Clément XI, auquel il fe vit fur le point de fuccéder, plus

d'une fois pendant le conclave ; il ne lui manqua que peu de voix pour être élu Pape. L'histoire rend justice à cet homme extraordinaire, « dont on a blâmé » l'audace, la fierté, l'inquiétude & les » projets, & qu'on auroit admiré, si la » fortune, qui seule lui manqua, eut cou- » ronné ses entreprises. Dans l'espace de » quelques années, il rendit à la Monar- » chie une partie de son ancien éclat ; » la multitude & la grandeur de ses des- » seins n'occupèrent pas tellement son gé- » nie, qui d'un coup d'œil embrassoit » tous les genres de l'administration, qu'il » ne trouvât le moyen de dresser des ré- » glemens favorables à l'agriculture, aux » arts & au commerce ; il établit des ma- » nufactures, & n'oublia rien pour inspi- » rer aux Espagnols l'activité & l'amour » du travail, tandis qu'au dehors il s'ef- » forçoit de leur rendre l'ancienne répu- » tation de valeur & de puissance per- » due depuis la paix des Pyrénées. » Il a dit souvent après sa disgrace : « J'ai été » beaucoup plus sensible à la mort d'un » de mes amis, qu'aux révolutions qui » m'ont dépouillé du ministere d'Espagne, » & qui ont soulevé la France contre moi.»

[1721.]

Un édit « ordonne à tous les men-

» dians, fous peine d'être envoyés aux
» galères, de fe rendre à l'hôpital royal
» de Madrid. » Ceux qui n'étoient point
en état de travailler, y trouvoient tous les
fecours néceffaires, & on employoit les
autres aux ouvrages publics & aux manufactures.

[1723.]

Après une longue fécherefse qui brûla
la récolte, il furvint un orage qui jetta
l'épouvante dans les environs de Madrid.
La pluie fut fi abondante, que la campagne reffembloit à une mer, & plufieurs
perfonnes de la premiere diftinction pé-
rirent dans cette efpece de déluge. Les
bleds de France, de Sicile & d'Afrique
fauverent l'Efpagne d'une horrible famine
qu'elle étoit fur le point d'éprouver.

[1724.]

Philippe V fe propofoit depuis long-
tems d'abdiquer la couronne en faveur du
prince des Afturies. Il fe préparoit une
retraite dans le palais qu'il faifoit bâtir à
Balfaïm, plus connu fous le nom de
Saint-Ildefonfe ; &, afin de former le
jeune Prince aux affaires, il l'avoit admis
dans les confeils, où il le voyoit avec
complaifance, déployer des talens fupé-
rieurs à fon âge. Au lieu d'affembler les
Etats

Etats-généraux, il se contenta d'envoyer au conseil cet écrit, dans lequel on trouve le véritable motif de son abdication.

» Ayant considéré, depuis quatre ans,
» avec maturité & réflexion particuliere,
» les miseres de cette vie, par les mala-
» dies, les guerres & les afflictions que
» Dieu m'a envoyées durant les vingt-cinq
» années de mon regne, & considérant
» aussi que mon fils aîné Dom Louis,
» reconnu prince d'Espagne, se trouve
» dans l'âge suffisant, déja marié, & avec
» la capacité, le jugement, & les talens
» nécessaires pour régir & gouverner cette
» Monarchie ; j'ai résolu d'en quitter ab-
» solument le gouvernement & la direc-
» tion, renonçant, en faveur de mon
» susdit fils aîné D. Louis, à tous mes
» Etats, Royaumes & Seigneuries, pour
» me retirer avec la Reine, en qui j'ai
» trouvé une volonté prompte & parfaite
» de m'accompagner dans ce palais de
» Saint-Ildefonse, pour y servir Dieu,
» &, débarrassé d'autres soins, penser à
» la mort & à mon salut. Je le fais sça-
» voir au conseil, afin qu'il en soit in-
» formé. A Saint-Ildefonse, le 10 de Jan-
» vier 1724. »

Signé, MOI LE ROI.

Peu de jours après, Philippe V écrivit
en ces termes à son successeur Louis I.

» Dieu, par son infinie miséricorde,
» ayant bien voulu, mon très-cher fils,
» me faire connoître depuis plusieurs an-
» nées le néant de ce monde, & la va-
» nité de ses grandeurs, & me donner
» en même tems un désir ardent des biens
» éternels, qui doivent, sans comparai-
» son, être préférés à tous les biens de
» la terre, lesquels sa divine Majesté ne
» nous a donnés que comme des moyens
» pour parvenir à cette fin; j'ai cru ne
» pouvoir mieux répondre aux faveurs
» d'un si bon pere qui m'appelle à son
» service, & qui m'a donné, pendant
» toute ma vie, tant de marques d'une
» protection visible, soit en me délivrant
» des maladies dont il lui a plû de me
» visiter, soit en me protégeant dans des
» conjonctures épineuses & délicates de
» mon règne, & en conservant la cou-
» ronne que tant de Puissances liguées en-
» semble vouloient me ravir; je n'ai pas
» cru, dis-je, pouvoir mieux répondre à
» ses faveurs, qu'en lui sacrifiant, & met-
» tant à ses pieds cette même couronne,
» pour ne plus penser qu'à le servir, à
» pleurer mes fautes passées, & à me ren-
» dre moins indigne de paroître en sa

» préfence, lorfqu'il me citera à fon ju-
» gement, qui eft beaucoup plus formi-
» dable pour les Rois que pour les autres
» hommes.

» J'ai pris cette réfolution avec d'au-
» tant plus de courage & de joie, que
» j'ai eu le bonheur de trouver la Reine,
» mon époufe, dans les mêmes fentimens,
» & déterminée, comme moi, à fouler
» aux pieds le néant des grandeurs mon-
» daines, & les biens périffables de cette
» vie.

» Nous avons formé, de concert, ce
» deffein, depuis quelques années, &
» moyennant le fecours de la très-fainte
» Vierge; je l'exécute maintenant avec
» d'autant plus de plaifir, que je laiffe
» la couronne à un fils qui m'eft très-
» cher, qui mérite de la porter, & dont
» les qualités me font fûrement efpérer
» qu'il remplira tous les devoirs de la
» dignité royale, beaucoup plus redou-
» tables que je ne puis l'exprimer.

» C'eft pourquoi, mon très-cher fils,
» connoiffez bien tout le poids de cette
» dignité, &, au lieu de vous laiffer éblouir
» par l'éclat flatteur qui vous environne,
» ne penfez qu'à fatisfaire à vos obliga-
» tions; fongez que vous ne devez être
» Roi que pour fervir Dieu, & pour ren-
» dre vos peuples heureux; que vous avez

Y ij

» un Maître au-deſſus de vous, qui eſt votre
» Créateur & votre Rédempteur, qui vous
» a comblé de biens, à qui vous devez tout
» ce que vous poſſédez & tout ce que
» vous êtes. N'ayez donc pour objet que
» l'avancement de ſa gloire, & faites ſervir
» votre autorité à tout ce qui peut l'aug-
» menter ; défendez & protégez de tout
» votre pouvoir ſon Egliſe & ſa ſainte
» Religion, au péril même, s'il le faut,
» de votre couronne & de votre vie ;
» n'omettez rien de tout ce qui peut
» contribuer à l'étendre dans les pays
» les plus reculés, vous eſtimant in-
» finiment plus heureux de réduire ces
» pays ſous votre domination, pour y
» faire connoître & ſervir Dieu, que
» pour donner plus d'étendue à vos Etats ;
» empêchez autant que vous pouvez que
» Dieu ſoit offenſé dans vos Royaumes,
» & uſez de toute votre puiſſance pour
» le faire ſervir, honorer & reſpecter
» dans toute l'étendue de votre domina-
» tion. Ayez une ſinguliere dévotion en-
» vers la très-ſainte Vierge, & mettez
» votre perſonne & vos Etats ſous ſa pro-
» tection, puiſqu'il n'y a point de moyen
» plus puiſſant ni plus efficace pour ob-
» tenir ce qui ſera le plus convenable &
» pour eux & pour vous.

» Soyez toujours ſoumis, comme vous

» le devez, au saint Siége & au Pape,
» comme Vicaire de Jesus-Christ; pro-
» tégez & maintenez toujours le tribunal
» de l'Inquisition, qu'on peut appeller le
» boulevard de la Foi. L'Espagne lui est
» redevable de l'avoir conservée dans
» toute sa pureté, sans que les hérésies
» qui ont affligé les autres Etats de la
» Chrétienté, & qui ont causé des trou-
» bles & des désordres si affreux & si dé-
» plorables, ayent jamais pu trouver en-
» trée dans ce Royaume.

  » Respectez toujours la Reine, & re-
» gardez-la comme votre mere, non-seu-
» lement pendant ma vie, mais encore
» après ma mort, si c'est la volonté du
» Seigneur de me retirer le premier de ce
» monde; répondez, comme vous le de-
» vez, à la tendre amitié qu'elle a tou-
» jours eue pour vous; soyez attentif à
» ses besoins, & ayez soin que rien ne
» lui manque, & qu'elle soit respectée,
» comme elle doit l'être, de tous vos su-
» jets.

  » Aimez vos freres, & regardez-vous
» comme leur pere, puisqu'en effet je
» vous substitue en ma place; donnez-
» leur une éducation digne de Princes
» Chrétiens.

  » Rendez également justice à tous vos
» sujets, grands & petits, sans acception

» de personnes ; défendez les petits con-
» tre les extorsions & les violences qu'on
» voudroit leur faire ; empêchez que les
» Indiens ne souffrent de vexations ; sou-
» lagez vos peuples, & suppléez en cela,
» à ce que les embarras & les conjonc-
» tures difficiles de mon règne ne m'ont
» pas permis de faire, & que je voudrois
» de tout mon cœur avoir fait, pour ré-
» pondre au zèle & à l'affection dont
» mes sujets m'ont toujours donné tant
» de marques : j'en conserverai éternelle-
» ment le souvenir dans mon cœur, &
» vous ne devez jamais les oublier.

» Enfin, ayez toujours devant les yeux
» deux saints Rois, qui font la gloire de
» l'Espagne & de la France, S. Ferdi-
» nand & S. Louis. Je vous les donne
» pour modèles. Leur exemple doit faire
» d'autant plus d'impression sur vous, que
» non-seulement vous avez l'honneur d'ê-
» tre de leur sang, mais encore qu'ils ont
» été l'un & l'autre de grands Rois & en
» même tems de grands saints ; imitez-
» les dans ces deux glorieuses qualités,
» mais sur-tout dans la derniere qui est
» l'essentielle. Je prie Dieu de tout mon
» cœur, mon très-cher fils, qu'il vous
» accorde cette grace, & qu'il vous com-
» ble de tous les dons qui vous sont né-
» cessaires pour bien gouverner, afin que

» j'aye la confolation d'entendre dire dans
» ma retraite, que vous êtes un grand
» roi & un grand faint. Quelle joie fera-
» ce pour un pere qui vous aime & ai-
» mera tendrement toute fa vie, & qui
» efpere que vous conferverez toujours
» pour lui les fentimens que jufqu'ici il
» a reconnus en vous! A Saint-Ildefonfe,
» le 14 de Janvier 1724. »

Signé, MOI LE ROI.

Réponfe de Louis I, à la lettre de Philippe V.

» Monfieur,

» Après avoir admiré avec toute l'Efpa-
» gne cette action héroïque, dont tout le
» monde eft ravi d'étonnement, & l'ef-
» fort magnanime que vous avez fait fur
» vous-même, pour fouler aux pieds les
» grandeurs de la terre, & renoncer à
» tout ce que l'ambition a de plus doux
» & de plus éclatant, je ne fçais, quand
» je viens à réfléchir fur les raifons qui
» vous y ont engagé, fi j'ai plus lieu
» de me réjouir que de craindre. Je
» n'ignore pas que rien n'eft plus glorieux
» que de régner fur des peuples innom-
» brables; mais je ne fçais pas moins les
» obligations que 'm'impofe le rang fu-
» prême, auquel tant de devoirs indif-

» penfables font attachés. Toutes les fois
» que je fais attention aux pieux motifs
» qui vous ont porté à vous décharger
» du péfant fardeau de la Royauté, je
» tremble de me voir expofé, dans un
» âge fi tendre, & fans expérience, fur
» une mer auffi orageufe que celle où je
» me trouve embarqué.

» Bien loin de me laiffer éblouir par
» l'éclat faftueux d'une couronne, j'en
» fens tout le poids, & j'en connois tou-
» tes les obligations. Je fçais que Dieu,
» en nous mettant au-deffus des autres
» hommes, nous remet le pouvoir fu-
» prême entre les mains, moins pour leur
» commander que pour les défendre en
» cas de befoin, & les protéger : nous
» ne fommes pas moins leurs peres que
» leurs fouverains ; nous devons les regar-
» der, moins comme nos fujets que comme
» nos enfans, & nous devons plutôt fon-
» ger à régner fur eux par l'amour que
» par la crainte, puifque la véritable
» gloire des Rois confifte à être aimés
» de leurs fujets, & qu'ils ne fçauroient
» s'élever de trophées plus magnifiques
» que dans leurs cœurs.

» Je vais donc employer mes foins à
» marcher fur vos auguftes traces, & à
» vous imiter autant que je le pourrai,
» non-feulement en ce qui concerne le

» gouvernement de ces vastes Etats dont
» vous m'avez laissé la conduite , mais
» encore pour ce qui regarde cette Ma-
» jesté suprême pour qui vous avez tout
» quitté, & qui mériteroit seule nos soins
» & toute notre attention.

» Je ferai tous mes efforts pour me ren-
» dre digne du nom que je porte, & pour
» ne point démentir ces pieux sentimens
» que vous m'avez toujours inspirés. Je
» sçais que le premier & le plus grand
» des devoirs d'un Roi , est sa religion,
» qu'il doit non-seulement professer ou-
» vertement , mais encore protéger &
» étendre autant qu'il est en son pouvoir.
» J'aurai continuellement devant les yeux
» l'exemple de ces grands Rois nos aïeux,
» dont vous m'avez si souvent parlé : leur
» conduite servira toujours de régle à mes
» actions ; je me conformerai, autant que
» je pourrai, à ces illustres modèles ; &
» leur zéle pour notre sainte Religion ,
» sera pour moi un miroir fidèle, sur le-
» quel j'aurai toujours soin de me con-
» former.

» Persuadé que les Rois sont responsa-
» bles devant Dieu des crimes que com-
» mettent leurs sujets par les mauvais
» exemples qu'ils leur donnent, & qu'é-
» tant plus élevés que les autres hommes,

» ils ont plus de compte à rendre à fa
» Majefté divine, j'ai encore befoin de
» toute votre fageffe, pour me conduire
» dans une carriere fi difficile. Je ne fuis
» pas affez aveuglé par l'amour-propre,
» pour me croire affez ferme pour ne pas
» broncher dans ce fentier fi épineux, où
» à peine l'expérience la plus confommée
» peut fuffire. J'attends toute ma gloire &
» tout mon luftre de la prudence de vos
» confeils, & de ceux de cette illuftre
» Princeffe qui, après avoir partagé avec
» vous le poids de la couronne, a voulu
» être compagne de votre retraite ; je la
» regarderai toute ma vie comme ma vé-
» ritable mere, & j'aurai pour elle les
» mêmes fentimens & la même vénéra-
» tion que fi j'en avois reçu la naiffance.

　» Je n'aurai pas moins d'égards pour
» les Princes mes freres ; je fçais à quoi
» l'honneur & la nature m'engagent à leur
» fujet : fi vos bontés & le droit de la
» naiffance ont mis quelque différence
» entre eux & moi, la tendreffe que j'ai
» toujours eue pour eux, me les fera re-
» garder en frere plutôt qu'en Roi. Cette
» même union qui a été jufqu'ici entre
» nous, régnera toujours.

　» Si, après les bontés que vous avez eues
» pour moi, & les marques éclatantes

» que vous m'en avez données, il me
» reſte encore des vœux à faire pour le
» bonheur de mes ſujets & pour ma pro-
» pre ſatisfaction, c'eſt d'avoir la con-
» ſolation de vous poſſéder long-tems,
» & de vous entendre dire un jour que
» vous ne vous repentez point d'avoir
» cédé un ſcéptre à un fils que vos ſoins
» avoient rendu digne de le porter. Quelle
» joie ne ſeroit-ce point pour un fils qui,
» après Dieu, n'aime que vous, qui vous
» voyoit ſans envie porter une couronne
» à laquelle il n'auroit voulu ſuccéder
» qu'après pluſieurs ſiécles, & dont les
» ſouhaits les plus ardens ne tendent qu'à
» mériter de plus en plus cette tendreſſe
» dont vous lui avez donné la marque la
» plus éclatante !

» Plût au Ciel qu'après avoir marché
» quelque tems ſur vos traces, détrompé
» comme vous des vaines grandeurs de la
» terre, & pénétré de leur néant, je puiſſe
» vous imiter juſques dans votre retraite,
» & préférer les biens réels & ſolides à
» des honneurs paſſagers & périſſables !»

Signé, Louis,

 [1724.]

Philippe V. fit un vœu ſolemnel de ne

jamais remonter fur le trône , & fit parvenir d'abord à l'empereur Charles VI ,
une copie de l'acte de fon abdication :
» Je vous affure , lui difoit-il en finiffant
» fa lettre , que je vais demander à Dieu
» qu'il vous donne un fils qui puiffe être
» un jour , à votre exemple , le défenfeur
» des Chrétiens contre les Turcs.

[1724.]

Philippe V fe réferva une penfion de
trois millions , réverfible après fa mort fur
la tête de la Reine : il en affigna une de
fept cens cinquante mille livres à chacun
des Infants , & une de deux cens cinquante mille aux Infantes. On regardoit
en Efpagne fon abdication comme nulle,
» attendu qu'aucun Roi ne peut rompre
» le contrat mutuel qui eft entre fon peu-
» ple & lui, qu'en vertu du confentement
» du peuple. Les LAS CORTÈS , où Etats-
» généraux , n'avoient été ni convoqués,
» ni affemblés , ni confultés ; ils n'avoient
» donc pas reçu la renonciation que leur
» confentement feul pouvoit légitimer. »
Charles-Quint n'avoit pas omis cette for-
malité. Etoit-ce afin de rendre légitime
l'acte de fon abdication , ou pour lui donner plus d'éclat & de célébrité ? Phi-

lippe V a abdiqué sans pompe, & a vécu en Roi dans sa retraite ; Charles V, après s'être démis, peut-être avec ostentation, (Voyez ci-dessus, page 117,) a vécu en simple particulier.

Philippe V répondoit à ceux qui lui témoignoient des regrets sur son abdication : « Le bonheur de me voir pere d'un » Roi, me donne plus de gloire que d'ê- » tre Roi moi-même. »

LOUIS I, LE BIEN-AIMÉ.

[1724.]

LE nouveau Roi est proclamé à Madrid & dans toutes les villes de ses Etats, avec une joie qui prouvoit l'amour que les peuples avoient conçu pour un des plus beaux princes de l'Europe, & qui, par ses qualités aimables, méritoit le surnom de Bien-aimé. Sa confiance dans les lumieres & l'expérience de Philippe V, lui faisoit un devoir de le consulter comme son oracle ; & il sembloit n'user du pouvoir suprême, que pour donner un libre cours à sa générosité naturelle. Cette vertu portée jusqu'à l'excès, obligea le conseil de la modérer, & de représenter la nécessité d'éteindre quinze millions de dettes.

[1724.]

Les marquis de Mirabal & de Leyde proposent de retrancher la moitié de la pension que Philippe V s'étoit réservée, & citent l'exemple de Charles-Quint. (Voyez ci-dessus, page 119.) Le jeune Roi rejette cet avis avec indignation, & réduit lui-même sa dépense particuliere.

On ne peut s'empêcher de remarquer ici combien cette conduite étoit différente de celle de Philippe II. (Voyez ci-deſſus, page 122.)

[1724.]

Depuis que la monarchie d'Eſpagne avoit paſſé dans la maiſon de Bourbon, le point capital de la politique étoit de ranimer dans tous les cœurs le germe des vertus guerrières, & de tirer la nobleſſe d'une oiſiveté où elle ſe tenoit concentrée. Philippe V n'avoit accordé les gouvernemens & les grands emplois qu'à ceux dont les ſervices militaires avoient mérité ces récompenſes. Louis I ordonna par un décret « que les capitaines généraux » & les lieutenans généraux auroient à la » cour les mêmes entrées que les Grands. »

[1724.]

La jeune Reine, Louiſe-Marie-Eliſabeth d'Orléans, fille du Régent, ne pouvoit ſupporter « les loix ſéveres de l'éti-» quette, qui condamnent les Souveraines » d'Eſpagne à une retraite auſtère & à » des uſages très-gênans; » elle en ſecouoit le joug, par les conſeils d'une dame d'honneur & de pluſieurs Camériſtes, (dames attachées à ſon ſervice:) on la tient renfermée dans ſon appartement avec un petit nombre de dames très-graves ; peu de jours après, on lui dit que la nouvelle de cette retraite forcée commence à tranfpirer dans le public ; auffitôt elle fe foumet à tous les ufages de la nation.

Le Roi lui-même auroit pu profiter de la leçon, pour modérer le goût des exercices violens auxquels on attribua fa mort, & prévenir les dangers auxquels il s'expofoit en fe promenant pendant la nuit, fans fuite & à pied, dans les rues de Madrid.

[1724.]

Louis I meurt d'une petite-vérole maligne, à l'âge de dix-fept ans, après huit mois d'un règne dont chaque jour avoit été marqué par quelque bienfait. Avant fa mort, il fit un acte de rétroceffion de la couronne en faveur de Philippe V, & ne recommanda que la jeune Reine, fon époufe, qui avoit eu le courage de lui tenir fidelle compagnie. Elle étoit alors attaquée de la même maladie, & on craignoit pour fes jours. C'eft cette Reine dont la rare piété a édifié Paris, où elle mourut le 16 de Juin 1742, âgée de trente-deux ans, fix mois & cinq jours.

PHILIPPE

PHILIPPE V.

[1724.]

LEs vœux de la nation, les prieres de tous les Grands du Royaume, les repréſentations du Nonce & de l'ambaſſadeur de France, au nom de leurs maîtres, les raiſons d'Etat alléguées par la Reine & les miniſtres, ne purent engager Philippe V à remonter ſur le trône. Il ſe rendit enfin à la déciſion d'une aſſemblée de Théologiens, qui déclara «que » le vœu étoit nul de toute nullité; (Voyez » ci-deſſus, page 347;) que le Roi don- » noit atteinte à la juſtice, en s'opiniâ- » trant à l'obſerver, & qu'il étoit obligé » d'empêcher les maux que pouvoit cau- » ſer la longue minorité de l'Infant Fer- » dinand, qui ne touchoit qu'à ſa onzieme » année. » Philippe s'exprimoit ainſi dans un décret du 6 de Septembre : « Je con- » ſens à remonter ſur le trône, comme » Roi & Seigneur naturel, à condition » de le remettre à mon fils aîné, quand » je lui aurai trouvé l'âge & l'expérience » néceſſaire, à moins que quelque raiſon » importante ne m'en empêche. »

[1724.]

C'étoit un ancien usage qu'un Prince,
avant que de monter sur le trône, passât
quarante jours dans la retraite : Philippe V
observa cette loi, autant par zèle pour
l'étiquette, que par un goût décidé pour
la solitude. Ce terme expiré, il disgracia
le marquis de Mirabal, qui avoit ouvert
l'avis de diminuer la pension qu'il s'étoit
réservée, (Voyez ci-dessus, page 350,)
& se contenta de dire au marquis de
Leyde, qui n'avoit pas craint d'appuyer
cet avis : « Marquis de Leyde, je n'au-
» rois jamais cru cela de vous. » Ce mot
fut un coup de foudre pour le Marquis ;
il en tomba malade, & mourut de douleur.

[1725.]

La France, l'Angleterre & la Hollande
s'occupoient, depuis treize ans, du soin
de réconcilier le roi d'Espagne avec l'Empereur ; le congrès de Cambray ne pouvoit terminer cette affaire si importante
pour le repos de l'Europe ; un Hollandois, connu sous le nom de baron de
Ripperda, qui n'avoit de talens que pour
le commerce & les manufactures de drap,
se rend dans un fauxbourg de Vienne où
il se tient caché, & conclud la paix, par

le canal du prince Eugène. « Philippe V
» renonçoit aux royaumes de Naples &
» de Sicile, aux Pays-Bas & au Milanez;
» & l'Empereur à l'Espagne & aux In-
» des. Ils se garantissoient mutuellement
» l'ordre de succession établi pour leurs
» descendans, & conservoient les titres
» qu'ils avoient pris, mais à condition
» que leurs successeurs s'en tiendroient à
» ceux des Etats dont ils seroient réelle-
» ment en possession. Les duchés de Tos-
» cane & de Parme étoient assurés aux
» héritiers de la reine d'Espagne, & Phi-
» lippe V donnoit à l'Empereur un mil-
» lion d'écus. » Toute l'Europe prit ombrage d'un traité dont Charles VI tiroit
tant d'avantages; mais Philippe V y trouvoit celui de travailler pendant la paix
au bonheur de ses peuples, & de n'avoir
pas à craindre les suites d'une rupture
avec la France, qui étoit prête d'éclater.

[1726.]

Philippe V annonça, par un décret,
qu'il n'avoit recherché la paix que « pour
» travailler plus efficacement, disoit-il,
» au bonheur d'un peuple, dont je ne
» peux trop exalter le zèle, les services,
» le courage & la fidélité. » Parmi les
loix qu'il opposoit aux abus que de longues guerres avoient introduits, on doit dis-

Z ij

tinguer celles qui regardoient l'adminiſtra-
tion de la juſtice. Il étoit enjoint aux tribunaux « d'expédier promptement les pro-
» cès civils & criminels, qui quelquefois
» ne ſe terminoient pas dans le cours
» d'un ſiécle, & d'envoyer chaque mois
» à la cour, un état des procès jugés, afin
» qu'elle ſçût de quelle maniere on ren-
» doit la juſtice: tous ceux à qui on la
» refuſoit, étoient invités à s'adreſſer di-
» rectement au Roi ou à ſes principaux
» miniſtres. »

❧[1727.]❧

Pendant le Jubilé, le Roi donna ſecrettement un bijou de grand prix à un
pauvre, qui lui demandoit l'aumône, &
qui ne tarda pas à publier cette libéralité. Le bijou étoit de la couronne, &
on le racheta douze mille écus : c'étoit
ſa juſte valeur ; & on crut « qu'il n'étoit
» pas permis de diminuer les graces qu'il
» plaiſoit au Souverain d'accorder en de
» pareilles circonſtances. »

❧[1727.]❧

Un gentilhomme Eſpagnol, D. Antoine
François Texéda, ayant découvert la maniere de changer le fer en cuivre fin, par
le moyen de la pierre Lipis, ou Vitriol
Bleu, en donna la méthode dans un livre

imprimé à Madrid. Il se crut obligé de cacher son nom sous celui de Théophile, parce qu'on abhorroit en Espagne jusqu'au nom d'Alchymie.

[1727.]

Le marquis de Villadarias refuse le commandement des troupes qu'on envoyoit pour assiéger Gibraltar. « Cette place est
» imprenable, disoit-il, tant que nous ne
» serons pas les maîtres de la mer. Il y a
» vingt-trois ans que j'ai été forcé d'en
» lever le siége ; je préfère aujourd'hui
» l'exil & la perte de mes emplois, à la
» douleur de voir encore une fois la gloire
» de la nation flétrie entre mes mains. »
Le comte de Las-Torrés osa se charger de cette expédition dangereuse, & leva honteusement le siége après quatre mois de tranchée ouverte.

[1728.]

Afin d'étendre & de favoriser le commerce, on en fait un traité avec la Russie, par le moyen du duc de Liria, le premier ambassadeur que la cour de Madrid ait envoyé à celle de Pétersbourg. On proposa des lettres de Noblesse à tous les négocians de la province de Guipuscoa qui voudroient s'intéresser dans une compagnie de commerce, dont le but étoit la culture du sucre & du cacao.

[1729.]

L'Espagne rompt les liens qui, depuis quatre ans, l'attachoient à la cour de Vienne, en retirant sa protection à la compagnie commerçante d'Oftende, & se réunit avec la France, l'Angleterre & la Hollande, qui lui garantiffent les duchés de Tofcane, de Parme & de Plaifance. Cet héritage des Farnèfes & des Médicis ne tarda pas à tomber entre les mains de l'Infant D. Carlos, aujourd'hui roi d'Efpagne.

[1729.]

Les Catalans qui cultivoient les lettres, se faifoient un devoir de fuivre un ancien ufage de s'affembler entre eux, pour se confulter mutuellement fur leurs ouvrages. Ces conférences littéraires, fi propres à entretenir l'émulation, & à répandre le goût des Sciences & des Arts, donna naiffance à l'Académie de Barcelone. Cette origine lui eft commune avec un très-grand nombre de Sociétés littéraires. Elle prit le titre modefte de ACADEMIA DE LOS DESCONFIADOS, (l'Académie de ceux qui n'ont pas de confiance dans eux-mêmes,) & se fit un honneur d'élire pour Président le marquis de Richebourg, de la maison de Melun, gouverneur de Barcelone & de la Catalogne, à qui elle étoit redevable de son établissement. Le sceau présentoit une ruche d'abeilles, couronnée de fleurs, avec cette devise latine : MEL-UN-DE-BEATUR-OPUS. C'étoit un froid jeu de mots & du plus mauvais goût. On le changea dans la suite ; mais il parut alors faire une allusion heureuse & délicate au nom de MELUN, que portoit le Président & le Protecteur de l'Académie.

[1729.]

Toute l'Espagne s'empresse de partager la joie que la naissance du Dauphin causoit aux François. (Louis, Dauphin mort en 1765.) Suivant un ancien usage dans les fêtes royales, les personnes de la plus haute distinction briguent l'honneur de s'exposer sur l'arêne aux fureurs des taureaux ; M. de Las-Torres, Grand d'Espagne, & Capitaine Général, donna un nouvel éclat aux réjouissances qui furent célébrées à Séville. Malgré son grand âge, il demanda l'agrément du Roi, & combattit contre plusieurs taureaux, pour témoigner la joie qu'il ressentoit d'un si heureux évènement.

❧[1731.]❧

Le Pape accorde la levée du dixieme des revenus du clergé, pour aider à une expédition qu'un feul homme avoit autrefois entreprife à fes frais, & glorieufement terminée avec quatorze mille hommes. (Voyez ci-deffus, page 42.) C'étoit la conquête d'Oran, qui fut emportée en trois jours; mais il fallut foutenir un fiége opiniâtre contre les Maures. Le marquis de Miromefnil, colonel François au fervice d'Efpagne, eut la gloire d'affurer cette conquête par une victoire qui lui coûta la vie.

» La grace accordée par le fouverain » Pontife étoit d'autant plus confidérable, » qu'outre les groffes contributions qu'elle » apporta dans les coffres du Roi, elle ne » devoit ceffer qu'avec la guerre, qui depuis eft devenue éternelle contre les » Maures. »

❧[1733.]❧

L'Efpagne engage la France dans un traité de Ligue offenfive & défenfive contre l'empereur Charles VI, & fait paffer trente mille hommes en Italie, où l'Infant D. Carlos n'étoit entré que dans l'efpérance de reprendre deux Royaumes qui

avoient été foumis à la couronne d'Efpagne pendant plus de deux fiécles.

[1734.]

L'Infant D. Carlos s'avance vers le
royaume de Naples , & fa marche ref-
femble à un vrai triomphe. Obligé de fe
rendre aux vœux des Napolitains, il entre dans leur ville capitale au bruit des
acclamations publiques , & bientôt il eft
proclamé Roi. Philippe V récompenfe
le général de fes troupes , le comte de
Montemar, en le créant Grand d'Efpagne
& duc de Bitonto, « renouvellant la cou-
» tume glorieufe, établie chez les Romains,
» de donner aux généraux le furnom de
» leurs conquêtes & de leurs victoires.»
C'étoit en forçant les Autrichiens dans
leur camp de Bitonto , que le comte de
Montemar avoit remporté une victoire
décifive , qui faifoit perdre à l'Empereur,
Naples & Sicile,

[1734.]

Le feu prend au palais de Madrid , le
25 de Décembre. Une collection nombreufe de tableaux des plus grands maîtres
fut la proie de l'incendie. On regrette fur-
tout la meilleure partie des Archives de
la couronne , & plus particuliérement
celles qui regardoient l'Amérique.

[1735.]

Tandis que le jeune roi de Naples achevoit la conquête de la Sicile, les généraux Autrichiens étoient pourfuivis dans toute la Lombardie, par le roi de Sardaigne, le duc de Montemar & le maréchal de Noailles. L'empereur ayant perdu l'Italie en moins de deux ans, a recours à la médiation de l'Angleterre & de la Hollande ; il obtient une fufpenfion d'armes, & on travaille à une paix qui lui étoit devenue néceffaire : elle ne fut fignée à Vienne, que le 18 de Novembre 1738.

[1736.]

Les troupes Efpagnoles quittent l'Italie, & on laiffe, en préfent, au roi de Naples, huit régimens avec huit vaiffeaux de guerre.

[1737.]

On révoque les loix fomptuaires, « parce » qu'elles gênoient le commerce, & anéan- » tiffoient les manufactures, fans que les » citoyens paruffent en retirer quelque » utilité. » On porte l'écu de dix-huit Réales vingt-huit Maravédis, à vingt Réales, afin de mettre une proportion plus exacte de l'argent à l'or.

[1737.]

Philippe V, voulant donner à sa cour
une image de la guerre, ordonne un camp
de dix mille hommes auprès de Ségovie.

[1737.]

On vit naître à Madrid un ouvrage pé-
riodique, dans le goût des Journaux François. La critique y étoit sévère : elle excita d'abord des murmures, ensuite des
persécutions qui se multiplièrent au point
qu'en 1742, les auteurs furent obligés de
suspendre leur travail, « parce que, di-
» soient-ils, la nation des écrivains ne
» peut souffrir la critique, lors même
» qu'elle est modérée, ni se contenter
» d'un éloge médiocre. »

[1737.]

D. Emmanuel Marti, doyen d'Alicante,
qui mourut cette année, s'étoit acquis
beaucoup de célébrité pendant son séjour
à Rome. Il se trouva un jour parmi des
gens de Lettres, & les charma tous par
l'étendue de son érudition. Un d'eux qui
ne l'avoit jamais vu, mais qui sçavoit en
général que D. Emmanuel étoit fort sçavant, lui dit d'un ton animé : « Que je
» meure, si vous n'êtes pas le doyen d'A-
» licante ; votre esprit vous décèle. »

[1737.]

D. Ignace de Luzan donne une poëtique bien capable d'épurer le goût de la
nation. C'eſt, à proprement parler, le premier traité ſur la poëſie qu'ait eu l'Eſpagne, & on peut dire qu'il eſt le fruit
d'une lecture immenſe & d'une étude profonde. On y examine pourquoi la nation Eſpagnole, avec tant d'eſprit & de
génie, compte ſi peu de bons auteurs ; &
on attribue cette diſette « à une certaine
» fierté qui croiroit s'avilir, ſi elle s'aſ-
» ſujettiſſoit aux régles preſcrites ; & qui
» prend pour inſpiration & pour enthou-
» ſiaſme, ce qui n'eſt que le fruit d'une
» imagination qui s'égare. » S'il eſt vrai,
comme on n'en peut douter, que les lettres ſuivent toujours la deſtinée de l'Etat
politique, l'Eſpagne, conſtamment déchirée par des guerres inteſtines, pouvoit-
elle prendre part au rétabliſſement des
Lettres ? Avant le régne de Ferdinand &
d'Iſabelle, les ténèbres de l'ignorance &
de la barbarie la couvroient, ainſi que le
reſte de l'Europe ; elle en ſortit heureu-
ſement ; mais Charles-Quint, ne prodi-
guant ſes bienfaits qu'aux ſçavans de l'Italie, tourna le génie des Eſpagnols du
côté des conquêtes & des négociations.
Son règne fut cependant le berceau de la

Littérature & de la Poëfie : celui de Philippe II peut être appellé le fiécle des
meilleurs écrivains dans tous les genres ;
on comptoit alors un très-grand nombre
d'auteurs de petits Romans, appellés NOU-
VELLES, genre qui appartient en propre
aux Efpagnols , & dans lequel ils furpaf-
fent tous les écrivains des autres nations.
On ceffa d'écrire avant la mort de Philippe IV , ou l'on parut n'écrire que pour
montrer combien on oublioit les bons
modèles. Il étoit réfervé aux Rois de
la maifon de Bourbon , à l'exemple de
Louis XIV, de faire fleurir les Sciences,
les Lettres & les Arts ; d'établir des Académies ; d'encourager les talens, & de
mettre l'Efpagne en état d'être diftinguée
par des productions fçavantes & ingé-
nieufes, autant qu'elle l'a toujours été par
le génie, la valeur, la probité, la grandeur d'ame, le zèle pour la patrie, & l'a-
mour le plus conftant pour fes Souverains.

[1738.]

Suivant les traités d'Utrecht & de Séville, les Anglois devoient fe contenter d'envoyer, chaque année, en Amérique, un
feul vaiffeau chargé de marchandifes. Il
n'en paroiffoit qu'un, mais il étoit fuivi

de cinq ou six autres qui entretenoient la cargaison, à mesure qu'il s'en déchargeoit. Les Espagnols soupçonnoient alors tous les Anglois de faire le commerce clandestin. Ils saisissent le vaisseau d'un nommé Jenkins, mettent l'équipage aux fers, coupent les oreilles, & fendent le nez au capitaine : celui-ci trouve le moyen de se rendre à Londres, d'entrer au parlement, & d'y raconter son aventure : « Messieurs, dit-il, quand on m'eut ainsi mutilé, on me menaça de la mort ; je » l'attendis en recommandant mon ame » à Dieu, & ma vengeance à la patrie. » L'assemblée est indignée de ce récit : le peuple écrit ces mots à la porte de la chambre des Communes : *La mer libre, ou la guerre.* Les deux nations ne tarderent pas à prendre les armes.

[1739.]

Tandis que par la convention du Pardo, Philippe V s'obligeoit à donner aux Anglois un dédommagement pour leurs vaisseaux confisqués, l'Angleterre envoyoit deux flottes en Amérique, & une escadre sur les côtes d'Espagne. On use de représailles, & en moins de six semaines on enlève aux Anglois près de cinquante vaisseaux.

[1739.]

Philippe V. envoie l'ordre de la Toifon d'or au roi de France & au Dauphin.
L'alliance des deux couronnes, eft refferrée par le mariage de l'Infant D. Philippe
avec madame Élifabeth, fille aînée de
Louis XV. La cour fe rendit à Alcala,
pour y recevoir la jeune Princeffe.

[1740.]

L'Efpagne, fecourue de la France, foutient tous les efforts des Anglois, leur oppofe de puiffantes efcadres, déconcerte
la plûpart de leurs projets, & rend inutiles
les frais immenfes qu'exigeoient des armemens formidables.

[1740.]

On travaille à rétablir les manufactures & le commerce, dont on attribuoit
la décadence à l'acquifition du Nouveau-
Monde. (Voyez ci-deffus, page 70.)

[1741.]

Les Anglois, au nombre de trente mille
hommes, avec cent vingt-quatre vaiffeaux
de toute grandeur, échouent devant Carthagène, dont on regardoit la perte comme
infaillible. Le marquis de Eflaba, déter-

miné à s'ensevelir sous les ruines de la place, plutôt que de se rendre, soutint vaillamment un siége de deux mois, sans aucune espérance de secours; & Philippe V lui donna pour récompense la dignité de Capitaine-Général & de Vice-Roi du Pérou.

[1742.]

La naissance de la princesse Isabelle, fille de l'Infant D. Philippe, procure une amnistie aux déserteurs, à condition qu'ils mériteront leur grace en servant six ans.

[1743.]

Philippe V, occupé d'une guerre qui devenoit chaque année plus vive & plus embarrassante, n'en donnoit pas moins d'attention aux établissemens nécessaires ou utiles. Celui d'une école de marine, fait une époque remarquable.

[1744.]

L'Espagne, après avoir partagé les allarmes & la douleur de la France, célébra avec les mêmes transports de joie la convalescence de Louis XV: « il y eut » à Madrid, pendant trois jours & trois » nuits consécutifs, des fêtes publiques: » jamais les Espagnols ne firent plus pour » aucun de leurs Rois. »

[1745.]

[1745.]

Les fêtes recommencent en Espagne, à l'occasion du mariage de l'Infante Marie-Thérèse avec le Dauphin ; & la joie publique fut long-tems entretenue par les succès de D. Philippe en Italie, & par la rapidité des conquêtes de Louis XV.

[1746.]

Cinq mille Espagnols, commandés par le marquis de Castellar, & investis dans Parme, aiment mieux périr que de se rendre prisonniers de guerre. Ils sortent, la bayonnette au bout du fusil, traversent l'armée ennemie, contre laquelle ils combattent pendant vingt heures, & arrivent à Plaisance, après une retraite de six jours, qui ne fut qu'une suite de combats & de victoires.

[1746.]

Philippe V meurt le 9 de Juillet ; & ses sujets, dont il avoit gagné les cœurs, le pleurent comme un pere dont ils auroient voulu voir éterniser le règne. Par un testament qu'il avoit fait en remontant sur le trône, il laissoit à la Reine, son épouse, « la jouissance du palais de

» Saint-Ildefonse, avec une penfion de dix-
» huit cens mille livres, indépendamment
» de celle de feize cens mille attribuée,
» en Efpagne, aux Reines Douairieres.»
Il lui laiffoit encore la liberté de fe retirer dans les pays étrangers. Elifabeth Far-
neze fixa fon féjour à Saint-Ildefonfe, où
elle mourut le 5 de Juillet 1766.

FERDINAND VI, LE SAGE.

❧ [1746.] ❧

FERDINAND VI monte fur le trône à l'âge d'environ trente-trois ans. Il étoit le quatrieme & le dernier des fils du premier mariage de Philippe V. Ce Prince pacifique fembloit avoir été choifi pour affermir le bonheur de l'Efpagne. Il fait ouvrir les prifons à tous ceux qui ne méritoient pas la mort ; accorde une amniftie aux déferteurs & aux contreban-diers, à condition de fe rendre, fous fix mois, dans leur patrie ; & met le com-ble à fes bienfaits, en affignant deux jours de la femaine pour donner audience à fes fujets, & recevoir lui-même leurs requê-tes.

❧ [1746.] ❧

Les revers que l'Infant D. Philippe éprouve en Italie, ne changent rien dans le fyftême politique ; & le nouveau Roi donne un décret par lequel il déclare fa volonté de remplir tous les engagemens de fon prédéceffeur avec la France & les puiffances alliées.

[1747.]

L'art de l'imprimerie n'étoit pas encore perfectionné, & on a long-tems imprimé en caractères Romains les endroits qu'on citoit des auteurs Grecs. Le prix des livres n'est pas arbitraire : il est fixé par le ministère public à tant la feuille, & chaque volume d'un ouvrage se vend plus ou moins, suivant le nombre de pages qu'il contient.

[1748.]

La paix signée à Aix-la-Chapelle, le 18 d'Octobre, met fin à une guerre pendant laquelle on avoit vu les Espagnols se signaler par cette valeur, cette constance, & cette discipline militaire que Philippe V avoit ranimée parmi ce peuple belliqueux.

[1748.]

L'Infant D. Philippe est mis en possession des duchés de Parme, de Plaisance & de Guastalle, à condition que, « s'il » vient à mourir sans enfans mâles, si » lui, ou sa postérité, parvient aux trô- » nes d'Espagne ou de Naples, ces du- » chés seront reversibles à la maison d'Au- » triche. »

[1748.]

D. Antoine de Ulloa avoit accompagné, en 1734, les Académiciens François, chargés de faire des observations au Nord & au Sud, afin de connoître la vraie figure de la Terre. Il rend publique la relation de son voyage, & supposoit, dans sa préface, le mouvement de la Terre suivant le systême de Copernic. L'Inquisiteur général & les qualificateurs du Saint-Office ont été sur le point de faire supprimer l'ouvrage. Un écrit publié pour démontrer qu'on ne parloit du mouvement de la Terre que comme d'une hypothése, a conjuré l'orage, & le livre a passé; « ce que les gens de lettres ont re-» gardé comme une sorte de prodige. »

[1749.]

Ferdinand VI établit une commission particuliere, pour réformer le plan des finances. Les revenus publics font divisés en rentes générales & en rentes provinciales, & portent sur des objets de consommation. La partie comprise sous le nom de rentes provinciales, est affectée plus particuliérement aux consommations nécessaires & journalieres : c'est sur elles que devoit s'étendre la réforme prescrite par la déclaration du 10 d'Octobre.

[1750.]

Depuis long-tems on se plaignoit de la

négligence à profiter des richeſſes que la nature préſente aux Eſpagnols, & qu'ils alloient chercher ailleurs. On aſſuroit que l'Eſpagne ſeule produiſoit aſſez de Manne pour en fournir au reſte de l'Europe : on prétendoit même qu'elle étoit auſſi bonne que celle de la Calabre & de la Sicile, & qu'on en recueilleroit abondamment ſur les montagnes des Aſturies, de la Galice, de la Catalogne & de l'Aragon. Ferdinand VI ordonna d'examiner la nature de cette Manne, & d'en faire des eſſais ; ce qui fut exécuté avec plus de ſuccès qu'on ne l'eſpéroit.

[1751.]

On avoit inſéré l'approbation d'un docteur en Théologie, dans une nouvelle édition des Œuvres de Calderon. D. Ramire Cayorcy Fonſéca, prêtre, fait imprimer un traité dans lequel, en conſidérant la comédie dans l'état où elle eſt actuellement, il examinoit : 1º Qu'y a-t-il en ſoi de licite dans ce genre de ſpectacle ? 2º Peut-on l'autoriſer ? 3º Quelle confiance peut-on prendre dans le ſuffrage du docteur qui a donné ſon approbation aux Œuvres de Calderon ? On aſſure que » cet ouvrage a ſuffi pour engager les magiſtrats de Burgos à faire abattre le

A

» beau théâtre de leur ville, qui avoit
» coûté vingt mille ducats. »

[1751.]

Le Roi se déclare le Protecteur de l'Académie de LOS DESCONFIADOS, (Voyez
ci-dessus, page 358,) change le sceau
qu'elle avoit pris, & lui donne le nom
d'ACADÉMIE ROYALE DES BELLES-LET-
TRES. C'est, à proprement parler, l'époque de son établissement. Ferdinand VI,
par ses Lettres-Patentes, fixa le nombre
des Académiciens à quarante. On confirma, par une nouvelle élection, le choix
des membres qui composoient anciennne-
ment l'Académie. De nouveaux statuts
réglerent le tems, l'ordre, la durée des
séances, la forme des réceptions, les
charges, les emplois, les occupations de
l'Académie. Quoiqu'elle n'exclue aucun
genre de Littérature, & qu'elle semble
même les embrasser tous, elle est spécia-
lement instituée pour travailler à l'histoire
de la Catalogne. Dans la liste des différens officiers, il est fait mention d'un
Zélateur, (*Zelador*) ses fonctions ne
durent qu'une année, & répondent, en
petit, à celles des anciens censeurs de
Rome. « Il est chargé par état de veiller
» à l'observation des statuts, & de les
» maintenir dans leur vigueur. C'est à lui

A a iv

» de prévenir les abus, & d'en avertir
» l'Académie. Les autres Académiciens,
» qui croiroient avoir quelque chose à
» communiquer sur ces objets, ne peu-
» vent le faire directement à la compa-
» gnie ; mais ils doivent exposer leurs re-
» marques & leurs réflexions au Zélateur,
» qui en fait le rapport à l'assemblée. »

On peut juger du goût qui régnoit alors,
par ce trait d'érudition, inséré dans la
harangue de remerciment faite au Roi :
l'orateur tire, pour la gloire future de
l'Académie, le plus heureux préfage, de
ce que les Lettres-Patentes ont été accordées le 10 de Janvier, & expédiées le
27 du même mois. Ce qui fonde ses espérances, « c'est que le Capitole Romain fut
» commencé, selon quelques auteurs, &
» selon d'autres, fut achevé le 10 de
» Janvier ; & que le 27 du même mois
» fut l'époque de la création des Rois de
» Rome. »

Peu d'années après, l'Académie donna
un premier volume, in-4°, qui contient
l'histoire de son établissement, & des
morceaux de Littérature, très-estimables,
qui avoient été lus dans différentes assemblées, & approuvés par l'Académie.

[1752.]

L'Académie Royale de Peinture, de

Sculpture & d'Architecture, tint sa pre-
miére assemblée publique le 13 de Juin,
à Madrid dans le Palais de la Panneterie,
qui lui a été donné pour vaquer à ses
exercices. Les Académiciens étoient au
nombre de trente-trois ; le Protecteur ;
le Vice-Protecteur ; le Secrétaire ; huit
Honoraires ; douze tant Peintres que Sculp-
teurs ; sept Architectes ; deux Graveurs,
& la demoiselle Barbe-Marie Huéva, alors
fort jeune, & qui, par la supériorité de
ses talens, obtint dans cette séance, la
grace d'être reçue peintre surnuméraire.
L'assemblée finit, comme elle avoit commencé, par une symphonie, suivant la
coutume reçue dans les exercices Littéraires.

Peu de tems après, le Roi décora ce
nouvel établissement du nom d'ACADÉ-
MIE DES TROIS ARTS, ou DE SAINT
FERDINAND, & fonda des prix qui s'y
distribuent chaque année.

[1752.]

L'Espagne est désolée par une famine
générale, suite d'une longue sécheresse
qui avoit fait périr les moissons.

[1753.]

Le malheur des guerres avoit arrêté les
progrès que la Royale Académie Espa-

gnole auroit pu faire depuis l'époque de
son établissement. (Voyez ci-dessus,
page 309.) Ferdinand VI ranime cette
société sçavante, & la met en état de
remplir les vues de Philippe V, en lui donnant de nouveaux traits de ressemblance
avec l'Académie Française.

[1754.]

L'Agriculture jouissoit enfin d'une considération sans exemple en Espagne ; &
les cultivateurs, soulagés dans leurs travaux, animés par des récompenses, en-
couragés par des succès, ouvrent une
source de richesses plus féconde & plus
sûre que n'auroit pu l'être la découverte
d'un Nouveau-Monde. De vastes réser-
voirs creusés à grands frais, dans toutes
les provinces, conservent les eaux, les
portent dans les terres par de longs canaux, & préviennent les tristes suites des
sécheresses qui désolent l'Espagne.

[1755.]

Ferdinand VI est informé du désastre
de Lisbonne. Peu content de donner des
larmes aux maux d'un Royaume dont
il voudroit réparer toutes les pertes, il
se hâte d'envoyer des secours, des munitions de toute espece, & d'offrir au roi
de Portugal ses armes & ses trésors.

⚜ [1756.] ⚜

Le rétabliſſement des manufactures fixe l'attention d'un Roi qui ſe propoſoit de donner au commerce une nouvelle activité. On attire par des bienfaits, & on fixe par des établiſſemens avantageux, des Artiſtes étrangers, capables de diriger l'induſtrie nationale ; & on envoie dans les villes les plus célèbres de l'Europe, des hommes qui promettoient d'y perfectionner leurs talens. On comptoit alors dans Paris, un nombre conſidérable d'Eſpagnols de tous les Etats, occupés, (par ordre & aux frais du gouvernement,) de ſciences, de littérature, d'arts néceſſaires, utiles ou agréables, en un mot de toutes les connoiſſances qu'il eſt poſſible de s'y procurer dans tous les genres.

⚜ [1757.] ⚜

Le commerce eſt rétabli entre l'Eſpagne, le Danemarck & les Etats du Nord ; un canal immenſe, creuſé depuis Palencia juſqu'à Reynoſſa facilite les tranſports, & fournit des eaux aux campagnes, lorſque la ſéchereſſe les déſole ; des chemins magnifiques réuniſſent les différentes parties de la Monarchie ; l'un traverſe la Vieille-Caſtille, & l'autre, pratiqué dans les montagnes de Guadarama, établit la communication de Madrid avec la Vieille-Caſtille.

[1758.]

Mort de la reine d'Eſpagne, Marie de Portugal. Elle avoit paſſé les douze dernieres années de ſa vie, malade & infirme.

[1759.]

Ferdinand VI s'éloigne des lieux où il a vu expirer la Reine ſon épouſe, & ſe retire au château de Villa-Vicioſa. Il y meurt, ſans laiſſer de poſtérité, au milieu des juſtes regrets d'un peuple dont il avoit aſſuré le bonheur, en maintenant la paix dans ſes Etats, & procurant à ſes ſujets tout ce qui peut orner & enrichir un empire.

Fin des Anecdotes Eſpagnoles.

ANECDOTES
PORTUGAISES,

*Depuis l'Établiſſement de la Monar-
chie juſqu'à nos jours.*

INTRODUCTION.

E comte Henri, fils de Robert, duc de Bourgogne, &
petit-fils de Robert, roi de
France, ſucceſſeur de Hu-
gues Capet, s'étoit rendu en
Eſpagne avec un grand nombre de ſeigneurs François qui cherchoient à ſe diſ-
tinguer par des actions dignes de leur naiſſance & de leur patrie. (Voyez Tome I,
pages 233-234-254.) Alphonſe VI crut
ne pouvoir mieux reconnoître les obligations qu'il avoit à Henri, qu'en lui fai-

fant époufer une des Princeffes fes filles, nommée Thérèfe, à laquelle il deftinoit pour dot le Portugal, qui comprenoit alors les villes de Coïmbre, de Brague, de Porto, de Viféo & le Lamégo. Le prince François fit ajouter la condition expreffe que toutes les conquêtes qu'il pourroit faire fur les Maures, depuis Coïmbre jufqu'à la riviere de Guadiana, demeureroient unies au Portugal. Les Mahométans vaincus en dix-fept batailles, dont chacune fut toujours fuivie de la prife de quelques villes, apprirent à refpecter un héros qu'ils avoient d'abord attaqué par leurs railleries : « Ce capitaine étran-

» ger & inconnu, difoient-ils, n'eft pas fi

» redoutable qu'on l'imagine : il n'a qu'une

» efpece de bonheur dans fes entreprifes;

» fa jeuneffe & non pas fa valeur fait tout

» fon mérite. »

Sans entrer ici dans la difcuffion de plufieurs étymologies du nom de Portugal, inventées par l'ignorance ou la vanité, nous nous contenterons de dire que les anciens auteurs n'ont connu ce Royaume que fous le nom de LUSITANIE, & que celui de PORTUGAL, fuivant l'opinion la plus commune, a été formé des noms de PORTO & de CALE, deux villes qui font vis-à-vis l'une de l'autre, & feulement féparées par la riviere. Les Provinces voifi-

pes ont reçu, ou adopté ce nom, à mefure qu'elles tomboient fous la puiffance
du roi de Portugal ; & les peuples, en
perdant les noms particuliers qui les dé-
fignoient, porterent celui de PORTUGAIS,
c'eft-à-dire, fujets des Rois de Porto, ville
où le comte Henri fixa d'abord fa demeure. Jufqu'à cette époque, le Portugal
ou la Lufitanie, n'étoit qu'une Province
d'Efpagne.

Ce Royaume n'a que cent dix lieues de
longueur, trente-cinq dans fa plus grande
largeur, & cent trente-cinq de côtes, du
couchant au midi, où il eft borné par
l'Océan. Le Douro, le Minho, le Tage
& la Guadiana, font les principales rivieres qui l'arrofent. On le divife en fix
parties ou Provinces, qui forment autant
de gouvernemens généraux, & qu'on diftingue par ces noms, ENTRE DOURO-
ET-MINHO ; TRA-OS-MONTES ; ou par
delà les montagnes ; BEYRA ; ESTRAMA-
DURE ; ALENTEJO ; ALGARVE. La premiere de ces Provinces, jointe au pays
qui s'étend jufqu'à Coimbre, compofoit
l'ancien Portugal. La beauté du climat &
l'abondance des fruits qu'on y trouve,
l'ont fait appeller LES DÉLICES & LA
MOELLE DE L'ESPAGNE.

La langue Portugaife a été formée du
latin, de l'efpagnol & du françois ; ce

qui lui donne de la gravité, de l'élégance, de la nobleſſe & de la préciſion. Un caractere fier & courageux diſtingue particuliérement cette nation ; le peuple même eſt poli, induſtrieux & infatigable.

Les Anecdotes Portugaiſes ſe diviſent tout naturellement, & ſemblent ſe ranger d'elles-mêmes ſous deux époques :

LA PREMIERE commence avec l'établiſſement de cette Monarchie, & finit à la mort du cardinal Henri, après laquelle le Portugal paſſa ſous la domination des rois d'Eſpagne.

LA SECONDE commence à la fameuſe révolution qui plaça la maiſon de Bragance ſur le trône, & finit au règne de Joſeph I.

Nous ne touchons point aux conquêtes des Portugais dans le Nouveau-Monde ; ce ſeroit enlever aux auteurs des Anecdotes Indiennes, &c. tout ce que leur ouvrage peut avoir de plus agréable & de plus intéreſſant.

PREMIERE

PREMIERE ÉPOQUE.

Depuis l'Établissement de la Monarchie jusqu'à la mort de Henri I.

ALPHONSE I, LE GRAND.

[1139.]

ALPHONSE n'avoit hérité du comte Henri son pere qu'une petite partie du pays que le Portugal comprend aujourd'hui. Il ne possédoit rien au-delà du Tage, où régnoit un Maure nommé Ismar, qu'il résolut d'attaquer. Celui-ci, informé des préparatifs de l'Infant de Portugal, (Alphonse ne portoit alors que ce nom,) se ligue avec quatre autres petits Souverains, & assemble une armée que les Portugais font monter à un nombre qui excède toute vraisemblance. Alphonse passe le Tage à la tête de treize mille hommes, & rencontre les ennemis dans la plaine d'Obrique, près de Castroverde. Leur multitude le force de réfléchir sur le danger où il exposoit ses Etats, & lui inspire une circonspection qu'il n'avoit pas pour sa personne. Il s'explique sur son incertitude. L'ardeur de sa petite armée le

détermine au combat, & peut-être encore l'honneur qu'elle lui fit, de le saluer
ROI DE PORTUGAL. Il marche aux ennemis, les attaque, couvre la plaine de
leurs morts, pourfuit les fuyards, & revient couvert de pouffiere & de fang,
après avoir gagné les cinq étendards des
cinq petits Rois ou généraux des Maures
qu'il avoit défaits. « Les cinq écuffons que
» le Portugal porte encore aujourd'hui
» pour armes, en champ d'azur, font le
» monument de cette victoire. Tels ont
» été les commencemens de la monarchie
» Portugaife, célèbre par fes conquêtes
» dans le Nouveau-Monde, & non moins
» recommandable dans l'ancien, pour
» avoir foutenu conftamment, dans le
» peu d'efpace qu'elle occupe en Europe,
» fon indépendance contre l'afcendant
» qui a foumis à la couronne de Caftille
» tous les autres royaumes Efpagnols. »

[1140.]

Le roi de Caftille, Ferdinand III, ne vit
pas d'un œil indifférent le titre de Royaume
attribué au Portugal ; il s'y oppofa, quoique l'Hiftoire ne le dife pas formellement ;
mais il eft fait mention d'une guerre entre ces deux couronnes, dont on ne voit
pas d'autre caufe. On prétend avoir trouvé
à Tolède des monumens qui témoignent

que l'affaire «fut mife en arbitrage; qu'on
» s'en rapporta au jugement du pape In-
» nocent II; que le roi de Portugal ém-
» ploya la médiation de S. Bernard, pour
» fe rendre favorable le fouverain Pon-
» tife; & que dès-lors Innocent II le dé-
» clara Roi fans dépendance d'aucune au-
» tre couronne.» Plufieurs hiftoriens ajoutent que le Pape en prit occafion «d'af-
» fujettir le roi de Portugal à payer au
» faint fiége une redevance annuelle de
» quatre onces d'or.» La Bulle du Pape
dit en termes formels : « Quant aux deux
» marcs d'or que vous avez ordonné
» qu'on me payât, ainfi qu'à mes fuccef-
» feurs, nous vous prions d'avoir le foin
» de les faire payer chaque année à l'ar-
» chevêque de Brague, pour moi & nos
» fucceffeurs.» Ce qui donne tout lieu de
juger que les deux marcs d'or n'étoient
pas un tribut impofé par le pape, mais
offert par le Roi.

Il eft au moins conftant qu'Alexandre III
confirma le titre de Roi à Alphonfe, en
confidération des avantages qu'il procuroit à l'Efpagne par fes conquêtes fur les
Maures, & que les prétentions de la Caftille fur le Portugal n'ont eu dans la fuite
aucun effet. « Au refte, il eft croyable
» que la facilité avec laquelle Ferdinand II
» fe relâcha des droits qu'il prétendoit

» fur ce Royaume, fut une fuite du zéle
» fincere qui porta ce Prince à ne plus
» faire de conquêtes que fur les terres
» des Infidèles. »

[1142.]

Alphonfe convoque, pour la premiere
fois, les Etats-généraux de fon Royaume.
L'affemblée fe tint à Lamégo; & le Roi
y parut dans fon trône, mais fans aucune
des marques de la Royauté, qu'il ne prit
qu'après avoir été proclamé de nouveau.
Alors l'archevêque de Brague fe leva, portant une grande couronne d'or enrichie
de perles, qu'on dit être celle dont les
rois Gots s'étoient toujours fervis, & la
mit fur la tête du Roi, qui tenoit à la
main fon épée nue, la même qu'il avoit
portée dans les combats. Le Monarque
dit à haute voix : « Béni foit Dieu qui
» m'a toujours affifté, quand je vous ai
» délivrés de vos ennemis, avec cette épée
» que je porte pour votre défenfe. Vous
» m'avez fait Roi, & je dois partager avec
» vous les foins de l'Etat. Je fuis donc
» votre Roi, & c'eft en cette qualité que je
» vous invite à faire des loix qui établif-
» fent la tranquillité dans notre Royaume.
» — Nous le voulons bien, répondit l'af-
» femblée ; faites telles loix qu'il vous
» plaira : nous fommes venus ici avec

» nos familles, pour apprendre & pour
» suivre ce que vous trouverez bon d'or-
» donner. » Aussitôt on fit la promulgation des loix fondamentales du Royaume.
Elles avoient pour objet : 1º la succession
à la couronne : 2º l'état de là noblesse :
3º la soumission des peuples : 4º les peines dont les crimes devoient être punis.

La couronne de Portugal fut déclarée
héréditaire, & devoit passer du pere aux
enfans mâles, de façon cependant « qu'à
» leur défaut, le frere du Roi lui succé-
» dera, s'il en a un, mais pendant sa vie
» seulement; car, après sa mort, le fils de
» ce dernier Roi ne pourra l'être, qu'au-
» tant qu'il aura été élu par les Etats du
» Royaume. Si le Roi n'a point de fils
» ni de frère, & qu'il ait une fille, elle
» sera Reine, pourvu qu'elle épouse un
» seigneur Portugais; mais il ne portera
» le nom de Roi qu'après avoir eu de
» son mariage un enfant mâle. Quand il
» sera dans la compagnie de la Reine, il
» lui donnera la droite, & ne portera
» point sur sa tête la couronne royale.

» Que cette loi soit toujours observée,
» & que la fille aînée du Roi n'ait point
» d'autre époux qu'un seigneur Portugais,
» afin que les Princes étrangers ne devien-
» nent pas les maîtres du Royaume. Si la
» fille du Roi épousoit un Prince ou un

» Seigneur d'une nation étrangere, elle
» ne sera pas reconnue pour Reine, parce
» que nous ne voulons point que nos peu-
» ples soient obligés d'obéir à un Roi qui
» ne seroit pas né Portugais, puisque ce
» sont nos sujets & nos compatriotes qui,
» sans aucun secours étranger, mais par
» leur valeur & aux dépens de leur sang,
» nous ont fait Roi. »

On accorda la noblesse & le titre d'anciens vassaux, à ceux qui portoient les
armes à la bataille d'Obrique ; & on régla que quiconque auroit combattu pour
défendre la personne du Roi, celle de
son fils ou de son gendre, & pour la
conservation de l'étendard royal, ou qui
auroit tué un Roi ennemi, ou son fils,
ou gagné leur étendard royal, seroit élevé
au rang des nobles. On accordoit la noblesse aux enfans de ceux qui, ayant été
faits prisonniers de guerre par les Barbares, seroient morts dans la captivité sans
avoir renoncé à la religion Chrétienne.
Enfin les enfans des Juifs & des Infidèles,
ainsi que les descendans des Maures,
étoient déclarés inhabiles à pouvoir jamais aspirer à la noblesse.

La peine de dégradation fut portée
» contre la personne & la postérité des
» nobles qui fuiront dans le combat ; qui
» frapperont une femme de la lance ou

» de l'épée ; qui n'expoſeront pas leur vie
» pour la liberté de la perſonne du Roi,
» pour celle du Prince ſon fils, & pour
» la défenſe de l'étendard royal ; qui ſe-
» ront convaincus de parjure, de vol,
» de blaſphême, & d'avoir celé au Roi
» la vérité ; qui parleront mal de la Reine
» ou des Princeſſes ſes filles ; qui paſſe-
» ront au ſervice des Maures, & qui au-
» ront attenté à la perſonne du Roi. »

Les loix concernant la juſtice, portoient
la peine de mort contre tout homicide,
& condamnoient à une amende pécuniaire ceux qui auroient bleſſé quelqu'un
d'un coup d'épée, de pierre ou de bâton.
Celui qui frapperoit un magiſtrat, devoit
être marqué d'un fer chaud. On puniſſoit
le vol en expoſant le coupable, les épau-
les nues, dans la place publique, pour
les deux premieres fois ; à la troiſieme,
on le marquoit au front avec un fer
chaud : s'il continuoit à voler, on inſtrui-
ſoit ſon procès ; mais, s'il étoit condamné
à la mort, l'arrêt ne pouvoit pas être exécuté ſans un commandement exprès du
Roi.

[1142.]

Après la promulgation des loix fondamentales du Royaume, Laurent de Vié-
gas, qui faiſoit les fonctions de Procureur-

Bb iv

Général du Roi, demanda l'avis de l'aſſemblée ſur le tribut que le Portugal payoit
au roi de Léon : chacun ſe leva en tirant l'épée, & diſant à haute voix : « Nous
» ſommes libres , & le Roi l'eſt comme
» nous ; nous devons la liberté à notre
» courage ; & ſi le Roi conſentoit à payer
» tribut & à ſe rendre aux aſſemblées des
» Etats de Léon, il ſeroit indigne de vivre , & ne régneroit point parmi nous,
» ni ſur nous. » Le Roi prit auſſitôt la
parole, & dit à ſon peuple : « Vous ſça-
» vez les riſques que j'ai courus , & les
» dangers auxquels je me ſuis expoſé
» pour vous procurer cette liberté dont
» vous jouiſſez dans mon Royaume : je
» vous en prends à témoins , ainſi que
» cette épée que je porte pour votre ſa-
» lut & pour votre défenſe. Vous le dites
» bien , ſi quelque Roi conſentoit à faire
» une action indigne de ſon caractere &
» de ſon rang , il ne mériteroit pas de
» vivre. Quoique ce fût mon fils ou mon
» petit-fils , je les déclare dès à préſent
» indignes de régner & de me ſuccéder
» ſur le trône que je remplis. »

[1142.]

Alphonſe I donna dans cette aſſemblée
une preuve éclatante de la vénération qu'il
avoit pour S. Bernard, & pour la com-

munauté de Clairvaux, qui étoit encore
alors gouvernée par ce saint abbé. Le nouveau Roi reconnoissoit qu'il devoit « le
» succès de ses armes & sa couronne à
» la protection de la sainte Vierge &
» aux prieres de S. Bernard. » Il propose
à ses sujets, qui tous y consentent volontiers, « de mettre sa personne, son
» Royaume & ses successeurs, sous la
» protection de Notre-Dame de Clair-
» vaux, & de rendre son Royaume feu-
» dataire de cette abbaye, en s'engageant,
» lui & ses successeurs, de payer tous les
» ans cinquante maravedis d'or pur &
» bon. » L'acte en fut dressé, dans l'assemblée, le 28 d'Avril 1142, & signé du
roi Alphonse, des quatre premiers officiers de la couronne qui le confirment,
& de quatre seigneurs qui servent de témoins. S. Bernard reçut lui-même l'ori-
ginal, qu'on conserve à Clairvaux ; &
une copie authentique est déposée, en
Portugal, dans la célèbre abbaye d'Alcobaze, de la filiation de Clairvaux.

On peut observer ici que plusieurs écrivains se sont trompés en voyant une
prophétie dans la maniere dont S. Bernard s'exprimoit dans une lettre à Alphonse I, lorsqu'il lui envoya des religieux pour fonder le monastere d'Alcobaze : « La soustraction des biens que
» vous accordez à ce monastere, seroit

» un dommage & un vol fait à votre
» couronne. » Il est certain que c'étoit
une simple allusion à ce que le Roi disoit
expressément dans sa Charte : « Les biens
» des monasteres de cet ordre qui s'établi-
» ront dans le Royaume, seront regardés
» comme des biens de la couronne, & le Roi
» doit en avoir autant de soin que de ses pro-
» pres biens. » On a mieux aimé trouver
une prophétie toute accomplie, à la mort
du cardinal Henri, dont la couronne
passa sur une tête étrangere, & qui le
premier avoit donné à quelqu'un de ses
courtisans une partie des revenus de l'abbaye d'Alcobaze.

. Les volontés d'Alphonse I ont été fidèle-
lement exécutées, jusqu'en l'année 1580,
époque de la mort du Cardinal-Roi; mais
elles furent oubliées pendant que le Portugal, soumis à la domination Espagnole,
n'eut plus ses Rois particuliers. Jean IV
confirma, le 31 de Mai 1646, la donation d'Alphonse, par sa Lettre royale,
dans laquelle il dit : « Les véritables &
» légitimes successeurs de la couronne de
» Portugal ont été rétablis comme par
» miracle, à l'exclusion des étrangers de
» Castille. ., C'est par l'intercession de la
» glorieuse Vierge Marie de Clairvaux...
» En reconnoissance de cette grace, &
» comme naturel & légitime successeur à
» ce Royaume, je désire d'entretenir

» l'offrande chrétienne & rente feudale,
» établie par le Seigneur Roi Dom Al-
» phonfe… Les cinquante maravedis d'or
» feront offerts, tous les ans, à la cha-
» pelle royale, le jour de l'Annoncia-
» tion. Le thréforier de ladite Chapelle
» les remettra fidèlement à D. Abbé du
» couvent d'Alcobaze, afin qu'il les faffe
» tenir en France, à D. Abbé du cou-
» vent de Clairvaux, duquel il tirera quit-
» tance. » Toutes ces claufes ont été fidèlement remplies jufqu'à ce jour, tant par
les rois de Portugal, que par les abbés
& religieux de Clairvaux.

[1147.]

Alphonfe enlève aux Maures la ville
d'Evora, & en confie la garde aux chevaliers d'un ordre militaire, qu'il établit
fous le nom de confreres de fainte Marie d'Evora; on les unit à l'ordre de Calatrava, dont ils fe féparerent vers la fin
du quatorzieme fiécle. Peu de tems après
leur inftitution, ils prirent le titre de chevaliers de L'ORDRE D'AVIS, du nom d'un
château qui leur fut donné; ils obfer-
voient la régle de Cîteaux, & portoient
un habit blanc; avec une croix verte,
terminée par quatre fleurs de lys, & accompagnée en pointe de deux oifeaux de
fable affrontés, par allufion au mot latin
avis, qui fignifie oifeau.

[1147.]

Le roi de Portugal venoit de former le siége de Lisbonne, malgré le nombre prodigieux d'Infidèles qui s'étoient rassemblés pour la défendre. Il se crut perdu sans ressource, en apprenant qu'une flotte considérable faisoit voile vers cette ville: Mais la crainte d'avoir à combattre contre une nouvelle armée, fut bientôt dissipée, à l'approche des premiers vaisseaux sur lesquels il reconnut l'étendard de la Croisade. C'étoit une armée de François, d'Allemands, d'Anglois & de Flamands, qui alloient en Syrie sous la conduite du duc de Normandie, Guillaume, surnommé Longue Epée. Les Croisés se rendirent aisément aux sollicitations d'Alphonse, & firent aussitôt leur descente, afin de se joindre aux Portugais. Après cinq mois d'un siége très-opiniâtre, Lisbonne fut emportée d'assaut; on passa au fil de l'épée tous ceux qu'on trouva les armes à la main, & les Croisés se rembarquerent pour continuer leur voyage.

Alphonse, profitant de sa victoire, prit sur les Maures un grand nombre de villes, & Lisbonne devint le centre de la Monarchie. Sa situation la fit juger, dans la suite, plus propre que Coïmbre, à en être la capitale.

On dit qu'Ulysse, en revenant du siége de Troie « jetta les premiers fondemens » de cette ville, & que dès-lors elle fut » nommée ULYSSIPONE ou ULYSSIPO: » C'est sans doute ce qui a donné lieu » aux Latins de l'appeller *Olyssipo* ou *Ulys-* » *sipo.* » Les Espagnols l'ont toujours nommée LISBOA.

Cette ville est située sur sept montagnes ou collines qu'elle renferme dans son enceinte ; de-là vient que, dans les écrivains Espagnols & Portugais, on rencontre si fréquemment des comparaisons de Lisbonne avec la ville de Rome. Elle paroissoit autrefois d'une longueur démesurée, parce que, pour la facilité du commerce, on avoit bâti un grand nombre de maisons & de magasins sur le bord du Tage. Le flux de la mer monte à la hauteur de trois toises dans le port, qui est un des plus fameux de l'Europe.

[1150.]

Alphonse fait heureusement la guerre aux Maures, étend ses conquêtes au-delà du Tage, & fortifie ses places frontieres. Tout plioit à l'approche d'un Roi victorieux, qui eut la gloire de conquérir pendant son règne, le Portugal presque entier, & d'avoir porté aux Maures qui dominoient dans ce Royaume, le coup mortel dont ils ne fe releverent jamais. Il s'occupa conftamment du foin d'affermir fon trône, & de rendre fes peuples heureux.

❧[1165.]❧

Inftitution de L'ORDRE DE L'AILE, en l'honneur de l'archange S. Michel. Les chevaliers vivoient fous la règle de S. Benoît, & faifoient profeffion de défendre la religion Chrétienne & la patrie; de protéger les veuves & les orphelins, & de porter fur leur habit une croix d'or, chargée d'une aile de pourpre, entrelaffée de rayons d'or, & furmontée de la devife : *Quis ut Deus ?* QUI EST ÉGAL A DIEU ? Ce nouvel ordre militaire, n'étant pas fuffifamment doté pour fournir à l'entretien des chevaliers, ne tarda pas à être négligé & à tomber dans l'oubli.

❧[1169.]❧

Alphonfe affiégé dans Badajox par le roi de Léon, & fe voyant à la veille d'être forcé de fe rendre, fort de la place, dans le deffein de s'échapper, mais avec tant de précipitation qu'il fe bleffe à une jambe contre la porte de la ville, & tombe de cheval. Il eft fait prifonnier & conduit au roi de Léon, qui exige, pour rançon, tout ce que les Portugais lui avoient pris dans la Galice.

Nous n'ajouterons pas ici, avec quelques historiens, que le roi de Portugal se reconnut vassal de la couronne de Léon, & s'obligea d'assister à l'assemblée des Etats, pourvu que sa blessure lui permît de monter à cheval, & qu'il n'y monta plus dans la suite, afin d'éluder l'exécution de sa promesse.

[1184.]

Les Maures assiégent Santaren avec une armée formidable, & si promptement, qu'il ne fut pas possible de prévenir leur approche. Le jeune Prince D. Sanche, qui étoit renfermé dans la place, couroit risque de tomber entre les mains des ennemis. Le Roi, malgré son âge & sa blessure qui l'empêchoit de monter à cheval, vient avec une célérité incroyable, au secours de la ville & de son fils; attaque les Maures avec son courage ordinaire, & les met en un si grand désordre, que leur multitude contribue à leur perte.

[1185.]

Le roi de Portugal meurt, âgé de quatre-vingt-onze ans, au retour d'une campagne, pendant laquelle il avoit montré toute l'ardeur qui le distinguoit dans sa jeunesse. La mémoire de ce Prince est toujours chere aux Portugais; & ils disent encore aujourd'hui qu'il « régnoit

» fur fon peuple, autant par fon amour
» & par fa clémence, que par fon pou-
» voir & fon autorité. » On lui a rendu
pendant quelque tems un culte qui a
donné lieu de commencer le procès de
fa béatification.

[1185.]

Les Portugais fe trouvoient pour la
premiere fois dans la néceffité de régler
les cérémonies qu'on devoit obferver aux
funérailles de leurs Rois. Auffitôt après la
mort d'Alphonfe I, tous les officiers de la
cour fortirent du palais à pied, & couverts
d'un drap noir. Au milieu d'eux marchoit
un hérault de la ville, monté fur un cheval caparaçonné de noir, & portant un
étendard de la même couleur. Ils étoient
fuivis de plufieurs cavaliers vêtus de deuil.
Le juge criminel de la ville les devan-
çoit de quelques pas, ayant à fes côtés deux
hommes qui portoient fur la tête, ainfi
que lui, un écuffon aux armes de Portugal : ils fe rendirent d'abord à la porte de
l'églife principale, où le juge apprit au
peuple que le Roi étoit mort, & mit
en piéces un des trois écus. On répéta
la même cérémonie à la porte de l'hôtel de
la monnoie & à celle de l'hôpital. Trois
jours après, on proclama & on couronna
D. Sanche, Roi de Portugal.

SANCHE

SANCHE I, LE FONDATEUR.

[1185.]

DOM SANCHE succéda à Alphonse, sans aucune contradiction, & ne fut pas moins heureux que son pere dans les guerres qu'il eut à soutenir contre les Maures, & dans les soins qu'il prit pour affermir son trône. On lui donna le surnom de FONDATEUR, à cause du grand nombre de villes & de bourgs qu'il fit bâtir ou réparer pendant son règne.

[1190.]

Les Sarasins d'Afrique portent le ravage dans tout le Portugal, & Sanche n'a plus d'autre ressource que celle de se renfermer dans la ville de Santaren, au risque d'y être biéntôt réduit aux plus fâcheuses extrémités. Neuf vaisseaux Danois & Flamands, battus par la tempête, sont obligés de relâcher dans la riviere de Lisbonne ; le reste de la flotte, qui étoit de soixante-trois voiles, ne tarde pas à les suivre, & Sanche apprend que ce sont des Croisés qui vont à la Terre-sainte : il en obtient aisément le même secours qui avoit fauvé fon pere dans une circonftance à peu près femblable, (Voyez ci-deffus, page 396,) & diffipe l'orage qui le menaçoit.

✤[1194.]✤

Sanche étend fes conquêtes dans les Algarves, & fait bâtir le château de Coimbre, auquel plufieurs hiftoriens ont prétendu donner une antiquité qu'on doit regarder comme fabuleufe.

✤[1197.]✤

La pefte & la famine défoloient le Portugal, & fe firent fur-tout fentir à Porto & à Brague. Les habitans quitterent ces villes; & ceux que la maladie y retint, moururent faute de fecours. La mer fut en même tems agitée par des tempêtes qui cauferent plufieurs naufrages, & l'on ne manqua pas d'attribuer tous ces fléaux à une grande éclipfe de foleil qui les avoit précédés.

✤[1208.]✤

La nobleffe épuifée n'etoit plus en état de fournir aux dépenfes de la guerre. Le Roi prit le parti d'augmenter les revenus des ordres militaires, & d'ériger un plus grand nombre de Commenderies. Il en gratifia ceux qui avoient mérité fes récom-

penſes, & ce moyen lui ſervit également
à relever la nobleſſe, & à entretenir parmi
elle l'amour de la gloire.

❧ [1212.] ☙

Sanche laiſſa en mourant cinq cens
mille marcs d'or, quatorze cens marcs
d'argent, & beaucoup de meubles précieux. Il ordonna par ſon teſtament qu'Alphonſe, ſon fils aîné, & ſon ſucceſſeur à
la couronne, n'auroit que deux cens mille
marcs d'or, & que tout le reſte ſeroit
partagé également entre ſes autres enfans,

ALPHONSE II.

[1212.]

ALPHONSE II est accusé d'avoir terni les premieres années de son règne par la conduite qu'il tint avec les deux Infantes ses sœurs. Après les avoir éloignées des affaires d'Etat, dont elles se mêloient depuis long-tems, il leur ôta la propriété des terres & des villes qui composoient leur apanage, & leur offrit en dédommagement des pensions viageres qui excédoient leurs prétentions. Les Infantes, peu satisfaites d'un frere qui regardoit les biens de sa couronne comme inaliénables & indivisibles, se retirent dans leurs meilleures villes, & se mettent en état de s'y défendre. Le roi de Léon épouse leur querelle, s'empare de plusieurs places. Alphonse termine cette guerre en s'accommodant avec ses sœurs.

[1217.]

Le roi de Castille propose une entrevue au roi de Portugal, qui lui répond : « La » trop grande crédulité de quelques Prin- » ces, en de pareilles occasions, me tient

» lieu d'exemple & de régle. J'accepte
» cependant la conférence, pourvu qu'elle
» fe tienne fur les frontieres des deux
» Royaumes, & dans un lieu de fûreté
» pour l'un & l'autre. »

[1218.]

Une flotte de Croifés, qui fe rendoient
dans la Paleftine, eft jetée par la tempête fur les côtes d'Efpagne, & fe raffemble dans la riviere de Lisbonne. Alphonfe, à l'exemple de fes deux prédéceffeurs, veut profiter d'une occafion fi
favorable. Il procure aux Croifés tous les
rafraîchiffemens qui leur font néceffaires,
& les détermine à fe joindre aux Portugais pour reprendre la fortereffe d'Alcafar, dont les Maures venoient de s'emparer. On bloque la place; &, après deux
mois de fiége, une armée nombreufe,
commandée par quatre Rois, attaque le
camp des Portugais. La victoire eft long-
tems indécife, les Maures prennent enfin
la fuite, laiffant deux de leurs Rois & quatorze mille hommes fur le champ de bataille, outre un grand nombre de prifonniers & un butin confidérable. Alcafar ne
tarda point à fe rendre, & les Croifés
reprirent leur premier projet.

[1222.]

Alphonfe II vouloit continuer fes conquêtes fur les. Maures ; & manquant de
foldats, il donna ordre à fes officiers
d'obliger les eccléfiaftiques, & même les
prêtres, à porter les armes, fous prétexte
qu'ils n'avoient « embraffé le facerdoce,
» que pour fe difpenfer d'être utiles à
» l'Etat, en fervant dans les armées. »
L'archevêque de Brague prit la défenfe
du clergé, mais avec trop de zèle & de
vivacité, ce qui fit traîner cette affaire
en longueur. Elle ne put même être terminée par Alphonfe II, qui mourut l'année fuivante, à l'âge de trente-huit ans,

SANCHE II, CAPELLO.

[1223.]

SANCHE II rétablit le clergé dans les droits qu'on lui conteftoit, & dédommagea l'archevêque de Brague des excès commis par les troupes dans les biens de fon patrimoine & dans ceux de fon archevêché. (Voyez ci-deffus, page 406.) Auffitôt après, il régla l'apanage des deux Infantes, (Voyez ci-deffus, page 404,) en leur accordant l'ufufruit des terres & des villes qui leur étoient affignées, & des penfions fur un fonds inaliénable. Afin de leur ôter tout fujet de plaintes, il s'engagea par ferment d'être fidèle aux engagemens qu'il prenoit avec elles.

[1225.]

Plufieurs hiftoriens mettent Sanche II au rang des Rois fainéans, parce qu'ils oublient les dix premieres années de fon règne, pendant lefquelles il ne fut ni moins guerrier, ni moins heureux que fes prédéceffeurs. Mais il fe laiffa gouverner par des favoris qui abufoient de leur

crédit ; & on fit trop d'attention au furnom de CAPELLO qui lui fut donné d'a-
bord, parce que, pendant son enfance, la
piété de la Reine-mere l'avoit revêtu de
l'habit de l'ordre de S. Auguſtin, dans
lequel il voulut être enterré.

[1238.]

La nobleſſe & le peuple gémiſſoient
ſous le joug des favoris, & le clergé ſe
plaignoit des inſultes qu'il eſſuyoit. Sous
prétexte de chercher dans les maiſons des
eccléſiaſtiques, ſi des criminels n'y étoient
pas cachés, on emportoit tout ce qui
tomboit ſous la main. Les Grands ſe
voyoient dépouiller de leurs emplois qu'on
donnoit aux créatures des favoris : le
peuple étoit ſurchargé d'impôts ; & le
Roi fermoit l'oreille aux plaintes, ou les
renvoyoit à ceux qui en étoient l'objet.

[1245.]

On obſervoit réguliérement de mettre
le nom des Reines dans tous les actes
que leurs époux ſignoient en qualité de
Rois. D'après cet uſage, reconnu pour
conſtant, pluſieurs hiſtoriens révoquent
en doute le mariage de Sanche II avec
Mencia, fille de Lopez-Dias de Haro,
Prince de Biſcaye. D'autres aſſurent que

cette alliance fut la caufe ou le prétexte de la révolte des fujets contre leur Souverain légitime. Les chefs de la révolte, après avoir fait enlever Mencia, & conduire en Caftille, où elle mourut, affemblent les trois ordres de l'Etat, dépofent leur Roi, & déclarent fon frere D. Alphonfe Régent du Royaume: le peuple ofa même le demander hautement pour Roi.

[1245.]

D. Alphonfe étoit en France, où il fe difpofoit à une Croifade, lorfqu'il fut déclaré Régent du Royaume de Portugal. Il prêta le ferment, en cette qualité, à Paris le 21 de Septembre, & partit auffitôt pour Lisbonne, où il commença par faire juftice de ceux qui avoient le plus contribué aux défordres de l'Etat.

[1246.]

Sanche II trouva encore des fujets fidèles; mais il rejetta leurs remontrances fur l'éloignement de fes favoris, ce qui empêcha le fuccès d'une nouvelle révolution. Ils lui promettoient de le rétablir fur le trône, s'il s'engageoit à gouverner par lui-même. Il aima mieux fe retirer en Caftille, où on lui rendit tous les honneurs dûs à la Majefté royale.

[1248.]

D. Martin Freitas fe défendoit dans Coïmbre contre le Régent. On lui donna avis de la mort du roi Sanche ; il demande & obtient la permiffion d'aller s'en affurer par lui-même ; fe rend à Tolède, & laiffe fur le tombeau de Sanche, qu'il s'étoit fait ouvrir, les clefs de toutes les places dont on lui avoit confié le gouvernement. Il revient à Coïmbre, & reconnoît Alphonfe pour fon Souverain. Le nouveau Roi, fenfible à tant de marques de fidélité, conferva pour Freitas une eftime & une confiance toute particuliere.

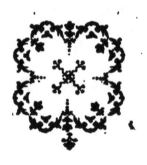

ALPHONSE III.

[1248.]

ALPHONSE III ne prit le titre de Roi qu'après la mort de Sanche II, son frere, & s'occupe très-férieusement du projet, souvent abandonné & repris, de conquérir les ALGARVES. Ce nom signifie en langue mauresque, *Campagnes fertiles*. Cette province comprenoit des terres considérables en Afrique, & s'étendoit en Espagne depuis les côtes du cap Saint-Vincent jusqu'à la ville d'Almeiria : on y comptoit un grand nombre de villes & de châteaux, dont une partie étoit de la Lusitanie, & l'autre de l'Andaloufie. Les rois de Castille & de Portugal prenoient également le titre de ROIS DES ALGARVES, parce qu'ils la possédoient en partie.

[1250.]

Le roi de Portugal ayant réduit les Algarves sous son obéissance, environna l'écu de ses armes d'un Orle de pourpre, semé de Châteaux d'or. Le roi de Castille lui disputa la possession de cette province, prétendant que c'étoit un démembrement de ses Etats. On eut recours au Pape; il décida que le domaine de ce pays resteroit à la couronne de Portugal, & que le roi de Castille en percevroit les revenus tant qu'il vivroit.

[1253.]

Alphonse III cimente la paix avec la Castille, en épousant Béatrix, fille naturelle d'Alphonse X., après avoir répudié, pour cause de stérilité, Mathilde, comtesse de Boulogne. Ce mariage causa dans la suite de grandes difficultés, parce que Béatrix eut deux fils, du vivant de Mathilde, qu'on prétendoit n'être pas légitimes. Des historiens ont même écrit que la comtesse de Boulogne avoit mis au monde une fille : ils se sont trompés en prenant Mathilde de Béthune, femme de Guy, comte de Flandres, pour une Mathilde de Portugal, qui n'a point existé.

[1256.]

Il ne restoit plus un seul Maure sur les frontieres de Portugal; & Alphonse, délivré de ces dangereux ennemis, donna tous ses soins à l'embellissement de son Royaume.

[1267.]

"Le roi de Castille s'étoit relâché de ses droits sur les Algarves, (Voyez ci-dessus , page 411 ,) à condition que le Portugal lui fourniroit cinquante lances, lorsqu'il les demanderoit pour le service de sa personne , ou pour celui de ses Etats. Alphonse III , impatient de s'affranchir d'une obligation qu'il regardoit comme une servitude , envoie en Castille son fils aîné , sous prétexte de recevoir l'ordre de chevalerie de la main de son aïeul. Le jeune Prince , accompagné d'habiles négociateurs, réussit parfaitement. Les Espagnols ont prétendu qu'il s'agissoit alors d'affranchir le Portugal de la souveraineté de Castille & de Léon; les Portugais ont prouvé que cette prétention n'étoit qu'une chimere.

[1269.]

Les sciences étoient en honneur dans le Portugal, on y comptoit même un grand nombre d'hommes de lettres ; mais le Roi , qui vouloit donner à l'aîné de ses fils toutes les connoissances propres à former un grand Roi , fit venir de France plusieurs maîtres habiles, & les chargea de perfectionner l'éducation du jeune Prince.

[1273.]

Alphonfe III profitoit de tous les avantages que lui avoit procurés fur les biens eccléfiaftiques, le projet d'une nouvelle Croifade, à laquelle il feignoit de fe préparer.
Il s'étoit même approprié les revenus des
évêchés de Brague, de Coïmbre, de Viféo & de Lamégo. Le Pape prend la défenfe du clergé ; le Roi fe détermine à
rendre quelques édits en faveur des églifes, & s'en tient à de fimples promeffes.

[1279.]

Alphonfe étoit en proie aux réflexions
qu'une longue maladie lui donnoit lieu
de faire fur fa conduite à l'égard de la
reine Mathilde & du clergé. (Voyez ci-
deffus, pages 412, & 414.) On conferve
encore aujourd'hui un acte authentique,
par lequel il chargeoit l'Infant D. Denis,
fon fils aîné & fon fucceffeur, de réparer
les torts qu'il fe reprochoit, & tous ceux
qu'on pourroit attribuer, dans la fuite, aux
ordonnances qu'il avoit rendues pendant
fa vie.

DENIS I, LE PERE DE LA PATRIE.

[1279.]

L'Infant D. Alphonfe, troifieme fils d'Alphonfe III, raffemble fes parti-fans, & difpute la couronne à fón frere, dont il attaquoit la naiffance. (Voyez ci-deffus, page 412.) Le roi d'Aragon fe fait médiateur, & termine heureufement cette querelle.

[1280.]

Le nouveau Roi éloigne du gouverne-ment la Reine-mere qui s'étoit emparée de toute l'autorité, & lui dit : « Il con-» vient mieux à une femme d'élever des » enfans, que de commander à des hom-» mes. »

[1282.]

Suivant la coutume de fes prédécef-feurs, Denis I vifite les provinces de fon Royaume; &, de retour dans fa capitale, il s'occupe du foin de corriger les abus qu'il avoit remarqués. Des loix févéres font portées contre les voleurs & les fai-néans : de nouveaux réglemens abrégent les procédures, & fixent les formalités

de la justice : des commiffaires font char-
gés d'examiner les titres de ceux qui ont
ufurpé le nom & la qualité de nobles.
L'agriculture , que le Monarque appeloit
LE NERF DE LA GUERRE ET DE LA
PAIX, eft rétablie & honorée d'une pro-
tection fi particuliere , qu'au titre de PERE
DE LA PATRIE , accordé au Roi , on
ajouta celui de LAVRADOR , qui fignifie
LABOUREUR.

[1283.]

On rend au clergé tous les droits légitimes qu'il réclamoit, (Voyez ci-deffus,
page 414,) & on défend aux communautés d'acquérir des biens immeubles. On
révoque toutes les donations faites fous
le règne précédent , & les graces de la
cour ne font plus que la récompenfe des
fervices rendus à l'Etat.

[1286.]

Denis I protége en grand Roi les fciences & les lettres qu'il cultivoit lui-même
en fçavant. Il eft le premier qui ait introduit la rime dans les Vers Portugais. Il
en compofoit à l'imitation des Proven-
çaux, qui faifoient alors tant d'honneur
aux mufes françoifes, & il mérita le nom
de PERE DES MUSES PORTUGAISES.

[1290.]

[1290.]

L'univerſité de Lisbonne eſt établie & fondée avec une magnificence vraiment royale. Cet établiſſement étoit d'autant plus néceſſaire, que les hommes de lettres ſe trouvoient dans la néceſſité de ſe former eux-mêmes ; ils n'avoient point d'autres inſtructions pendant leur jeuneſſe, que celles du théologal des égliſes cathédrales, qui ſe bornoient aux premiers élémens de la langue latine & de la philoſophie. Ils ſe rendoient enſuite dans des bibliothéques publiques, où ils étudioient ſans maîtres & ſans autres ſecours que leurs diſpoſitions naturelles.

On ne compte que deux univerſités dans tout le Royaume. Celle de Coïmbre eſt la plus conſidérable. Il y a un Recteur, ſix profeſſeurs de Théologie, ſept de Droit canon, dix de Droit civil, cinq de Médecine, deux de Mathématique, un de Muſique, & deux colléges dans leſquels on enſeigne les belles-lettres & la philoſophie. Cette univerſité poſſède quatre canonicats dans la cathédrale de Coimbre, & deux dans les neuf autres égliſes épiſcopales; dont elle diſpoſe, de préférence, en faveur de ceux qui enſeignent la Théologie & le Droit canon.

Il n'y a dans tout le Royaume que

An. Port. *Tome II.*　　　　D d

trois archevêchés & dix évêchés ; ils font
à la nomination du Roi, & les Prélats
ne jouiffent jamais que des trois quarts
du revenu de leurs bénéfices, parce que
le quart eft mis en penfions qui ne va-
quent point à leur profit. Les évêques portent la croix pectorale , & l'habit violet,
à moins qu'ils n'ayent été tirés de quelque ordre religieux : alors ils confervent
la couleur affectée à l'ordre dont ils font
fortis , & cet ufage s'étend jufques fur le
chapeau qui furmonte leurs armoiries. On
traite les archevêques de SEIGNEURIE IL-
LUSTRISSIME , & l'on ne donne que le
titre de SEIGNEURIE aux évêques.

[1295.]

Les troubles qui s'élevent dans la Caftille , à la mort de Sanche IV, infpirent
au roi de Portugal le défir de s'emparer
d'une couronne qui chanceloit fur la tête
d'un enfant de dix ans ; ou du moins de
profiter des circonftances pour agrandir
fes Etats. Il ravage les frontieres , s'empare de plufieurs villes , & auroit pouffé
plus loin fes conquêtes , fi la Reine-mere
avoit eu moins de courage & d'habileté.
(Voyez Tome I, page 374.)

[1300.]

Le mariage de Conftance, Infante de

Portugal, avec Ferdinand IV, roi de Castille, rétablit la paix entre ces deux royaumes, & donne lieu à Elifabeth, reine de Portugal, d'exercer le talent qu'elle avoit de concilier les efprits. Elle a trouvé plus d'une fois l'occafion de pacifier un Royaume qu'elle édifioit par des vertus qui lui ont mérité le culte que l'Eglife rend aux faints. Elle a été canonifée le 25 de Mai 1625.

❧ [1304.] ☙

D. Ferdinand de Caftro, pere de la célébre Inez, dont on parlera dans la fuite, vient s'établir en Portugal. Il avoit quitté fa patrie, mécontent de la perte d'un château que lui avoit enlevé l'Infant D. Philippe, frere du roi de Caftille. Sa valeur lui fit donner le furnom DE LA GUERRE.

❧ [1307.] ☙

La nouvelle de ce qui fe paffoit en France à l'égard des Templiers, détermine Denis I à prier le Pape de ne pas difpofer des biens que ces chevaliers poffédoient en Portugal, & lui propofe de fonder un nouvel Ordre Militaire, compofé d'hommes vertueux & braves, qui ferviroient à reprendre le pays que les Maures tenoient encore dans leur fervitude : le Pape confent volontiers à cette proposition, & le Roi s'occupa férieufement du foin de réalifer fon projet.

❦[1313.]❦

L'Infant D. Alphonfe, aveuglé par le défir de régner, ne ménage rien pour fe faire des partifans, & met le Roi, fon pere, dans la néceffité de lever des troupes, & de rendre des ordonnances contre ceux qui entreroient dans le parti d'un fils rebelle.

❦[1318.]❦

Etabliffement de l'ordre de Chrift fur les ruines de celui des Templiers, (Voyez ci-deffus, page 419,) & fuivant les ftatuts de l'ordre de Calatrava qu'il étoit enjoint d'obferver très-exactement. A la conceffion générale de tous les biens, châteaux, villes & fortereffes que poffédoient les Templiers, Denis I ajouta le don de la ville de Caftro-Marin, avec fon territoire & fes dépendances. Cette place, étant limitrophe des terres occupées par les Maures, convenoit plus qu'aucune autre, par fa fituation, au deffein qu'on fe propofoit. La maifon principale ou le chef-d'ordre, qui étoit d'abord dans la ville de Caftro-Marin, a été transférée dans celle de Thomar. La Bulle du Pape

Jean XXII, qui eſt datée du 14 de Mars 1319, ordonne, conformément aux intentions du Roi Denis I, que « les che- » valiers ſeront vêtus de noir, & porte- » ront ſur la poitrine une Croix Patriar- » chale de gueules, chargée d'une autre » d'argent. » Le Grand-Maître, (il devoit être élu par les chevaliers,) & ceux qui poſſédoient les premieres dignités de l'or- dre, avoient ſeuls le droit de porter la croix ſur le milieu de la poitrine ; les autres la portoient ſur l'habit, du côté gauche. Aujourd'hui, tous les chevaliers la portent pendu au col avec un ruban rouge, & une autre ſur leur habit, bro- dée en ſoie rouge, & chargée d'une croix d'argent. Le Grand-Maître ne ſe choiſit plus parmi les profès de l'ordre. De- puis 1551, les rois de Portugal ſon en poſ- ſeſſion de cette premiere dignité, ſans aucune élection, & par le ſeul titre de Souverain. Quoique le Monarque & la plûpart des ſeigneurs portent l'ordre de Chriſt, des officiers ſubalternes, & même des négocians en ſont revêtus ; mais ils payent les proviſions fort cher, & c'eſt ordinairement le parain qui fait la dépenſe de la croix.

Les bénéfices de l'ordre ſe conféroient ainſi que les chefs le jugeoient à propos.

Des Brefs obtenus en 1570 & 1572, &
de nouveaux réglemens portent que ces
bénéfices ne seront donnés qu'à ceux qui
auront servi, pendant trois ans accomplis, en Afrique ou dans les Indes ; mais
ces sortes de statuts n'ont pas toujours été
observés à la rigueur. L'obligation de jeû-
ner quatre jours de chaque semaine, est
actuellement bornée au seul vendredi ;
& le vœu d'obéissance ne consiste qu'à
obéir au Grand-Maître dans les choses
absolument essentielles, qui sont, par
exemple, de partir pour la guerre ; de se
fournir d'armes, de chevaux & de soldats, à proportion des biens & des bénéfices qu'on possède. « La jurisdiction du
» Grand-Maître est toute ecclésiastique,
» & ne dépend pas du Roi, comme Roi,
» parce que l'ordre relève immédiatement
» du saint siége. C'est pourquoi lorsque
» Sa Majesté envoie des Vice-Rois dans
» les pays conquis dépendans de la cou-
» ronne de Portugal, elle commence par
» leur déclarer que les chevaliers de Christ
» ne sont point soumis à leur jurisdic-
» tion : &, si le Roi veut qu'ils y soient
» soumis, il donne de nouveaux pouvoirs
» à ces gouverneurs, en qualité de Grand-
» Maître de l'ordre, lequel a ses juges qui
» doivent être du corps des Chevaliers. »

[1323.]

Une troifieme révolte de l'Infant D. Alphonfe, oblige Denis I de marcher en
perfonne contre les rebelles. On vit alors
un fils combattre contre fon pere, &
après la bataille recevoir de nouvelles
preuves d'une bonté qui feule auroit dû
le retenir conftamment dans le devoir.

[1325.]

Denis I termine un règne de quarante-
fix ans, dont le bonheur ne fut troublé
que par fa tendreffe pour un fils naturel
qui donnoit de l'ombrage à l'unique héritier de fa couronne. On a dit de lui
qu'il fut «grand Roi, époux fortuné &
» pere malheureux. »

ALPHONSE IV, LE BRAVE.

[1325.]

ALPHONSE IV fut meilleur Roi, qu'on ne devoit l'attendre d'un mauvais fils, & des commencemens de son règne. Il a eu la réputation d'avoir été fils ingrat, frere injuste, & pere cruel.

Le nouveau Roi cite son frere naturel à l'assemblée des Etats, l'accuse « d'avoir » tout mis en usage pour le détruire dans » l'esprit du feu Roi, & d'être la cause » des guerres qui ont troublé le repos du » Royaume. » Il le condamne, sans l'entendre; &, pour donner plus d'éclat à sa vengeance, il fait publier un jugement que les Portugais regarderent moins comme un acte de justice, que comme un coup d'autorité.

[1326.]

Un ministre aussi zélé pour la gloire de son Maître que pour le bonheur de sa patrie, ose représenter au Roi les maux qu'il va causer à ses peuples par son éloignement pour les affaires: « Mille abus, » dit-il, se sont introduit dans le Royaume,

» & particuliérement dans la régie des Fi-
» nances. Rendez-vous à votre peuple, gou-
» vernez par vous-même, éclairez la con-
» duite de ceux que vous avez chargés
» du miniſtere, & ſongez à défendre vos
» ſujets, ſinon. . . . » à ce mot qui lui étoit
échappé, il s'arrête : « Sinon. — Quoi ? »
répond le Roi. — Le miniſtre reprend,
» Sinon, nous chercherons un Roi qui
» nous gouvernera mieux. » Le Monarque
ſurpris & irrité de ce diſcours, en blâma
d'abord la hardieſſe ; bientôt après il reconnut la fidélité de ſon miniſtre, & ſe
rendit à ſes remontrances.

[1330.]

Alphonſe IV eſt le premier des rois
de Portugal qui prit une deviſe, & celle
qu'il choiſit fut trouvée conforme à la
grandeur de ſes idées. C'étoit un aigle
qui s'élève dans les airs, avec ces mots :
Altiora peto. « Je cherche ce qu'il y a de
» plus relevé. »

[1340.]

Les Maures attaquoient l'Andalouſie, &
Alphonſe IV qui venoit de terminer la
guerre avec ſon gendre le roi de Caſtille,
vole à ſon ſecours, & gagne avec lui la
fameuſe bataille de la Salado. (Voyez
T. I, pages 405 & ſuiv.) Alphonſe refuſa

le butin que son gendre lui offroit. « Je
» ne suis pas sorti de Portugal, lui dit-il,
» pour y retourner chargé de dépouilles:
» l'honneur d'avoir vaincu me suffit. » Il
prit l'étendard & la trompette d'Alboha-
cen, Roi de Maroc, & les déposa dans son
arsenal. Après sa mort, on les a placés
au-dessus de son tombeau, comme un tro-
phée de sa victoire.

[1344.]

Un tremblement de terre jetta la cons-
ternation dans Lisbonne: plusieurs maisons croulerent, & enfevelirent sous leurs
ruines un grand nombre de personnes, entr'autres l'amiral de Portugal.

[1345.]

L'Infant D. Pierre épouse secrétement
la célèbre Inez de Castro, & le Roi qui
connoissoit le caractere de son fils, prend
le parti de dissimuler le chagrin que lui
causoit ce mariage.

[1355.]

Deux favoris d'Alphonse, Coëllo &
Pachéco, lui arrachent la permission de
faire périr Inez de Castro, pour l'empêcher de conspirer, disoient-ils, contre la
vie de l'Infant Ferdinand, afin d'ouvrir
le chemin du trône à ses propres enfans.

Ils se chargent eux-mêmes de l'exécution, s'associent Gonzalez, & poignardent Inez dans son appartement. Les fureurs où cette mort firent entrer le jeune Prince, & les excès auxquels il se porta, punirent Alphonse IV de la guerre injuste qu'il avoit faite à son pere.

Ce sujet, mis sur la scene Françoise par M. de la Mothe, en 1723, a eu un succès extraordinaire qui s'est parfaitement soutenu. Cette tragédie donna lieu à une infinité d'écrits pour & contre, & à une excellente parodie, sous le nom d'Agnès de Chaillot.

[1356.]

L'Infant D. Pierre parut oublier tout ce que sa douleur lui suggéroit contre les auteurs de la mort d'une épouse qu'il pleuroit sans cesse. La maladie du Roi, & l'espérance de se venger bientôt en maître absolu, furent pour lui de nouveaux motifs de dissimuler.

PIERRE I, LE JUSTICIER.

[1356.]

LA manière dont Pierre I punit plusieurs crimes, & sur-tout le meurtre
d'Inez de Castro, laissant douter s'il agissoit par cruauté ou par justice, lui attira
le surnom de Cruel, sous lequel plusieurs.
historiens le désignent. La Castille, l'Aragon & le Portugal étoient alors gouvernés par trois Rois du même nom, qui ne
méritoient rien moins que l'amour de
leurs peuples. (Voyez T. I, p. 433.)

[1358.]

Afin d'assurer la naissance des enfans
qu'il avoit eus d'Inez de Castro, Pierre I
déclara qu'elle avoit été son épouse légitime, & en fit dresser un acte qui fut publié dans tout le Royaume, & inséré
dans les régistres publics.

[1359.]

Les rois de Castille & de Portugal s'é-
toient engagés, par un traité secret, à se
rendre ceux de leurs sujets qui, pour se
dérober à la justice ou au ressentiment

de leurs Souverains, se réfugieroient dans l'un des deux Royaumes. Les assassins d'Inez de Castro s'étoient retirés dans la Castille ; Pachéco échappa aux recherches, mais Coëllo & Gonzalez furent arrêtés & conduits à Santaren, où étoit le roi de Portugal. Il leur fit souffrir une torture cruelle, en sa présence, & dans la place publique : ensuite on arracha le cœur de Coëllo par la poitrine, & celui de Gonzalez par l'épaule. Leurs cadavres furent brûlés, & les cendres jettées au vent.

❧[1360.]☙

Le roi de Portugal vouloit donner à son élévation sur le trône un effet rétroactif, en faveur de celle qu'il avoit compté d'y placer avec lui. Il fait exhumer, & revêtir des habits royaux le cadavre d'Inez, qui n'étoit plus qu'un squelette décharné ; lui met la couronne sur la tête, & ordonne aux Portugais de reconnoître leur Reine dans ces restes insensibles. Les Grands & les titrés, qui lui auroient baisé la main, si elle eût été vivante, baiserent le bas de sa robe; & cette cérémonie, « nouvelle & singuliere, » a fait dire qu'Inez a régné après avoir » vécu, & qu'elle est sortie du tombeau » pour monter sur le trône. »

[1361.]

On transporte le corps d'Inez, après lui avoir fait de magnifiques funérailles, dans le monastere d'Alcobaça, éloigné de Coïmbre d'environ dix-sept lieues. Un nombreux cortége accompagnoit le char où l'on avoit placé le cercueil, & ceux qui précédoient, en habit de deuil, portant un flambeau de cire blanche à la main, étoient en si grand nombre qu'on les disposa en haie, sur la route qu'on devoit tenir, afin d'éclairer cette pompe funèbre. On mit le cercueil dans un superbe tombeau de marbre, où la statue d'Inez paroissoit à genoux, & revêtue des ornemens royaux.

[1362.]

On bat différentes monnoies, parmi lesquelles on distinguoit le doublon d'or, qui pesoit vingt-quatre quarats. Le Roi y étoit représenté sur son trône, tenant l'épée nue à la main, & on y lisoit ces mots : « Pierre, roi de Portugal, & d'Algarve. Dieu, secourez-moi, & faites-moi triompher de mes ennemis. » Sur le revers étoient les armes de Portugal.

[1364.]

Pierre I avoit un goût décidé pour la

danfe, & furtout pour celle qu'on appelloit FOLIE. « On l'exécutoit au fon des
» flûtes, tantôt lentement & gravement,
» & tantôt légerement & avec une vî-
» teffe incroyable. » Le Roi paffoit fouvent des nuits entieres à danfer avec fes
enfans, & les perfonnes de fa cour qu'il
honoroit de fon amitié. Le jour qu'il arma
chevalier D. Jean-Alphonfe Tellez, on le
vit danfer publiquement avec tous fes
courtifans; « Je fuis perfuadé, dit-il, que
» rien ne peut dégrader la Majefté du
» trône, lorfqu'il s'agit d'honorer la vertu.»
Le refte de la fête confiftoit en tables fer-
vies pour le peuple, & en cinq mille
flambeaux allumés & rangés depuis le palais jufqu'à l'églife où fe fit la cérémonie.

[1366.]

Le défir d'entretenir la paix avec la
Caftille, fait refufer un afile à Pierre le
Cruel. (Voyez T. I, page 442.) Ce Prince
dit à cette occafion : « Le chagrin de
» m'être trompé, en donnant la préfé-
» rence au Portugal, m'occupe moins que
» la honte dont un Roi fe couvre par un
» refus de cette nature. »

[1367.]

La premiere ordonnance qui parut fous
ce règne, avoit pour objet de réprimer le
luxe; & on la trouva auffi finguliere que
rigoureufe. Il étoit défendu, aux ache-

teurs & aux marchands, fous peine du fouet pour la premiere fois , & de mort pour la feconde, de rien demander, ni de rien vendre à crédit.

[1367.]

On réduit toutes les procédures aux feuls procès-verbaux ; &, dans les affaires de conféquence , il falloit les communiquer au Roi.

[1367.]

Pierre I portoit avec lui un fceptre uni à un fouet, pour marquer fa puiffance à récompenfer, & fa févérité à punir. La derniere a éclaté par la rigueur avec laquelle il traitoit les coupables, & la premiere ne répondoit pas à l'idée qu'il vouloit en donner. Ses plus grandes largeffes confiftoient en un diamant, une médaille d'or, ou quelque ouvrage d'argent bien travaillé. Il difoit fouvent : « Un Prince a toujours de » quoi donner quand il fçait ménager » fon revenu, & répandre fes bienfaits » fans profufion. »

[1367.]

Pierre I ordonne, en mourant, qu'on porte fon corps dans le tombeau où il avoit placé celui d'Inez. Le peuple difoit en affiftant à fes funérailles: « Il ne devoit ja- » mais naître, où il ne devoit jamais mou- » rir. »

FERDINAND

FERDINAND I.

[1367.]

FERDINAND I gagna d'abord le cœur de ses sujets par des qualités brillantes, qui furent obscurcies par son inconstance naturelle. Libéral jusqu'à la prodigalité, il usa mal des trésors que son pere avoit mis en dépôt dans les villes de Lisbonne & de Santaren.

[1369.]

Après la mort de Pierre le Cruel, Ferdinand prend le titre de roi de Castille, en qualité d'arriere petit-fils de Sanche IV, & fait battre une nouvelle monnoie, dont le revers portoit deux couronnes. Un grand nombre de seigneurs Castillans se rendent auprès de lui, & sont comblés de tant de présens, en villes, en domaines & en argent; qu'on disoit avec une sorte de vérité : « Les Castillans viennent en Portu-
» gal, bien moins pour offrir un Royaume
» à Ferdinand, que pour le dépouiller du
» sien. »

[1371.]

Le roi de Portugal rompt deux maria-

ges qu'il venoit de conclure succeffive-
ment avec l'Infante d'Aragon & avec
l'Infante de Caftille : fait caffer celui de
Léonore Tellez de Ménefez avec d'A-
cunha, & l'époufe. Le peuple, irrité de
cette méfalliance, prend les armes : le
Roi calme ce tumulte, en trompant les
chefs des rebelles : s'affure de leurs perfonnes, & les condamne à avoir les pieds
& les mains coupés, fupplice qui pour-
lors étoit en ufage. L'Infant D. Denis,
troifieme fils de Pierre I, & d'Inez de
Caftro, fut prefque le feul qui refufa de
reconnoître Léonore en qualité de Reine,
& fe retira auprès du roi de Caftille,
qu'il fervit utilement (au grand défavan-
tage de fa patrie,) par les connoiffances
qu'il donna des affaires de Portugal, &
qui furent la caufe du fiége de Lisbonne.

[1372.]

D. Nugno Alvarez Pereira, fi connu
dans l'hiftoire, permet à fon fils, âgé de
treize ans, de marcher avec un détachement qui alloit reconnoître l'armée des
ennemis. Le jeune Nugno fe diftingue, en
cette occafion où il falloit combattre, &
de lui-même fe préfente au Roi pour lui
rendre compte de ce qui vient de fe paffer. Plein d'ardeur, il ajoute : « S'il plai-
» foit à Votre Majefté de me confier

» quelques troupes, je lui promets de bat-
» tre les Castillans. » Le Roi lui fait l'honneur de l'armer chevalier, sur le champ,
& l'exhorte à suivre les traces de son
pere.

[1373.]

Le gouverneur du château de Faria est
pris dans une sortie, & demande qu'on
le mene sous les murs de la place, afin,
disoit-il, d'ordonner à son fils de ne pas
s'opiniâtrer à la défendre plus long-tems.
Quelle fut la surprise de ceux qui le con-
duisoient, lorsqu'ils l'entendirent ordonner à son fils de s'ensévelir sous les ruines
du château plutôt que de se rendre, quand
même on le rameneroit aux pieds des mu-
railles pour le poignarder à ses yeux! Il
fut percé de coups sur le champ, & son
fils obligea les Castillans à lever le siége.

[1378.]

D. Jean, second fils de Pierre I & d'I-
nez de Castro, avoit épousé secrétement
Marie Tellez de Mésenez, la plus belle
femme d'Espagne, sœur de Léonore, reine
de Portugal, & veuve de D. Alvare de
Souza. La Reine ayant découvert ce mariage, devient jalouse du bonheur de sa
sœur, l'accuse d'infidélité, exhorte D.
Jean à se défaire de son épouse, & lui
offre sa fille Béatrix, seule héritiere du

E e ij

Royaume. Le Prince commet le crime n'évite le supplice qu'en fuyant en Castille, & la Reine paroît la plus ardente à demander vengeance d'un attentat dont elle étoit auteur & complice.

[1379.]

On révoque les lettres de maîtrises accordées aux artisans dont on fixoit le nombre, en ordonnant aux autres de se retirer dans les campagnes pour s'adonner à l'agriculture.

[1381.]

Des fonds considérables sont assignés pour le commerce & pour les armemens sur mer. Ceux qui avoient essuyé des naufrages, y trouvoient un dédommagement proportionné à leurs pertes. C'étoit ouvrir la porte à mille abus : on les corrigea, en ordonnant aux négocians de se cottiser, selon leur part dans le commerce, pour aider ceux qui par malheur, & non point par leur faute, se trouveroient hors d'état de commercer.

[1382.]

Le roi de Portugal imite celui de Castille, qui, à l'exemple de la France, avoit établi des maréchaux pour commander les armées ; il créa un connétable & un maréchal du Royaume. La premiere de ces charges étoit héréditaire : la maison de Bragance la poffédoit, lorfque Jean IV monta fur le trône ; & depuis ce tems-là elle n'a plus été remplie que par commiffion, ainfi que celle d'Alferez-Mor, ou de Grand-Enfeigne, qui portoit l'étendard royal dans les cérémonies.

[1383.]

Les Etats du Royaume, affemblés à Eftremos, approuvent le mariage de l'Infante Béatrix avec le roi de Caftille, à condition que « le premier fils qui en naî- » tra, fera roi de Portugal à l'âge de qua- » torze ans. La reine Léonore fera Ré- » gente du Royaume, jufqu'à la majo- » rité de fon petit-fils ; & le roi de Caf- » tille ne pourra jamais entrer avec des » troupes en Portugal. » Cette décifion étoit contraire à une des loix fondamentales du Royaume, (Voyez ci-deffus, page 388,) & elle fut annullée, comme nous le dirons dans la fuite. Alors on fe contenta de murmurer contre la prodigalité du Roi, qui fit des dépenfes exceffives à l'occafion du mariage de fa fille. On peut en juger par le préfent que reçut D. Alphonfe de Mouxica. Il confiftoit en trente mille marcs d'or , trente chevaux , & trente mulets richement enharnachés , & plufieurs belles tentures de tapifferies.

Ee iij

[1383.]

D. Jean, frere naturel du Roi, & qui lui fuccéda, avoit été renfermé dans le château d'Evora par les intrigues de la Reine, & remis en liberté par la prudence du gouverneur D. Martin de Mélo, qui avoit même reçu des ordres pour le faire périr. En reparoiffant à la cour, il demanda publiquement au Roi la caufe de fa détention. Ce Prince, qui n'en avoit pas des raifons fort folides, lui répondit : » J'en ai ufé ainfi, pour faire connoître » le pouvoir que j'ai fur vous. » D. Jean dit en fe retirant : « Sire, je le fçais bien, » depuis que vous êtes mon Roi. » On trouva le lendemain des placards affichés dans la ville, par lefquels D. Jean appelloit en duel quiconque auroit eu la lâcheté de dire où de croire qu'il avoit manqué au Roi de refpeét ou de fidélité. Un de fes officiers fit afficher auffi un cartel général, pour venger l'honneur de fon maître. Tous ces défis n'eurent point de fuite.

[1383.]

Ferdinand I donna, en mourant, de nouvelles preuves de fa générofité. Il laiffa à tous les officiers de fa maifon des terres & des revenus qu'il proportionna à leurs emplois, & leur en affura la jouiffance pendant leur vie feulement.

INTERRÈGNE.

[1383.]

DOM Jean, fils naturel de Pierre I,
& Grand-Maître de l'ordre d'Avis,
demande au roi de Caſtille le gouvernement du Portugal, en attendant qu'il eût
un fils de la reine Béatrix. C'étoit la voie
la plus ſûre de faire valoir la décifion
de l'aſſemblée d'Eſtremos. (Voyez ci-
deſſus, page 437.) Mais on craignoit que
D. Jean ne profitât pour lui-même de
l'autorité qu'on lui auroit confiée, & de
l'antipathie que les Portugais avoient pour
les Caſtillans. On ſe diſpoſe à conquérir
un Royaume qu'il n'étoit pas aiſé d'obtenir autrement. Le Grand-Maître ſe fait
un parti, ſous prétexte de travailler à la
conſervation du repos public, & cherche
à gagner les cœurs en devenant doux,
affable & populaire.

[1383.]

La Reine Léonore, aidée par le comte
d'Andeiro, mettoit tout en uſage pour ſe
conſerver la Régence du Royaume, &
pour écarter D. Jean des affaires. Celui-
E e iv

çi entre avec une escorte dans le palais, & poignarde le comte d'Andeiro, presque sous les yeux de la Reine, qui lui demande si elle doit aussi mourir! « C'est, » dit-il, à la sollicitation du peuple, que » j'ai délivré le Royaume d'un ministre » odieux ; mais si ce même peuple perdoit le respect qu'il doit à sa Souveraine, je me ferois un mérite de mourir » pour la défendre. » Une émeute, excitée à cette occasion, se termine à l'avantage de D. Jean, à qui l'on donne le titre de Protecteur & de Régent du Royaume.

❈ [1384.] ❈

Le roi de Castille, avant que d'entrer en Portugal, s'étoit assuré des deux Infants réfugiés dans ses Etats, & d'Alphonse, comte de Gijon, époux d'Isabelle, fille naturelle du roi Ferdinand. En croyant ne travailler que pour lui-même, il applanissoit le chemin du trône à D. Jean. La reine Léonore paroît d'abord lui sacrifier toutes ses prétentions à la Régence, dont elle se démet par un acte authentique ; & bientôt après elle ordonne à tous les gouverneurs des villes d'être fidèles à D. Jean, « quand même elle seroit pré-» sente aux sommations qu'on leur feroit » du contraire. » Elle ne tarda pas à conspirer contre la vie de son gendre, pour

se venger de l'indifférence avec laquelle il
la traitoit, ce qui la fit reléguer en Castille. C'étoit délivrer D. Jean de l'ennemi
qu'il redoutoit davantage ; & le siége de
Lisbonne acheva de réunir en sa faveur
les vœux de la nation. (Voyez Tome I,
page 465.)

❧[1385.]☙

Les Etats généraux, assemblés à Coïmbre, déclarent le trône vacant, d'après une
disposition expresse de la loi qui régle la
succession à la couronne, (Voyez ci-dessus, page 388,) & cassent « comme
» forcée, involontaire & nulle, la déci-
» sion des Etats tenus à Estremos, qui
» appelloit à la couronne Béatrix, reine
» de Castille.» (Voyez ci-dessus, p. 437.)
L'orateur de l'assemblée parla long-tems
en faveur de D. Jean : ce Prince prit la
parole, & fit valoir les droits de ses freres qui devoient l'emporter sur lui, puisqu'ils étoient fils légitimes de Pierre I ; il
se défendit d'accepter la couronne, avec
une modestie plus puissante que tous les
éloges : & l'assemblée résolut de le proclamer Roi, sous le nom de Jean I.

JEAN I, LE GRAND.

[1385.]

L E nouveau Roi différa la cérémonie de fon couronnement , parce qu'il lui reftoit un trop grand nombre de villes à réduire fous fon obéiffance. D'ailleurs, il vouloit mettre fon trône à couvert des prétentions de fes ennemis & de fes concurrens. Il donna les premieres charges du Royaume aux plus zélés de fes partifans , & fe réferva la grande-maîtrife de l'ordre d'Avis , dont il étoit revêtu avant fon élévation fur le trône.

[1385.]

Lifbonne eft honorée du titre de ville capitale , & de féjour ordinaire des Rois, en récompenfe de fon empreffement à fe déclarer pour le Roi , lorfqu'il n'étoit que Régent. Il voulut encore que le premier parlement du Royaume y tînt fes féances. Il eft compofé d'un préfident , d'un chancelier & de dix juges. Prefque toutes les affaires font portées à leur tribunal.

Le fecond parlement tient fes féances dans la ville de Porto , & il eft compofé des mêmes officiers que celui de Lisbonne. Outre les juges ordinaires de ces deux tribunaux souverains, les seuls qu'il y ait dans le Royaume, on compte encore deux conseillers, qu'on appelle EXTRA-VAGANTÈS, parce qu'ils n'ont pas de fonctions réglées.

Les justices subalternes ont beaucoup de rapport avec nos bailliages. On en compte vingt-quatre dans le Royaume.

Les maisons de ville ont aussi leurs juges particuliers. Une de leurs fonctions principales, consiste à remplir de vivres les magasins publics, & à taxer le prix des denrées. Ils veillent avec beaucoup de soin à la réparation des édifices publics, & à l'entretien des grands chemins.

Les loix propres du Portugal se nomment ORDONNANCES ou DROIT ROYAL. On a cependant conservé le fonds de la jurisprudence Romaine; & le droit civil est suivi dans toute l'étendue du Royaume. Quand il se présente un cas extraordinaire, qui n'a pas été prévu dans le droit royal, les juges le décident selon le droit Romain. Ceux qui prennent le parti de la robe, ne peuvent obtenir aucune charge de judicature, qu'après avoir étudié en droit pendant neuf années; alors ils subissent six examens différens, & soutiennent trois thèses publiques.

Quand un officier a paffé quelques années dans les juftices fubalternes, il eft en droit d'afpirer à une charge de confeiller dans les parlemens. Avant que d'en être revêtu, il eft examiné dans le confeil du Roi, où il explique, pendant une heure, la loi fur laquelle le hafard l'a fait tomber; &, le jour fuivant, il y répond aux difficultés qu'on lui propofe fur le droit civil des Romains & fur le droit royal.

Les Avocats font foumis aux mêmes examens que les juges, mais ils les fubiffent dans le parlement de Lisbonne, & ne paroiffent au barreau qu'après avoir été jugés propres à remplir dignement leurs fonctions.

⚜ [1385.] ⚜

La célèbre journée d'Aljubarotta comble de gloire le roi de Portugal, & affure la couronne fur fa tête. (Voyez T. I, page 466 & fuiv.) Il difoit à fes troupes qu'il rangeoit en bataille : « Je ne vous » exhorte pas à bien faire ; mon exemple » vous perfuadera mieux que les plus élo- » quens difcours. » Lui feul rétablit l'ordre dans fon armée qui ne put foutenir le premier choc ; fe battit heureufement contre plufieurs chevaliers qui n'en vouloient qu'à fa perfonne ; &, à la tête de fa nobleffe, culbuta la première ligne des en-

nemis. Depuis ce jour, les Portugais con-
serverent l'ascendant qu'ils avoient pris
sur les Castillans.

[1389.]

Le siége épiscopal de Lisbonne est érigé
en archevêché. Il étoit alors suffragant de
Brague, après l'avoir été long-tems de
Mérida.

[1394.]

D. Nugnez Péréyra, connétable de
Portugal, si célèbre dans l'histoire de ce
tems-là, partageoit avec les officiers attachés à sa fortune les biens dont l'avoit
comblé un Roi qui le regardoit comme son
ami, & le plus ferme appui de sa couronne.
Cette conduite donnoit de l'ombrage, &
les ministres engagerent le monarque à
rendre cette ordonnance : « Le Roi ren-
» trera, sans aucun délai, en jouissance
» des terres & des villes dont il a dis-
» posé avant & depuis sa proclamation :
» ces terres & ces villes faisant la meil-
» leure partie de son domaine, ceux qui
» les possédent en seront privés, à comp-
» ter du jour de cette déclaration, & ils
» en remettront les titres dans les archives
» royales, le Roi se réservant de les dé-
» dommager par des sommes équivalentes
» dont on leur délivrera des ordonnances

» à son tréfor. » Le Connétable regarde
cette démarche de la cour comme la
fuite d'un foupçon injurieux à fa fidélité,
&, de concert avec fes amis & fes partifans, fe difpofe à quitter le Royaume,

✿ [1396.] ✿

Le Roi, informé de la réfolution du
Connétable, met tout en ufage pour la
faire changer : il y réuffit enfin, & Nugnez reparoît à la cour, très-fatisfait en
apparence, quoique la déclaration eût
été exécutée dans toute fa rigueur.

✿ [1400.] ✿

On convertit en paix, la trève conclue
depuis plufieurs années avec la Caftille,
renouvellée deux fois, & toujours mal
obfervée de part & d'autre. Jean I envoya douze galères bien équippées, & s'offrit d'aller lui-même avec le refte de fes
troupes aider le roi de Caftille à humilier celui de Grenade.

✿ [1402.] ✿

Jean I gouvernoit en paix le Royaume
qu'il devoit à l'affection des peuples, à la
crainte qu'ils avoient eue d'une domination étrangère, & à fa valeur. Il rendoit
fes Etats floriffans, & bientôt on n'y
reffentit plus les maux que les guerres ci-

viles & étrangères avoient causés. Sous
ce régne commença le beau siécle de la
Monarchie Portugaise ; elle n'avoit pas
encore produit tant de grands hommes à-
la-fois.

[1410.]

Les assassinats étoient devenus communs, parce que les coupables se mettoient sous la protection, & même à la
suite des grands Seigneurs, ce qui les tenoit à couvert des informations qu'on
pouvoit faire contre eux. Une loi nouvelle
ordonna de s'assurer de la personne des
assassins, & de proportionner la punition
au crime qu'ils auroient commis ; & on
défendit, sous peine d'une grosse amende
pécuniaire, de protéger, ni de cacher ces
sortes de criminels.

[1411.]

Le Roi vouloit armer chevaliers les
trois aînés de ses fils, D. Edouard, D.
Pierre & D. Henri. Cette cérémonie ne
se faisoit ordinairement que pendant la
guerre, à la vue des ennemis, ou à l'is-
sue de quelque combat. Les jeunes Princes représenterent qu'ils n'avoient encore
rien fait pour mériter cet honneur, &
proposerent le siége de Ceuta, ville d'Afrique, située sur le Détroit de Gibraltar.

Le Roi eut d'abord quelque peine à goûter ce projet ; mais il se rendit aux vives
instances des Infants , dont l'ardeur mar-
tiale lui plaisoit infiniment , & il s'occupa
des préparatifs nécessaires pour une telle
expédition. Ils alarmerent les rois de Castille, d'Aragon & de Grenade ; on les
rassura , sans leur faire connoître le motif de cet armement.

[1413.]

Quelques Chevaliers Anglois publierent
dans Londres, que plusieurs Dames qu'ils
désignoient par leurs noms , n'avoient
point , du côté de la naissance , de la
beauté , ni de l'esprit , le mérite nécessaire pour occuper le rang qu'elles tenoient à la cour, & qu'ils le soutiendroient,
les armes à la main , contre quiconque se
présenteroit en champ clos. Personne ne
parut pour défendre les dames , & cette
nouvelle passa bientôt de la cour d'Angleterre à celle de Lisbonne. Douze jeunes
chevaliers Portugais se liguent pour aller défendre la cause des Dames Angloi-
ses. Ils demandent l'agrément du Roi ,
l'obtiennent, & se rendent à Londres, où
leur ardeur de combattre l'emporta sur
l'empressement qu'on avoit de leur donner des fêtes. Le roi d'Angleterre voulut
désigner lui-même le lieu du combat , &
distribuer

distribuer des armes aux combattans. Ils entrent dans le champ clos au son des trompettes & aux acclamations des dames, qui toutes formoient des vœux pour les chevaliers Portugais. On combat à la lance & à l'épée : aucun des chevaliers Anglois ne peut tenir contre les coups que lui porte son adversaire, & la victoire se déclare successivement en faveur des Portugais. Les dames leur prodiguent des couronnes de fleurs entrelassées de rubans, des lances, des épées, des écharpes ornées de chiffres & de devises, qui servoient de trophées à la valeur, à l'adresse & à la générosité de ces heureux combattans. De nouveaux honneurs les attendoient à Lisbonne, où ils furent reçus comme en triomphe, & leur présence donna aux Infants une nouvelle ardeur pour l'entreprise de Ceuta. (Voyez ci-dessus, page 447.)

[1415.]

Le Roi de Portugal s'embarque avec les trois Infants & la fleur de sa noblesse, pour son expédition contre les Maures d'Afrique. Sa flote étoit composée de trente-trois vaisseaux de ligne, cinquante neuf galères, & cent dix vaisseaux de transport, sur lesquels on comptoit cinquante mille soldats. On n'avoit point encore vu en Espagne un armement si considérable. La ville de Ceuta fit une vigoureuse résistance , mais elle ne fut pas de longue durée. Deux braves soldats faciliterent cette conquête : l'un , nommé Cortéréal, monta sur la brèche , tandis que l'autre , appellé d'Albergueria, fit sauter une des portes : ils se jetterent dans la place , suivis de leurs camarades ; & le gouverneur n'eut que le tems de se réfugier dans le château d'où il sortit précipitamment , pour éviter de tomber entre les mains des Portugais.

[1415.]

Le lendemain de la prise de Ceuta, Jean I arma chevaliers les Princes ses fils, auxquels il passa le baudrier, ceignit l'épée, & chaussa les éperons dorés, suivant l'usage des anciens chevaliers, qu'on appelloit CHEVALIERS DU BAUDRIER & CHEVALIERS DORÉS.

[1415.]

On suivoit encore en Portugal l'ère de César, qui étoit antérieure de trente-huit ans à l'ère Chrétienne. Le Roi ordonna de se conformer, sur ce point, à ce qui étoit en usage dans l'Espagne depuis près d'un siécle.

[1416.]

L'infant D. Henri, qui s'étoit extrêmement distingué à la prise de Ceuta, en
fait lever le siége aux Maures, & profite
de son séjour en Afrique pour tenter des
découvertes au-delà des côtes. Ce Prince
étoit habile dans les mathématiques, &
il contribua plus que personne à perfectionner la navigation, très-imparfaite alors
dans toute l'Europe. Il apprit à se conduire en mer, sur le cours des astres; il
fit les frais de presque tous les voyages
qu'on entreprit de son vivant sur les
côtes d'Afrique, & il inspira peu-à-peu
à sa nation le goût des découvertes; il
établit une école de navigation qui devint très-célèbre, dans laquelle Christophe Colomb acheva du moins de perfectionner ses talens: & on peut regarder ce
Prince comme le premier fondateur de ce
vaste Empire que les Portugais formè-
rent, en moins d'un siécle & demi, en
Afrique, en Asie & en Amérique.

[1423.]

On conclud une trève de vingt-neuf
ans avec la Castille; (Voyez T. I,
page 509,) elle étoit également nécessaire
aux deux Royaumes. Le défaut d'argent
avoit obligé le roi de Portugal à demander l'argenterie des églises.

[1427.]

Jean I supprime un édit , par lequel il soumettoit les eccléfiaftiques aux tribunaux féculiers , & aux mêmes impôts que les laïques.

[1428.]

D. Edouard , prince de Portugal, (c'eft le nom que portoit alors le fils aîné du Roi;) époufe l'Infante Eléonore d'Aragon. Elle avoit pour dot deux cens mille florins d'or; fomme très-confidérable pour ce tems-là.

[1433.]

La pefte ravageoit, depuis deux ans, le Portugal, & avoit enlevé le tiers de fes habitans. Jean I en mourut à l'âge de foixante-feize ans , & voulut être inhumé dans le monaftere royal de la Bataille, qu'il avoit fait bâtir dans la plaine d'Aljubarotta , pour fervir de monument à fa victoire. (Voyez ci-deffus , page 442.) On prononça différentes oraifons funèbres dans les églifes où le corps du Roi fut mis en dépôt , & où les Infants & les grands feigneurs le gardoient tour à tour. C'eft la premiere fois que l'Hiftoire de Portugal fait mention d'oraifon funèbre dans ces fortes de cérémonies.

EDOUARD I.

[1433.]

LE jour même que le roi Edouard I
avoit fixé pour son couronnement,
un médecin Juif, très versé dans l'astrologie judiciaire, vient le supplier de différer le cérémonie jusqu'après midi, afin
d'éviter la rencontre d'une constellation
fatale qui présidoit en ce moment, &
qui le menaçoit de quelque revers funeste, s'il recevoit la couronne avant
cette heure. Le Roi se moque du médecin ; &, malgré le respect que l'on avoit
encore alors pour les prédictions des
astrologues, la cérémonie eut lieu au tems
fixé. Son règne fut un tissu de calamités ;
& les partisans de l'astrologie judiciaire
n'ont point manqué de citer cet exemple,
pour montrer que cette science n'est pas
si vaine qu'on se l'imagine.

[1436.]

Les Infants, freres du Roi, s'engagent
dans une seconde expédition en Afrique ;
débarquent à Ceuta, & font la revue de
leurs troupes. Ils comptoient sur une ar-

F f iij

mée de quatorze mille hommes : quelle
fut leur furprife, en la trouvant réduite
à la moitié ! Les uns attribuerent cette di-
minution à la pefte qui défoloit encore
le Portugal ; & les autres , à la mauvaife
opinion qu'on avoit conçue d'abord de
cette guerre , & qui , le jour même de
l'embarquement, fit déferter la moitié des
troupes.

[1437.]

Les Portugais échouent devant la ville
de Tanger ; &, malgré deux victoires rem-
portées fur une armée de quatre-vingt-
dix mille hommes , ils fe trouvent eux-
mêmes affiégés dans leur camp, & n'obtiennent la liberté de fe retirer, qu'à condition d'évacuer Ceuta , & de donner en
ôtage l'Infant Ferdinand, fecond frere du
Roi.

[1437.]

On délibere, dans le confeil, fur l'exécution du traité conclu avec les Maures.
Après bien des débats , on s'en tient à
l'avis de retenir Ceuta, & de laiffer l'Infant à la merci des ennemis. La publica-
tion d'une Croifade réveille le zèle des
Portugais pour la guerre d'Afrique ; mais
elle n'eut pas lieu , & l'Infant mourut
dans la fixieme année d'un efclavage en-

core moins rigoureux qu'on n'avoit dû
l'efpérer. Il apprit que le Roi fon frere
vouloit exécuter le traité de Tanger :
» J'aime mieux, dit-il , vivre en efclave
» & mourir prifonnier, que de voir une
» ville Chrétienne livrée pour moi à des
» Infidèles. »

[1437.]

Les libéralités de Jean I avoient dimi-
nué confidérablement les revenus du Roi.
On cherchoit des moyens équitables de
révoquer la donation d'un grand nombre
de belles terres, faite aux premieres maifons du Royaume , dans un tems où il
falloit néceffairement acheter leurs fuffrages. Jean de Régras, qui, par des talens
diftingués, & par des fervices effentiels
rendus à l'Etat, avoit mérité la place de
chancelier, confeille à Edouard de publier que le Roi fon pere a déclaré en
mourant que « fon intention étoit, en
» faifant tant d'aliénations des biens de
» fa couronne, que ces mêmes biens paf-
» faffent d'enfans mâles en enfans mâles,
» afin d'augmenter en eux leur zèle pour
» la patrie, & leur fidélité pour la per-
» fonne du Roi ; mais qu'il avoit pré-
» tendu que, fi ces biens tomboient en
» quenouille, par le défaut de la ligne
» mafculine, ils fuffent déclarés réverfi-

» bles à la couronne. Afin de donner une
» pleine connoissance de cette intention
» que le roi D. Jean avoit toujours te-
» nue fort secrète, & qu'il n'avoit dé-
» clarée qu'aux derniers momens de sa
» vie, Régras engagea Edouard I à créer
» une loi nouvelle, à laquelle on donna
» le nom de LOI MENTALE. » Jean Régras, qui en étoit l'auteur, fut le premier
qui en éprouva les rigoureux effets. Il
tenoit tous ses biens de la libéralité du feu
Roi ; &, sans une dispense qui lui fut accordée, sa fille seroit restée dans l'indigence.

[1438.]

Edouard I meurt de la peste qui continuoit ses ravages. Ce Prince aimoit les
lettres & les cultivoit : il a laissé deux
excellens ouvrages, l'un sur la fidélité
dans l'amitié, & l'autre sur l'administration de la justice, l'intégrité des juges,
& les honneurs qu'ils méritent quand
ils s'acquittent dignement de leur ministere. On lui attribue un ouvrage sur la
politique, connu sous le titre de Bon
Conseiller, & qu'il avoit dédié à la reine
Eléonore, son épouse.

ALPHONSE V, L'AFRICAIN.

[1438.]

ALPHONSE V n'avoit que six ans quand il hérita du trône de son pere. La tutelle du jeune Roi & la Régence du Royaume furent longtems disputées entre la Reine-mere & les Infants : D. Henri ne voulut y prendre part que pour concilier les intérêts des prétendans : il étoit tout occupé des soins qu'exigeoient ses nouvelles découvertes, & le succès commençoit à répondre aux espérances qu'il en avoit conçues. (Voyez ci-dessus, page 451.)

[1440.]

Les Etats-généraux du Royaume confient la Régence au seul Infant D. Pierre, oncle du jeune Roi ; & la Reine-mere, quoique dépouillée de son autorité, continue d'agir en Souveraine. La crainte d'exciter une guerre civile, engage D. Pierre à rejetter les conseils violens qu'on lui donne, & sa patience oblige enfin la Reine à se retirer en Castille.

❧[1444.]❧

Les ordres militaires de Saint-Jacques & d'Avis font féparés de l'ordre de Calatrava en Caftille, auquel ils avoient toujours été unis, & deviennent des ordres libres, indépendans de tout autre, & attachés au feul royaume de Portugal.

❧[1446.]❧

Alphonfe V ayant atteint l'âge de fa majorité, le Régent convoque les Etats du Royaume, fe démet du gouvernement, rend le compte le plus exact de fon adminiftration, & protefte que le feul intérêt de l'état l'avoit déterminé à fe charger de la Régence, & qu'il n'a rien négligé pour former fon neveu au grand art de régner. Peu de tems après, le jeune Roi époufa Elifabeth, fille du Régent; & cette alliance, qui devoit mettre le comble à fa félicité, devint la fource de tous fes malheurs.

❧[1448.]❧

D. Alphonfe, comte de Barcellos, frere naturel du Régent, auquel il devoit fa dignité de duc de Bragance, outré de n'avoir pu traverfer le mariage du Roi dont il ambitionnoit d'être le beau-pere, détruit le Régent dans l'esprit du Monarque, & le fait disgracier.

ᨳᨘ [1448.] ᨘᨳ

Le fameux Alvaro de Almada, comte d'Abranchés, se présente, armé de toutes piéces, devant le Roi, & lui dit : » Je viens vous demander la permission » de me battre contre ceux qui ont parlé » mal de l'Infant D. Pierre, & qui se » sont efforcés de le détruire dans votre » esprit. Cette injure ne peut se laver que » dans le sang des calomniateurs ; & je » ne dois pas ménager le mien pour ven- » ger un ami absent, & injustement of- » fensé en sa personne & en son honneur.» Le Roi loue le courage & le zèle du comte, lui refuse la permission qu'il demande, & ne change rien dans sa conduite à l'égard de l'Infant.

ᨳᨘ [1448.] ᨘᨳ

La Reine mettoit tout en usage pour rétablir la bonne intelligence entre son pere & son époux : elle obtient enfin du Roi la promesse de pardonner à l'Infant s'il reconnoissoit sa faute, & le mande au prétendu coupable, en l'exhortant «à » se soumettre à un pardon qu'il n'est ja- » mais honteux de demander à son Sou- » verain. » Elle reçoit cette réponse : «Je

» fuis plus pénétré de votre tendreffe que
» de la clémence du Roi ; je vous pro-
» mets de faire tout ce que vous exigez
» de moi, mais ce fera par un pur effet
» de ma complaifance pour vous. » La
Reine, emportée par les premiers mouvemens de fa joie, montre cette lettre
au Roi, qui la met en piéces après l'a-
voir lue, & dit avec un ton de colere :
» Puifque c'eft uniquement par complai-
» fance pour vous, & non par aucune
» confidération pour moi, je révoque la
» parole que je vous ai donnée. »

[1449.]

D. Pierre, innocent des crimes dont
on l'accufoit, fe rend coupable en voulant foutenir, les armes à la main, fon
innocence. Alphonfe V marche en perfonne contre fon oncle, fon beau-pere
& fon tuteur ; l'inveftit dans fes retranchemens, & le réduit à la néceffité de fe
défendre. Accablé par le nombre, & couvert de bleffures, D. Pierre expire en affurant qu'il meurt fidèle à fon Roi. Alors
le comte d'Abranchés combat en défefpéré, moins pour venger la mort de fon
ami, que pour ne pas lui furvivre ; il
tomba de fatigue, fans avoir été bleffé,
& dit en mourant, à ceux qui le perçoient
de coups : «Affouviffez-vous, jeunes gens!»

[1450.]

Le Roi n'ayant trouvé dans les papiers de l'Infant D. Pierre que des preuves de fidélité, se reproche sa facilité à suivre des conseils dont il découvre enfin toute la malice; pleure la mort de son beaupere, & s'efforce de réparer les fautes qu'il venoit de commettre à son égard.

[1452.]

L'amour des lettres & des sçavans se conservoit à la cour. Un Italien, nommé Juste, y est appellé à cause de son érudition; & on rassemble dans le palais un nombre suffisant de livres pour donner commencement à la Bibliothéque royale, dont Alphonse V peut être regardé comme le fondateur.

[1456.]

Alphonse V avoit les inclinations guerrieres, & désitoit d'aller venger ses oncles & les armes Portugaises, de l'affront reçu à Tanger; (Voyez ci-dessus, page 454.) c'est ce qui fit destiner contre l'Afrique un armement considérable préparé pour une Croisade, à l'occasion de laquelle on avoit frappé, aux armes de Portugal, une nouvelle monnoie d'argent, appellée CRUZADE, parce qu'elle por-

toit une croix fur le revers. Elle a toûjours valu environ deux livres de France ;
elle vaut aujourd'hui trois livres quatorze
fous.

～[1457.]～

L'armement deftiné contre l'Afrique,
confiftoit en deux cens voiles, & vingt
mille hommes de troupes réglées. Le Roi
voulut conduire lui-même fon entreprife,
dont il ne déclara le fecret qu'après avoir
été joint en mer par l'Infant D. Henri,
fon oncle, qui venoit de former des établiffemens fur la côte de Guinée. Alphonfe avoit ouï dire que dans la ville
de Fez « étoit une tour, du fommet de
» laquelle fortoit une épée ; & que, fui-
» vant la tradition du pays, un Prince
» Chrétien enleveroit un jour cette épée,
» & qu'alors l'Empire des Sarafins finiroit
» en Afrique. » Il ne douta point que
cette gloire ne lui fût réfervée ; &, pour
y parvenir, il commença par inftituer
un nouvel ordre militaire, fous le titre
de l'ÉPÉE DE SAINT JACQUES. La Grande-
Maîtrife étoit attachée à la couronne, &
le nombre des chevaliers devoit être fixé
à vingt-cinq. Si l'on en juge d'après les
hiftoriens contemporains, leur filence, à
cet égard, donne lieu de croire que ce
projet n'a pas été exécuté. Il n'eft fait

mention de cet ordre que vers la fin du seizieme siécle, depuis qu'on en trouva les statuts dans les archives de la maison de Bragance. Alphonse V n'alla point à Fez, & renonça même de bonne heure aux expéditions d'Afrique.

[1458.]

Les Portugais s'emparent d'Alcazar Séguer, le jour même qu'ils attaquent cette ville, & le Roi se plaint du peu de « résistance qu'il éprouvoit de la part de ses ennemis. Il auroit voulu trouver l'occasion de signaler sa valeur, & payer plus cher l'honneur de la victoire. »

[1460.]

Alphonse V nomme le duc de Bragance, Régent du Royaume, pendant la guerre d'Afrique. Le Duc s'en excuse sur son grand âge, & prie le Roi de lui permettre de passer la mer : « Une guerre contre les Infidèles me donnera, dit-il, une nouvelle vigueur. — Non, répond le Roi, les fatigues d'une pareille expédition ne vont point à un homme de quatre-vingt-dix ans ; d'ailleurs, je n'ai que vous sur qui je puisse me reposer du gouvernement de mes Etats pendant mon absence. »

[1461.]

Une seconde expédition en Afrique, met le roi de Portugal dans la nécessité de montrer tout son courage, & d'apprendre à essuyer des revers. Impatient de s'ouvrir, jusqu'à la ville de Tanger, un passage que les Maures disputoient vaillamment, il s'expose aux plus grands dangers. On alloit le faire prisonnier, lorsque D. Edouard de Menezès le degage aux dépens de sa vie. Ce héros, que les Maures appelloient LE REDOUTABLE, depuis qu'il les avoit forcés deux fois de lever honteusement le siége d'Alcazar, est mis en piéces par des Barbares altérés du sang de leur vainqueur.

[1462.]

Les Portugais quittent l'Afrique; & le comte de Villa-Réal, qui avoit heureusement sauvé le reste de l'armée, reçoit le titre glorieux de BOUCLIER DE L'ETAT ET DE LA FOI. Alphonse y ajouta le don de plusieurs terres considérables.

[1470.]

Alphonse V reparoît en Afrique, & se dédommage de toutes ses pertes par la prise d'Arzille & de Tanger. Ce fut à
cette

cette occasion qu'on lui donna le surnom d'AFRICAIN. De retour à Lisbonne, il ajouta au titre de ROI DE PORTUGAL ET DES ALGARVES... ET DE DE-ÇA ET DE DE-LA LES MERS. On prétend qu'il fit repréfenter fes conquêtes en tapifferies, fur lefquelles on voyoit tous les officiers qui s'étoient fignalés par quelque exploit.

❧[1475.]❧

Alphonfe V abandonne fes projets de conquêtes en Afrique, pour aller foute-nir les droits de fa niéce, Jeanne de Caf-tille, contre Ferdinand & Ifabelle. (Voyez T. I, pages 594 & fuiv.) Obligé de fuir, après la bataille de Toro qu'il auroit pu gagner, (Voyez T. I, pages 598 & fuiv.) il abandonne le gouvernement de fes Etats au prince D. Jean, fon fils aîné, & paffe en France pour y demander du fecours. Louis XI le renvoie au duc de Bourgogne, « qui devoit, dit-il, plutôt » que lui, prendre la défenfe de Jeanne » de Caftille, fa proche parente. »

❧[1477.]❧

Alphonfe V écrit à Louis XI qu'il eft réfolu de ne plus retourner en Portugal, de s'embarquer pour Rome, & d'aller finir fes jours dans une folitude. Cet exil vo-lontaire lui ôtant la facilité de récompenser ses officiers, il prioit le roi de France de s'en charger. Louis XI le détourne de ce projet, l'engage à reprendre le chemin de Lisbonne, & lui donne une escorte de plusieurs vaisseaux, qui le ramène avec honneur dans ses Etats.

[1478.]

Le prince D. Jean avoit été proclamé Roi pendant l'absence d'Alphonse ; il se promenoit sur les bords du Tage, quand on vint lui annoncer que son pere arrivoit : « Comment dois-je le recevoir ? » dit-il avec un air embarrassé. « Comme » votre pere, & votre Roi ; » répondent le duc de Bragance & l'archevêque de Lisbonne. A ces mots D. Jean prend une pierre & la jette avec violence dans le fleuve. L'archevêque s'approche du Duc, & lui dit : « Cette pierre ne me donnera » jamais dans la tête. » Il ne tarda pas d'éxécuter son projet de se retirer à Rome. Cependant D. Jean remit le sceptre à son pere, & ne voulut pas même le partager avec lui. Un historien assure qu'il dit alors : « J'ai plus de joie en vous voyant » sur le trône, que si je commandois à » toute la terre. »

[1479.]

On négocioit la paix entre la Castille

& le Portugal. (Voyez T. I, page 606.)
Alphonfe V, ennuyé de répondre à des
difficultés qui fe renouvelloient fans ceffe,
envoie aux rois de Caftille, deux Dez
fur l'un defquels étoit écrit le mot PAIX,
& fur l'autre le mot GUERRE. Cette al-
ternative fit conclure le traité ; & la claufe
qui limitoit la paix à cent & un an, &
que l'ufage faifoit regarder comme une
fimple formule, fut exécutée à la lettre,
lorfque Philippe II déclara la guerre au
Portugal, en 1580.

[1480.]

Alphonfe V convoque à Lisbonne les
Etats-généraux, compofés de tous les
grands feigneurs du Royaume, des chevaliers de tous les ordres militaires, &
des magiftrats des Cours Souveraines.
Quelle fut leur furprife d'entendre le Roi
fe reprocher, en pleine affemblée, les
fautes, même les plus légeres, qu'il avoit
pu commettre fur le trône, & déclarer
qu'il paffera le refte de fes jours dans un
couvent de l'ordre de S. François ! Il remet au prince D. Jean, un fceptre qu'il
pouvoit fe promettre de porter encore
long-tems ; le fait reconnoître & proclamer Roi; fe retire en fimple particulier,
& fe dérobe aux regrets, aux larmes, &

aux remontrances de ſes ſujets , dont il étoit véritablement aimé.

[1481.]

Alphonſe V n'eut pas même la ſatis-faction d'entrer dans la ſolitude qu'il s'é-toit préparée : une fiévre maligne le ſur-prit en chemin , & il mourut à l'âge de quarante-neuf ans. Il eſt le premier qui ait fait travailler à l'Hiſtoire de Portu-gal.

JEAN II, LE PRINCE PARFAIT,

[1481.]

JEAN II exécuta les dernieres volontés du Roi son pere avec la plus grande exactitude, & donna même à cette occasion, une preuve d'équité, dont l'histoire fournit peu d'exemples. Il récompensa les services & la fidélité de plusieurs officiers à qui le feu Roi avoit oublié d'assigner des legs par son testament.

[1481.]

Le nouveau Roi donne un édit, « portant révocation de tous les brevêts ac- » cordés, soit pour les graces, soit pour les » charges qu'il avoit promises avant qu'il » fût parvenu à la couronne. » Un particulier, chagrin de se voir privé d'un bien sur lequel il comptoit, vient s'en plaindre au Roi : « Apprenez, lui dit-il, que les ser- » vices qu'on rend aux jeunes Princes gou- » vernés par les plaisirs, & non par la rai- » son, méritent d'être oubliés, & même » punis comme une espèce de perfidie. »

[1482.]

On mit des bornes au pouvoir & à

G g iij

l'étendue de la justice particuliere des seigneurs, & cette réforme excita parmi les
Grands des murmures qui allerent jusqu'à
la révolte. D. Ferdinand, duc de Bragance, se plaignit du tort que faisoit une
ordonnance qui paroissoit « nouvelle, &
» même violente, pour ne pas dire in-
» juste. » Le Roi lui répondit : « Je sçais
» que l'ambition des Grands est de trai-
» ter en sujets tous ceux qui vivent dans
» l'étendue de leurs domaines. Je ne veux
» point de vassaux qui font les petits Rois.
» Mes peuples ne doivent point reconnoî-
» tre d'autre Souverain que moi. L'obéis-
» fance à mes volontés, vous convient
» mieux que la hardiesse de m'en deman-
» der la raison. »

[1483.]

Le duc de Bragance Ferdinand II, est
arrêté, & intérrogé sur plusieurs chefs
auxquels se réduisoit l'accusation intentée
contre lui : sçavoir «qu'il parloit d'une ma-
» niere peu respectueuse, & même inju-
» rieuse de la personne du Roi : qu'il in-
» vectivoit contre le gouvernement : qu'il
» avoit des intelligences secretes & dan-
» gereuses avec le roi de Castille : qu'il lui
» découvroit par des lettres furtives, les
» desseins que le roi D. Jean lui avoit
» communiqués, comme à un bon parent,

» & à un sujet fidèle : qu'ayant sçu les
» malverſations & les mauvaiſes inten-
» tions de ſon frere, le Connétable, il
» n'en avoit pas averti le Roi, comme
» il y étoit obligé : que, dans le tems de
» l'aſſemblée des Etats-généraux, il avoit
» prévenu les députés par des inſtructions
» ſecrettes, afin qu'ils s'oppoſaſſent for-
» mellement aux demandes & aux inten-
» tions du Roi : enfin qu'il uſoit d'injuſtices
» & de violences envers ſes vaſſaux. » Le
Duc garda le ſilence pendant l'interroga-
toire qu'on lui fit ſubir, & demanda ſeulement qu'il plût au Roi de renvoyer le
jugement de ſon affaire par-devant tels
Princes & Seigneurs qu'il voudroit choi-
ſir, « eſpérant que des juges de ce carac-
» tère ſeroient au-deſſus de toute préven-
» tion. » On ne changea rien à la forme
de procéder contre les criminels.

❧[1483.]❧

Le duc de Bragance a la tête tranchée
dans la place publique d'Evora. Il étoit
beau-frere du Roi ; & ce prince, avant
que de le faire arrêter, « le ſomma en
» particulier de lui avouer ſon crime,
» avec promeſſe de le pardonner ; mais le
» Duc nia conſtamment tout, ignorant
» qu'on avoit ſaiſi, par ſa négligence, les
» lettres du roi de Caſtille & d'autres

» piéces qui fervoient de preuves à l'accu-
» fation. »

Le grand Prévôt refufa d'affifter à l'exécution du duc de Bragance. Jean II fit
une loi qui oblige cet officier d'être préfent au fupplice des perfonnes de confidération, fous peine de perdre fa charge.

[1484.]

Les feigneurs Portugais donnent des larmes au duc de Bragance, & font l'horrible
ferment de le venger en affaffinant le Roi
& en couronnant le duc de Vifeu, fon
coufin-germain, qui étoit frere de la Reine.
Ce jeune Prince, ébloui par l'éclat d'une
couronne, devient le chef d'une conjuration dont le Roi ne tarde pas d'être informé, & dans le plus grand détail. Ce
Prince mande le Duc dans fon cabinet,
lui parle du noir complot tramé contre
fa perfonne, & lui dit : « Que feriez-
» vous à celui qui en voudroit à votre
» vie ? » Le Duc, perfuadé que fes jours
dépendent de la réponfe qu'il alloit donner, & que fa fermeté lui tiendra lieu
d'innocence , répond d'un ton affuré :
» Je le préviendrois dans ce deffein, &
» je le tuerois s'il m'étoit poffible. — Vous
» avez prononcé vous-même votre con-
» damnation, » reprend le Roi, & le poignarde de fa propre main. On fait le

procès au cadavre ; le Roi se soumet à toutes les formalités de la justice, & les conjurés périssent sur des échafauds, ou passent dans les pays étrangers.

[1484.]

Le Roi adopte, en quelque sorte, D. Emmanuel, frere du duc de Viseu ; (celui qui hérita de sa couronne) lui rend tous les biens qu'il étoit en droit de confisquer, & lui accorde la charge de Connétable, avec la grande-maîtrise de l'Ordre de Christ. Il lui fait prendre le titre de duc de Béja, celui de Viseu étant devenu trop odieux.

[1484.]

Un officier faisoit solliciter une grace, qu'il n'osoit demander lui-même. Le Roi lui dit : « Puisque vous avez des mains » pour me rendre service, pourquoi n'a- » vez-vous pas de langue pour me de- » mander des récompenses ? »

[1485.]

On étoit surpris de voir D. Jean de Ménesez revêtu d'une des premieres charges de la couronne. « N'en soyez point » étonnés, dit le Roi ; Ménesez aime la » vérité, il a toujours le courage de me » la dire, lors même qu'elle me déplaît. »

❧[1485.]❧

On reprend le projet des découvertes sur la côte de Guinée. Trois sçavans astronomes sont choisis pour donner à l'Astrolabe une nouvelle perfection, & le rendre propre à régler, en pleine mer, la route des vaisseaux. C'est aux Portugais que les pilotes sont redevables de cet instrument avec lequel ils observent la hauteur des astres, dont les seuls astronomes s'étoient servis jusqu'alors, pour connoître la disposition du Ciel.

❧[1485.]❧

Ferdinand Gomez, homme riche & entreprenant, offre de continuer à ses frais la découverte de la côte de Guinée, & s'engage à laisser au Roi tout l'ivoire qu'il pourroit rassembler.

❧[1486.]❧

Jean II, voulant se conserver à lui seul les grandes richesses qu'il tiroit de l'Afrique, affectoit de paroître se repentir de toutes ses entreprises, & faisoit publier des relations de voyages, propres à en inspirer le dégoût. Il envoyoit tous les vieux vaisseaux qui étoient dans ses ports, & les faisoit lester de bois de construction. On les mettoit en piéces dès qu'ils

étoient arrivés , & on en conftruifoit
d'autres pour le retour , ce qui donnoit
lieu de croire que les premiers avoient fait
naufrage.

⭒[1487.]⭒

Un juge plus avide de préfens que
fidèle aux devoirs de fa charge, eft mandé
à la cour. Le Roi lui dit : « Prenez garde
» à vous , je fçais que vous tenez les
» mains ouvertes & les portes fermées. »
Il n'en fallut pas davantage pour corriger
le coupable.

⭒[1488.]⭒

Un riche bourgeois, Pierre Pantoja, avoit
prêté au Roi une fomme confidérable.
On le rembourfe , en lui payant les intérêts de fon argent. Pantoja ne prend
que la fomme principale, & laiffe les intérêts ; plus on le preffe de les prendre,
plus il s'obftine à les refufer. Le Roi, qui
en eft informé, multiplie les intérêts par
le nombre de fois que Pantoja avoit refufé de les recevoir, & lui ordonne de
prendre la totalité de cette fomme, comme
une marque de fa reconnoiffance.

⭒[1489.]⭒

Le Comte de Villa-Réal, D. Pierre
de Norogna, reçoit le titre de Marquis ;

honneur d'autant plus diftingué, que le Roi ne l'accorda qu'une feule fois pendant tout fon règne. Ce Prince étoit affis fous un dais, dans fon appartement, & environné d'une cour nombreufe. Quatre confeillers d'Etat accompagnoient le comte : le premier portoit l'écuffon des armes ; le fecond, l'épée ; le troifieme, le bonnet de velours doublé d'hermines ; le quatrieme tenoit un baffin d'or, dans lequel on avoit mis une bague très-riche.

» Le Comte, placé debout devant le
» Roi, fit une profonde révérence, &
» le chancelier du Royaume prononça
» un difcours relatif à la cérémonie. Dès
» qu'il eut fini, le Roi, aux pieds de qui
» le nouveau Marquis étoit à genoux, lui
» mit fur la tête le bonnet, comme une
» marque de la fidélité qu'il devoit à fon
» Souverain : il lui ceignit l'épée, afin
» de lui apprendre l'ufage qu'il devoit en
» faire pour le fervice & le bien de l'E-
» tat : enfin il lui donna la bague, comme
» un nouveau gage d'une alliance plus
» particuliere avec fa perfonne, & lui re-
» mit les Lettres-patentes de fon titre de
» Marquis. »

On compte trois claffes de TITRÉS ou de GRANDS ; fçavoir, les DUCS, les MARQUIS & les COMTES. Le nombre des premiers eft on ne peut pas moins confidérable , quoiqu'il y ait plufieurs duchés ; mais ils font confondus dans les qualités de ceux qui les poffédent , comme on le voit dans la perfonne du Roi , à qui les duchés de Bragance & de Barcellos appartiennent en propre. Chaque titre emporte une penfion qui lui eft affignée. Les Ducs ont trois mille cinq cens livres ; les Marquis , feize cens foixante & cinq livres ; & les Comtes, cinq cens quinze livres. La qualité de FIDALGUE eft réfervée pour la nobleffe qui n'eft pas titrée. Le Roi affigne aux Fidalgues des penfions fur un fonds de quarante mille Cruzades , qui eft deftiné à cet effet. (Voyez ci-deffus, page 461.)

[1490.]

Des pirates François avoient pris un vaiffeau Portugais chargé d'or, d'ivoire & d'effets précieux. On faifit , par repréfailles , tous les bâtimens François qui fe trouvoient dans les ports du royaume de Portugal ; le vaiffeau eft rendu, & les pirates font punis. Mais, dans la reftitution qu'on avoit faite, il y manquoit un perroquet. Le Roi défendit de relâcher aucun des vaiffeaux François, que cet oifeau ne fût rendu ; « voulant prouver, di- » foit-il , qu'il agiffoit moins par intérêt,

» que par zèle à maintenir l'honneur de
» fon pavillon. »

[1491.]

Alphonfe, prince de Portugal, eft tué
d'une chute de cheval, dans la dix-fep-
tieme année de fon âge. Cette mort étoit
d'autant plus affligeante, qu'elle faifoit
regretter un Prince accompli, & l'unique héritier d'une couronne qui devoit
paffer, pour la premiere fois, dans la
ligne collatérale.

[1492.]

Un édit oblige « tous les vagabonds,
» gens fans aveu & mendians, de fortir
» du Royaume, ou de travailler. » Le Roi
fonda, peu de tems après, l'hôpital de
Tous-les-Saints, pour y recevoir ceux qui
n'étoient pas en état d'obéir à fon édit.

Une autre ordonnance défendoit à tous
les Portugais « d'avoir des chevaux ou
» des mules, à moins qu'ils ne fuffent
» capables de porter les armes, & en état
» d'aller à la guerre. » Le Roi fe propofoit de rétablir les haras qui avoient été
négligés depuis le régne d'Alphonfe V,
& de fe procurer un affez grand nombre
de chevaux pour lever de la cavalerie,
en cas de befoin. Le clergé fit des re-

préfentations fur cette ordonnance ; &
le Roi, qui parut en approuver les motifs,
déclara « n'avoir point eu intention de
» comprendre le clergé dans les ordres qu'il
» avoit fait publier. » Mais en même tems
il défendit « à tout maréchal, fous peine
» de la vie, de ferrer ni chevaux, ni mu-
» les, que ceux de fes haras. »

[1492.]

On établit des chanoines pour deffer-
vir la chapelle du palais, & y célébrer
l'office divin, avec la même folennité
que dans les églifes cathédrales. La premiere dignité eft celle de doyen & de
tréforier : elle relève immédiatement du
faint fiége ; & celui qui en eft pourvu a
l'infpection générale fur tous les officiers
de la chapelle, avec le droit des conférer
les bénéfices qui en dépendent. On le
nomme aujourd'hui GRAND-MAÎTRE DE
LA CHAPELLE.

[1493.]

Les Juifs, chaffés de la Caftille, fe retirent en Portugal, au nombre d'environ
trente mille familles. Le Roi leur accorde
un afile, à condition qu'ils fe feront inftruire de la religion Chrétienne, qu'ils
payeront une capitation de huit écus par
tête, & que, dans huit mois, ceux qui

n'auront pas reçu le Baptême fortiront du Royaume, ou demeureront efclaves. (Voyez ci-deffus, page 3.)

❧[1494.]❧

D. Alphonfe de Sylva, ambaffadeur de Caftille, impatient de juger par lui-même de la convalefcence du Roi, fe trouve fur fon paffage, un jour qu'il alloit d'une ville à une autre pour changer d'air. Le Prince, qui regardoit l'ambaffadeur « comme l'infpecteur de fa vie ou de fa » mort, » dit au moment qu'il lui préfentoit la main à baifer : « Ce bras, » D. Alphonfe, eft encore affez fort pour » donner une bataille ou deux.... aux » Maures, » ajoute-t-il, après un petit intervalle. L'ambaffadeur lui répond : « Le » Roi, mon maître, apprendra de fi bon- » nes nouvelles avec la plus grande fatis- » faction, fur-tout quand il fçaura Votre » Majefté en meilleure fanté qu'on ne me » l'avoit dit. »

❧[1495.]❧

Jean II avoit inutilement tenté de faire tomber fa couronne à D. Georges, fon fils naturel, au préjudice de D. Emmanuel, duc de Béja, fon coufin, fon beau-frere, & fon héritier préfomptif. Il avoit même laiffé en blanc, dans fon teftament,

ment, le nom de son successeur. Un jour qu'il sentoit ses forces diminuer, il appelle D. Antoine de Faria, secrétaire de ses commandemens, & lui dit de remplir le blanc qu'il avoit laissé, en y mettant le nom de D. Geotges. D. Faria représente le tort que ce choix feroit à la gloire du Roi, & au repos de l'Etat : que D. Georges, sans amis & sans appui, auroit pour concurrent un Prince successeur légitime de la couronne, frere de la Reine, allié à tous les Monarques de l'Europe, aimé des Grands, adoré du peuple, & soutenu de toutes les forces de la Castille. Le Roi, touché de la fidélité d'un sujet qui, dans cette occasion, sacrifioit son intérêt personnel au bonheur de la patrie, fait écrire le nom d'Emmanuel, & commence enfin à traiter ce Prince aussi bien qu'il le méritoit depuis long-tems, par une conduite pleine de prudence & de modération.

[1495.]

Jean II fut pour le moins autant regretté après sa mort, qu'il avoit été craint pendant sa vie. Rien n'empêchoit alors de rendre justice à ses grandes qualités. On l'avoit accusé de cruauté ; & il ne s'en crut pas moins autorisé à pren-

dre pour fa devife un pélican, afin de
marquer à fes fujets l'affection qu'il leur
portoit. Il avoit coutume de dire : « Ce-
» lui qui fe laiffe gouverner, ne mérite
» pas de régner. » C'eft ce qu'un feigneur
Anglois avoit obfervé. Il répondit au roi
d'Angleterre Henri VII, qui lui demandoit ce qu'il avoit remarqué de plus confidérable en Portugal : « Un Roi qui com-
» mande à tous , & à qui perfonne ne
» commande. »

EMMANUEL I, LE GRAND.

⊱[1495.]⊰

LA couronne de Portugal paſſa dans la ligne collatérale, pour la premiere fois depuis l'établiſſement de la Monarchie. Le ſucceſſeur de Jean II étoit ſon plus proche héritier, en qualité de petit-fils d'Edouard I. On lui donna le nom d'EMMANUEL, parce qu'il naquit le jour de la Fête-Dieu, & au moment où la Proceſſion paſſoit devant le palais. Il fut redevable du ſurnom de GRAND, aux conquêtes que les Portugais firent dans l'Orient ſous ſon règne.

⊱[1495.]⊰

On ne donnoit aux rois de Portugal que le titre de SEIGNEURIE : Emmanuel prit celui d'ALTESSE SÉRÉNISSIME, dont l'uſage fut conſervé ſous le règne de ſes trois ſucceſſeurs. Jean IV fut le premier à qui on donna le titre de MAJESTÉ.

⊱[1495.]⊰

Des Commiſſaires ſont envoyés dans toutes les provinces du Royaume, pour

Hh ij

examiner fi les gratifications accordées
par Jean II, étoient véritablement la récompenfe du mérite & des fervices de
ceux qui en jouiffoient. La nobleffe devoit fouffrir de cet examen rigoureux. On
la dédommagea, en lui affurant, dans les
affemblées générales de la nation, les
honneurs & les prérogatives accordés, en
ces fortes d'occafions, à la nobleffe de
France & d'Angleterre.

[1496.]

Les Juifs font obligés d'obéir à l'édit
porté contre eux par le roi Jean II.
(Voyez ci-deffus, page 479.) Bientôt
on fe porta contre ces malheureux à des
violences qui furent généralement défap-
prouvées. On enlevoit les enfans qui n'a-
voient pas encore atteint l'âge de quatorze ans, pour les faire élever dans la
Religion Chrétienne; & les peres aimoient
mieux poignarder, empoifonner, étouffer
leurs enfans, ou les jeter dans des puits,
que de les remettre aux Chrétiens.

[1497.]

Le célèbre Vafco de Gama part avec
quatre vaiffeaux & cent foixante hommes, pour continuer la découverte des
Indes, où il arriva l'année fuivante, par une
route qu'il fraya le premier aux Européens.

[1498.]

Emmanuel rend à la maison de Bragance tout ce que son prédécesseur lui avoit fait perdre, & réhabilite en quelque sorte la mémoire du duc Ferdinand II. (Voyez ci-deſſus, page 471.) Il déclare par un acte authentique, dont on trouve la copie dans pluſieurs hiſtoriens, «que ce n'eſt point un don, mais » une reſtitution qu'il fait à Jacques, duc » de Bragance, ſon neveu. » Ce Prince le déclara, peu de tems après, de vive voix ſeulement, ſon ſucceſſeur au trône, en cas qu'il mourût ſans enfans. La crainte de ſe brouiller avec les rois de Caſtille, qui avoient des prétentions ſur la couronne de Portugal, empêcha Emmanuel de donner plus de célébrité au choix qu'il faiſoit d'un ſucceſſeur ; & la naiſſance de D. Jean fit évanouir les eſpérances prochaines de la maiſon de Bragance.

[1500.]

Pierre Alvarez Cabral découvre le Bréſil cette année, & non pas en 1501, comme le prétendent pluſieurs hiſtoriens. Il eſt encore très-vrai que deux mois avant l'arrivée de Cabral, Vincent Yañez Pinçon, Eſpagnol, avoit découvert un Cap du Bréſil, qu'il nomma « le Cap de

» Confolation, » appelé depuis par les Portugais « le Cap de Saint-Auguftin, » & qu'il en avoit pris poffeffion au nom du Roi Catholique.

[1502.]

Les faifeurs d'horofcopes & de prédictions ne manquerent pas d'exercer leurs talens, à la naiffance de l'Infant D. Jean, prince de Portugal. Au moment qu'il vint au monde, une horrible tempête fit de grands dégâts dans le Portugal : pendant la cérémonie du baptême, le feu prit au palais, & en confuma une partie. Ces deux circonftances parurent aux devins n'annoncer que des malheurs ; & tous fe trompèrent. Peu de Rois ont régné plus heureufement & avec plus de gloire que Jean III.

[1503.]

Les Etats du Royaume reconnoiffent le prince de Portugal pour héritier de la couronne, & reçoivent avec tranfport plufieurs ordonnances très-fages que le Roi fe propofoit de rendre. Ils offrent, par reconnoiffance, de fournir aux frais de la guerre qu'on alloit porter en Afrique ; mais il fallut employer cet argent à foulager les peuples qu'une horrible famine réduifoit à fe nourrir d'herbes, d'écorces &

de racines d'arbres. La peſte ſuivit de près ce premier fléau, & déſola tout le Royaume qui ſe dépeuploit à vue d'œil.

❦[1504.]❦

Pluſieurs tremblemens de terre ſe font ſentir dans tout le Portugal. Les ſecouſſes en furent ſi violentes, que la plûpart des villes demeurerent déſertes : les habitans ſe réfugioient ſous des tentes, dans les campagnes.

❦[1508.]❦

Les revers que les Portugais venoient d'éprouver en Afrique, firent convoquer une eſpèce d'arriere-ban. On ordonna aux ſeigneurs de paroiſſe, d'aſſembler dans leurs terres tout ce qu'il y avoit d'hommes en état de porter les armes, d'en former des compagnies, de ſe mettre à leur tête, & de ſe rendre auprès de la perſonne du Roi. La ſeule province d'Algarve raſſembla en cinq jours de tems, une armée de vingt mille hommes également propres à ſervir ſur terre & ſur mer. La nouvelle de pluſieurs avantages remportés ſur les Maures, fit congédier toutes ces troupes.

❦[1509.]❦

Les Portugais, qui ne prenoient aucune

H h iv

part aux affaires de l'Europe, tournoient toutes leurs forces vers l'Afrique & les Indes orientales, où ils faisoient les découvertes les plus glorieuses & les plus utiles à leur Monarchie. Alméida s'étoit contenté de tenir la mer & de s'en rendre le maître, persuadé que c'étoit le moyen le plus sûr de s'emparer un jour des meilleures villes des Indes. Plein de cette maxime, il ne faisoit aucune descente, & n'attaquoit point de places, « pour la » conservation desquelles il falloit, disoit- » il, recevoir chaque année de nouvelles » troupes du Portugal, qu'on épuiseroit » ainsi d'hommes & d'argent. »

Albuquerque, au contraire, ne vouloit établir la domination Portugaise que par des conquêtes ou des traités d'alliance. « Quelques vaisseaux de plus, » chargés d'épiceries, ne contribueroient, » disoit-il, qu'à procurer un peu d'argent ; » au lieu que s'emparer de quelques ports, » prendre des villes, marier des Portu- » gais avec des femmes Indiennes, c'est » le moyen de former des Colonies qui, » dans la suite des tems, fourniront des » troupes & des vaisseaux. » Ces maximes, justifiées par d'heureux succès, ont servi de base à la politique des rois de Portugal.

[1510.]

La nouvelle de la prife de Goa caufe
la plus grande alégreffe dans le Portugal ; & l'on fe propofe d'en faire la capitale de tous les Etats qu'on avoit déja foumis, & de ceux qu'on fe promettoit de foumettre encore dans les Indes orientales.
On a vu toutes les richeffes de la Perfe, de
l'Arabie, du Mogol, des côtes de l'Inde,
de la Chine, du Japon, & des îles de
cette vafte partie de l'Océan qui eft au-
delà de la ligne, fe raffembler à Goa, &
arriver à Lisbonne fur de nombreufes
flòttes, pour y être diftribuées à toutes les
nations de l'Europe.

[1511.]

Emmanuel I établit des écoles publiques, où il alloit fouvent lui-même inter-
roger les enfans, « avec une douceur &
» une familiarité que fes courtifans n'ap-
» prouvoient pas toujours. »

[1512.]

L'Infant de Portugal, (Jean III,) âgé
de dix ans, affifte à tous les confeils. Le
Roi vouloit lui infpirer de bonne heure
du goût pour les affaires, & le former lui-
même au gouvernement. Le jeune Prince,
flatté de cette diftinction, négligea fes

autres études, renonça aux amufemens propres de fon âge, & fit des progrès rapides dans l'art de gouverner.

✿[1515.]✿

Une dame Portugaife fe préfente devant le Roi, & lui dit d'un ton affuré : » Votre Alteffe Séréniffime auroit-elle » pardonné à mon mari, s'il m'eût tuée » me furprenant en adultere ? — Oui, » répond le Roi. — J'ai donc raifon, re- » prend la dame, de me perfuader que » Votre Alteffe Séréniffime m'accordera » la même grace. Je viens de furprendre » mon mari avec une de mes efclaves ; » je les ai tués l'un & l'autre. » Le Roi lui fait expédier fa grace dans la forme qu'elle le fouhaitoit.

✿[1518.]✿

Emmanuel I prenoit fecrettement des mefures pour abdiquer la couronne, malgré les repréfentations de fes confidens les plus intimes. L'impatience de monter fur le trône, & quelques nouvelles maximes de gouvernement, que laiffoit échapper le jeune prince de Portugal, firent changer cette réfolution. Le Roi époufa l'Infante Eléonore de Caftille, qu'il avoit deftinée d'abord à fon fils, & reprit un nouveau defir de régner pour le bonheur de fes

peuples. On fçait que les Portugais donnoient à ce règne, le nom de RÈGNE
D'OR.

[1519.]

D. Ferdinand Magellan, qui s'étoit diftingué contre les Indiens dans l'Afie, &
contre les Maures en Afrique, offenfé
d'un refus qu'il ne croyoit pas mériter,
quitte fa patrie, & va offrir à Charles-
Quint de le mettre en poffeffion des îles
Moluques, affurant qu'elles étoient échues
dans le partage de l'Efpagne, & que le
roi Emmanuel les retenoit injuftement.
Charles accepte ces offres, malgré les vives repréfentations de l'ambaffadeur de
Portugal; &, quoique Magellan eût été
affaffiné avant que d'avoir pu exécuter
fon entreprife, deux de fes vaiffeaux aborderent aux Moluques, & ces îles furent
long-tems une pomme de difcorde entre
les deux Monarchies.

Le refus dont Magellan fe trouvoit offenfé, venoit du changement introduit
dans un ancien ufage de la cour. Les rois
de Portugal nourriffoient autrefois toute
leur maifon. Le nombre de leurs officiers
s'augmentant à proportion qu'eux-mêmes
devenoient plus puiffans, ils fubftituerent
à la nourriture, des penfions réglées fur
le prix des denrées; celles-ci enchériffant

toujours, les penfions ne tarderent pas à
devenir infuffifantes. Magellan demanda
un demi-ducat de plus par mois ; ce qu'on
lui refufa, pour n'être pas obligé d'en accorder autant à tous ceux qui auroient
été en droit de l'exiger.

[1521.]

Au milieu des troubles qui agitoient
l'Efpagne pendant l'abfence de Charles-
Quint, les mécontens propofent à Emmanuel de fe donner à lui. Ce Prince,
plus généreux que Charles ne l'avoit été
à fon égard, (Voyez ci-deffus, page 491.)
bien-loin de profiter d'une fi belle occafion de fe venger ou de s'aggrandir, reproche aux rebelles leur infidélité, les
exhorte à rentrer dans le devoir, & leur
promet fa médiation pour les réconcilier
avec leur Souverain. Peu de tems après
cet acte de modération, Emmanuel I
termina un règne fous lequel les Portugais fe fignalerent par des exploits dignes
des grands hommes qu'ils avoient à leur
tête, & du grand Roi qui les gouvernoit.

JEAN III.

[1521.]

LE nouveau Roi, ayant fixé le jour de
son couronnement, se rendit à
cheval à la porte du couvent de S. Dominique, où l'on avoit élevé un trône.
Il étoit précédé de l'Infant D. Louis, son
frere, qui portoit l'épée royale, du connétable, du majordome, & du porte-
étendard royal, suivi des tymbales, des
trompettes & d'autres instrumens, dont
on ne jouoit point, par respect pour la
douleur de la Reine, veuve d'Emmanuel.
Les Princes & les Grands étoient à la
droite du Roi, les officiers de sa maison
à la gauche, & le régiment de Lisbonne
fermoit la marche. Le cardinal Alphonse
attendoit le Roi, son frere, au pied du
trône, avec tous les prélats qui se trouvoient à la cour. Le Monarque y monta,
& chacun prit sa place des deux côtés.
L'orateur royal prononça un discours au
nom du Roi; & aussitôt après le cardinal présenta un missel & une croix, sur
lesquels D. Jean ayant posé les mains,
jura d'observer les lois & les coutumes

du Royaume. L'Infant D. Louis prêta le serment de fidélité en ces termes : « Je » jure fur les faints Evangiles & fur cette » Croix que je tiens entre les mains, que » je reconnois pour mon Seigneur & Roi » véritable, le très-grand, le très-excel- » lent, & le très-puiffant Prince D. Juan » notre Maître ; & je lui rends en con- » féquence les hommages ordinaires, fe- » lon la coutume du Royaume. » Cha- cun ayant prêté le même ferment, le Roi donna fa main à baifer. Alors D. Juan de Menezès leva l'étendard royal, & cria trois fois : « Vive, vive, vive le très- » grand, le très-excellent & le très-puif- » fant Dom Juan troifieme, Roi de Por- » tugal. » Les Officiers & les Hérauts d'armes répéterent trois fois cette procla- mation. Le Roi entra dans l'églife pour y faire fa priere, & retourna dans fon palais, aux cris d'alégreffe de fes fujets, qui difoient avec confiance que D. Jean fuccédoit aux vertus de fon pere, ainfi qu'à fa couronne.

[1522.]

Jean III aimoit les arts & les fcien- ces. Il fuffifoit de les cultiver pour avoir droit à fes bienfaits, & il fe faifoit un devoir de protéger les fçavans : « Ce » font, difoit-il, des hommes qui fer-

» vent l'Etat , & qui l'honórent en même
» tems. »

[1523.]

Etabliſſement de la cour de juſtice ,
qu'on appelle **LA TABLE DE CONSCIENCE.**
On n'y admettoit que des perſonnes d'un
mérite & d'une vertu diſtingués , & on
les choiſiſſoit avec un ſoin tout particulier.

[1524.]

Les rois d'Eſpagne & de Portugal nomment de ſçavans géographes pour décider le différend qui s'étoit élevé à l'occaſion des Moluques. Ces commiſſaires
s'aſſemblent ſur les confins des deux
Royaumes ; examinent les globes , les
cartes marines , & les relations des pilotes ; diſputent long-tems ſur les degrés de
longitude & de latitude marqués par les
premiers navigateurs aux Moluques , &
ne s'accordent ſur aucun point. Les commiſſaires Eſpagnols déſignent la ligne de
partage par le milieu du globe ; les autres s'y oppoſent , & l'aſſemblée ſe ſé-
pare.

Les Eſpagnols avoient conteſté, en 1472,
la mine d'or découverte en Guinée , prétendant y avoir au moins les mêmes
droits que les Portugais ; ils s'en déſiſté-

rent cependant en leur faveur ; d'où ils
concluoient que les Portugais devoient
céder les Moluques, comme on leur avoit
cédé la mine. Ceux-ci répondoient que
l'Infant D. Henri , l'auteur de ces découvertes, (Voyez ci-deffus, page 451,) avoit
acquis fur ces pays un droit de conquête
qu'on ne pouvoit contefter , & que le Roi
Jean II avoit appelé de la Bulle du pape
Alexandre VI, qui partageoit le Nouveau-
Monde entre ce Prince & Ferdinand V.
(Voyez ci-deffus , pages 9 & 10.) En
1529, Charles-Quint renonça folennel-
lement à tous fes droits fur les Moluques,
moyennant une fomme de trois cens cinquante mille ducats, qu'on lui paya fans
penfer à s'affurer de cette renonciation
par un acte authentique. Les Portugais
refterent paifibles poffeffeurs de ces îles
jufqu'en 1583.

❧[1525.]❧

· On continue d'envoyer, chaque année,
des flottes dans les Indes , où les Portugais fe fignaloient toujours par de nouvelles découvertes, des alliances utiles ,
& des conquêtes importantes. De nombreux vaiffeaux rentroient, chaque année,
dans le port de Lisbonne, & y dépofoient
les richeffes du Nouveau-Monde.

[1526.]

[1526.]

Une nouvelle loi ordonne de ne plus marquer les voleurs au visage : « Il est in- » juste, disoit le Roi, que des person- » nes qui peuvent se corriger, portent » toute leur vie la marque de leurs cri- » mes. »

[1529.]

D. Lopez Sampayo, vice-roi des In- des ; arrive à Lisbonne pour y rendre compte de sa conduite. L'avarice & l'am- bition avoient terni ses vertus guerrieres & la sagesse de son administration. Tou- tes ses richesses suffirent à peine au paye- ment d'une amende à laquelle il fut con- damné.

[1531.]

Un horrible tremblement de terre com- mença le 10 de Février, & se fit sentir dans tout le Portugal pendant huit jours consécutifs. Les églises, les palais de Lis- bonne, & près de deux mille maisons, ensevelirent sous leurs ruines plus de trente mille personnes. Plusieurs villes, un grand nombre de bourgs & de villages furent abîmés avec leurs habitans. Le Roi n'é- chappa qu'avec peine au danger, & passa plusieurs jours, avec sa famille & sa cour, sous des tentes en pleine campagne.

Bientôt après les eaux du Tage inondèrent la moitié du Royaume, & Lisbonne fut presque totalement submergée avec ses richesses & ses trésors. Ces désastres pourroient passer pour incroyables, s'ils n'avoient pas été renouvellés de nos jours, & d'une manière plus terrible encore, lorsqu'au 1er de Novembre 1755, Lisbonne perdit la moitié de ses habitans, & n'étoit plus qu'un monceau de débris. (Voyez ci-dessus, page 378.)

[1533.]

‘ Le Roi étant à Coïmbre, se fait lire les noms de tous les écoliers de l'université, qui étoient en grand nombre, & se rend au collége où il appella tous les écoliers par leurs noms. La surprise ne fut pas extrême ; parce qu'il avoit déja donné des preuves que la bonté de sa mémoire alloit jusqu'au prodige. On le comparoit même à Cyrus, à Simonides, à Thémistocles & à l'empereur Frédéric I, à qui l'histoire attribue ce talent dans un dégré éminent.

[1535.]

Les comtes du Royaume se disputoient le pas dans les assemblées publiques, & le reste de la noblesse leur disputoit la préséance. Ces querelles pouvoient dégé-

hérer en haine & en guerre ouverte. Le
Roi interposa son autorité, & fit observer le cérémonial de la cour, qui étoit
favorable à la noblesse titrée. Le rang de
chacun des Comtes fut marqué suivant
l'ancienneté de l'érection de son comté.

[1536.]

Un hérétique arrache la Sainte Hostie
des mains d'un prêtre qui célébroit la
Messe. Jean III fit punir sévérement le
coupable, &, malgré les vives remontrances des Portugais, établit l'Inquisition dans
ses Etats. Le cardinal Henri, frere du Roi,
& Roi lui-même en 1578, fut le premier Inquisiteur Général.

[1538.]

On place dans la forteresse de Saint-
Julien, à trois lieues de Lisbonne, une
couleurine qui portoit cent vingt livres
de balles, & qu'on avoit trouvée dans la
ville de Diu, prise cette année. Cette
place, la plus forte de toute la côte de
Cambaye, & qu'on regardoit comme la
clef de l'Inde, a été le plus beau théâtre
de la valeur des Portugais. Le roi de
Cambaye en forma le siége avec quinze
mille hommes de troupes d'élite : le gouverneur, D. Antoine Sylveira de Ménefez, n'ayant pas assez de monde, aban-

donna la ville, & se retira dans la citadelle. La place fut attaquée dans toutes les
régles, battue en brèche de toutes parts,
& ruinée par l'effet des mines, par cent
assauts & mille rufes de guerre; cependant le siége fut levé, « n'y ayant pas en-
» core vingt Portugais en état de défense,
» de six cens qu'ils étoient au commen-
» cement. » Ce siége devint si célèbre
dans les Indes & dans toute l'Europe,
que François I envoya exprès en Portugal, pour avoir le portrait de Sylveïra.
Quels honneurs ce Prince n'auroit-il pas
rendus à D. Jean Mescaregnas, qui rendit, en 1546, le second siége de Diu
plus fameux encore que le premier ? Renfermé dans la place avec quatre à cinq
cens hommes, il se défend contre une
armée composée de trente mille soldats,
& d'un nombre prodigieux de pionniers
& de travailleurs. Le fossé étant comblé
pour la troisieme fois, tous les boulevards
abattus, & les chemins préparés pour
un assaut général, « l'ennemi propose les
» conditions les plus honorables; Masca-
» regnas les refuse avec une fierté plus
» que Romaine. On donne donc l'assaut,
» & plusieurs assauts; on fait plus, on
» prend la ville; & elle n'est point prise :
» on se loge sur les brèches, & on est dé-
» logé : on pénétre dans les maisons, &

» on en eſt chaſſé. Les femmes eurent la
» gloire de ce dernier ſuccès. On reprend
» une ſeconde fois la moitié de la cita-
» delle : &, les Infidèles s'étant établis dans
» l'égliſe, Maſcaregnas la partage par un
» mur, & en retient opiniâtrément la
» moitié, tandis que l'autre moitié eſt
» convertie en Moſquée. Enfin les enne-
» mis ſont chaſſés de l'égliſe & de la for-
» tereſſe. »

Mojatecan, l'un des généraux ennemis,
étonné d'une ſi prodigieuſe défenſe, s'é-
cria : « On voit bien que les Portugais,
» d'une eſpèce ſupérieure aux autres hom-
» mes, détruiroient le genre humain, ſi
» le Ciel ne les faiſoit naître en petit
» nombre, comme les animaux féroces
» & venimeux. »

Nous obſerverons ici que la méthode ſi
vantée de conduire une attaque par des
parallèles, avoit été ſuivie au ſecond
ſiége de Diu. L'Europe ne l'a admiſe que
depuis le ſiége de Maſtricht, en 1673,
où M. de Vauban la mit en œuvre, après
l'avoir empruntée des Turcs. Ceux-ci com-
poſoient une partie de l'armée qui aſſié-
geoit Diu ; & le premier travail fut une
parallèle, baſtionnée avec des parapets
revêtus de pierres crues & ſéches. Le front
de l'attaque étant embraſſé par cette parallèle, on fit les approches par une tran-

chée bien remparée, & le zigzag fut conduit par mille détours, en forme de labyrinthe : on termina la tête de la tranchée par une nouvelle parallèle remparée, revêtue & baſtionnée comme la premiere ; & tous ces remparts & baſtions étoient couverts d'une nombreuſe artillerie.

[1540.]

Dom Juan de Caſtro, qui fut vice-roi des Indes en 1546, apperçoit, en ſe promenant dans Lisbonne, un fort bel habit auquel on travailloit. Il apprend que c'eſt pour un de ſes enfans, le met en piéces à coups de ciſeaux, & dit au tailleur : » Dites à ce jeune homme qu'il ſe faſſe » faire des armes : & quoi plus ? des ar- » mes. »

[1543.]

Le mariage de l'Infante Marie de Portugal, avec le prince d'Eſpagne, (Philippe II,) penſa cauſer une rupture entre la France & le Portugal. François I dit à l'ambaſſadeur D. François de Norogna : « Sans doute que votre Maître » veut rompre avec moi, puiſqu'il vient » de marier ſa fille avec le fils du plus » cruel de mes ennemis. » L'ambaſſadeur excuſa ſon Maître avec tant de prudence & d'eſprit, que François I lui dit : « Mon-

» fieur de Norogna, je donnerois ma ville
» de Paris pour un homme tel que vous.»

[1549.]

D. Pierre Alvare Cabral, auffi diftingué par le mérite que par la naiffance,
eft nommé Vice-Roi des Indes. « Je trem-
» ble d'accepter cette charge, écrivoit-il
à fon époufe, doña Lucrèce Fiallo ;
» c'eft un honneur environné d'écueils,
» & je fuis réfolu de le refufer. » Vaincu
par les follicitations de doña Lucrèce, il
lui répond : « Vous ferez contente, Ma-
» dame ; le defir de vous plaire diffipe
» toutes mes craintes. J'accepte la Vice-
» Royauté : rendons-nous à Goa ; allons
» y commander, & venez partager avec
» moi des honneurs qui ne me font chers
» que parce qu'ils vous plaifent.»

On lui doit la découverte du Bréfil,
où il fut jeté par la témpête le 24 d'A-
vril 1550. Quelques préfens qu'il fit à des
pêcheurs du pays, lui gagnerent l'affection
des habitans. Ces Barbares, qui alloient à la
chaffe les uns des autres, comme nous allons à celle des bêtes fauves, & qui n'a-
voient pas même de mots pour compter
au-delà de quatre, furent furpris de voir
des hommes blancs, & faciliterent la def-
cente des Portugais. Cabral prit poffef-

fion d'un pays qui ne tarda pas à produire, pour le seul compte du Roi, plus d'un million d'écus chaque année.

[1551.]

Jean III, préférant les conquêtes des Indes à celles qu'on faisoit en Afrique avec des peines incroyables & des succès peu rapides, abandonne aux Maures Arzille & plufieurs autres places, dont l'entretien excédoit de beaucoup les revenus qu'il en retiroit. Les Portugais s'en plaignent : « Pourquoi ne pas conserver ces » places, difoient-ils ? Le Roi eft-il moins » puiffant que fon bifaïeul, fon aïeul & » fon pere qui les ont conquifes ? Som-» mes-nous moins braves que nos ancê-» tres pour les défendre ? » On appaife ces murmures, en faifant voir que « ces » conquêtes exigeoient des dépenfes énor-» mes ; qu'on étoit obligé d'y envoyer » les meilleures troupes, qui périffoient » dans des combats continuels, fuivis » d'avantages peu folides, tandis qu'on » pouvoit les employer plus utilement » dans les Indes. »

[1552.]

Le defir d'augmenter le nombre des Portugais dans les Indes, fait accorder la

grace à tous les criminels. Ils paſſent des
priſons dans un vaiſſeau dont on n'entendit jamais parler ; ce qui donna lieu
de penſer qu'il avoit fait naufrage. Que
pouvoit-on ſe promettre d'une telle colo-
nie, dans des pays où les Portugais ſem-
bloient vouloir enchérir ſur tous les déſor-
dres reprochés aux premiers conquérans
du Nouveau - Monde, & qu'ils multiplioient à proportion de leur éloignement
de Lisbonne ? « A Ormus, c'étoit une
» avarice inſatiable ; à Goa, un luxe ef-
» fréné ; à Malaca, un débordement au-
» quel on n'auroit pu rien ajouter, ſi les
» Moluques ne s'étoient trouvées au-delà
» de ce période monſtrueux. »

⚜[1555.]⚜

Les Portugais pleurent ſincérement le
frere du Roi, l'Infant D. Louis, qu'ils ap-
peloient leurs délices. Jamais Prince ne
s'étoit fait une réputation plus brillante,
& on l'eſtimoit ſinguliérement à la cour
de Maroc. Une des filles du Roi, ſe promenant dans les jardins, fit approcher un
eſclave Portugais, & lui dit : « Cueillez
» des fleurs, & faites-en une couronne
» ſemblable à celles que portent les Prin-
» ces Chrétiens. » Ayant reçu cette couronne, elle la mit ſur ſa tête, en diſant :
» Faſſe le Ciel que je ſois un jour unie à

» l'Infant D. Louis comme épouse; qu'il
» soit roi de Portugal, & que j'y sois sa
» Reine ! »

[1557.]

Le beau siécle de la Monarchie Portugaise finit avec Jean III, qui laissa la
couronne à son petit-fils, âgé de trois
ans, & la Régence à Catherine d'Autriche, son épouse, qui, malgré son expérience & sa fermeté, ne put accoutumer
la nation au gouvernement d'une femme,
& mérita cependant le titre glorieux de
MERE DE LA PATRIE.

SÉBASTIEN I.

[1557.]

LE jeune Roi étoit né avec les difpofitions les plus heureufes : « Tout
» cédoit à fa pénétration, & fa curio-
» fité pour toutes les fciences étoit infa-
» tiable.» Avec des vertus héroïques, des
intentions droites, des qualités admira-
bles qui pouvoient l'égaler aux plus grands
Rois, il devint le jouet de ceux qui fçu-
rent profiter de fon foible, & entraîna
fon Royaume dans l'abîme où il fe précipita lui-même. On en attribue la caufe
à une éducation, pendant laquelle on ne
s'étudia peut - être point affez à connoître fes défauts, où l'on travailla trop tard
& trop foiblement à les corriger.

[1560.]

D. Sébaftien accorde une penfion de
vingt écus à Louis de Camoëns, auteur
du Poëme de la LUSIADE ; ce mot tire
fon origine de LUSUS, ancien chef des
Lufitaniens ou Portugais. Une penfion fi
modique ne put empêcher le Camoëns
de mourir dans l'indigence, en 1579. Il

se montroit le jour, en poëte indigent, & le soir il envoyoit son esclave mendier de porte en porte. Sa patrie ne lui fut libérale qu'en épitaphes, dont on surchargea son tombeau, & en éloges qu'on prodigue encore à son Poëme. Ce n'est, à le bien considérer, qu'une relation de voyageur, ornée de fictions souvent assez bizarres; mais il faut convenir qu'il renferme de grandes beautés. «Ce poëte, dédai-
» gnant de marcher sur les pas d'Homère
» & de Virgile, s'est ouvert une route
» nouvelle. Il a choisi un sujet fort sim-
» ple, la découverte des Indes orienta-
» les par les Portugais, & il l'a orné de
» fictions neuves & hardies. Vasco de
» Gama, chef de ces nouveaux Argonau-
» tes, dont le Camoëns partagea les pé-
» rils & la gloire, est le Héros du Poëme,
» & c'est sur lui que rejaillit l'honneur
» de cette célèbre expédition. »

» Ce Poëte est un peintre hardi, d'une
» imagination souple & féconde, qui se
» plie, avec un succès égal, au sublime,
» au simple, au gracieux, & qui manie
» les passions avec beaucoup de force &
» de délicatesse : ses descriptions sont
» neuves & vraies; il peint les lieux, les
» mœurs & les personnes qu'il a connues
» dans ces pays éloignés; & son style,
» qu'il sçait varier avec esprit, n'est point

» infecté de ces infipides jeux-de-mots fi
» familiers aux Efpagnols & aux Ita-
» liens , » ni de l'enthoufiafme effréné
qu'on lui prête dans la traduction françoife qui a paru en 1735.

L'intervention des Dieux dans ce Poëme
eft trop uniforme & prefque toujours ridicule. On a trouvé monftrueux le mélange
de la Fable & de la Religion Chrétienne ;
» Mais , dit un auteur Efpagnol, ce n'eft
» pas une impiété , dans le Camoëns ,
» d'avoir encore fait ufage de Jupiter, de
» Bacchus , de Neptune, &c, on l'a jufti-
» fié à cet égard. C'eft un défaut de fens
» commun , d'employer ces fauffes divi-
» nités dans un Poëme où l'on raconte
» une entreprife faite par des Chrétiens. »
Ajoutons que ce Poëme n'eft défectueux
que par la foibleffe du fujet , & par le
mauvais ufage de la Fable.

[1564.]

D. Alexis de Ménefez , gouverneur du
Roi, lui refufe de faire feller un jeune
cheval vif & fougueux qu'il vouloit dref-
fer lui-même. Piqué de ce refus, il s'é-
loigne, & rencontre un gentilhomme qui
lui dit : « Seigneur, votre colere eft jufte ;
» il faut qu'un Prince qui doit régner un
» jour, agiffe comme vous faites. » Il retourne vers fon gouverneur, en s'écriant :

» Je viens vous dire que N... m'a fait
» compliment de vous avoir défobéi. »

[1568.]

Le cardinal Henri, chargé de la Régence depuis que la Reine s'étoit retirée dans un couvent, par une intrigue de cour, remet le gouvernement de l'Etat à fon neveu devenu majeur. La nation s'applaudiffoit d'avoir un Roi pieux, zélé, fçavant, courageux, qui ne vouloit régner que pour faire obferver les loix du Royaume, dont il s'étoit fait lui-même un extrait, afin de les avoir plus préfentes à l'efprit. Il écrivit à tous les Gouverneurs & aux principaux Magiftrats, & demanda leur avis fur ce qui pouvoit contribuer au bien de l'Etat.

[1570.]

Les garnifons des tours de Belem & de Saint-Julien, avoient ordre de ne laiffer paffer aucuns vaiffeaux fans les vifiter, & de les couler à fond, en cas de réfiftance. Soit pour s'affurer de l'obéiffance des foldats, foit pour céder à une intrépidité naturelle qui le portoit à braver tous les dangers, le Roi fe jette dans un brigantin, avec quelques jeunes feigneurs auffi téméraires que lui, & paffe fiérement entre les deux tours. On tire

le canon ; il continue fa route, & aborde
heureufement au palais.

[1571.]

La guerre étoit la manie du jeune Roi ;
il en parloit continuellement ; &, pour
occuper cette paffion, il leva dans la ville
de Lisbonne un corps d'Infanterie. Il l'exer-
çoit lui-même, & la formoit, fuivant fes
idées, à toutes les manœuvres, bien réfolu de l'employer à la première occafion.

[1574.]

Le Roi fait embarquer fon corps d'Infanterie, & fe propofe de le mener en Afrique.
On lui repréfente vivement les rifques auxquels il s'expofoit en faifant ce voyage,
fi mal accompagné. « Je ne vais point
» à la guerre, dit-il, mais feulement le
» long des côtes de l'Afrique, pour vifiter
» les places que j'y poffède. » Il débarque
à Tanger, où d'abord on le voit chaffer
fur les montagnes, avec auffi peu de précautions qu'il en prenoit dans les forêts
de fon Royaume : bientôt après, il fait
des courfes dans le pays, infulte les
Maures, & les force de fe mettre en
campagne. C'eft ce qu'il defiroit paffion-
nément. Enflé des fuccès qu'il remporte
fur eux, & qui les obligent de difpa-

roître, il célèbre par des courses & des jeux plusieurs victoires qu'il devoit à une valeur aussi heureuse que téméraire, & revient à Lisbonne pour y faire ses préparatifs de guerre.

» On a violemment soupçonné Phi» lippe II d'avoir fait agir des ressorts se» crets, pour entretenir son neveu dans » cette phrénésie, par l'espérance de lui » succéder, en cas qu'il vînt à périr. » Le caractère du jeune roi de Portugal ne dément-il pas cette Anecdote ? & pouvoit-il donner lieu à un semblable soupçon ? Il est constant que Philippe s'opposa de toute sa force à cette entreprise, & refusa même le secours qu'il avoit promis d'abord.

[1575.]

Sébastien I propose à son conseil le projet qu'il a formé de porter la guerre en Afrique, & n'en reçoit que des avis très-sages sur l'inutilité & les dangers d'une telle entreprise. Il ordonne au gouverneur de Tanger de lui écrire que « les Maures » se soumettront à sa puissance, pourvu » qu'on les attaque vigoureusement, & » qu'ils sont hors d'état de faire une longue » résistance. » Cette lettre est lue au conseil : D. Jean Mascaregnas la blâme hautement, & soutient avec force que l'avis
du

du gouverneur ne peut qu'être pernicieux au Monarque & à ses peuples. Le Roi, choqué de la sincérité d'un homme qui s'étoit fait un grand nom dans les Indes, & accoutumé à écarter de sa cour ceux qui n'applaudissoient pas à son projet, fait assembler les docteurs en Médecine & leur demande : « Si les années ne dimi-
» nuent rien de la grandeur du courage,
» & si un homme brave ne devenoit pas
» un peu timide dans sa vieillesse ? » La réponse des Médecins est conforme aux idées du Roi ; & Mascarégnas ne fut plus, aux yeux des courtisans, qu'un brave devenu poltron.

[1575.]

Une révolution arrivée dans l'empire de Maroc, offrit au roi de Portugal une raison plus plausible que la lettre du gouverneur de Tanger. Muley-Méhémet, empereur légitime, détrôné par son oncle Muley-Moluc, sollicita la protection des rois d'Espagne & de Portugal. Philippe II refusa la sienne : Sébastien I, qui sembloit n'attendre que cette occasion, promit à Méhémet de le rétablir, &, malgré les oppositions constantes de son conseil, se livra tout entier aux préparatifs d'une guerre que le défaut de troupes & d'argent l'obligea de différer. Il vivoit

comme un simple soldat , & s'accoutu-
moit à la fatigue , dans l'espérance de se
rendre plus robuste & plus propre aux
travaux militaires. Les officiers qui devoient l'accompagner , jeunes pour la plûpart & sans expérience , passoient leurs
jours dans la débauche , & mettoient
dans leurs équipages tous les raffinemens
du luxe le plus outré. On pouvoit dire,
en les voyant , qu'ils se disposoient à une
fête brillante , ou que la victoire dépendoit
de la magnificence des habits, de la délicatesse des tables, & de la beauté des armes.

[1576.]

Le roi de Portugal propose au célèbre duc d'Albe de quitter la Castille, &
de venir l'accompagner en Afrique: « J'ai
» toujours demandé à Dieu , répond le
» général Espagnol, la grace de pouvoir
» me rassasier du sang des Sarasins. Je
» vous suivrai très-volontiers , si vous
» voulez soumettre à mon expérience le
» courage brillant qui vous anime. Il ne
» me convient pas d'exposer la gloire que
» j'ai acquise dans une longue suite de
» combats, pour seconder l'ardeur in-
» considérée d'un jeune Prince qui ne
» peut avoir encore que de la valeur :
» si vous voulez vous conduire par mes
» conseils , je vous promets la victoire ;

» je ne puis fuivre vos pas, fi vous avez
» un autre guide que moi. »

Le Monarque, offenfé de cette noble
liberté qui renfermoit un avis très-fage,
fait cette réponfe: « Les exploits de mes
» aïeux font la meilleure de toutes les
» écoles. La grandeur d'ame qui naît
» avec les Rois, fuffit pour les faire
» triompher, fans les épreuves néceffaires
» aux autres hommes. Le fucoès qui cou-
» ronnera mon entreprife, fera voir que
» vos confeils m'étoient fort inutiles. Si
» j'avois à confier ma réputation & ma
» fortune à d'autres qu'à moi, le Portu-
» gal fournit des capitaines affez fameux
» pour mériter la préférence. »

❧ [1577.] ❧

Ceux qui blâmoient l'expédition d'Afrique, profiterent de l'apparition d'une co-
nète, pour infinuer au Roi que ce phénomène préfageoit quelque malheur au
Portugal, & qu'il falloit changer de def-
fin. « Non, répondit-il, non, je n'en
changerai point : la comète ne paroît
pas pour condamner mon entreprife,
mais pour épouvanter ceux à qui je
vais faire la guerre. » Amurat III fe
flattoit de même à Conftantinople, &
croyoit que la comète lui annonçoit la ruine
des Princes Chrétiens.

[1578.]

Tout ce que le Portugal avoit alors de
généraux habiles & de troupes aguerries,
étoit dans les Indes ; & le Roi ne put
raſſembler que douze mille hommes,
parmi leſquels il n'y avoit pas un chef
qui ſçût la guerre, ni un ſoldat qui con-
nût la diſcipline militaire ; ce qui fit compter, dans cette malheureuſe expédition,
autant des fautes que de démarches.

[1578.]

Sébaſtien I s'embarque le 25 de Juin,
avec ſes douze mille Portugais, & huit
mille hommes de troupes auxiliaires le-
vées en Allemagne & en Italie. Arrivé à
Tanger, il affoiblit ſon armée de quatre
mille hommes qu'il laiſſe en garniſon
dans cette place, & ſe rend à Arzille.
On s'avance imprudemment dans le pays ;
on ne laiſſe aucune autorité aux chefs des
troupes auxiliaires, & on mépriſe leurs
avis. Impatient d'en venir aux mains, le
Roi marche aux ennemis vers Alcazarqui-
vir, le 4 d'Août, les attaque avec toute
ſon impétuoſité naturelle, renverſe leur
premiere ligne, & la taille en piéces.
L'armée ennemie, diſpoſée en croiſſant,
s'étendoit peu à peu, & ſe rapprochoi
afin de charger en flanc, tandis qu'o

donneroit fur l'arriere - garde. Alors les
Portugais, attaqués de toutes parts, &
environnés par des troupes fupérieures
en nombre & plus aguerries, perdent leur
ordre de bataille ; la cavalerie combat
pêle-mêle avec l'infanterie, & les Maures
s'avançant toujours, ce n'eft plus qu'un
horrible confufion. Le Roi fe précipite
au plus fort de la mêlée, perd trois chevaux tués fous lui, & tout couvert de
bleffures fe bat encore en défefpéré. Les
Maures le reconnoiffent, l'environnent,
& lui crient de fe rendre. Quelques foldats fe difputoient la gloire de le faire
prifonnier, lorfqu'un officier furvient:
» Quoi, chiens, leur dit-il, quand Dieu
» vous donne une telle victoire, vous
» vous égorgez pour un prifonnier ! » En
même tems, il décharge un coup de ci-
meterre fur le Roi, qu'il ne connoiffoit
pas, & l'étend mort à fes pieds.

[1578.]

Deux jours après la bataille d'Alcazar-
quivir, le vainqueur fit venir dans fa tente
les principaux feigneurs Portugais qui
étoient prifonniers ; &, leur montrant le
cadavre de D. Sébaftien, percé de fept
bleffures mortelles : « Eft-ce bien là, leur
» dit-il, le corps de votre Roi ? » Ils répondirent, en fondant en larmes : « Oui,

» c'eſt-là le corps de Sébaſtien notre Roi,
» nous n'en ſçaurions douter. » On le fit
garder ſoigneuſement à Alcazar. (Voyez
ci-deſſus, page 154.)

[1578.]

D. Diégue de Souſa, qui commandoit
la flotte, ayant appris la perte de la bataille & la mort du Roi, ordonne à ſes
vaiſſeaux de parcourir la côte juſqu'à
Tanger, afin de ramaſſer les débris de
l'armée, & ſe rend à Lisbonne, où les circonſtances d'une cataſtrophe ſi tragique
ne ſervirent qu'à augmenter la douleur
publique, & à jetter la confuſion dans
tous les ordres de l'Etat. Les miniſtres à
qui Sébaſtien I avoit confié la Régence
du Royaume, remettent l'autorité royale
entre les mains du Cardinal Henri, & les
chefs de la nobleſſe le déclarent « Gou-
» verneur & préſomptif héritier de la
» couronne, » juſqu'à ce qu'on fût mieux
informé de ce qui s'étoit paſſé en Afrique.

HENRI I, Prêtre-Roi.

[1578.]

HENRI I étoit fils d'Emmanuel I, grand-oncle de D. Sébastien, & l'unique héritier, en ligne directe, de la couronne de Portugal. Il prit lui-même le surnom de PRÊTRE-ROI, & se fit couronner le 20 d'Août. A peine étoit-il monté sur le trône, que tous les Prétendans à sa succession se disposerent à faire valoir leurs droits. (Voyez ci - dessus, page 156.)

[1578.]

Le nouveau Roi ne s'occupa d'abord qu'à se venger de tous ceux qui l'avoient offensé sous le règne précédent. Il dépouilla les uns de leurs charges, relégua les autres à vingt lieues de Lisbonne, ne fit grace à personne, & montra en même tems qu'il « ne sçavoit ni pardonner en « Roi, ni se venger en Prince offensé. »

[1579.]

Les Etats du Royaume & les magis-

Kk iv

trats de Lisbonne députent vers le Roi,
pour lui repréfenter que, vu fon âge, fes
infirmités & les circonftances fâcheufes
où l'Etat fe trouve réduit, il eft de fon
amour & de fon zèle pour des fujets fidèles, de nommer lui-même celui qui doit
lui fuccéder. Henri fe contente de les
écouter ; & peu de tems après, n'ofant
fe déclarer en faveur de la ducheffe de
Bragance, parce qu'il craignoit le roi
d'Efpagne Philippe II, il prend le parti
de citer tous ceux qui prétendoient à
fa fucceffion, « afin qu'ils vinffent ou
» qu'ils envoyaffent des perfonnes capa-
» bles d'expliquer & de foutenir leurs
» droits. » Cette démarche ne fervit qu'à
donner une nouvelle preuve de fa foibleffe. « S'il eût d'abord nommé le duc
» de Bragance pour fon fucceffeur, il eût
» prévenu tous les malheurs qui afflige-
» rent dans la fuite le Portugal. » Il s'a-
mufoit à délibérer & à faire des réglemens
qui furent très-inutiles, tandis que le roi
d'Efpagne prenoit des mefures pour emporter de force une couronne qu'il défef-
péroit d'obtenir de la bonne volonté des
Portugais.

[1579.]

Le Roi, en fa qualité de Cardinal,

s'occupa du foin de réformer quelques monafteres. Un religieux lui repréfenta que
fa réforme étoit d'une févérité outrée ;
il répondit : « Je vous forcerai cependant
» de l'embraffer. --- Il faut bien que je
» vous obéiffe , reprit le religieux, puif-
» que vous avez la volonté d'un Homme,
» l'autorité d'un Pape , & la force d'un
» Roi. »

[1579.]

On affemble les Etats du Royaume,
dans le deffein d'y faire nommer cinq gouverneurs qui feroient chargés de la Régence, fi le Roi mouroit avant que l'affaire de la fucceffion ne fût décidée. .On
profita de la circonftance, pour déterminer
le Roi à nommer fon fucceffeur ; on forma
& on abandonna plufieurs projets , entr'autres, celui de marier le Roi qui avoit
foixante-dix-huit ans. On finit par fe fé-
parer , après avoir juré à Henri d'obéir
aux Régens ou Gouverneurs qu'il défigne-
roit , & enfuite à celui qu'ils choifiroient
pour Roi.

[1580.]

Henri I , intimidé par le roi d'Efpagne,
promet de le nommer fon fucceffeur ;
bientôt après, il retombe dans fon irréfo-

lution naturelle, & meurt le 26 de Janvier, sans avoir prononcé sur le droit des Prétendans à sa couronne. Philippe II étoit le plus puissant. (Voyez ci-dessus, page 155.) Le duc de Bragance, (Voyez ci-dessus, page 156,) & D. Antoine, prieur de Crato, (Voyez ci-dessus, p. 157,) pouvoient seuls lui donner de l'inquiétude ; mais le premier étoit mal avec la noblesse du Royaume, & n'osa jamais entreprendre ouvertement de se faire un parti. Le second gagna seulement le peuple, qui le proclama Roi ; mais il ne put s'attacher les Grands qui le craignoient.

[1580.]

Les Etats du Royaume cherchoient les moyens de faire valoir le droit d'élire un Roi, qu'ils prétendoient n'appartenir qu'à eux seuls ; les cinq gouverneurs refusoient d'agir de concert avec les Etats, qu'ils cassèrent bientôt après, & s'attribuoient toute l'autorité : D. Antoine se proposoit uniquement de se faire proclamer Roi. » Il auroit mieux pris ses mesures, dit un » auteur Anglois, s'il avoit suivi l'exem- » ple de Jean I, en prenant simplement » le titre de Défenseur du Royaume. » (Voyez ci-dessus, page 437.) La con-

» duite indigne & fcandaleufe des cinq
» Régens auroit favorifé fon entreprife,
» & la nobleffe auroit pu fe joindre à
» lui, & fortifier fon parti. Ayant gagné
» de fe faire reconnoître en qualité de
» Défenfeur du Royaume, fon pouvoir
» fe feroit affermi par l'exercice de cette
» qualité, & fa réputation fe feroit éta-
» blie par quelques heureux fuccès. De
» cette maniere, la nation ennemie du joug
» Efpagnol, auroit changé vraifemblable-
» ment fon titre de Défenfeur en celui
» de Roi. Jean I, tout bâtard qu'il étoit,
» avoit été placé autrefois fur le trône,
» par les fuffrages de toute la nation ; &
» D. Antoine pouvoit avoir le même
» bonheur.»

[1580.]

Le duc d'Albe entre en Portugal, à la
tête de vingt mille hommes, & bientôt
toutes les villes fe foumettent. Philippe eft
reconnu prefque par-tout pour roi de Portugal. Les habitans lui prêtoient ferment
de fidélité, à des conditions qui leur paroiffoient avantageufes, mais qu'on ne
leur tint pas. Il s'agiffoit fur-tout de s'emparer de Lisbonne, & les Efpagnols y
abordèrent par l'endroit le plus efcarpé ;
ce qui fit dire à un ancien officier : « Cette

» descente paroît plutôt l'ouvrage d'un
» jeune homme de vingt-cinq ans, que
» d'un général de votre âge & de votre
» expérience. — Il est vrai, répondit le
» duc d'Albe, mais les ennemis ne sça-
» vent ce qu'ils font ; il faut profiter de
» leur aveuglement.» Afin de donner un
air extraordinaire au débarquement, « le
» Duc ne fit d'abord descendre qu'un
» Mousquetaire, auquel il donna ordre
» de s'avancer vers les ennemis, jusqu'à
» ce qu'il eût laissé derriere lui un espace
» assez considérable pour y former un
» grand corps de troupes. Ensuite il fit
» partir deux autres Mousquetaires, avec
» ordre d'aller se poster à droite & à
» gauche du premier, de maniere que leur
» position formât un triangle. - Ils furent
» suivis de trois, les trois de six, les six
» de douze, & toûjours en doublant, jus-
» qu'à ce que toutes les troupes fuffent
» débarquées. Alors le Duc descendit lui-
» même, fit avancer la premiere pointe
» de son triangle : tout plia devant lui,
» & Lisbonne fut livrée au pillage pen-
» dant trois jours.»

[1580.]

D. Antoine, poursuivi de toutes parts
& n'ayant plus de ressource, est contraint

de fe tenir caché. Sa tête eft mife à prix
pour la fomme de quatre-vingts mille ducats. Il a même la hardieffe de venir à
Lisbonne, où Philippe II étoit maître abfolu. Ses gens font arrêtés & mis à mort :
aucun ne le trahit. Enfin, après plus
d'un an de féjour dans le Royaume, depuis la mort de Henri, il trouve un vaiffeau qui le tranfporte à Calais. Il mourut
à Paris, en 1595, après y avoir fubfifté
par les bienfaits de Henri IV, qu'il infti-
tua fon héritier dans le royaume de Portugal.

[1581.]

Les Etats s'affemblent à Tomar, & Philippe II refufe toutes les demandes qu'on
lui fait. (Voyez ci-deffus, page 155.) On
publie l'amniftie générale qui avoit été
promife, mais cinquante-deux perfonnes
de la plus haute confidération y font
nommément exceptées. Les femmes ne
font pas mieux traitées que les hommes :
on confifque leurs biens ; on les empri-
fonne ; on les arrache même de leurs cou-
vents, pour être envoyées en Caftille.
Les Religieux, qui s'étoient déclarés plus
ouvertement contre Philippe, font mis à
mort. « On en jetta plufieurs dans le
» Tage ; & les Pêcheurs en tirerent quel-

» ques-uns revêtus de leur habit. S'ima-
» ginant alors que la riviere étoit excom-
» muniée, ils ne voulurent plus manger
» du poiſſon qu'ils y prenoient, ni même
» continuer d'y pêcher, juſqu'à ce que
» l'archevêque de Lisbonne, s'accommo-
» dant à leur ſimplicité, fût venu lever la
» prétendue excommunication & l'inter-
» dit ſur la riviere. »

[1581.]

La révolution fut entiere, le Bréſil
& les vaſtes établiſſemens en Afrique &
dans les Indes orientales, ayant été ſoumis avec autant de facilité que le Portugal. Ce Royaume, affoibli peu à peu,
ſe trouva bientôt réduit en province d'Eſpagne. Les Mogols prirent l'Indoſtan ; les
Perſes s'étendirent du côté de l'Arabie ;
les Anglois s'emparerent d'Ormus ; les
Hollandois ſe rendirent maîtres de Malaca, de Ceylan, des iſles de la Sonde ;
& les conquérans des Indes n'y furent plus
connus que par leurs malheurs. On peut
juger de l'état où ils ſe trouverent réduits,
par ce précis d'un Mémoire, en forme
d'inſtructions, que Philippe II laiſſoit à
ſes ſucceſſeurs. « Il eſt de la derniere im-
» portance de s'aſſurer des Portugais. Loin
» de les charger d'impôts & de ſubſides,

» on peut leur accorder d'abord tous les
» priviléges & toutes les graces qu'ils de-
» manderont. Auffitôt que le Royaume
» fera tranquille, & lorfque les peuples
» feront accoutumés à la domination
» Efpagnole, on commencera par atta-
» quer leurs priviléges, en leur donnant
» de tems en tems, fous divers prétextes,
» des magiftrats Efpagnols, pour les y
» accoutumer infenfiblement. On ne doit
» jamais perdre de vue le Duc de Bra-
» gance, ni ceffer d'éclairer de près tou-
» tes fes démarches : on peut avoir pour
» lui de grands égards ; mais il faut l'é-
» carter de toutes les dignités de l'Etat,
» & ne lui en accorder jamais qu'en Efpa-
» gne, en attendant qu'il fe préfente une
» occafion de l'opprimer avec toute fa
» famille. Il eft bon d'éloigner la no-
» bleffe, & de l'envoyer fervir, dans
» des poftes honorables, en Flandres, en
» Allemagne & en Italie. S'il arrivoit
» quelque différend entre les Grands
» d'Efpagne & de Portugal, il feroit im-
» portant de favorifer ces derniers, &
» de donner en même tems les principa-
» les charges du Royaume à ceux qui
» paroîtront les plus dévoués à la cour
» de Madrid, afin d'attirer les autres par
» l'efpoir des récompenfes. Lorfqu'on

» n'aura plus rien à craindre de la part
» des Grands, de la nobleſſe & du peu-
» ple, on ôtera aux Portugais toutes les
» charges, ſoit eccléſiaſtiques, ſoit fécu-
» lieres, pour les donner aux Caſtillans;
» & on ne gouvernera plus le Portugal,
» que ſur le pied des autres Provinces
» qui compoſent la Monarchie Eſpa-
» nole. »

SECONDE

SECONDE ÉPOQUE.

Depuis la Révolution de Portugal jusqu'au Règne de Joseph I.

[1640.]

L'HISTOIRE ne fournit point d'exemple plus illuftre que la grande Révolution du Portugal. Le rétabliffement des Rois légitimes en la perfonne du Duc de Bragance, fut, à proprement parler, l'ouvrage & le miracle du fecret. » C'étoit l'affaire du monde la plus diffi- » cile & la plus délicate. Les chefs s'é- » tonnoient eux - mêmes de leur réfolu- » tion ; non-feulement toutes les apparen- » ces étoient contre eux, mais il leur étoit » impoffible de réuffir par les voies or- » dinaires & naturelles, qui fervent à » l'exécution de ces fortes d'entreprifes. » La domination Efpagnole étoit établie » par-tout ; les Caftillans étoient maîtres » de toutes les places ; il n'y avoit ni for- » ces, ni argent dans le Royaume ; le » peuple commençoit à s'accoutumer à » la fervitude ; la nobleffe, qui étoit d'au- » tant plus maltraitée, qu'elle étoit plus » fufpecte à l'Efpagne, ne pouvoit faire

» que des vœux pour la liberté publique.
» Il n'y avoit rien à espérer du côté des
» Princes étrangers, qui étoient ou trop
» foibles, ou trop attachés à l'Espagne, ou
» trop occupés chez eux.... Les princi-
» paux chefs de la conjuration étant allé
» consulter D. Gondiçal Couttinho, que
» son extrême vieillesse obligeoit de gar-
» der le lit, & qui avoit manié les plus
» importantes affaires de l'Etat, ils n'eu-
» rent point d'autre réponse de lui, sinon
» qu'il louoit leur zèle, mais qu'il jugeoit
» la chose impossible. D. Rodrigue de
» Cunha, archevêque de Lisbonne,
» homme d'un grand sens & d'une grande
» expérience, fut effrayé de la proposi-
» tion qu'ils lui firent, & tâcha de les
» détourner d'un dessein que la difficulté
» de l'exécution lui faisoit paroître chi-
» mérique. »

· Tous ces obstacles n'empêcherent pas
les conjurés de poursuivre leur entreprise.
» Ils s'assemblerent en divers lieux, & tin-
» rent plusieurs conférences : ils engage-
» rent peu à peu toute la fleur de la no-
» blesse : ils s'ouvrirent à quelques bour-
» geois, & même à des artisans, qui
» avoient le plus de crédit parmi le peu-
» ple : ils firent provision d'armes, & le-
» verent quelques soldats, sous prétexte
» de la révolte des Catalans. Le moindre

» foupçon eût fait échouer cette grande
» affaire : il n'y avoit rien de plus aifé
» aux Efpagnols, que de rompre toutes
» les mefures des Portugais ; mais toute
» l'intrigue fut conduite fi fecrétement
» & avec tant d'habileté, que les yeux
» les plus clairvoyans y furent trompés.
» Jamais fecret n'a été communiqué à
» tant de perfonnes, & jamais fecret n'a
» été plus inviolablement gardé. Les fem-
» mes & les jeunes gens eurent une dif-
» crétion étonnante. D. Antoine & D. Ro-
» drigue Menéfès, fils du comte de Can-
» tahede, auquel on n'avoit pas jugé à
» propos de confier le fecret, n'en dirent
» pas un mot à leur pere. »

[1640.]

Le Portugal étoit gouverné par Marguerite de Savoye, Ducheffe de Mantoue, qui portoit le titre de Vice-Reine ;
mais toute l'autorité réfidoit entre les
mains de D. Michel Vafconcellos, Portugais, qui, fous le nom modefte de Secrétaire d'Etat de la Vice-Reine, exer-
çoit les fonctions de Miniftre abfolu
& indépendant. Le Comte-Duc d'Olivarès ne fuivoit qu'avec trop d'exactitude le plan tracé par Philippe II ;
(Voyez ci-deffus, page 526.) & les Portugais, n'ayant plus rien à efpérer que

dans le changement de l'Etat, fongerent à s'affranchir d'une domination qui leur avoit toujours paru injufte, & qu'ils regardoient comme infupportable.

✦[1640.]✦

Les principaux Conjurés n'étoient qu'au nombre de quarante, & partageoient entr'eux le foin de fe faire des partifans, & de préparer le fuccès de leur entreprife. D. Antoine d'Almada, un des premiers chefs, confia fon fecret à D. Jean de Cofta, qu'il connoiffoit pour un homme de courage, de réfolution, & fur-tout grand ennemi des Caftillans. Quelle fut fa furprife, lorfqu'il entendit D. Jean détailler les dangers d'un projet qu'il comparoit à un précipice dans lequel on alloit fe perdre infailliblement, & qu'il étoit réfolu d'éviter ! « Lâche & indigne Portugais ! » s'écrie d'Almada, ta fauffe probité m'a » féduit : elle m'a arraché mon fecret, » il faut que je t'arrache la vie ; » & tombe fur lui l'épée à la main. D. Jean de Cofta arrête la fureur d'Almada, & la calme en jurant de garder inviolablement le fecret, & de fe montrer un des plus ardens conjurés. Il tint parole, mais d'Almada le fit obferver avec le plus grand foin.

✦[1640.]✦

La veille du jour fixé pour l'exécution,

Vasconcellos s'embarque sur le Tage, & traverse la riviere. Il se réndoit à une fête à laquelle on l'avoit invité. On le crut informé du complot, & l'allarme dura jusqu'à la nuit. C'étoit la seule victime qu'on étoit résolu d'immoler à la vengeance publique & à la sûreté de l'entreprise. Son retour à Lisbonne calma les inquiétudes des Conjurés.

[1640.]

Le 1er de Décembre, à la pointe du jour, les Conjurés se rendent chez les trois principaux chefs, qui devoient attaquer la garde Castillanne, la garde Allemande, occuper la salle du palais, & s'emparer de toutes les avenues qui y conduisent. Les dames s'étoient empressées d'exhorter leurs époux, leurs fils & leurs freres à combattre avec ardeur pour la liberté. Doña Philippa de Vilhena, comtesse d'Atougia, avoit armé ses fils de ses propres mains, en leur disant : « Si » mes forces me le permettoient, j'irois » vaincre ou mourir avec vous. » Doña Antonia de Silva, & doña Marie de Lancastro, avoient tenu le même langage à leurs fils.

[1640.]

A neuf heures du matin, les trois troupes de Conjurés s'avancent vers le palais; un coup de piſtolet donne le ſignal ; D. Michel d'Alméïda crie « Liberté ! vive Jean » quatrieme, roi de Portugal ! » Déja les gardes Caſtillanne & Allemande ſont forcées de ſe rendre ; Vaſconcellos, percé de pluſieurs coups, eſt jetté par les fenêtres ; & la Vice-Reine eſt gardée dans ſon appartement, avec tout le reſpeſt & les égards qu'elle pouvoit eſpérer. En peu d'heures, la ville & la citadelle de Lisbonne, avec les forts ou châteaux qui l'environnent, ſont au pouvoir des Conjurés ; le duc de Bragance eſt reconnu roi de Portugal ; on chante dans l'égliſe cathédrale, des Cantiques d'aſtions de graces ; l'archevêque de Lisbonne eſt chargé du gouvernement juſqu'à l'arrivée du Roi ; & le calme le plus profond règne dans toute la ville. (Voyez ci-deſſus, page 221.) On dépêcha, le ſoir même, des courriers dans toutes les Provinces, pour y faire proclamer le nouveau Roi, & arrêter ce qu'on trouveroit d'Eſpagnols. Jamais révolution ne fut plus prompte. Toutes les villes de la Monarchie, tant de l'ancien que du nouveau Monde, reconnurent Jean IV, à la réſerve de Ceuta, ſur les côtes d'Afrique, où il y avoit un gouverneur Eſpagnol, & de l'île de Ceylan, dont on oublia malheureuſement les intérêts.

JEAN IV.

[1640.]

PLUSIEURS hiftoriens, même François, foutiennent que la gloire d'avoir mis la maifon de Bragance fur le trône de Portugal, eft dûe à la feule nation Portugaife. Il eft vrai que le roi Jean IV fut proclamé à Lisbonne, & mis en poffeffion de la capitale, fans qu'il parût qu'aucune Puiffance étrangere s'en mêlât, & que cette grande révolution fut ménagée avec un fecret, conduite avec un concert, exécutée avec une valeur qui tiennent du prodige ; mais quel eft aujourd'hui l'homme inftruit qui ignore les refforts cachés qui ont fait mouvoir toute cette intrigue ? « D'ailleurs, fuffifoit-il
» d'avoir mis la couronne fur la tête du
» duc de Bragance ? Les feuls Portugais
» auroient-ils pu l'y affermir ? S'ils euffent
» fuccombé fous les efforts redoublés de
» la Caftille, qu'auroit penfé la poftérité,
» de leur entreprife ? N'auroit-on pas
» même pu les taxer de témérité, ou at-
» tribuer à un coup de défefpoir le cou-
» rage avec lequel ils ont brifé leurs fers,

» s'ils n'avoient été affurés d'être puiffam-
» ment fecourus comme ils l'ont été par
» leurs alliés, fur-tout par la France, fur
» laquelle on fçait qu'ils avoient particu-
» liérement compté? »

Un écrivain François, exact & judi-
cieux, avoit dit en parlant de cet événement : « Parce que le cardinal de Riche-
» lieu avoit des vues vaftes, on a jugé à
» propos de lui faire honneur de cette
» révolution, & de le faire entrer dans
» tout, comme s'il eût tenu dans fa main
» les refforts qui tenoient l'Europe en-
» tiere, & qu'il en eût réglé jufqu'aux
» moindres mouvemens. » Dans une nouvelle édition, il eft dit poffitivement que
» cette révolution fut préparée & ména-
» gée par le cardinal de Richelieu. » On
en a la preuve dans le recueil d'Aubery,
intitulé, « Mémoires pour fervir à l'hif-
» toire. » On y rapporte une longue inftruction, donnée au fieur de Saint-Pé,
que le Cardinal envoyoit en Portugal
avec des lettres adreffées aux principaux
feigneurs du pays, « pour les exhorter à
» fecouer le joug des Efpagnols, & à
» mettre fur le trône le Duc de Bragance,
» en cas qu'il voulût accepter la couronne;
» &, s'il le refufoit, on offroit de leur
» envoyer de France un Prince du Sang,
» pour être leur Roi. »

[1640.]

Deux feigneurs Portugais, D. Pierre de Mendoza & D. George de Mello, font députés vers le duc de Bragance, à Villa-Viciofa, qui eft à trente lieues de Lisbonne, & leur préfence termine les cruelles agitations que lui caufoit l'incertitude d'un fuccès qui devoit décider de fa fortune & de fa vie. Il fe rend aux vœux de fes nouveaux fujets ; arrive fur les bords du Tage, le traverfe dans une barque de pêcheurs, & aborde à la place du palais. Elle étoit remplie d'une infinité de perfonnes qui attendoient, depuis deux jours, leur Prince ; « mais pas un ne con-» jecturoit, en voyant aborder cette bar-» que de pêcheurs, qu'elle portoit le Roi. » Il ne fut point connu d'abord de tout » ce peuple qui occupoit la place ; il tra-» verfa la foule comme un fimple particu-» lier ; & ce ne fut qu'après être monté » fur une efpèce d'échafaud où on avoit » placé fon trône, qu'il fut falué & pro-» clamé Roi, avec une joie infinie, de » tous les Portugais. »

Peu de jours après, la ducheffe de Bragance fe rendit à Lisbonne avec une fuite nombreufe. Toute la cour fortit bien loin au-devant d'elle, & le Roi n'oublia rien pour lui montrer combien il étoit per-

fuadé qu'elle n'avoit pas peu contribué à
lui mettre la couronne fur la tête. « On
» obferva que, dans ce changement de
» fortune, le perfonnage de Reine ne lui
» coûta rien, & qu'elle foutint fa nou-
» velle dignité avec tant de grace & de
» majefté, qu'elle fembloit être née fur
» le trône. » (Voyez ci-deffus, pages 223
& 224.)

[1640.]

On ne manqua pas de fe rappeler la
prétendue prophétie d'un nommé Encu-
bert, qui prédifoit aux Portugais « qu'ils
» feroient délivrés d'un joug étranger,
» lorfqu'un Roi viendroit les trouver
» monté fur un cheval de bois, » & on
en fit l'application au duc de Bragance,
& à la barque de pêcheurs qui le portoit.
On parloit encore d'un miracle arrivé
dans le tems même de la proclamation
du Roi. Quoi qu'il en foit de ces prodiges qui nourriffent plus la vanité que la
piété des peuples, le nouveau Roi ne
négligea rien de ce qui pouvoit affermir
la couronne fur fa tête. Il délivra quantité de commiffions pour lever des troupes, & envoya dans les places frontieres,
des gouverneurs d'une fidélité, d'une valeur & d'une prudence reconnues, avec
ordre de fe mettre en état de défenfe,

le plus promptement qu'il leur seroit possible.

❧[1641.]❧

Jean IV convoque les Etats du Royaume, & y fait examiner ses droits à la couronne, afin de ne laisser aucun scrupule dans l'esprit de ses sujets, & de mettre un nouvel obstacle aux prétentions que des rivaux entreprendroient de faire valoir. Il est reconnu par un acte solemnel, « véritable & légitime roi de Portugal, » comme descendant, par la Princesse sa » mere, de l'Infant Edouard, fils du roi » Emmanuel, à l'exclusion de Philippe IV, » roi d'Espagne, qui ne sortoit d'Emmanuel que par une fille, laquelle, suivant » les loix fondamentales du Royaume, » étoit exclue de la couronne, ayant épousé » un Prince étranger. » (Voyez ci-dessus, pages 156 & 389.)

Le Décret des Etats finissoit ainsi : » Les Portugais, en plaçant Jean IV sur » le trône, ont eu pour eux tous les droits » les plus respectables : le droit de succession, le droit de représentation, & » les loix du Royaume. Ces droits sont » plus que suffisans pour détruire une possession de soixante ans ; possession forcée & tyrannique, établie & maintenue » par la force des armes, force qui rend

» nuls tous les actes , décrets & senten-
» ces donnés en sa faveur, tant dans les
» Etats tenus à Tomar, l'an 1587, qu'à
» Lisbonne, l'an 1619 ; d'ailleurs, la sen-
» tence qui déféroit au roi de Castille la
» couronne de Portugal , étoit vicieuse en
» plusieurs autres points : 1º parce qu'elle
» ne fut pas signée unanimement : 2º
» parce qu'elle fut rendue hors des limi-
» tes du Royaume , ce qui choquoit tou-
» tes les constitutions de l'Etat de Portu-
» gal. »

[1641.]

Les Etats reconnurent aussi pour leur
Prince & successeur légitime à la couronne, l'Infant D. Théodose, fils du Roi,
& ils dressèrent cet acte : « Nous recon-
» noissons & Nous recevons pour natu-
» rel & véritable Prince & Seigneur, le
» très-grand & très-excellent Infant D.
» Théodose, fils & légitime héritier du
» Roi notre seigneur, & de la Reine Doña
» Louise, sa femme. Comme ses naturels
» & véritables sujets & vassaux, nous lui
» rendons hommage , entre les mains du
» Roi, son pere, qui le reconnoît pour son
» fils & successeur légitime, & actuellement
» son tuteur. Nous lui promettons qu'après
» la mort de Sa Majesté , nous le recon-
» noîtrons pour roi du Portugal & d'Al-

» garve , pour feigneur de la Guinée ,
» dans l'Afrique , & du commerce d'E-
» thiopie , Arabie , Perfe & Inde. Nous
» obéirons en tout & par-tout à fes com-
» mandemens. Nous ferons la guerre pour
» lui : nous maintiendrons la paix dans
» fes Etats. En vertu de quoi , nous ju-
» rons fur la Sainte Croix , & fur les
» Evangiles , d'exécuter en tout & par-
» tout, ce que nous venons de dire ; &,
» pour preuve. de fujettion , d'obéiffance
» & de reconnoiffance envers ladite fei-
» gneurie, nous baifons la main de Sa Ma-
» jefté, & de Son Alteffe, tous deux pré-
» fens. »

Nous obferverons ici que Jean IV eft
le premier des rois de Portugal qui ait eu
le titre de MAJESTÉ : on ne leur avoit
jamais donné que celui d'ALTESSE, qui
paffa alors aux Infants.

[1641.]

Le Roi déclare, dans l'affemblée générale des Etats , qu'il fe contente de fes
biens de patrimoine, pour l'entretien de
fa maifon, & qu'il attribue aux befoins
du Royaume tous les revenus du domaine
royal. Il abolit en même tems les impôts,
dont le miniftere Efpagnol avoit accablé
les Portugais.

❧[1641.]❧

Jean IV envoie des ambaffadeurs dans les principales cours de l'Europe. Celles de France, d'Angleterre & de Suède les reçurent comme tels. Le Roi de Danemarck n'ofa fe déclarer en faveur de la révolution, quoiqu'il parût l'approuver. Le Pape refufa de donner audience à l'évêque de Lamégo; & les vives follicitations du marquis de Fontenay, ambaffadeur de France, ne purent l'emporter fur la crainte de chagriner le Roi Catholique. D. Triftan de Mendoça étoit chargé d'obtenir des Hollandois la reftitution des provinces du Bréfil, dont ils s'étoient emparés. Il leur repréfenta que « les motifs » qui les avoient engagés à en prendre » poffeffion, ayant ceffé du moment que » le Portugal avoit fecoué le joug de l'Efpa-» gne, il n'étoit pas jufte que ce Royaume » continuât de porter la peine des injures » que leurs Hautes Puiffances prétendoient » avoir reçues de la Cour de Madrid. » Ces repréfentations ne furent point écoutées : les Etats-Généraux vouloient bien faire alliance avec le Portugal, parce que c'étoit un ennemi de plus pour l'Efpagne, mais ils étoient réfolus de ne fe point relâcher fur leurs conquêtes dans le Bréfil,

Ils conclurent un traité d'alliance avec
le roi Jean IV, & uferent, fur l'article du
Bréfil, de termes ambigus, qui firent connoître à ce Prince leur véritable intention. L'état de fes affaires l'obligeant de
diffimuler, il accepta, fans explication,
une trève de dix ans pour les Indes. Elle
fut mal obfervée; &, tandis que les Hollandois travailloient en Afie à dépouiller
les Portugais de ce qu'ils poffédoient, ils
contribuoient en Europe à maintenir le
duc de Bragance fur le trône de Portugal.

[1641.]

Les Portugais attaqués par les Efpagnols,
& puiffamment fecourus par les François,
foutinrent la guerre auffi heureufement
fur terre que fur mer; mais elle fe fit
d'abord avec un acharnement & une barbarie qui étoient bien propres à déshonorer les deux nations. Une conjuration
penfa remettre les Portugais fous le joug:
une intrigue fut fur le point de faire per-
drè l'Andaloufie aux Efpagnols; les uns
& les autres ne fe ménagerent nullement
dans les manifeftes qu'ils publierent, &
le fuccès des armes Portugaifes caufa la
difgrace du Comte - Duc d'Olivarès.
(Voyez ci-deffus, pages 223 & 230.)

[1641.]

L'archevêque de Lisbonne vouloit sauver un de ses amis, qui étoit complice de la conjuration dont on vient de parler : il s'adresse à la Reine avec la confiance que peuvent donner des services importans : « Monsieur l'archevêque, lui » dit-elle, la plus grande grace que vous » pouvez attendre de moi sur ce que » vous me demandez, c'est d'oublier que » vous m'en ayez jamais parlé. »

[1641.]

Un cavalier Portugais, nommé Roque Antunes, tomba percé de coups, entre les mains des Espagnols : on lui demanda : » Qui vive ? — Dieu, répondit-il, & » D. Jean IV, roi de Portugal. » On promit de lui faire quartier, s'il disoit une seule fois : « Vive D. Philippe. — Tuez- » moi donc, répliqua-t-il ; la vie me se- » roit odieuse à ce prix. » Les Espagnols le firent expirer sous leurs coups.

[1642.]

Pendant un combat que les Portugais soutenoient près d'Olivença, les femmes de cette ville sortirent avec des rafraîchissemens ; elles eurent le courage de

les

les porter, même au fort de la mêlée, & de les diftribuer aux combattans.

✣[1641.]✣

Un traité de Commerce, conclu le 29 de Novembre entre l'Angleterre & le Portugal, acheva de perfuader aux Portugais qu'ils n'avoient plus à redouter la fupériorité de l'Efpagne.

✣[1643.]✣

Les Etats généraux, convoqués à Lisbonne, tiennent leur affemblée dans les formes anciennement obfervées : les Ducs occupoient des fiéges de velours fans bras; les Marquis, des bancs couverts d'écarlate ; les Comtes, des bancs couverts d'un drap ordinaire : les Prélats étoient placés vis-à-vis des Ducs, fur un banc couvert de velours. Les députés des villes, avec le refte de la nobleffe, fe plaçoient indifféremment fur des bancs qui leur étoient préparés.

D. Manuel d'Acugna, évêque & chapelain du Roi, charge qui répond à celle de grand ou de premier Aumonier, porta le premier la parole : « Dans l'efpace de » foixante ans que nous avons vécu fous » la domination Caftillane, nous n'avons » vu, dit-il, que deux fois l'affemblée » des Etats. La première fe fit pour ci-

» menter notre fervitude, & la feconde
» pour opérer notre deftruction totale.
» Depuis que Sa Majefté nous gouverne,
» nous nous fommes déja affemblés deux
» fois. La premiere pour notre liberté, la
» feconde pour la maintenir. . . . Les rois
» de Caftille n'avoient point affez de con-
» fiance en nous, pour nous permettre de
» nous affembler, & nous, nous n'étions
» pas affez libres pour le défirer. Ils vou-
» loient captiver notre intelligence & no-
» tre volonté à tous leurs commande-
» mens, afin d'abolir totalement notre
» liberté. Que Sa Majefté penfe bien dif-
» féremment ! Elle nous affemble pour
» vous donner des marques de fon affec-
» tion & de fa confiance, & pour en re-
« cevoir de votre part, en lui difant li-
» brement ce que vous penfez fur l'état
» des affaires. . . Dans la derniere affem-
» blée, Sa Majefté vous affranchit des tri-
» buts, & vous prites la défenfe du
» Royaume fur votre compte ; mais, quel-
» que précaution que l'on prit, il ne fut
» pas poffible d'éviter mille inconvéniens
» imprévus. . . . Loin de nous étonner de
» nos fautes, regardons plutôt comme
» une merveille, la maniere dont notre
» Roi s'eft maintenu dans un Royaume
» épuifé d'hommes & d'argent. Nous man-
» quions d'armes, de munitions, d'artil-

» lerie, de vaiſſeaux & de ſoldats. Dans
» l'eſpace d'une année, nous avons en-
» tretenu des troupes conſidérables ſur les
» frontieres, réparé les places les plus
» importantes, mis en mer trois flottes
» différentes, dépêché pluſieurs grandes
» ambaſſades, & pourvu à mille dépen-
» ſes particulieres....»

Les Etats ne ſe ſéparerent qu'après avoir
donné tous les ſecours néceſſaires à l'entretien des flottes, des armées, des fortifications des places frontieres, & le Roi
trouva dans le zèle de ſes ſujets, les
moyens d'affermir ſon trône, & de rendre au Portugal ſon premier éclat dans
l'ancien & le nouveau Monde. En Europe, il ne vouloit que laſſer ſes ennemis,
& quoique cette conduite excitât les murmures de ſes ſujets, il ſe tint conſtamment ſur la défenſive, parce qu'il lui ſuf-
fiſoit d'empêcher l'Eſpagne de faire des
conquêtes dans le Portugal. En Afrique,
dans les Indes, en Amérique, la nouvellé
de ſon couronnement ranima le courage
des Portugais, & la révolution y fut auſſi
prompte, auſſi complette qu'on pouvoit
l'eſpérer.

❦[1647.]❦

Le Roi donne à l'Infant Théodoſe, ſon
fils aîné, le titre de Prince du Bréſil, qui

depuis ce tems-là est affecté aux héritiers préſomptifs de la couronne de Portugal.

[1649.]

On avoit tout à craindre de la guerre que les Hollandois faiſoient dans le Bréſil ; &, pour en prévenir les ſuites, on établit une compagnie commerçante, ſous le nom de COMPAGNIE OCCIDENTALE. Elle ſeule pouvoit faire le commerce du Bréſil, à condition d'entretenir une flotte qui eſcorteroit les vaiſſeaux Portugais, & donneroit la chaſſe à ceux des Hollandois. Chacun s'empreſſoit d'entrer dans cette compagnie qui devint floriſſante en peu de tems, & elle eût la gloire de conſerver le Bréſil à la couronne de Portugal.

[1651.]

Le prince du Bréſil, âgé de dix-ſept ans, s'échappe de la cour avec deux gentilshommes de ſa chambre, & ſe rend dans la province d'Alentejo, pour y commander les troupes dont il avoit ſouvent blâmé l'inaction. Son projet étoit d'entrer dans la Caſtille, & d'y faire quelque action d'éclat, afin de forcer le Roi, ſon pere, à pouſſer la guerre avec plus de vigueur. Forcé lui-même, par des ordres réitérés de retourner à Lisbonne, il y mourut peu de tems après, le 15 de Mai 1653.

[1655.]

D. Antoine Soarés, feignant d'accepter les propofitions que lui faifoit D. Alphonfe de Sande, de la part du roi d'Efpagne, convient du jour auquel il fe laiffera furprendre dans la fortereffe qu'il étoit chargé de défendre. D. Alphonfe fe préfente avec trente officiers déguifés en marchands ; on les introduit dans la place l'un après l'autre : mais, à mefure qu'ils entrent, on les affomme avec une barre de fer, & l'on ne conferve la vie qu'à leur chef. Il étoit réfervé pour une mort plus barbare encore & plus horrible. Soarés lui reproche de l'avoir cru capable de trahir fon Prince, & le fait attacher à la bouche d'un canon, auquel il ordonne de mettre le feu. Cette action fit horreur, & Soarés ne put jamais effacer l'idée qu'on avoit conçue de lui. On ne le nommoit que par un furnom flétriffant qu'il porta toute fa vie.

[1656.]

Jean IV meurt à l'âge de cinquante-deux ans & demi. La joie indécente que les Efpagnols firent éclater, à la nouvelle de fa mort, honorerent encore plus fa mémoire que les regrets de fes fujets qu'il méritoit véritablement.

ALPHONSE VI.

[1656.]

LE peu de concert qui régnoit depuis quelques années entre les Grands, leur faifoit efpérer une minorité tumultueufe : ils regardoient la Reine-Mere comme une Caftillane, & ce titre feul devoit la rendre odieufe à la nation ; mais la fermeté, la grandeur d'ame & la prudence de cette Princeffe déconcerterent tous leurs projets. Déclarée tutrice du jeune Alphonfe, & Régente du Royaume, par le teftament de Jean IV, elle prit un fyftême tout propre à effacer les idées qu'on avoit conçues de la conduite du feu Roi à l'égard de l'Efpagne, & chercha les moyens de faire la guerre avec plus de vigueur, afin d'ôter aux Efpagnols l'efpérance de fubjuguer de nouveau le Portugal.

[1657.]

Le caractere & les inclinations du jeune Roi, donnoient de vives inquiétudes à la Reine-Mere. Il n'avoit point de fatisfaction plus agréable que de raffembler des enfans du peuple, parmi lefquels il fe mêloit pour fe battre à coups de fronde & de poing. Il avoit donné toute fa confiance à un nommé Antoine Conti, qui, étant venu de Vintimiglïa fur la côte de Gènes, lever une petite boutique à Lisbonne, avoit trouvé le fecret de gagner les bonnes graces du jeune Roi, en lui donnant des frondes de foie, des couteaux dorés, & l'entretenant dans fes défordres. On défendit, fous des peines rigoureufes, à Conti & à fa fuite, de paroître dans la cour du palais : Alphonfe en fut outré de colere, & fe retira dans fon appartement, où il jura de ne prendre aucune nourriture, qu'on ne lui eût rendu fon favori : on ufa de condefcendance ; Conti en devint plus infolent, & le Roi fut moins circonfpect dans fes divertiffemens dangereux. Tantôt il faifoit lâcher des dogues contre ceux qui paffoient dans la place du palais ; tantôt il tomboit brufquement l'épée à la main fur les perfonnes qu'il rencontroit. Deux bleffures qu'il reçut lui-même, & qui firent craindre pour fa vie, donnerent lieu à une députation générale des confeillers d'Etat, qui lui adrefferent cette remontrance par la bouche du duc de Cadaval : » Par ordre de la Reine Régente, votre » mere, de l'Infant votre frere, de l'In- » fante votre fœur, & enfin de tout le

» Royaume, nous venons supplier Votre
» Majesté de conserver votre vie, afin
» de prévenir la ruine de l'Etat. Il n'est
» pas raisonnable que Votre Majesté courre
» après la fin de ses jours; & il n'est pas
» juste qu'elle arrache la vie à ses sujets.
» L'art principal de régner consiste à
» sçavoir acquérir l'amour de ses peuples.
» Devenez leur pere & non leur oppres-
» seur. Ils ne respirent que le zèle de vo-
» tre service. Qu'ils éprouvent à leur tour
» votre reconnoissance par des bienfaits,
» bientôt la tranquillité régnera dans tout
» le Royaume. » Cette démarche produi-
sit un effet contraire à celui qu'on pouvoit en espérer. Le Roi s'affranchit de
toute bienséance, & devint un fléau public. On craignoit de le rencontrer, même
en plein jour.

[1657.]

M. de Comminge, ambassadeur de
France en Portugal, y arrive avec des
instructions relatives aux plaintes de la
cour de Lisbonne, sur la foiblesse des secours qu'on lui fournissoit. La France exigeoit une diversion qui la mit en état de
faire ses conditions meilleures avec l'Espagne, & de pouvoir parler plus haut en
faveur de ses alliés. Le Portugal avoit
compris trop tard les avantages qui lui

revenoient d'une alliance avec la France, & quand il propofa une ligue offenfive & défenfive, ce fut à des conditions qui n'étoient point recevables.

Il eft certain 1º que la France donna au roi d'Angleterre deux cens mille écus, pour contribuer à l'envoi de trois mille hommes de pied & de mille chevaux en Portugal, & que, fans cet argent, les Anglois ne feroient point partis ; 2º que la France donna différentes fommes, tant pour armer des vaiffeaux de guerre, que pour lever des régimens François d'infanterie & de cavalerie , outre cinquante mille livres pour une recrue faite à Londres , & tranfportée en Portugal ; 3º que le marquis de Sande, ambaffadeur de Portugal à la cour de France, toucha extraordinairement les fommes néceffaires à l'entretien des troupes Françoifes, & d'un régiment Allemand, ce qui montoit par an, à deux cens mille écus.

[1658.]

La difcorde fe mettoit parmi les officiers généraux de l'armée que commandoit D. André d'Albuquerque, & la fureur des duels en avoit déja fait périr plufieurs. Albuquerque « établit qu'on ne » pourroit plus terminer les querelles, ni » réparer les affronts, de particulier à par-

» ticulier, que par des actions d'éclat
» contre l'ennemi commun de la patrie.
» Que celui-là feroit regardé comme vain-
» queur, qui auroit par devers lui plus
» d'actions de cette efpece. »

[1659.]

Les Efpagnols s'opiniâtroient depuis
deux ans au fiége de Monçao, & les Portugais fe défendoient avec une intrépidité
prefque incroyable. Les femmes de la ville,
qui s'étoient occupées d'abord à panfer
les bleffés & à fervir les malades, s'ac-
coutumerent infenfiblement aux veilles,
aux fatignes, & prirent les armes pour la
défenfe de leur patrie, fous les ordres
d'Héléne Pérés, veuve de D. Jean Figueira,
officier de diftinction. Bientôt on les vit
paroître fur la brèche ; affronter les dangers, & remplacer les meilleurs foldats.

[1660.]

Le comte de Schomberg arrive à Lisbonne avec fix cens officiers François,
parmi lefquels il y avoit d'excellens bom-
bardiers & d'habilles ingénieurs. Ce nouveau général foutint parfaitement fa réputation, mais il eut lieu de fe rappeller
plus d'une fois qu'on lui avoit dit en
partant de France : « Vous aurez moins
» de peine à triompher de la valeur des

» Caſtillans , que de l'envie des Portu-
» gais. »

[1661.]

L'Infante Catherine, ſœur d'Alphonſe VI,
épouſe Charles II , roi d'Angleterre, & ce
mariage occaſionne un Traité par lequel
» le roi de Portugal cédoit la ville & la
» fortereſſe de Tanger en Afrique. . . . . &
» permettoit à tous les négocians Anglois,
» d'établir quatre familles dans chaque
» ville des Indes ou de l'Amérique. » Le
roi d'Angleterre promettoit « de ſoutenir
» les intérêts du Portugal, avec toutes les
» forces de ſon Royaume, tant par mer
» que par terre , . . . de ſe rendre média-
» teur entre le roi de Portugal & les
» Etats de Hollande ; &, ſi la médiation
» devenoit inutile , d'envoyer une flotte
» dans les Indes, pour y faire la guerre
» aux Hollandois. » L'Infante devoit avoir
pour dot deux millions de cruſades ; l'un
en argent comptant ou en effets , & l'autre payable dans un an. (Voyez ci-deſſus, page 461.) Charles II lui aſſuroit
trente mille livres ſterling de rente.

[1662.]

La Régente voyant que tous les aver-
tiſſemens étoient inutiles auprès du Roi,
prit enfin le parti de faire arrêter Antoine

Conti, Jean son frere, & trois autres hommes de cette espece, qui partageoient la faveur. On se saisit d'eux, le 16 de Juin, & on les embarqua aussitôt pour le Brésil. Alphonse ne l'eut pas plutôt appris, qu'il entra en fureur. Il parut se modérer, mais, quelques jours après, il sortit de Lisbonne, & se rendit à Alcantara avec le comte de Castelmelhor, & quelques autres qui ne valoient guère mieux que les Conti. On le pressa envain de revenir. Il ne s'y détermina que sur la promesse par écrit, de la Reine, sa mere, de lui abandonner les rênes du gouvernement. Il avoit l'âge prescrit par les loix pour régner. Dès qu'il eût l'autorité en main, il en fit l'usage qu'on avoit prévu. Les anciens ministres furent disgraciés, les confidens de l'Infant D. Pierre maltraités, les serviteurs de la Reine bannis ; on la traita d'abord elle-même avec beaucoup d'indifférence, ensuite avec un mépris visible ; enfin le 17 de Mars, de l'année suivante, elle fut obligée de se retirer dans un couvent.

[1663.]

L'Espagne ayant compris qu'elle ne recouvreroit jamais le Portugal, si elle ne faisoit de plus grands efforts, mît à la tête de ses troupes D. Juan d'Autriche, le plus estimé de ses généraux. « Toute

» l'Europe avoit ſes regards fixés ſur lui.
» Les Eſpagnols l'avoient préconiſé,
» comme le Conquérant du Portugal, &
» lui avoient fait prendre par leurs exa-
» gérations, une eſpece d'engagement
» avec le public, qui l'obligeoit à tout
» entreprendre, pour ne pas voir tom-
» ber ſa réputation. » Les miniſtres, qui
ne l'aimoient point, empêchoient qu'on
ne lui envoyât les ſecours qu'il demandoit, & il ne fit rien de conſidérable.
Il perdit même la fameuſe bataille, d'A-
meyxial ou Du Canal, & cette journée,
qui fut ſuivie de la priſe d'Evora, affer-
mit pour toujours le trône de Portugal.

Après la bataille, on trouva dans la
caſſette de D. Juan d'Autriche, un état
fort détaillé des troupes, de l'artillerie,
des munitions & des équipages de l'armée
Eſpagnole qui devoit ſervir à la conquête
du Portugal. Un ſecrétaire d'Etat de la
cour de Lisbonne, renvoya ce mémoire
à la cour de Madrid, avec cette addi-
tion. « Nous certifions le préſent état
» exact & véritable, ayant été trouvé
» ſur le champ de bataille, après la dé-
» faite des Eſpagnols, le 8 de Juin 1663.»

[1664.]

Tandis que les Portugais triomphoient
ſur les frontieres, Lisbonne étoit en proie

aux fureurs infenfées du Roi, & à l'in-
folence des favoris. Alphonfe ne garda
plus de mefures dans fes deréglemens. Il
leva deux efpeces de compagnies, l'une
à pied, l'autre à cheval, qu'il appeloit
BASSE ET HAUTE PATROUILLE, com-
pofées de gens de fon humeur. Alors il n'y
eut plus de fûreté dans les rues de Lisbonne, où l'on couroit plus de rifque la
nuit, que fur les grands chemins & dans
les forêts. Quand le Prince étoit las d'attendre, d'infulter & de battre les paffans,
il entroit dans les maifons, ou fe contentoit quelquefois d'en faire enfoncer les
portes. Il avoit écrit lui-même aux Conti
pour les rappeller auprès de fa perfonne,
& à leur arrivée du Bréfil, ils furent reçus au bruit de l'artillerie, & au fon des
trompettes. Un nouveau favori trouva
cependant le moyen de les éloigner.

[1665.]

Les Portugais continuent d'attaquer
l'Efpagne, tant par la force des armes
que par des intrigues fecrettes. On découvrit la confpiration qu'ils avoient formée
pour incendier en même tems tous les
magafins de leurs ennemis, mais ils furent plus grands & plus heureux dans les
plaines de Villa-Viciofa, où ils gagnerent la bataille de Montes-Claros. « Dix

» mille hommes tués fur le champ de ba-
» taille, quatre mille prifonniers, l'artil-
» lerie, les équipages & les drapeaux de
» l'armée fignalerent cette victoire que
» les Portugais dûrent comme les précé-
» dentes à l'habileté du comte de Schom-
» berg, & à la valeur des François & des
» Anglois.... Qui eût ofé dire à Phi-
» lippe II, conquérant en quinze jours le
» Portugal, que fa nation feroit un jour
» vaincue par les Portugais, toutes les
» fois qu'elle en viendroit aux mains avec
» eux ? »

[1666.]

La Reine-Mere, peu de jours avant fa
mort, terminoit ainfi la lettre qu'elle écrivit au Roi le 26 de Février : « Si je meurs
» fans vous voir, je vous laiffe ma béné-
» diction, la feule chofe qui me refte à
» vous donner, en vous affurant que Dieu
» ne me demandera point compte de n'a-
» voir pas toujours traité Votre Majefté
» comme mon fils. » Le Roi lut froidement la lettre, railla l'Infant D. Pierre,
fon frere, de la douleur qu'il éprouvoit
en cette occafion, & s'oppofa même au
deffein qu'il avoit de fe rendre fur le
champ auprès de la Reine.

[1667.]

Marie-Françoife-Ifabelle de Savoie, fille

de Charles-Amédée, duc de Nemours, appellé mademoiselle d'Aumale, avant son mariage, quitte secrettement le palais du Roi qu'elle avoit épousé l'année précédente, & se retire dans le monastere de l'Espérance. Elle écrivit aussitôt cette lettre à Alphonse : « J'ai quitté ma patrie, » ma maison, mes parens, & j'ai vendu » tout mon bien, pour venir être votre » compagne, avec un désir sincere de con- » tribuer, autant que je le pourrois, à » votre bonheur. J'ai un extrême déplai- » sir de n'y avoir pu réussir. Pressée par » ma conscience, j'ai résolu de retourner » en France, avec nos vaisseaux de guerre » qui sont dans le port. Je prie Votre » Majesté d'ordonner que ma dot me soit » rendue, puisqu'elle sçait parfaitement » que je ne suis point sa femme. » Après la lecture de cette lettre, Alphonse cou- rut tout furieux à la porte du couvent, &, sur le refus qu'on fit de l'ouvrir, il or- donna de la mettre en piéces. L'Infant D. Pierre arriva, & à force de prieres l'obligea de retourner au palais.

❧ [1667.] ❧

La Reine informa les conseillers d'E- tat & les principaux officiers de la cou- ronne du motif de sa retraite, & de la résolution où elle étoit de partir, après avoir

avoir fait déclarèr nul ſon mariage. La
conjonĉture parut favorable. au conſeil.
On ſouhaitoit depuis longtems de ſe défaire d'un Prince auſſi incapable de régner,
que de donner des ſucceſſeurs à la cou-
ronnè. Dès le 23 de Novembre, (la lettre de la Reine étoit du 21,) Alphonſe
fut arrêté dans ſon appartement. « Il pa-
» rut ceſſer d'être furieux, dès qu'on ceſſa
» de le traiter en Roi : il donna ſur le
» champ ſon abdication en faveur de
» D. Pierre, ſon frere, qui jugea à propos
» de ſe contenter du titre de Régent du
» Royaume. »

Alphonſe fut relégué aux îles Terceres,
& le peuplé diſoit hautement : « On de-
» vroit ſe contenter de lui ôter ſa cou-
» ronne & ſa femme, ſans le priver en-
» core de reſpirer l'air de ſa patrie. » Il
reſta dans cet exil juſqu'en 1675, qu'on
le transféra dans une forterefſe voiſine
de Lisbonne, où il mourut en 1683.

✠ [1668.] ✠

Ce qui paroît de plus extraordinaire
dans les circonſtances de cette révolution,
écrivoit l'ambaſſadeur d'Angleterre à Lisbonne, & ce qui diſtingue ce fameux
évènement de tout ceux de ce genre,
c'eſt qu'il ne fut point occaſionné par

un mécontentement général de la nation, par un abus des loix, par l'usage odieux d'un pouvoir arbitraire, par les mauvais succès d'une guerre, par le dérangement des affaires publiques, par la chute du commerce, ni enfin par les murmures & les plaintes du peuple. Au contraire, la nation Portugaise jouissoit alors d'une vie douce & tranquille, & on n'y remarquoit aucune de ces dispositions qui ont coutume de préparer & d'annoncer des révolutions dans un Empire. Il est vrai que le roi Alphonse VI, par ses emportemens, ses débauches, ses inclinations basses, ses indignes amusemens, & sa conduite déréglée, s'étoit attiré le mépris de tous ses sujets, & particuliérement de la ville de Lisbonne. Mais peu de personnes, en particulier, avoient lieu de se plaindre du gouvernement, si ce n'est le Duc de Cadaval, & quelques autres Grands, avec un petit nombre de gentilshommes à qui l'on avoit ôté leurs emplois, & dont une pareille disgrace avoit fait des mécontens. Tout cela ne paroissoit pas capable d'occasionner un évènement tel que celui qui s'ensuivit. Cependant l'Infant D. Pierre, héritier présomptif de la couronne, sçut si bien s'en prévaloir, qu'il s'en servit comme de moyens suffisans pour détrôner son frere.

⤐[1668.]⤏

Le premier foin du Confeil fut de retenir Mademoifelle d'Aumale en Portugal.
On lui propofa d'époufer l'Infant D. Pierre,
& elle y confentit. Le Chapitre de l'é-
glife cathédrale de Lisbonne, le Siége vacant, déclara fon mariage nul « fans au-
» tre contestation que celle du Promoteur
» par négation ; &, au défaut de partie,
» (ainfi que porte la fentence,) l'empê-
» chement étant tenu pour moralement
» affuré, & fans qu'il fût befoin d'autres
» preuves, ni de plus long délai. » On
lui confeilla cependant, « pour l'honnê-
» teté publique, » d'obtenir une difpenfe
du faint fiége. Les Efpagnols avoient pris
les devants à Rome, & s'oppofoient à
cette demande ; mais, par un concours de
circonftances heureufes qui paroiffoient
un peu préméditées, M. de Verjus apporta une difpenfe fignée le 6 de Mars
1668, par le cardinal Louis de Vendôme,
oncle de la Princeffe, qui étoit alors en
France, revêtu de la qualité de Légat,
& fes pouvoirs portoient expreffément
qu'il pourroit difpenfer de ces fortes d'em-
pêchemens en France & dans les pays
voifins. Mademoifelle d'Aumale époufa
D. Pierre, peu de jours après, pendant

les fêtes de Pâques, le lundi 2 d'Avril ; & porta toujours le titre de Reine, quoique son nouvel époux n'eût que celui de Régent du Royaume. Les partisans de la cour d'Espagne blâmoient hautement ce mariage ; mais les Cardinaux & les plus habiles Canonistes n'ayant pas été de leur avis, le pape Clément IX confirma la dispense le 10 de Décembre de la même année.

[1668.]

La rapidité des conquêtes de Louis XIV oblige l'Espagne à signer la paix avec le Portugal, afin d'avoir un ennemi de moins à combattre. Ce Royaume fut reconnu pour libre & indépendant ; on restitua les places prises de part & d'autre ; la ville de Ceuta qui n'avoit pas suivi, en 1640, le torrent de la révolution, resta aux Espagnols, (Voyez ci-dessus, page 534.) & on ôta du blason d'Espagne, les armes de Portugal.

[1669.]

L'Infant D. Pierre crut devoir employer d'abord son autorité à réprimer la fureur des duels, & porta une loi très-sévère contre « ceux qui feroient de leur valeur un » emploi si funeste à la patrie, & si hon- » teux pour la raison. »

[1673.]

On découvre à Lisbonne une conspiration formée en faveur du Roi détrôné, & appuyée par l'Espagne. D. Govea, ambassadeur de Portugal à la cour de Madrid, s'en plaint hautement, & va même jusqu'aux menaces. Le peuple trouvant ses plaintes injurieuses à la nation, l'assiége dans son palais, & le force à une fuite précipitée : « La foiblesse seule du Portugal l'empêcha de venger tant d'outrages.»

[1675.]

On avoit lieu de soupçonner qu'il se formoit aux îles Terceres un parti pour rétablir Alphonse VI sur le trône. Le Régent fit transférer ce Prince dans le château de Cintra, à quelques lieues de Lisbonne, & l'y retint prisonnier, par le peu de liberté qu'il lui laissa. Le souvenir de ses extravagances, pendant qu'il avoit été Roi, empêcha la nation de s'intéresser à son sort.

[1683.]

Alphonse VI meurt le 12 de Septembre, âgé de quarante ans, & D. Pierre quitte le titre de Régent du Royaume, pour prendre celui de Roi. La reine de Portugal ne survécut pas long-tems à son premier mari. (Voyez ci-dessus, page 559.)

PIERRE II.

[1683.]

LE nom de Roi ne changea rien dans
la conduite de Pierre II, qui gouvernoit depuis dix-fept ans avec une autorité abfolue. On lui doit des ordonnances très-fages pour arrêter les vols &
les affaffinats qui fe commettoient, avant
fon régne, avec une forte de fureur épi-
démique.

On attribue la caufe de ces défordres
à la mifere du peuple, & plus encore à
cent cinquante mille Négres ou Métis qui
inondent Lisbonne. D'ailleurs on ufe de
beaucoup d'indulgence dans les affaires
criminelles, & les arrêts les plus féveres
font prefque toujours d'enrôler les coupables pour les Indes ou pour l'Afrique.

Il n'y a point de Maréchauffée dans
tout le Royaume. S'il eft vrai qu'on
entend rarement parler de vols fur les
grands chemins, il n'eft pas moins vrai
que les Portugais font fort fédentaires, à
moins qu'ils n'aillent aux Indes ou en Afrique. Quand un homme de confidération
voyage, il va loger de couvent en cou-

vent, & fon palefrénier porte les armes
du Roi fur la houffe de fon cheval : cette
marque de diftinction le fait refpecter
dans toutes les provinces. Un étranger
qui n'a pas cet avantage, ne doit jamais
s'écarter du grand chemin.

[1684.]

L'adminiftration publique des affaires
étoit confiée à cinq miniftres qui compofoient le confeil d'Etat. Ils étoient d'une
naiffance diftinguée, ou d'un mérite il-
luftré par des titres. Chacun d'eux avoit
fon département, & le Roi feul décidoit
de tout en dernier reffort. Le plus jeune
de ces miniftres portoit le nom de fecrétaire d'Etat, & en rempliffoit les fonctions,

[1694.]

L'Efpagne avoit à fe défendre, en Europe, contre la France, & en Afrique contre deux armées de Maures. Elle demande
du fecours au Portugal. Pierre II confent
à fournir quelques régimens, à condition
qu'ils ne feront employés que contre les
Maures.

» Rien n'étoit plus miférable que la mi-
» lice Portugaife, jufqu'à la guerre de
» 1762, à peine y comptoit-on dix mille
» hommes ; encore étoient-ils moins des

N n iv

» foldats que des payfans levés à la hâte,
» fans uniformes, fans armes, deman-
» dant l'aumône, & dont les officiers fer-
» voient à table leurs colonels. »

L'infanterie Portugaife confifte aujour-
d'hui :

1° En trente-trois bataillons, faifant enfemble vingt-fix mille hommes ;

2° Trois bataillons d'artillerie ;

3° Un corps de génie.

On ne parle pas d'environ cent mille
payfans, qui fervent fans paie, & qui fe
rendent formidables par leur genre de
guerre, d'embufcades & de furprifes.

La cavalerie confifte :

1° En vingt-fix efcadrons, faifant enfemble quatre mille cavaliers, montés fur
d'excellens chevaux d'Andaloufie & de
Béïra ;

2° Quatre efcadrons de cuiraffiers ;

3° Un régiment de volontaires à pied
& à cheval, compofé de douze cens
hommes.

Toutes ces troupes font affez bien exer-
cées au maniment des armes, mais nullement aux grandes opérations de la
guerre.

Elles font commandées par un capitaine général, des lieutenans généraux,
des maréchaux de camp, des brigadiers,
de colonels, &c. très-peu de gentilshom-

mes entrent au fervice, parce que très-peu en obtiennent la permiſſion. Il n'y a même de bons ingénieurs, de bons officiers d'artillerie, que des étrangers. C'eſt un feigneur Allemand, le comte de la Lipe, qu'on peut regarder comme le reſtaurateur de la milice Portugaiſe.

Le Roi n'a point une garde particuliere, comme en France & en Eſpagne. (Voyez ci-deſſus, page 285.) Il ſe fait eſcorter par un détachement d'infanterie ou de cavalerie, caſernée à Lisbonne, & la garde de la Reine conſiſte en quelques hallebardiers, qui n'ont pas ſeulement d'uniforme.

[1699.]

Le Portugal voit tout à coup doubler ſes richeſſes par la découverte qu'on fait dans le Bréſil de pluſieurs mines d'or & de diamans. Les premieres ont toujours fourni, chaque année, au moins quarante millions; il n'a jamais été poſſible d'évaluer le produit des ſecondes. On prétend qu'il eſt ſorti du Bréſil, plus de deux milliards quatre cens millions. Ces ſommes immenſes paſſent en Angleterre, qui s'eſt emparée de tout le commerce de Portugal, par des Traités qui font ſouvent accuſer d'indolence une nation ſi active autrefois & ſi jalouſe de ſa liberté,

Les Portugais invoquent en leur faveur des raiſons d'état : « Notre puiſſance, » diſent-ils, eſt ſi peu redoutable en Eu- » rope, que nous ne devons chercher » qu'à vivre en paix avec toutes les na- » tions, ou à nous comporter de maniere » que, ſi les unes conſpirent notre perte, les » autres ſoient engagées, par leur propre » intérêt, à travailler à notre conſervation. » Si l'or que nous trouvons ſans peine au » Bréſil, étoit dans le Portugal, nous » aurions toutes les manufactures qu'on a » en France & en Angleterre, parce que » nos richeſſes nous mettroient en état » de conſtruire des places fortes, & d'en- » tretenir des troupes pour les garder ; » mais comme tout notre or eſt en Amé- » rique, en nous prenant une de nos vil- » les maritimes, on nous mettroit hors » d'état de jouir de nos tréſors. Nous » n'avons rien à craindre, tant que les » Anglois trouveront à débiter chez nous » le produit de leurs terres & de leur in- » duſtrie. Ils nous protégeront même, & » verſeront juſqu'à la derniere goutte de » leur ſang, pour nous défendre contre » les ennemis qui oſeroient nous attaquer. » Nous leur procurons plus de profit que » les autres nations enſemble, & ils ſont » les ſeuls qui faſſent valoir nos vins & » nos denrées. S'ils n'emportent pas tout

» notre or , c'eſt de peur que les autres
» Puiſſances ne ſe réuniſſent pour nous
» enlever le Bréſil. Ils ne ſeroient pas alors
» aſſez forts pour nous défendre ; & l'Eſpa-
» ne ne manqueroit pas de ſe mettre de
» la partie pour nous ſubjuguer. »

» C'eſt pour la même raiſon que nous
» ne faiſons pas travailler aux mines d'ar-
» gent & de cuivre des parties ſepten-
» trionales du Royaume : nous craignons
» d'exciter la jalouſie de nos voiſins ; nos
» richeſſes du Bréſil leur font déja aſſez d'en-
» vie ; en travaillant à nos mines d'étain &
» de plomb , nous ruinerions le commerce
» d'Angleterre. Il faut auſſi ménager la
» Suéde qui nous apporte du cuivre ;
» & il n'y a pas juſqu'aux Hollandois ,
» autrefois nos ennemis , de qui nous ne
» ſoions bien-aiſes d'acheter diverſes mar-
» chandiſes , entr'autres le ſalpêtre , quoi-
» que les ſeules immondices de Lisbonne
» en fourniroient abondamment. »

Les Portugais ſont d'autant plus attachés à ces principes , qu'ils les regardent
comme la baſe d'un ſyſtême heureux de
politique , & comme la ſource de la tranquillité , de l'abondance , & du bonheur
dont ils jouiſſent.

❧ [1699.] ❧

Une des filles de la Reine meurt de

douleur, deux ou trois jours après la mort
de sa maîtresse, Marie-Sophie Elisabeth
de Neubourg, qui n'avoit que trente-trois
ans ; & le Roi ne se consola jamais de
cette perte. Il alla dix fois, pendant la
nuit, & pieds nuds, dans plusieurs églises
éloignées de son palais, pour y faire sa
priere. Les petits Princes alloient aussi
pieds nuds, pleurer & prier sur le tombeau de leur mere, & les peuples partageoient sincérement la douleur de leurs
maîtres.

[1700.]

On termine à Lisbonne un célèbre procès qui duroit depuis long-tems entre
les évêques du Royaume, & D. Laurent-
Perez Carvalho, commissaire de la CRU-
CIATE. Ceux qui jouissent du privilége
de cette Bulle, ont le pouvoir de se choisir le Confesseur qu'ils veulent, pourvu
qu'il soit approuvé de l'ordinaire. Les
évêques soutenoient cette proposition :
» Il est nécessaire que le Confesseur soit
» approuvé par l'ordinaire du lieu où s'en-
» tendent les confessions. » Le Commissaire prétendoit qu'il suffisoit « que le Con-
» fesseur fût approuvé pour un diocèse
» quel qu'il fût, » mais il perdit sa cause,
qu'il avoit appuyée d'un gros volume de
sa composition.

[1701.]

Pierre II reconnoît le duc d'Anjou pour roi d'Espagne, & figne un Traité d'alliance avec Louis XIV & Philippe V. On lui avoit envoyé des ingénieurs François, pour travailler à mettre en défenfe les côtes & les villes frontieres de fes Etats. Il écrivit le 11 de Mars aux Etats de Hollande, pour les exhorter « à main- » tenir la paix, toujours préférable à la » guerre la plus heureufe. » (Voyez ci- deffus, page 283.)

[1703.]

Le roi de Portugal fe laiffe vaincre par les menaces, ou gagner par les promef- fes, &, après avoir affez long-tems ba- lancé, fe détermine à entrer dans la grande alliance. (Voyez ci-deffus, page 280.) Il diffimula cependant le nouvel engage- ment qu'il venoit de prendre, & il ne fe déclara qu'à l'arrivée de l'Archiduc. Pierre II étoit perfuadé, comme les au- tres Potentats de l'Europe, qu'il n'étoit pas de l'intérêt public que le Prince qui feroit Empereur ou Roi des Romains, fût en même tems roi d'Efpagne ; &, pour le gagner, l'Empereur commença par re- noncer à fes droits prétendus, en faveur de l'Archiduc, au nom duquel il cédoit

à perpétuité plufieurs villes en Europe,
& une étendue de pays confidérable en
Amérique. Les Anglois s'engagerent à
garder les côtes du Portugal, à fournir
des convois & des vaiffeaux pour les Indes, quand on le jugeroit à propos. L'Empereur, l'Angleterre & la Hollande promirent folidairement de fournir douze
mille hommes effectifs, (entretenus à
leurs frais,) à l'ordre des généraux Portugais, & de payer à Pierre II un million
de Patagons, pour foudoyer huit mille
hommes de fes troupes.

[1704.]

L'Archiduc Charles arrive dans la riviere de Lisbonne avec huit mille hommes de troupes, & le même jour, 9 de
Mars, l'ambaffadeur de France eut ordre
de fortir du Portugal. On imprima à Lisbonne un Manifefte, en latin, en portugais, en efpagnol, dans lequel on fe plaignoit 1° de l'inobfervation du Traité de
partage ; 2° du manque de fecours qu'on
avoit promis ; 3° de quelques gravures
faites à Paris, où Philippe V étoit repré-
fenté avec le titre de roi de Portugal ;
4° de l'enlevement d'un cavalier Efpagnol, arrêté à Lisbonne contre la foi
publique & le droit des gens. On terminoit ce manifefte, en difant que D. Pierre

avoit réfolu , comme un bon médecin, de
tirer tout le mauvais fang des Efpagnols ,
en cas que par une efpece de frénéfie,
ils perfiftaffent à refter fous l'efclavage
François. Un critique ajoûtoit à la réfu-
tation de ce manifefte : « Chaque langue
» a fes expreffions qui lui font propres ;
» je ne fçais fi celles-ci font dans le gé-
» nie Portugais : je fuis fûr qu'elles n'ont
» pas été du goût des nations civilifées,
» qui ne mettent point de pareils difcours
» dans la bouche de leurs Souverains. La
» fuite a fait voir que D. Pierre n'étoit
» pas un bon médecin, ou qu'il y avoit
» peu de mauvais fang chez les Efpagnols,
» car il n'en a pas beaucoup tiré. »

[1704.]

Le duc de Schomberg propofe, dans un
confeil de guerre, de joindre les troupes auxiliaires à celles du Portugal , afin
d'en former une armée capable de tenir
la campagne. Le Roi veut qu'on diftri-
bue fes troupes dans les places , qui pour
la plûpart étoient très-foibles. Cette difpofition procure à Philippe V l'avantage
d'enlever une grande partie des Portugais en détail & par pelotons. Schomberg en eut tant de chagrin, qu'il demanda
fon rappel.

[1705.]

Les soldats Portugais qui servoient dans l'armée de l'archiduc Charles, étant embarrassés pour se donner un chef qui fût de leur nation, élurent saint Antoine de Padoue, patron de Lisbonne, & l'ont toujours regardé, dans la suite, comme leur général. Pierre II en expédia la commission dans toutes les formes, « & fit » porter l'image du saint dans une litiere » superbe, à l'armée, où la nation lui ren- » dit tous les honneurs dûs à la dignité » de général. » Suivant l'usage qui s'est toujours conservé, le roi de Portugal va tous les ans, entendre les vêpres dans l'église de S. Antoine, la veille de la fête du saint, & fait un don de trois cens mille reis.

Aujourd'hui les Portugais comptent par REIS, & il en faut cent quatre-vingt pour une livre. La plus ancienne monnoie con- nue, est une piéce d'or qui vaudroit cinq cens reis, & dont soixante peseroient un marc. Elle représente Sanche I à cheval & armé, & sur le revers on voit une croix avec quatre étoiles, entourée de ces mots, par abréviation : *In nomine Patris, & Filii, & Spiritûs Sancti, Amen.* On n'en trouve point d'autre jusqu'au règne d'Ald'Alphonſe IV, qui fit battre des piéces d'argent, les plus anciennes qu'on connoiſſe en Portugal : elles pourroient valoir aujourd'hui quarante reis. Elles ne portent pas l'effigie du Prince, mais ſeulement ſon nom, & au-deſſous une couronne, avec cette légende qui eſt la même pour le revers : *Sit Nomen Domini Benedictum*. Nous ajouterons ici à ce que l'on a déja dit de la Cruſado, ou Cruſade, (Voyez ci-deſſus, page 461.) ainſi nommée à cauſe de ſa deſtination pour l'uſage des Croiſés, que cette monnoie portoit l'empreinte d'une croix de ſaint George, entourée de lettres qui ſignifioient : *Adjutorium noſtrum in Nomine Domini* : &, ſur le revers, l'écu royal couronné & placé ſur la croix de l'ordre d'Avis, avec cette légende : *Cruſatus Alphonſi Quinti Regis*. Le nom de Cruſade eſt encore aujourd'hui un des plus uſités dans la monnoie de Portugal, & il n'y en a point au-deſſous de quatre cens quatre-vingt reis. L'ancienne monnoie d'or conſiſte en trois ſortes de piéces, dont les plus fortes ſont de vingt-deux & demi au marc, & valent quatre mille huit cens reis ; les deux autres ſont des moitiés & des quarts. Les piéces les plus modernes valent, par gradation, depuis quatre cens quatre-vingt reis, juſqu'à ſix & ſept mille. Les plus

baffes, appellées Crufades, font la dixieme
partie de l'ancienne monnoie d'or. Les
étrangers enlevent autant qu'ils peuvent
les efpeces d'argent fans alliage, parce
qu'elles valent, à proportion de l'or, dix
pour cent moins que dans les autres pays,
ce qui les fait manquer à la circulation.
Le gouvernement y fupplée par quantité
de monnoie de cuivre, & de petites pièces d'or qu'on fait battre au Bréfil, dans
l'endroit même où font les mines. La
poudre d'or eft de contrebande en Portugal, & il eft défendu, fous peine de la
vie, d'en faire venir du Bréfil.

✸✲[1706.]✲✸

Pierre II meurt le 9 de Décembre dans
fa foixante-deuxieme année. Sous le règne
de ce Prince, les François abandonnerent
le commerce qu'ils faifoient avec le Portugal, les marchandifes de France ne pouvant plus arriver à Lisbonne, pendant la
guerre de la fucceffion d'Efpagne. Aujour-
d'hui même ce commerce eft borné à des
toiles, des bas, des gants, des éventails
& à quelques bagatelles, dont on ne retire que l'équivalent, en cuirs, en bois
de teinture & en fruits.

JEAN V.

[1706.]

ON faiſoit dire à ce Roi : « Mon
» grand-pere craignoit les Grands
» du Royaume ; mon pere les craignoit
» & les aimoit ; pour moi je ne les crains
» ni ne les aime. » On prétend qu'afin
de les corriger des excès preſque incroyables auxquels ils ſe portoient, il faiſoit
appeller dans ſa chambre celui qui s'é-
toit rendu coupable de quelque violence,
& ordonnoit qu'on lui donnât la baſton-
nade. Cette premiere punition avertiſſoit
qu'à la premiere rechute on ne manqueroit pas d'être exilé dans quelque château
ſur les côtes d'Afrique, des Indes, du
Bréſil, &c. où ces ſeigneurs étoient obligés de ſervir en qualité de ſimples ſoldats.

[1707.]

Le roi de Portugal annonce que trois
fois par ſemaine il donnera lui - même
ſes audiences, le ſamedi à la nobleſſe, &
les deux autres jours à quiconque ſe pré-
ſentera. Il étoit permis à chaque particulier d'approcher du trône, de remettre

son placet au Souverain, & de l'entretenir de ses affaires. Le Monarque, assis sous un dais, s'appuyoit contre une table sur laquelle étoit une corbeille remplie de piéces d'or, dont il gratifioit ceux qui se trouvoient dans le besoin. Quand il avoit à donner des ordres qui demandoient une prompte exécution, il en chargeoit un des Grands du Royaume, qu'il faisoit appeller. Ces audiences jettoient l'épouvante parmi tous ceux dont la conduite étoit répréhensible. Les ministres mêmes n'étoient pas exempts de crainte, & le Roi n'ignoroit rien de ce qui se passoit dans ses Etats, parce que chacun avoit la liberté de l'en informer. La noblesse avoit l'honneur de lui parler debout, & les autres à genoux. Il n'y a aucune espece de siéges dans les appartemens du Roi, & personne ne peut s'y asseoir, pas même le secrétaire d'Etat, qui est obligé d'écrire à genoux.

L'audience commençoit par les hommes, & finissoit par les femmes. Celles-ci prenoient des especes de mentes ou de domino, qui empêchoient qu'on ne les reconnût. On sçait que les dames Portugaises sont renfermées chez elles au point qu'il est passé en proverbe que « les femmes ne vont à leur paroisse que trois fois en leur vie, pour y être baptisées,

» mariées & enterrées. » Afin de leur
ôter tout prétexte de fortir, on trouve
dans prefque toutes les maifons des cha-
pelles où on fait dire la Meffe.

[1707.]

Un miniftre, ou fecrétaire d'Etat, donnoit tous les jours audience au public, &
fe trouvoit fouvent expofé aux injures
d'une foule de mécontens. Un d'eux porta
la fureur jufqu'à le menacer de l'affaffi-
ner : « Ne vous en avifez pas, répondit-
» il en fouriant, car le Roi vous feroit
» pendre, & d'ailleurs vous perdriez un
» homme qui ne cherche qu'à vous obli-
» ger tous, lorfqu'il le peut. »

[1715.]

Freyre Mafcarenhas introduit les gazettes en Portugal. Il n'en exifte plus aucune
fous le gouvernement actuel. L'auteur de
ces gazettes avoit parcouru tous les pays,
parloit toutes les langues de l'Europe,
étoit de toutes les Académies de Portugal, & a écrit fur tous les évènemens de
fon tems.

[1716.]

On crée un Patriarche à Lisbonne, &,
ce qui n'étoit pas encore arrivé, on voit

alors, dans une même ville, deux dio-
cèses indépendans l'un de l'autre. D. Tho-
mas d'Alméida fut le premier revêtu de
cette éminente dignité que le Roi avoit
eu tant de peine à établir. « Il fit faire
» au prélat des équipages magnifiques, &
» voulut que sa marche eut toujours l'air
» d'un triomphe, afin d'inspirer au peu-
» ple une vénération plus profonde. La
» croix patriarchale étoit portée par un
» cavalier, qui montoit un cheval superbe.
» Le Patriarche qui le suivoit, occupoit
» une litiere entourée de vingt valets-de-
» pieds. Ensuite venoient quatre carosses
» d'une grandeur & d'une richesse extraor-
» dinaire, attélés de six mules, & con-
» duits par des hommes vêtus superbe-
» ment. Le premier étoit vuide ; c'étoit
» la voiture d'honneur. Les trois autres
» contenoient les officiers du Pontife. Les
» Chanoines, choisis parmi la premiere
» noblesse, & richement fondés, alloient
» en litiere, suivis chacun de six domesti-
» ques. Aux processions de la Fête-Dieu,
» un clerc portoit devant eux un chapeau
» verd, & un ecclésiastique la queue de
» leur robe. Le Roi & les Infants ve-
» noient après eux, ensuite les grands
» officiers de la couronne, & six cens
» chevaliers de l'ordre de Christ, avec leurs
» habits de cérémonie. »

Lorſque le Patriarche officioit, il étoit accompagné à l'autel par dix-huit Chanoine, (ils portent la croſſe & la mître, comme les évêques ;) & le Roi ne manquoit jamais d'aſſiſter à ſa Meſſe, avec toute la cour.

[1716.]

A l'occaſion de l'établiſſement du patriarche de Lisbonne , on diviſa la ville en deux parties ; l'orientale & l'occidentale : celle-ci compoſe le dioceſe du Patriarche , l'autre a été conſervée à l'archevêque de Lisbonne. On eſt obligé, ſous peine de nullité , d'exprimer dans tous les actes , la partie de la ville dans laquelle ils ont été paſſés. Les négocians le diſtinguent auſſi ſur leurs lettres de change , & les imprimeurs ne l'oublient pas dans le titre des livres qu'ils donnent au public.

[1717.]

Le patriarche de Lisbonne abolit la plûpart des ſuperſtitions que l'ignorance avoit introduites, qu'un long uſage autoriſoit , & que le caractere de la nation ſembloit devoir perpétuer. Les proceſſions qui n'étoient pas moins indécentes que nombreuſes , furent preſque toutes réduites à celle de la Fête-Dieu «la plus

» superbe, dit-on, qui soit dans le monde
» Chrétien. Les rues sont tapissées des
» étoffes les plus précieuses. On étale tout
» ce que la magnificence la plus somp-
» tueuse a de plus éclatant ; & lorsqu'on
» loue une maison, on a soin de stipu-
» ler dans le bail, que le propriétaire
» sera tenu de l'orner le jour de la Fête-
» Dieu.

» La statue de S. George, placée sur
» une grande haquenée blanche, ouvre
» la marche à trois heures du matin, au
» son des timbales, des trompettes, &
» des cors de chasse de la cour. Tous les
» chevaux du Roi, richement harnachés,
» suivent le saint. Tous les religieux s'y
» trouvent en corps ; tous les chevaliers
» des ordres en habits de cérémonie ;
» tous les tribunaux supérieurs & infé-
» rieurs ; la Cour enfin & tout ce qu'il
» y a de Grands dans le Royaume, assis-
» tent à cette procession. Il est ordinai-
» rement plus de trois heures après-midi,
» lorsque tout le monde est rentré dans
» l'église. »

[1720.]

On avoit déja vu s'établir à Lisbonne
différentes Académies, particuliérement
celles des *Instantaneos*, ainsi nommés parce
qu'ils parloient sans préparation sur les

fujets qu'on leur propofoit : des *Singula-res*, des *Generofos*, des *Anonymos*, des *Applicados*, des *Eftudiofos*, des *Illuftrados*, & d'autres qui n'avoient été d'aucune utilité pour le public, & dont les membres n'étoient occupés qu'à fe donner des louanges réciproques, ou à fe déchirer par des fatires. « La République » des Lettres, dit un écrivain Portugais, » fe trouvoit parmi nous dans le même » état où font la plûpart des Républiques » politiques ; c'eft-à-dire avec tous les » défauts qui accompagnent d'ordinaire » cette forte de gouvernement. C'étoit » une famille fçavante, mais fans fup-» port & comme orpheline ; un corps » littéraire fans chef ; une Ariftocratie » fans affemblée ; un peuple confus d'arts » & de fciences peu eftimé, à caufe de » l'inefficacité inféparable du gouverne-» ment populaire. L'heureux moment ar-» riva enfin qui changea cette Républi-» que en Monarchie, fans qu'elle perdit » rien de fa liberté... Le Roi forma le » deffein de compofer un corps de fça-» vans, & de l'animer, non-feulement » par la protection qu'il lui affureroit, » mais encore par tous les moyens qu'un » Prince éclairé fçait employer pour for-» mer & pour perfectionner de pareils » établiffemens. »

❧[1720.]❧

L'Académie royale de l'histoire Portugaise tient sa premiere
séance le 8 de Décembre. Ce jour n'é-
toit pas choisi au hasard, puisque la nouvelle Académie s'engageoit à « regarder
» la Mere de Dieu comme sa protectrice,
» & à célébrer particuliérement son Im-
» maculée conception. » Cette compagnie
paroissoit n'embrasser d'abord que l'histoire ecclésiastique de Portugal, & prén-
dre pour modèle l'*Italie sacrée* d'Ughelli,
mais elle n'a pas tardé à étendre ses vues
sur l'histoire civile & politique, & à se
proposer également de corriger, de perfectionner, de completter l'une & l'autre histoire.

Le nombre des Académiciens est fixée
à cinquante, & on n'en peut recevoir
de surnuméraires que par ordre du Roi.
Chaque année on tire au sort les noms
de cinq personnes : celui dont le nom
vient le premier, est déclaré Directeur de
l'Académie ; les quatre autres sont Censeurs, & présidént tour à tour, suivant
l'ordre dans lequel on a tiré leurs noms.
Si quelqu'un d'eux meurt avant la fin de
l'année, on en substitue un autre par la
voie du scrutin. Le Secrétaire est perpétuel, & son élection se fait par scrutin.

Dans l'abfence du Directeur & des Cenfeurs, il préfide & nomme un Secrétaire à fa place. Son emploi confifte à tenir regiftre de tout ce qui a été arrêté dans les féances, & à inftruire les nouveaux Académiciens des ftatuts & des ufages de la compagnie ; de recevoir les lettres adreffées à l'Académie, & d'y répondre après avoir confulté le directeur & les cenfeurs. Ceux-ci font chargés de s'oppofer, indépendamment même du Directeur, aux abus qui pourroient s'introduire dans l'Académie ; d'examiner & de juger tous les écrits des Académiciens, auffi-bien que tous les papiers qui ont été remis à l'Académie, & de communiquer aux affemblées générales tout ce qui aura été difcuté dans les conférences particulieres.

C'eft au Directeur à propofer la matiere des délibérations, & à recueillir les fuffrages. Il peut impofer filence, & empêcher qu'on ne traite d'objets indifférens ou qui ne conviennent pas. Il doit avertir les Académiciens des fujets fur lefquels ils font chargés de travailler ; rendre compte au Roi de tout ce qui fe paffe dans l'affemblée où il a préfidé, recevoir fes ordres, & les intimer à la compagnie.

Chaque femaine, le Directeur, les Cenfeurs & le Secrétaire s'affemblent en

particulier pour convenir, à la pluralité
des voix, des sujets dont on doit s'occuper dans la prochaine séance. Les af-
semblées se tiennent le dimanche, de
quinze en quinze jours, & l'on ne peut
s'en absenter pendant deux mois, qu'après
en avoir dónné avis au Secrétaire par écrit.
Le Directeur & les Censeurs ne peuvent
s'absenter une seule fois, sans en avoir
prévenu le Secrétaire. Quand il meurt un
Académicien, le Directeur nomme celui
qu'il juge à propos, pour en faire l'éloge,
& on lui choisit un successeur par la voie
du scrutin : si le Roi n'approuve pas le
choix, on fait une nouvelle élection.

Il peut y avoir dans les provinces &
dans les pays de conquêtes, des Académiciens aggrégés, qu'on nomme surnuméraires; ils étoient au nombre de dix-
sept, dès l'origine de l'Académie. Ils ont
séance dans les assemblées, sans distinction, lorsqu'ils se trouvent à Lisbonne.
On ne peut admettre dans ces assemblées
aucun étranger, de quelque qualité qu'il
soit, à moins qu'on ne l'ait invité, ou
qu'il n'ait fait sçavoir à la Compagnie
qu'il a des choses importantes à lui communiquer. Il se tient, chaque année, deux
assemblées publiques, aux jours de la naissance du Roi & de la Reine. On y fait
la lecture des piéces qui ont été choisies

par le Directeur & les Censeurs. La devise de l'Académie, est la Vérité, telle
que les anciens la représentent, avec ces
mots latins : *Restituet omnia*, «elle réta-
» blira tout.» Le sceau est composé des
armes de Portugal ; au-dessous, on voit le
tems enchaîné. Ces mots latins sont gra-
vés autour : *Sigillum Regiæ Academiæ*
Historiæ Lusitaniæ : «Sceau de la royale
» Académie de l'histoire de Portugal.»

[1721.]

Tout le Portugal applaudit à l'édition
d'un Dictionnaire portugais & latin, en
huit gros volumes *in-quarto*, donnée par
le pere Raphaël Bluteau, clerc régulier
François : il parut assez singulier qu'un
pareil ouvrage fût celui d'un étranger.
D. François de Sousa, capitaine des gardes du roi Jean V, s'étoit chargé d'écrire
à l'auteur au nom de toute la cour, «pour
» le conjurer de revenir en Portugal, &
» de ne pas leur refuser un bien que sa
» présence leur rendroit comme propre.»
Ce sont les termes de la lettre qui contenoit les instances les plus vives, & auxquelles il n'étoit pas possible de résister.
» Ce fut alors un concert de louanges
» que tous les gens de lettres en Portugal
» formerent comme à l'envi, pour obte-
» nir place & voir leurs noms dans un

» ouvrage immortel. » Les vers latins, françois, italiens, espagnols, portugais, & tous les genres de poësie, concoururent, avec une étonnante fécondité, à consacrer l'admiration & la reconnoissance d'un peuple ami des sciences, mais dont le goût étoit encore un peu gothique.

L'auteur désapprouvant la coutume des écrivains, de ne mettre jamais qu'un avis au lecteur, « comme s'il n'y avoit qu'un » lecteur dans le monde, consacre un » avertissement à chaque espece de lec- » teurs. » L'ouvrage commence par dix préfaces ou avertissemens, dont nous nous contenterons de rapporter les titres : «Au » Lecteur Bénévole. Au Lecteur Malé- » vole. Au Lecteur Impatient. Au Lec- » teur Portugais. Au Lecteur Etranger. » Au Lecteur Sçavant. Au Lecteur Igno- » rant. Au Lecteur Faux-Critique. Au » Lecteur Impertinent. Au Lecteur Futile » & Mauvais plaisant. » C'est en parlant au lecteur impertinent, qu'on se justifie d'avoir substitué à ces deux mots, VO- CABULAIRE UNIVERSEL, une phalange de mots, barbares pour la plûpart, & qui se présentent au frontispice par ordre alphabétique. « Vocabulaire Aulique, Ar- » chitectonique... Bellique, Brasilique... » Comique, Chimique... Dogmatique, » Dendrologique... Ecclésiastique, Eco-

» nomique... Floriférique, Fruétiférique.
» Géographique, Gnomonique... Homo-
» nimique, Hiérologique... Ichtyologi-
» que, Iſagogique... Laconique, Li-
» thologique... Météorologique... Néo-
» térique... Ortographique, Ornitholo-
» gique... Poëtique, Philologique...
» Quidditativique... Ruſtique... Sym-
» bolique, Syllabique... Théologique,
» Térapeutique, Technologique... Ura-
» nologique... Xénophonique... Zoo-
» logique. »

[1724.]

Cent quatre-vingt vaiſſeaux échouent,
ou périſſent ſur leurs ancres, dans le port
que le Tage forme en face de Lisbonne.
C'eſt à ce malheur qu'on doit attribuer
l'état déplorable où ſe trouvoit la marine
Portugaiſe, lorſque réduite à cinq ou ſix
vaiſſaux, & autant de frégates, ſans officiers, ſans matelots, ſans ſoldats, il fallut appeller enfin des étrangers, François,
Anglois, Suédois, Hollandois, Danois,
pour enſeigner la navigation aux Portugais. « Ces derniers, qui depuis trois ſié-
» cles faiſoient ſur mer des voyages dont
» le bruit avoit élevé leur réputation au-
» deſſus de celle des Phéniciens & des
» Carthaginois, connoiſſoient à peine en-
» core l'art de naviger. » Leur marine eſt

aujourd'hui compofée de dix vaiffeaux de ligne & de vingt frégates, mais ils n'ont prefque point de vaiffeaux marchands. On les fait venir des pays étrangers, parce que le bois eft fi rare en Portugal, que, même pour brûler, on n'y connoît guère que celui de pin. Les navires au-deffus de cinq ans, qui fe vendent dans le port de Lisbonne, payent vingt pour cent de droit ; & ceux qui font au-deffous, ne donnent que dix pour cent. On veut, par cette différente impofition, engager les négocians à n'acheter que de bons vaiffeaux. On a établi un impôt de trois pour cent d'entrée & cinq de fortie, fur toutes les marchandifes, pour fournir à l'entretien des vaiffeaux employés à la garde des côtes.

❦ [1725.] ❧

Jean V fe piquoit d'être, en toute occafion, févère obfervateur de la juftice. Une dame qu'il aimoit beaucoup, crut pouvoir lui demander une grace extraordinaire : « Ce n'eft point à moi qu'il faut » vous adreffer, répondit-il, mais au Roi » qui demeure au *Terreiro do Paço*. » C'eft la place du palais.

❦ [1727.] ❧

La nouvelle Académie de l'hiftoire Portugaife,

tugaife, donne le premier volume de l'ouvrage qu'elle eft chargée d'exécuter.
(Voyez ci-deffus, page 586.) On y trouve
l'hiftoire même de cette Académie, écrite
par le marquis d'Alegrete qui en a été le
premier fecrétaire perpétuel. Toutes les
autres piéces qui compofent ce volume,
font des differtations & des difcours affez
étendus, remplis d'une grande érudition,
& qui ne pouvoient manquer de prévenir
le public en faveur d'une hiftoire préparée avant tant de foin, & compofée avec
tant de concert. D. Jule de Mello de Caftro, fils du célèbre de Caftro, Vice-Roi
des Indes, à été le fujet du premier éloge
funèbre prononcé à l'Académie. Il étoit
chargé de recueillir les monumens qui
regardent les rois Sanche I & Alphonfe II,
dont il avoit l'honneur d'être iffu. On dit,
à la louange de fon efprit, qu'il « étoit fi
» prompt, fi vif, fi prodigieufement fé
» cond, que, dans fes Œuvres poëtiques,
» il y avoit autant de penfées que de vers.
» Chaque penfée lui en faifoit naître une
» foule d'autres, qu'il avoit le merveilleux
» talent de mettre au jour & de rendre
» fenfibles. Sur quelque fujet qu'il entre
» prît de difcourir, tant de belles chofes
» fe préfentoient à lui, que, s'il n'avoit
» pas eu le difcernement le plus exquis,
» il feroit tombé dans cette forte de di-

» ſette que produit aſſez ſouvent l'abon-
» dance : il s'éleve même quelquefois ſi
» haut, qu'on a peine à le ſuivre, quoi-
» qu'il ſoit toujours naturel & ſans affec-
» tation... Mais il s'étoit ſurpaſſé lui-
» même dans cette fameuſe Romance qu'il
» avoit commencée & qui devoit com-
» prendre, en deux mille ſtrophes, toute
» la vie de la Mere de Dieu. Sa dévotion
» lui avoit inſpiré une ſi grande éléva-
» tion, que ſes penſées paroiſſoient plus
» qu'humaines, & les graces de ſa poë-
» ſie étoient couronnées par ſa piété. »

[1730.]

On peut regarder comme un fruit des
travaux de la nouvelle Académie de Lisbonne, l'hiſtoire de l'Amérique Portugaiſe, compoſée par D. Sébaſtien de Ro-
cha Pitta, gentilhomme de la maiſon
du Roi, & Académicien ſurnuméraire.
Elle renferme tout ce qui s'eſt paſſé au
Bréſil, depuis que Cabral le découvrit
en 1500, juſqu'à l'année 1724. Les Portugais ont trouvé cet ouvrage fort à leur
gré ; on peut juger du goût qu'ils avoient
alors, par ce début : « De toutes lés par-
» ties du Nouveau Monde, inconnu du-
» rant tant de ſiécles, calomnié par tant
» de ſçavans ; de ce Monde où jamais
» ni Hannon par tous ſes voyages mariti-

» mes, ni Hercule le Libyen avec ſes
» Colomnes, ni Hercule le Thébain par
» ſes exploits, ne purent arriver, la plus
» conſidérable portion, c'eſt le Bréſil :
» région immenſe, très-heureux terrain,
» dont la ſurface n'eſt que fruits, le cen-
» tre n'eſt que tréſors, les montagnes &
» les côtes ne ſont qu'aromates : région
» dont les campagnes payent pour tribut
» l'aliment le plus utile, & les mines
» l'or le plus fin ; dont les arbres four-
» niſſent le Baume le plus exquis, & les
» Mers l'Ambre le plus précieux : pays
» admirable à jamais riche, où la nature
» merveilleuſement prodigue, ſe répand
» en fertiles productions, que, pour l'opu-
» lence du Monarque & le bonheur du
» Monde, l'art affine en tirant de ſes Can-
» nes un agréable Nectar, & de ſes fruits
» une ambroſie délicieuſe, dont la liqueur
» & les viandes que les Payens les plus
» polis & les plus cultivés faiſoient ſer-
» vir à leurs Dieux, n'étoient que l'om-
» bre & une foible image. » Après avoir
crayonné rapidement une eſquiſſe de l'Hiſtoire Portugaiſe, & de l'état où ſe trouvoit le Royaume à la fin du quinzieme
ſiécle, l'auteur commence ainſi ſa narra-
tion : « Déja le ſoleil avoit parcouru
» cinq mille cinq cens cinquante-deux
» fois le zodiaque, ſuivant la plus exacte

» chronologie, lorfqu'en l'année mil cinq
» cent de notre rédemption, Pierre Al-
» varès Cabral, jetté par la tempête fur
» la côte du Bréfil, en fit la découverte.»
Nous ne devons pas manquer d'ajouter
ici qu'on commence enfin à fe dégoûter
en Portugal « de ces narrations emphati-
» ques, de ces pointes, de ces jeux de
» mots, de ces comparaifons forcées, qui,
» pris autrefois pour de l'efprit, faifoient
» illufion chez plus d'un peuple civilifé.»
Les progrès font plus lents du côté de
l'éloquence, & on voit avec peine régner
encore dans la chaire & au barreau, le
goût des métaphores, des antithèfes, &
des hyperboles orientales.

❧ [1732.] ❧

Jean V, attaqué d'une maladie qui mit
fes jours en danger, fit vœu « de fonder
» un autre efcurial, (Voyez ci-deffus,
» pages 124 & 133.) & dans le lieu même
» où feroit fitué le plus pauvre monaftere
» d'hommes de fon Royaume.» Celui de
Maffra, où quelques Capucins habitoient
une chaumiere au milieu d'un défert,
n'ayant point laiffé de doute fur la préférence qu'il méritoit, fe trouva bientôt
changé en un monument capable d'im-
mortalifer un grand Roi, & dont le plan
étoit venu d'Italie. « L'ordonnance eft

» telle que l'églife en occupe le centre.
» Derriere le chœur on voit des cellules
» pour trois cens religieux. La droite &
» la gauche de l'édifice forment un vafte
» palais pour le Roi, la Reine, la famille
» royale & leurs officiers. Il a la vue fur
» la mer, & fert aux mariniers à fe re-
» noître. »

[1735.]

Tout fembloit annoncer une rupture
entre le Portugal & l'Efpagne; & Jean V,
qui fentoit l'infériorité des forces de fon
Royaume, donna un décret par lequel
» il offroit la paye double aux officiers
» & aux foldats François qui prendroient
» du fervice en Portugal. » C'étoit chercher le moyen d'enlever à fon ennemi
des bras toujours prêts à le fervir ; mais
cette politique devint inutile par la médiation de l'Angleterre qui diffipa l'orage
prêt à éclater.

[1736.]

Un Phyficien fe propofoit de foutenir
le mouvement de la terre, d'après le fyf-
têmе de Copernic ; fes amis l'en diffua-
derent, en lui repréfentant que ce feroit
s'expofer au rifque d'être lapidé.

P p iij

⚜ [1737.] ⚜

On ne comptoit que trois fontaines à Lisbonne, & l'eau qu'on faifoit porter par des ânes, fe vendoit trois & quatre fols la charge. Jean V fit bâtir un aqueduc fuperbe, qui diftribuoit l'eau avec abondance dans toute l'étendue de la capitale. A la campagne, on a de grandes citernes auxquelles aboutiffent des canaux qui portent l'eau où elle eft néceffaire. Il pleut à déluge pendant cinq mois de l'année, alors les citernes fe rempliffent & fervent de reffource pendant les fept mois de féchereffe. La provifion de glace pour l'été fe fait tout naturellement au bas de la montagne de la Strelle, où le vent pouffe de grands amas de neige. On la couvre d'herbe & de terre, afin de la garantir du foleil, & on la tranfporte, pendant la nuit, fur des mulets, jufqu'aux bords du Tage qui font éloignés de douze lieues. On l'embarque jufqu'à Lisbonne, où elle fe vend quinze fols la livre. On n'a pas encore imaginé de faire des glacieres, ni même de conferver la neige dans les vallons des montagnes voifines de Lisbonne.

⚜ [1740.] ⚜

Le Portugal fe reffent de la difette de

bled que la France éprouvoit alors. « Ce
» pays produit le meilleur grain de l'Eu-
» rope, mais il ne fournit pas la moitié
» de ce qu'il faudroit pour la conſomma-
» tion des habitans. Il leur en vient des
» îles Açores, de France & de la mer
» Baltique. Parmi les différentes cauſes de
» cette diſette, on pourroit aſſigner la
» trop grande quantité de terres qui ſont
» plantées de vignes, & le trop grand
» nombre de bras enlevés à l'agriculture.
» D'ailleurs, la population n'eſt pas en
» proportion de la moitié du terrain, &
» elle pourroit être double, ſans ſurchar-
» ger le pays. »

[1744.]

Un médecin de Lisbonne répand une
eſpece de manifeſte, dans lequel il ſe
plaint « de l'injuſtice qui lui a été faite
» par l'Académie royale de Chirurgie de
» Paris, dans la diſtribution du prix pro-
» mis à celui qui auroit fait le meilleur
» diſcours ſur la nature & la méthode de
» curation du cancer. » Après avoir détaillé ſon âge de ſoixante-treize ans, ſes
études, ſon expérience, le nombre & la
réputation de ſes élèves, ſes titres de docteur en l'univerſité de Lérida, de lecteur royal jubilé en Anatomie dans l'hôpital de Tous-les-Saints, & de maître

en Chirurgie , Phyfique, Anatomie, Médecine, &c. il ajoute que, pour mettre
le public inftruit en état de juger ce
procès , il a fait imprimer fon difcours
rejetté par l'Académie , & il la prie de
faire pareillement imprimer celui qu'elle a
jugé digne du prix, & de lui en adreffer
un exemplaire. « Si l'on me refufe cette
» grace , je protefte que je me tiendrai
» pour vainqueur; que je ne cefferai de
» demander juftice , & que je l'attendrai
» de la poftérité. »

[1748.]

On donne en fept volumes *in-quarto*,
le Recueil des Poëtes latins de Portugal.
Ces fortes d'ouvrages reffemblent aux ga-
leries de peintures, où les chefs-d'œuvres
font toujours rares. D'ailleurs, « les grands
» maîtres eux-mêmes ont eu leur enfance
» & leur maturité, leurs beaux jours &
» leur déclin. » Celui qui joue le plus
beau rôle dans ce Recueil , eft le célèbre
François de Macédo , qui parloit toutes
les langues anciennes & modernes. Poëte,
Orateur , Hiftorien , Philofophe, Litté-
rateur, Théologien , aucun écrivain, en
Portugal , n'a joui d'une plus grande réputation. « Il a prononcé foixante difcours
» latins, cinquante-trois panégyriques, &
» trente-deux oraifons funèbres. Il a com-

» posé quarante-huit Poëmes, cent vingt-
» trois Élégies, cent cinquante Epita-
» phes, deux cens douze Epîtres dédi-
» catoires, & plus de deux mille Epi-
» grammes, parmi lesquelles on trouve
» les éloges de tous les Doges de Venise.
» On distingue, sur-tout dans ses Poëmes,
» des vers sur la statue équestre de Louis
» XIII. Une tragédie intitulée JACOB,
» & la Tragi-Comédie d'Orphée, repré-
» sentée devant Louis XIV, alors enfant.»
N'oublions pas un discours académique
sur ce sujet : « Lequel pourroit être le
» plus flatté à la représentation d'une piéce
» de théâtre, ou un sourd qui la verroit,
» ou un aveugle qui l'entendroit ? »

Si l'on considere le penchant naturel
des Portugais pour la poësie, & le génie
de leur langue, on ne sera point surpris
du grand nombre de Poëmes qu'ils ont
dans tous les genres, mais on le sera sans
doute de les voir eux-mêmes compter
si peu de bons auteurs, sur-tout depuis
que le goût d'une meilleure érudition &
d'une saine critique a commencé de tirer
les sciences & les lettres du chaos où elles étoient plongées. Toujours occupés
de guerres étrangeres ou domestiques, &
de conquêtes dans le Nouveau Monde,
les Portugais ambitionnoient la gloire des

armes, avec bien plus d'ardeur qu'un rang
diftingué dans l'Europe fçavante : il eft
vrai cependant que la littérature Portugaife n'eft point affez connue, & qu'on
en juge communément par le feul ouvrage
du Camoëns. (Voyez ci-deffus, p. 507.)
On compte cependant encore fix autres
Poëmes épiques ; « l'ULYSSÉE, par Perreira
» de Caftro ; LA FONDATION DE LIS-
» BONNE, par Antoine de Soufa ; LE POR-
» TUGAL RECONQUIS, par le marquis de
» Ménesès ; MACHABÉE, par Michel Syl-
» veira ; ALPHONSE, par Vafconcellos ;
» & LA HENRIADE, par le comte d'Eri-
» ceira. » La Nobleffe & même les Grands
fe font un honneur particulier de cultiver
les lettres. Les fuccès de Sada Miranda &
de Rodrigue Lobo dans la poëfie pafto-
rale, ont fait donner à l'un le nom de
Théocrite, & à l'autre celui de Virgile
Portugais. La Satire, l'Epigramme, l'Ode,
les Stances, les grands & les petits Poëmes, fourniroient un grand nombre de
volumes intéreffans, dans lefquels on donneroit place à la Fable de Poliphême
& aux Métamorphofes d'Ovide, mi-
fes en vers burlefques par Antoine des
Reys, & aux ouvrages de Bernarde Fer-
reira de Lacerda, femme fçavante dans
la Rhétorique, la Philofophie, les Ma-

thématiques , & dont on conferve un Recueil de Poëfies , un volume de Comédies , & un Poëme intitulé l'Efpagne
délivrée.

Quoique les Drames efpagnols fe foient
prefqu'entiérement emparés de la fcène
Portugaife , on compte cependant un Dias
Balthafar , auteur d'anciennes piéces appellées AUTO , comparables à celles qui
portoient jadis en France le nom de MYS-
TÉRES ; un Mello ; un Mattos ; un Fra-
gofo ; un Cordeyro ; un Henri de Gomez , auteur de vingt-deux comédies dont
on ne connoît plus que les titres ; un
Vicente , regardé comme le Plaute du
Portugal ; un Antoine Jofeph , dont les
piéces, recueillies en quatre volumes, font
reftées au théâtre.

[1748.]

Un Anglois, ennuyé d'entendre affurer
que Lisbonne contenoit cinq cens mille
habitans , ofe parier une fomme très-
confidérable qu'il n'y en avoit pas trois
cens mille. Après un dénombrement exact,
on n'en trouva pas plus de deux cens
quatre-vingt mille, en y comprenant même
les étrangers.

[1750.]

Jean V laiffe , en mourant, des preuves

de son zèle à embellir sa capitale. Tant
de monumens qui devoient servir à sa
gloire, ont été détruits par le tremblement de terre du 1er de Novembre 1755.
Il n'en reste plus que la précieuse collection de tableaux, de statues, de livres
& de manuscrits, dont il a enrichi sa
bibliothéque. « Mais il semble, par le peu
» de soin qu'on en avoit alors, que ce
» Prince étoit plus curieux de la réputa-
» tion qu'il s'étoit faite en les acquérant,
» que jaloux de les conserver. »

Fin des Anecdotes Portugaises.

TABLE
DES MATIERES
LES PLUS INTÉRESSANTES,
Contenues en ces deux Volumes.

[La lettre a *, indiqué le Tome I ,* & b *, le Tome II.]*

A

Alphonse

B.

C

D

E

H

M

T t ij

N

O

Q

Vu iv

Z

Fin de la Table des Matieres.

APPROBATION.

J'AI lu par ordre de Monfeigneur le Chancelier, un Ouvrage intitulé : *Anecdotes Efpagnoles & Portugaifes, jufqu'à nos jours ;* dans lequel je n'ai rien trouvé de répréhenfible. A Paris, ce 26 Avril 1773.

Signé LAGRANGE DE CHÉCIEUX.

Le Privilége fe trouve au commencement des
Anecdotes Angloifes.

Fautes à corriger.

Page 6, ligne 20, Alcantana, *lisez* Alcantara.
Page 80, ligne derniere, sang, *lisez* de sang.
Page 94, ligne 5, étoit, *lisez* n'étoit.
Page 110, ligne 9, deviennent, *lisez* devinrent.
Page 484, ligne 8, accordés, *lisez* accordées.
Page 500, ligne 14, Mescaregnas, *lisez* Mascaregnas.

Livres qui fe trouvent chez VINCENT.

Abrégé de l'Hiftoire Eccléfiaftique; par M. *Racine*, in-12, 15 vol.   52 l. 10 f.

Almanach encyclopédique de l'Hiftoire de France, où les principaux évènemens de notre Hiftoire fe trouvent rangés, fuivant leurs dates, fous chacun des jours de l'année, in-18, 1773,
1 l. 5 f.

Anecdotes Angloifes, depuis l'établiffement de la Monarchie jufqu'au règne de George III, in-8°, *petit format*,   5 l.

Anecdotes Arabes & Mufulmanes, depuis l'an de J. C. 614, époque de l'établiffement du Mahométifme en Arabie, par le faux prophète Mahomet, jufqu'à l'extinction totale du Califat, en 1538, in-8°, *petit format*, 1772,
5 l.

Anecdotes Eccléfiaftiques, contenant tout ce qui s'eft paffé de plus intéreffant dans les Eglifes d'Orient & d'Occident, depuis le commencement de l'ère chrétienne jufqu'à préfent, 2 vol. in-8°, *petit format*, 1772,   10 l.

Anecdotes Françoifes, depuis l'établiffement de la Monarchie jufqu'au règne de Louis XV; par M. l'abbé *Beriou*, nouvelle édition, in-8°, *petit format*,   5 l.

Anecdotes Germaniques, depuis l'an de la fondation de Rome 648, & de l'ère chrétienne 106, jufqu'à nos jours, in-8°, *petit format*,
5 l.

Anecdotes Italiennes, depuis la deftruction de l'Empire Romain en Occident, jufqu'à nos jours, in-8°, *petit format*,   5 l.

Anecdotes du Nord, comprenant la Suède, le
Danemarck, la Pologne & la Ruffie, depuis
l'origine de ces Monarchies jufqu'à préfent,
in-8°, *petit format*,   5 l.

Anecdotes Orientales, in-8°, 2 vol.   10 l.

Anecdotes des Républiques, comprenant Gènes
& la Corfe, Venife & Malthe, la Hollande
& la Suiffe, auxquelles on a joint la Savoie,
la Hongrie & la Bohême, 2 vol. in-8°, *petit
format*, 1771,   10 l.

Bibliothèque hiftorique, politique & militaire;
par M. le Baron de *Zur-Lauben*, in-12, 3 vol.
                                        7 l. 10 f.

Dictionnaire géographique, hiftorique & critique; &c. par M. *Bruzen de la Martiniere*,
nouvelle édition augmentée, *in-folio*, 6 vol.
                                        150 l.

———le même abrégé, in-8°, *petit format.* 5 l.

Dictionnaire hiftorique de *Moreri*, nouv. édit.
in-fol. 10 vol.   240 l.

Dictionnaire hiftorique d'Education, où, fans
donner de préceptes, on fe propofe d'exercer & d'enrichir toutes les facultés de l'ame &
de l'efprit, en fubftituant les exemples aux leçons, les faits aux raifonnemens, la pratique
à la théorie, 2 vol. in-8°, 1771,   10 l.

Dictionnaire des Cultes religieux, établis dans
le monde depuis fon origine jufqu'à préfent:
Ouvrage dans lequel on trouvera les différentes manieres d'adorer la divinité, que la
révélation, l'ignorance & les paffions ont
fuggérées aux hommes dans tous les tems;
l'Hiftoire abrégée des dieux & demi-dieux du
Paganifme & celle des Religions Chrétienne,
Judaïque, Mahométane, Chinoife, Japonoife,
Indienne, Tartare, Africaine, &c. leurs fectes

& héréfies principales, leurs miniftres, prêtres, pontifes & ordres religieux ; leurs fêtes, leurs facrifices, leurs fuperftitions, leurs cérémonies, le précis de leurs dogmes & de leur croyance, in-8°, 3 vol. *Fig.* 15 l.

Dictionnaire hiftorique des Saints Perfonnages, où l'on peut prendre une Notion exacte & fuffifante de la Vie & des Actions mémorables des Héros du Chriftianifme, des Apôtres, des Pontifes, des Patriarches', des Evêques, des Solitaires fameux de l'Orient & de l'Occident, des Vierges, des Martyrs, des Confeffeurs, de tous ceux enfin dont les Eglifes Grecque & Latine ont confervé les noms dans leurs Faftes, ou confacré la mémoire par un Culte public, in-8°, 2 vol. *petit format,* 1772. 10 l.

Dictionnaire hiftorique des Siéges & Batailles mémorables de l'Hiftoire ancienne & moderne, *ou* Anecdotes militaires de tous les Peuples du monde, 3 vol. in-8°, 1771, 15 l.

Difcours fur l'Hiftoire univerfelle de l'Eglife ; par M. l'abbé *Racine*, in-12, 2 vol. 7 l.

Géographie générale de *Varenius*, revue par *Newton*, augmentée par *Jurin*, traduite de l'anglois, in-12, 4 vol. *Fig.* 10 l.

Guide des chemins de la France, contenant toutes fes Routes tant générales que particulieres, précédé d'avis fur les accidens les plus ordinaires dans les voyages, & fur les moyens d'en prévenir les fuites, & fuivi d'une notice très-ample des villes principales & des curiofités qu'on y trouve, nouvelle édition, in-12, *petit format,* ". 2 l.

Hiftoire du Commerce & de la Navigation des Peuples anciens & modernes ; par M. le Chevalier *d'Arc*, in-12, 2 vol. 5 l.

Hiſtoire du Concile de Trente de Fra-Paolo Sarpi, avec des Notes critiques ; par *P. F. Le Courayer,* nouvelle édition in-4°, 3 vol.   30 l.

Hiſtoire Eccléſiaſtique ; par M. l'abbé *Fleury,* nouvelle édition , in-4°, 37 vol.   303 l.

Hiſtoire générale de Languedoc, avec des Notes & les Piéces juſtificatives ; compoſée ſur les Originaux, enrichie de divers monumens, *avec Cartes , Figures & Vignettes en taille douce ;* par *D. Vaiſſette,* R. B. *in-folio,* 5 vol.   120 l.

Hiſtoire des Navigations aux terres Auſtrales, in-4°, 2 vol.   24 l.

Hiſtoire militaire des Suiſſes, avec les *généalogies* des maiſons illuſtres ; par M. le Baron de *Zur-Lauben,* in-12, 8 vol.   20 l.

Hiſtoire poëtique tirée des Poëtes François : on y a joint un Dictionnaire poëtique ; par *M.* l'abbé *Bertou,* in-12, nouvelle édition , *petit format,* 1771 ,   2 l.

Inſtitutions abrégées de Géographie, ou Analyſe méthodique du globe terreſtre ; par M. *Maclot,* in-12 ,   2 l. 5 l.

Mémoires & Lettres de *Henri,* duc de Rohan , publiés pour la premiere fois par M. le Baron de *Zur-Lauben,* in-12, 3 vol.   7 l. 10 ſ.

Vies des Hommes illuſtres comparés les uns avec les autres , in-12, 2 vol.   5 l.

Vindiciæ Actorum Murenſium, ſeu Acta fundationis Murenſis monaſterii , in-4°,   12 l.

Lightning Source UK Ltd.
Milton Keynes UK
UKHW03f1915140618
324264UK00006B/328/P